Rechnen für Industriekaufleute

OStD Dipl.-Kfm. Dipl.-Hdl.
Georg Breitscheidel

OStD Dipl.-Hdl.
Werner Garbow

ISBN 3-8045-
5132-7

22.[1.] Auflage, 1989
(1., unveränderter Nachdruck
der 22., durchgesehenen Auflage, 1987)

Winklers Verlag
Gebrüder Grimm
Darmstadt

51321

Vorwort zur 22. Auflage

Das Lehrbuch ist nach wie vor das wichtigste Arbeitsmittel im Unterricht. Der Inhalt des Buches entspricht den Lehrplänen der Bundesländer. Das Buch zeigt die Bedeutung des betrieblichen Rechnungswesens für die betriebswirtschaftlichen Entscheidungen des Unternehmens. Insbesondere nehmen das Kosten- und Preisrechnen sowie die Betriebsstatistik einen Raum ein, wie es zum Erkennen betrieblicher Strukturen und zum Verständnis betrieblicher Maßnahmen nötig ist. Das Kapitel Gebühren- und Frachtrechnen dient der Einführung in das Tabellenrechnen, wie es in der betrieblichen Praxis häufig vorkommt. Die Mathematisierung ist – soweit möglich und vertretbar – berücksichtigt worden.

Das Lehrbuch ist nicht nur notwendige Hilfe für den Unterricht, sondern auch eine wichtige Brücke zwischen Schule und Ausbildungsbetrieb. Es unterstützt die betriebliche Unterweisung, vermittelt dem Schüler Einblicke in wirtschaftliche Zusammenhänge, die er bei der spezialisierten Tätigkeit im Betrieb nicht ohne weiteres erkennen kann. Deshalb sind die Aufgaben der Betriebspraxis entnommen oder praxisgerecht gestaltet worden.

Dieses Rechenbuch ist nicht nur **Lehrbuch** und umfangreiche **Aufgabensammlung,** sondern auch **Lernbuch.** Die einzelnen Rechengebiete werden durch Beispielaufgaben eingeleitet. Die Musterlösungen zu den Einführungsbeispielen sind in leichtfaßliche Lösungsschritte aufgeteilt. Jeder Lösungsschritt wird – soweit erforderlich – genau erklärt. Damit ist jedem Schüler die Möglichkeit gegeben, versäumten Stoff oder nicht Verstandenes selbst zu erarbeiten, noch einmal zu durchdenken, zu wiederholen und zu üben.

Die Verwendung von **Rechnern** wird besonders berücksichtigt. Der umfangreiche Einführungsteil ermöglicht das Erarbeiten der Bedienungstechnik im Bereich der Grundrechenarten. Hierbei sollte das Aufstellen **rechnergerechter Programme** als Vorstufe zur EDV geübt werden. Dazu werden im Einführungsteil Vorschläge für die Gestaltung von Programmierungsblättern gemacht. Auf die vielen Möglichkeiten moderner Rechner (z. B. Kommaautomatik, Speicherung von Zwischenergebnissen, Prozentautomatik, Konstantenbildung, Nichtrechentaste, Ex-Taste) kann im Rahmen dieses Lehrbuches nicht eingegangen werden, da in den Schulen und in der Betriebspraxis druckende und nichtdruckende Rechner verschiedenster Systeme verwendet werden, die eine rechnerbezogene Programmgestaltung verlangen. Diese Programmierung läßt sich nur aus den Bedienungsanleitungen bzw. Lehrbüchern der Hersteller erlernen. – Die abgestuften Übungen in den einzelnen Kapiteln des vorgelegten Buches bieten genügend Aufgaben, wie sie für das Arbeiten mit **Rechnern** erforderlich sind.

Das Rechenbuch ist auf die Unterschiede in der Vorbildung der Schüler und die unterschiedlichen Schulzeiten abgestimmt. Die Übungsaufgaben zu jedem Kapitel nehmen langsam an Schwierigkeit zu. Damit kann die Auswahl der Aufgaben der zur Verfügung stehenden Unterrichtszeit, dem Leistungsniveau und dem Leistungswillen der Klasse angepaßt werden. – Die **programmierten Übungen** dienen der Lernzielkontrolle im Hinblick auf Leistungstests und Prüfungen. Sie sind im Lehrbuch nicht anzukreuzen. Leihweise überlassene Bücher dürfen **nicht** beschrieben werden.

März 1987 *Die Verfasser*

Inhaltsverzeichnis

A. Grundrechenarten – Arbeiten mit Rechnern

I. Rechnerprogramme

Im Wirtschaftsrechnen werden Daten (Informationen) der Betriebspraxis als Zahlenwerte verarbeitet. Bei der Arbeit mit Rechnern werden Wege zur Lösung von Aufgaben – wie beim Handrechnen – entwickelt. Dafür werden rechnergerechte Programme aufgestellt, d. h. der Rechengang wird in einzelne Lösungsschritte (Befehle) zerlegt, wie es auch bei der Arbeit mit Computern geschieht.

Der in eine Folge von Operationen aufgelöste Lösungsablauf einer Aufgabe kann auf Programmblättern dargestellt werden, die rechnerindividuell gestaltet werden müssen.

Möglichkeiten der Programmierung

Beispiel 1

Die Kasse eines Messeverkaufsstandes enthält 50,25 DM Wechselgeld. Die Tageseinnahmen betragen 3852,70 DM, die Ausgaben 47,93 DM.

Es ist ein rechnergerechtes Programm zur Ermittlung des Kassenendbestandes aufzustellen!

x = **50,25** + **3852,70** – **47,93**

Lösung

1. Programmvorschlag

Rechner mit arithmetischer Rechentechnik

Programmschritt	Kommaeinstellung	Rechenzahlen	Funktionen (Taste/Symbol für Maschinenbef.)
1.	2/2		
2.			✳̳ 1)
3.		50,25	+
4.		3852,7	–
5.		47,93	✳̳

Rechner mit Saldiertechnik

Programmschritt	Kommaeinstellung	Rechenzahlen	Funktionen (Taste/Symbol für Maschinenbef.)
1.	2/2		
2.			✳̳ 1)
3.		50,25	+
4.		3852,7	+
5.		47,93	–
6.			✳̳

1) Vor Beginn einer Aufgabe müssen die Werte, die eventuell im Rechner enthalten sind, gelöscht werden.

2. Programmvorschlag

Rechner mit arithmetischer Rechentechnik

Programm-schritt	Komma-einstellung	Rechen-zahlen	*Funktionen*												
			$\underline{\underline{*}}$	+	−	×	:								
1.	2/2														
2.			×[1]												
3.		50,25		×											
4.		3852,7			×										
5.		47,93	×												

Rechner mit Saldiertechnik

Programm-schritt	Komma-einstellung	Rechen-zahlen	*Funktionen*												
			$\underline{\underline{*}}$	+	−	×	:								
1.	2/2														
2.			×[1]												
3.		50,25		×											
4.		3852,7		×											
5.		47,93			×										
6.			×												

Beispiel 2 Für folgenden Bruch ist der Lösungsweg zu programmieren:

$$x = \frac{15\,830{,}33 \cdot 0{,}9 \cdot 92}{100 \cdot 360}$$

Lösung[2]

1. Programmvorschlag

Progr.-Schritt	Komma	Rechen-zahlen	*Funktionen*
1.	2/2		
2.			$\underline{\underline{*}}$[1]
3.		15 830,33	×
4.		,9	×
5.		92	:
6.		100	:
7.		360	$\underline{\underline{*}}$

2. Programmvorschlag

Progr.-Schritt	Komma	Rechen-zahlen	*Funktionen*												
			$\underline{\underline{*}}$	+	−	×	:								
1.	2/2														
2.			×[1]												
3.		15 830,33				×									
4.		,9				×									
5.		92					×								
6.		100					×								
7.		360	×												

1) Vor Beginn einer Aufgabe müssen die Werte, die eventuell im Rechner enthalten sind, gelöscht werden.
2) Bei Multiplikation und Division arbeiten Rechner arithmetisch. Ausnahme: Rechner mit „Entertaste“.

II. Addition und Subtraktion

1 Wie hoch sind die Monatsumsätze?

Verkäufe	Jan.	Feb.	März	April	Mai	Juni
Abt. I	17910,07	17212,30	19362,—	24728,12	20134,30	19689,06
Abt. II	41218,31	39789,13	43077,22	44981,—	45318,06	43000,98
Gesamtverk.	?	?	?	?	?	?

2 Wie hoch sind die Nettogewichte?

	a)	b)	c)	d)	e)
brutto	6738 kg	715,621 t	265640 kg	311,632 t	428,6 kg
Tara	953 kg	17,787 t	1962 kg	15,712 t	31,8 kg
netto	? kg	? t	? kg	? t	? kg

3 Errechnen Sie die neuen Bestände!

	a)	b)	c)	d)
alter Bestand	9445 Stück	921,20 m	65,30 DM	25632,500 kg
Zugänge	34500 Stück	3700,50 m	500,— DM	4200,875 kg
Abgänge	41612 Stück	2988,75 m	532,15 DM	18917,250 kg
neuer Bestand	? Stück	? m	? DM	? kg

4 Stellen Sie die Monatsproduktion für folgende Artikel fest!

	a)	b)	c)	d)	e)
1. April	5967 kg	19863 Stück	987 l	68735 m	8574,6 t
2. April	5843 kg	20195 Stück	1042 l	69513 m	7983,7 t
3. April	4996 kg	21162 Stück	965 l	70054 m	8141,8 t
4. April	5403 kg	18998 Stück	1102 l	71512 m	8037,9 t
5. April	5200 kg	19211 Stück	983 l	68893 m	7895,1 t
8. April	4892 kg	18916 Stück	891 l	67315 m	7685,4 t
9. April	5015 kg	20317 Stück	1064 l	69154 m	8024,3 t
10. April	4996 kg	19935 Stück	987 l	70472 m	7953,7 t
11. April	5250 kg	21424 Stück	1146 l	68848 m	8200,4 t
12. April	4875 kg	18992 Stück	1096 l	67083 m	8007,3 t
15. April	4924 kg	19064 Stück	936 l	67742 m	8164,4 t
16. April	5329 kg	22634 Stück	1204 l	73815 m	8521,5 t
17. April	5411 kg	23035 Stück	1310 l	74062 m	8700,2 t
18. April	5304 kg	21011 Stück	1402 l	73862 m	7999,1 t
19. April	4995 kg	19876 Stück	982 l	69357 m	7203,5 t
22. April	4831 kg	18635 Stück	905 l	67148 m	6903,2 t
23. April	4929 kg	19572 Stück	981 l	68924 m	6992,1 t
24. April	5253 kg	23254 Stück	1214 l	71648 m	7392,6 t
25. April	5503 kg	24021 Stück	1400 l	72042 m	7545,3 t
26. April	5112 kg	22163 Stück	1185 l	70423 m	7159,4 t
29. April	4718 kg	19871 Stück	985 l	68428 m	6953,5 t
30. April	4629 kg	18653 Stück	889 l	67169 m	6716,8 t
	? kg	? Stück	? l	? m	? t

5 Wie hoch ist der Furnierverbrauch?

Furnierart	Nuß m^2	Teak m^2	Kirsche m^2	Rüster m^2	insgesamt
Mo.	696	115	88	74	?
Di.	134	806	104	102	?
Mi.	87	63	933	91	?
Do.	102	51	93	377	?
Fr.	31	127	184	62	?
insgesamt	?	?	?	?	?

6 Wie hoch waren unsere Lieferungen an den Kunden Dräger im letzten Jahr?

06.01.	5218,39 DM	Übertrag	? DM	Übertrag	? DM
15.01.	947,68 DM	16.06.	3722,84 DM	15.10.	398,66 DM
31.01.	4864,50 DM	30.06.	11347,91 DM	17.10.	26,25 DM
02.02.	1,44 DM	03.07.	674,21 DM	26.10.	12465,35 DM
05.02.	54,85 DM	07.07.	2547,93 DM	05.11.	829,21 DM
22.02.	10004,37 DM	19.07.	98,45 DM	12.11.	9356,24 DM
02.03.	7878,49 DM	25.07.	10084,37 DM	15.11.	82,59 DM
15.03.	9732,61 DM	02.08.	5347,85 DM	30.11.	12040,30 DM
26.03.	6985,34 DM	20.08.	8412,32 DM	05.12.	7318,84 DM
31.03.	867,26 DM	01.09.	12781,89 DM	15.12.	6826,57 DM
05.04.	272,53 DM	04.09.	33,81 DM	19.12.	5313,76 DM
08.04.	87,55 DM	15.09.	73,68 DM	22.12.	945,67 DM
09.04.	5,36 DM	16.09.	9,27 DM	28.12.	2698,54 DM
12.04.	317,99 DM	28.09.	6002,83 DM	Gesamtlieferung	? DM
28.04.	5030,08 DM	02.10.	1311,45 DM		
15.05.	11092,76 DM	05.10.	672,39 DM		
01.06.	8846,45 DM	12.10.	8200,40 DM		
Übertrag	? DM	Übertrag	? DM		

7 a) Wie hoch sind die Umsätze je Vertreter?
b) Wie hoch sind die Umsätze des Unternehmens je Monat?
c) Wie hoch ist der Jahresumsatz des Unternehmens?

	Bosch DM	Keller DM	Nolde DM	Proske DM	Völkel DM	insges. DM
Jan.	14320,10	11020,33	10207,16	9718,64	12403,15	?
Febr.	16305,46	6378,28	9984,52	10321,44	11364,25	?
März	17048,72	10129,82	10304,91	10936,68	12943,29	?
April	17133,45	12491,66	14067,71	11238,34	13566,23	?
Mai	16871,51	14438,27	14125,38	4799,87	13020,83	?
Juni	15237,78	14030,06	15038,25	10421,66	11987,75	?
Juli	12628,94	12267,52	6718,34	9087,29	10144,27	?
Aug.	7735,62	10987,39	12396,42	8421,86	6387,62	?
Sept.	13844,67	12721,17	14426,63	11329,67	12149,64	?
Okt.	17203,21	14116,51	16837,25	13642,89	13974,39	?
Nov.	19650,70	15931,48	19006,38	15122,46	15278,48	?
Dez.	17039,46	13411,11	15934,21	13026,73	14672,53	?
insgesamt	?	?	?	?	?	?

8 Wie hoch ist der Tagesumsatz

		Übertrag	? DM	Übertrag	? DM	Übertrag	? DM
Nr. 51	718,35 DM	Nr. 61	648,52 "	Nr. 71	62,45 "	Nr. 81	2,78 "
" 52	104,52 "	" 62	1.910,51 "	" 72	104,26 "	" 82	95,10 "
" 53	609,81 "	" 63	38,27 "	" 73	325,19 "	" 83	302,52 "
" 54	1.025,– "	" 64	1,90 "	" 74	3.874,32 "	" 84	2.129,85 "
" 55	874,56 "	" 65	506,41 "	" 75	4.105,– "	" 85	412,37 "
" 56	4.205,27 "	" 66	814,54 "	" 76	2.082,30 "	" 86	87,42 "
" 57	963,11 "	" 67	89,85 "	" 77	426,29 "	" 87	5,66 "
" 58	2.065,04 "	" 68	607,26 "	" 78	904,– "	" 88	1.027,33 "
" 59	300,26 "	" 69	4.050,– "	" 79	1.220,25 "		?
" 60	5.820,– "	" 70	378,42 "	" 80	846,12 "		
	?		?		?		

9 Ein Nahrungsmittelbetrieb nimmt an einer Ausstellung teil. Die interessierten Besucher sollen gezählt werden.

a) Wieviel Passanten bleiben vor den einzelnen Gondeln stehen?

b) Wieviel Passanten bleiben insgesamt je Tag vor den Gondeln stehen?

c) Wieviel Passanten sind vor allen Gondeln während der Woche stehen geblieben?

Gondel	I	II	III	IV	V	VI	VII	VIII	insges.
Montag	386	306	408	555	361	738	104	257	?
Dienstag	394	295	438	578	395	804	98	282	?
Mittwoch	424	299	471	606	458	877	157	304	?
Donnerstag	410	345	462	601	466	989	185	351	?
Freitag	476	368	513	635	489	1067	204	381	?
Samstag	531	401	537	677	508	1316	241	336	?
Sonntag	397	332	431	581	234	988	199	271	?
insgesamt	?	?	?	?	?	?	?	?	?

10 Wie hoch sind die Gesamtkosten unserer Fabrikläden?

Kostenart	Hamburg	Köln	Stuttgart
Gehälter und Löhne	201 612,—	126 611,—	1 908 411,—
Vertreterprovision	75 892,—	71 202,—	143 678,—
Miete	126 433,—	150 636,—	365 292,—
Steuern und Beiträge	151 017,—	85 341,—	488 733,—
Werbe- und Reisekosten	74 527,—	150 458,—	247 866,—
Transportkosten	70 304,—	—	42 925,—
Fuhrparkkosten	108 118,—	211 519,—	221 454,—
Zinsen	176 732,—	50 934,—	86 598,—
Abschreibungen	99 885,—	209 276,—	182 172,—
Allgemeine Verwaltungskosten	52 681,—	60 623,—	79 304,—
Gesamtkosten	?	?	?

11 Wie hoch sind die Gesamtverkäufe an unsere ausländischen Kunden?

Odense	Lyon	Graz	Detroit	Malaga
64,20 dkr	72 836,47 F	215 698,43 öS	418,50 $	8 130,41 Pta
86 896,24 dkr	485,74 F	64 534,28 öS	5 132,85 $	91 543,83 Pta
537,35 dkr	9 834,95 F	7 218,34 öS	1 835,15 $	7 472,83 Pta
9 258,42 dkr	56,38 F	74,66 öS	926,94 $	438 593,45 Pta
63,84 dkr	42 375,83 F	558 465,91 öS	7,38 $	827 535,33 Pta
6 587,62 dkr	75 368,35 F	816,06 öS	4 582,94 $	1 537,45 Pta
33 020,81 dkr	893,46 F	30 626,72 öS	55,30 $	283,11 Pta
1 430,26 dkr	10 432,75 F	905,40 öS	736,92 $	95,30 Pta
7,90 dkr	567,91 F	1,95 öS	8 131,33 $	42 547,63 Pta
20 050,15 dkr	9 572,36 F	7 692,18 öS	72,14 $	9 826,47 Pta
? dkr	? F	? öS	? $	? Pta

12 Wieviel kWh haben die einzelnen Abteilungen verbraucht?

	alter Zählerstand	neuer Zählerstand	Verbrauch
Materiallager	14 207	16 164	?
Fertigung I	36 726	59 871	?
Fertigung II	5 388	21 708	?
Fertigung III	72 137	91 072	?
Verwaltung	62 358	64 155	?
Vertrieb	24 106	24 871	?

13 Stellen Sie das neue Guthaben nach jeder Veränderung auf dem Bankkonto fest!

Datum	altes Guthaben	Gutschrift	Lastschrift	neues Guthaben
01.03.	6217,35	780,66		6998,01
03.03.	6998,01		3418,77	3579,24
05.03.	?	1907,84		?
08.03.	?		215,61	?
			63,82	?
10.03.	?	715,—		?
		1538,94		?
13.03.	?	4835,24	2966,35	?
18.03.	?		3054,66	?
20.03.	?	9,22		?
24.03.	?	491,38	18,60	?
26.03.	?		8217,67	?
			953,84	?
30.03.	?	254,36	4215,44	?

14 Berechnen Sie die Tabellenwerte:

Name	Brutto-gehalt	*Abzüge* Steuern Lohnst.	Ki'st.	Versicherungen Krank'v.	Rentenv.	Arbl'v.	Gesamt-abzüge	Netto-gehalt
Arndt	2540,—	311,—	31,10	127,—	228,60	38,10	?	?
Förster	1810,—	166,—	16,60	99,55	162,90	27,15	?	?
Karsten	2435,—	320,—	32,—	146,10	219,15	36,55	?	?
Martsch	1400,—	184,—	18,40	75,60	126,—	21,—	?	?
Rödiger	1640,—	180,—	18,—	98,60	147,60	24,60	?	?
Wieland	2390,—	229,50	22,95	131,45	362,70	35,85	?	?
insges.	?	?	?	?	?	?	?	?

15 Wie hoch sind die Endbestände?

	a)	b)	c)	d)
Anfangsbestand	35 760,35 DM	326 410 Stück	87 659 m	26 418,9 kg
Verkäufe	517,21 DM	35 712 Stück	2 715 m	2 541,2 kg
Verkäufe	3 536,18 DM	907 Stück	9 876 m	5 114,8 kg
Verkäufe	9 103,75 DM	109 685 Stück	23 189 m	63,1 kg
Verkäufe	98,83 DM	85 783 Stück	8 627 m	710,0 kg
Verkäufe	5 874,64 DM	692 Stück	765 m	8 381,6 kg
Verkäufe	151,22 DM	7 131 Stück	1 904 m	362,4 kg
Endbestand	? DM	? Stück	? m	? kg

16 Stellen Sie den Schlußbestand fest!

Soll	Kasse		Haben
Anfangsbestand	682,35	Auszahlung	35,77
Einzahlung	104,72	Auszahlung	208,33
Einzahlung	5,03	Auszahlung	156,85
Einzahlung	48,26	Auszahlung	0,09
Einzahlung	407,68	Auszahlung	92,75
Einzahlung	84,53	Auszahlung	8,44
		Auszahlung	57,56
		Auszahlung	204,68
		Schlußbestand	?
	?		?

17 Ermitteln Sie das Kapital!

Aktiva	Bilanz		Passiva
Ausstattung	475 210,—	Kapital	?
Fuhrpark	126 812,—	Hypothek	100 000,—
Material	160 509,—	Darlehen	40 000,—
Fertigerzeugnisse	51 735,—	Verbindlichkeiten . . .	292 766,75
Unfertige Erzeugnisse .	67 873,22	Schuldwechsel	26 875,—
Forderungen	41 688,79		
Bank	18 438,57		
Kasse	977,82		
	?		?

18 a) Stellen Sie das Konto Forderungen auf und schließen Sie es ab! (Form wie Kassenkonto)

Soll			Haben		
01.02.	Anfangsbestand	2415,63 DM	02.02.	Zahlung ...	1918,63 DM
03.02.	Verkauf ...	3100,69 DM	10.02.	Zahlung ...	550,— DM
08.02.	Verkauf ...	672,35 DM	15.02.	Zahlung ...	2710,64 DM
11.02.	Verkauf ...	2818,83 DM	20.02.	Zahlung ...	1586,95 DM
16.02.	Verkauf ...	18,22 DM	25.02.	Zahlung ...	320,— DM
20.02.	Verkauf ...	712,85 DM			
24.02.	Verkauf ...	1721,53 DM			

b) Ermitteln Sie den Forderungsbestand nach jeder Buchung!

19 a) Stellen Sie das Konto Bank auf und schließen Sie es ab!

Soll			Haben		
01.10.	Anfangsbestand	6410,30 DM	02.10.	Auszahlung	3952,86 DM
03.10.	Einzahlung	205,42 DM	03.10.	Auszahlung	762,53 DM
06.10.	Einzahlung	93,65 DM	07.10.	Auszahlung	318,61 DM
09.10.	Einzahlung	2008,55 DM	10.10.	Auszahlung	1899,73 DM
15.10.	Einzahlung	442,61 DM	18.10.	Auszahlung	3922,44 DM
20.10.	Einzahlung	1042,04 DM	20.10.	Auszahlung	2872,53 DM
24.10.	Einzahlung	152,64 DM	25.10.	Auszahlung	1795,03 DM
26.10.	Einzahlung	418,22 DM			
28.10.	Einzahlung	710,11 DM			
30.10.	Einzahlung	88,47 DM			

b) Ermitteln Sie den Kontenstand je Buchungstag!

III. Multiplikation und Division

1 Ermitteln Sie die Netto-Rechnungsbeträge!

a)	7 525,735	kg	zu	1,75 DM je kg	n)	25 379,55	m	zu	35,61 DM je m
b)	25 226,5	hl	zu	13,25 DM je hl	o)	4 586,7	t	zu	8,21 DM je t
c)	9 782	dt[1]	zu	15,99 DM je dt	p)	781	l	zu	9,75 DM je l
d)	1 476	m^2	zu	78,10 DM je m^2	q)	135	Stück	zu	982,65 DM je Stück
e)	2 578	g	zu	5,11 DM je g	r)	10 245	m^3	zu	13,75 DM je m^3
f)	5 773,5	Stück	zu	4,91 DM je Stück	s)	851	ha	zu	35 250,— DM je ha
g)	2 635,75	m	zu	3,60 DM je m	t)	785	l	zu	1,44 DM je l
h)	6 524,6	t	zu	42,— DM je t	u)	65 225	m^2	zu	5,20 DM je m^2
i)	12 750	dt	zu	63,— DM je dt	v)	6 218	m^3	zu	169,— DM je m^3
j)	3 276,794	kg	zu	7,20 DM je kg	w)	7,25	kg	zu	0,64 DM je kg
k)	25 245,5975	t	zu	62,37 DM je t	x)	76 345,675	kg	zu	0,83 DM je kg
l)	64 803,750	hl	zu	45,62 DM je hl	y)	7 235,257	g	zu	27,18 DM je g
m)	549,9836	t	zu	123,76 DM je t	z)	47 245,76	m	zu	86,97 DM je m

1) vgl. Anhang: Maße und Gewichte, S. 368/369

2 Stellen Sie den Rauminhalt je Kiste in m^3 fest!

	Höhe	Breite	Tiefe
a)	0,90 m	0,50 m	0,20 m
b)	1,50 m	1,50 m	0,45 m
c)	2,65 m	1,28 m	1,25 m
d)	315 cm	80 cm	175 cm
e)	180 cm	135 cm	122 cm
f)	1,65 m	0,60 m	0,35 m

3 Über eine Seehafenspedition werden folgende Sendungen verschifft:

Kisten	Maße je Kiste in m	Frachtrate je m^3
3	0,95 · 1,28 · 0,45	50,80 DM
12	0,50 · 0,50 · 0,50	124,35 DM
1	4,80 · 3,25 · 1,74	221,10 DM
25	2,50 · 2,50 · 0,25	25,25 DM
7	1,65 · 1,15 · 0,92	81,90 DM
110	0,55 · 0,80 · 0,35	104,75 DM

Stellen Sie die Fracht je Sendung und insgesamt fest!

4 Das Lager für Hilfsstoffe ergibt folgende Inventurwerte:

Schrauben Nr. 1	625,735	kg	zu 8,25 DM je kg
Schrauben Nr. 2	537,250	kg	zu 12,50 DM je kg
Schrauben Nr. 3	725,670	kg	zu 7,20 DM je kg
Leim	2,785	t	zu 152,45 DM je 50 kg
Öl	3 524	l	zu 135,25 DM je 100 l
Firnis	5,775	t	zu 0,25 DM je kg
Holzkitt	385,750	kg	zu 15,— DM je 50 kg
Lacke	6 725,600	kg	zu 4,21 DM je kg
Dübel	18 500	Stück	zu 19,85 DM je 1000 Stück

Wie hoch ist der Gesamtwert des Lagers?

5 Eine Kokerei hat folgende Kokshaldenbestände:

Sorte I = 12 500 t zu 328,80 DM je t
Sorte II = 22 685 t zu 366,05 DM je t
Sorte III = 18 275 t zu 390,75 DM je t

a) Wie hoch ist der Gesamthaldenbestand?

b) Welchen Gesamtwert hat der Haldenbestand?

6 Dividieren Sie!

a)	589 315	: 425	f)	673 469	: 782	l)	931 752	: 3226
b)	17 572,9	: 217,6	g)	2 639,62	: 39,87	m)	36,7892	: 527,3
c)	7 652,27	: 89,75	h)	3 624,19	: 421,2	n)	415,267	: 9,237
d)	7,37521	: 15,91	i)	56 892,1	: 63,39	o)	62,3216	: 467,9
e)	45 217,3	: 5,742	k)	457,806	: 432,7	p)	7 659,14	: 8225

7 Ein Kunde hat im letzten Monat ab Werk erhalten:

		Fracht und Rollgeld ausgelegt je Stück
125 Tiefkühltruhen	zum Preis von je 353,60 DM	12,20 DM
250 elektr. Kaffeemühlen	zum Preis von je 14,84 DM	0,80 DM
42 Waschautomaten	zum Preis von je 836,20 DM	14,25 DM
152 Entsafter	zum Preis von je 72,— DM	1,95 DM
87 Wäscheschleudern	zum Preis von je 105,— DM	4,25 DM

a) Wie hoch ist der Gesamteinkaufspreis ab Werk?

b) Wie hoch sind die vom Lieferer verauslagten Frachten und Rollgelder?

c) Wie hoch ist der Gesamtbetrag?

8 Die Ausstellungshalle in den Ausmaßen 14,4 m × 12,5 m erhält einen neuen Fußbodenbelag. Der m^2 davon kostet 32,25 DM. Das Verlegen dauert 25 Stunden. Der Verlegelohn beträgt 33,92 DM je Stunde.
Über welchen Betrag lautet die Rechnung des Einrichtungshauses?

9 Eine Werkzeugmaschinenfabrik in Geislingen liefert einen Sonderauftrag von 43 750 Handbohrmaschinen für Thailand in 1250 Kisten aus.

a) Wieviel Stück enthält jede Kiste?

b) Wieviel DM kostet ein Handbohrer ab Lager, wenn der Angebotspreis 503 125,— DM beträgt?

c) Wieviel Fracht entfällt auf jede Kiste, wenn für den Transport Geislingen — Hafen Bremen 10 500,— DM anfallen?

d) Wie hoch ist der Frachtanteil für 1 Handbohrer?

10 Ermitteln Sie aus den Wochenlohnsummen die Zahl der in der Fertigung einer Metallwarenfabrik tätigen Mitarbeiter (40-Stunden-Woche).

Berufsgruppe	Wochenlohn	Stundenlohn
Schlosser	16 800,— DM	16,80 DM
Dreher	4 320,— DM	18,— DM
Former	2 280,— DM	19,— DM
Metalldrücker	7 968,— DM	16,60 DM
Schweißer	2 720,— DM	17,— DM
Hilfsarbeiter	3 040,— DM	15,20 DM

11 Stellen Sie die Ergebnisse fest! (kaufmännische Rundung)

a) $\frac{3 \cdot 4 \cdot 5}{6}$ b) $\frac{25 \cdot 13 \cdot 17}{2 \cdot 7}$ c) $\frac{3 \cdot 6 \cdot 25 \cdot 15}{9 \cdot 8 \cdot 4 \cdot 12}$ d) $\frac{125 \cdot 255 \cdot 9 \cdot 6}{33 \cdot 14 \cdot 31}$

e) $\frac{3{,}5 \cdot 25 \cdot 7{,}125}{12{,}5 \cdot 7{,}1}$ f) $\frac{20{,}31 \cdot 0{,}18 \cdot 1{,}93}{7 \cdot 8{,}175 \cdot 0{,}05}$ g) $\frac{0{,}375 \cdot 0{,}50 \cdot 1{,}12 \cdot 48{,}50}{1{,}15 \cdot 0{,}21 \cdot 2{,}075}$

B. Gebühren- und Frachtrechnen

I. Gebührenrechnen der Post[1)]

Stellen Sie die Postgebühren fest!

1 Briefe

a) *Inland:* 3 Standardbriefe 16 g, 1 Brief 270 g, 1 Brief 590 g, 1 Wertbrief 80 g zu 1500,— DM, 1 Brief 40 g Einschreiben, 1 Brief 120 g Einschreiben und Einlieferung nach den üblichen Schalterstunden, 1 Brief 15 g Eilzustellung 6–22 Uhr, 1 Brief 60 g eigenhändig, 1 Postkarte.

b) *Ausland:* 3 Standardbriefe 14 g Frankreich, 1 Brief 18 g Spanien, 1 Brief 178 g Stockholm mit Zollabfertigung, 1 Brief 320 g mit Eilzustellung Holland, 1 Brief 110 g Dublin als Einschreiben, 1 Luftpostbrief 54 g Helsinki, 1 Luftpostleichtbrief Tokio, 2 Postkarten Luxemburg.

2 Drucksachen

a) *Inland:* 7 Drucksachen je 34 g, 1 Drucksache 410 g, 1 Büchersendung 590 g, 2 Briefdrucksachen je 205 g, 165 Standard-Massendrucksachen je 17 g, 2850 Wurfsendungen je 14 g, 8 Warensendungen je 220 g.

b) *Ausland:* 1 Drucksache 2150 g Kairo, 1 Drucksache zu ermäßigter Gebühr 490 g Kabul, 2 Drucksachen je 75 g Moskau als Luftpost.

3 Pakete, Postgüter, Päckchen

a) *Pakete:* 1 Paket 3 kg 190 km, 2 Pakete je 17 kg 560 km als Schnellpaket, 1 Nachnahmepaket 4 kg 220 km, 1 sperriges Paket 9,5 kg 136 km, 1 Paket 9,2 kg 69 km eigenhändig, 1 Wertpaket 3,5 kg 470 km Wert 1000,— DM.

b) *Postgüter:* 1 Postgut 3,7 kg 310 km, 2 Postgüter je 6,8 kg 80 km, 1 Postgut 5,9 kg 142 km, 1 Schnellpostgut 4,5 kg 110 km, 1 Postgut 5,9 kg 672 km.

c) *Päckchen:* 4 Inlandpäckchen, 1 Päckchen Einschreiben nach den üblichen Schalterstunden, 1 Päckchen 710 g Kapstadt, 1 Päckchen 490 g Rom Luftpost, 1 Päckchen 425 g Kalkutta (Indien).

4 Telegramme

1 gewöhnliches Telegramm 14 Wörter, 1 gewöhnl. Telegramm 9 Wörter, 1 dringendes Telegramm 8 Wörter, 1 gewöhnliches Telegramm 5 Wörter.

5 Postanweisungen, Zahlkarten

Je 1 Postanweisung zu 5,10, 10,22, 68,40, 121,60, 537,02, 987,53 DM; je 1 Zahlkarte zu 3,40, 104,56, 408,41, 1843,58, 2716,06 DM; 1 telegrafische Postanweisung 550,— DM, zusätzlich 14 Wörter als Telegramm.

---

1) Bitte beschaffen Sie sich zur Lösung der Aufgaben das z. Z. gültige Gebührenheft.

II. Frachtrechnen der Bundesbahn

Grundlage für die Berechnung der Fracht sind die Entfernungstafel (Angabe der Entfernung zwischen Absende- und Empfangsstation), die Frachtentafel und der Frachtsatzzeiger in Verbindung mit den allgemeinen Beförderungsvorschriften der Bundesbahn. Beförderungsarten: Stückgut (Fracht- und Eilgut, Besonderheit: Expreßgut) und Wagenladung (Fracht- und Eilgut).

1. Stückgutverkehr

Für die Frachtberechnung ist das tatsächliche Bruttogewicht der Sendung zugrunde zu legen, das auf volle 10 kg *aufgerundet* wird (frachtpflichtiges Gewicht). Bei Frachtgut bis 1000 kg kann die Fracht direkt aus der Frachtentafel abgelesen werden; bei Gütern über 1000 kg sind besondere Berechnungen erforderlich (hier aufgerundet auf volle 100 kg). Bei über 1000 kg Frachtgewicht wird die Fracht auf volle DM auf- bzw. abgerundet.

Sperriges Stückgut. Für 10 dm^3 wird 1 kg Gewicht berechnet. Berechnung des frachtpflichtigen Gewichts: Länge · Breite · Höhe · 1,5 (Sperrgutfaktor).

Leergut (z. B.: zurückgesandtes Verpackungsmaterial) wird mit dem tatsächlichen Bruttogewicht berechnet.

Frachtentafel und Frachtsatzzeiger für Stückgut in DM (Ausschnitt)
(einschließlich Mehrwertsteuer)

Entfernungen km	a) Frachten in DM für Sendungen mit einem Frachtberechnungsgewicht bis Kilogramm																					von mehr als 1000 kg in Pf für 100 kg
	30	40	50	60	70	80	90	100	120	140	160	180	200	360	380	460	600	750	1000			
1-30	13,2	14,0	14,9	15,7	16,5	17,4	18,2	18,8	20,0	21,5	22,9	24,4	25,8	37,3	38,8	44,1	51,9	60,8	74,9			691
31-40	13,5	14,5	15,4	16,4	17,4	18,4	19,4	20,1	21,4	23,1	24,8	26,4	28,1	41,3	43,0	49,1	57,4	67,2	82,5			760
41-50	13,8	14,9	16,0	17,2	18,3	19,5	20,6	21,4	22,9	24,7	26,7	28,5	30,5	45,5	47,4	54,1	63,2	73,8	90,4			832
51-60	14,0	15,2	16,5	17,8	19,0	20,3	21,6	22,4	24,0	26,1	28,2	30,2	32,3	48,7	50,8	58,2	67,7	79,1	96,7			889
61-70	14,2	15,6	16,9	18,4	19,7	21,1	22,5	23,3	25,1	27,3	29,6	31,7	34,0	51,7	53,9	61,8	71,8	83,8	102,2			939
71-80	14,4	15,9	17,4	18,9	20,4	21,9	23,4	24,3	26,2	28,5	31,0	33,3	35,8	54,8	57,3	65,7	76,1	88,9	108,3			995
81-90	14,6	16,2	17,8	19,4	20,9	22,5	24,1	25,1	27,0	29,5	32,1	34,6	37,2	57,3	59,8	68,7	79,5	92,7	112,8			1035
91-100	14,8	16,4	18,1	19,8	21,4	23,1	24,8	25,8	27,8	30,4	33,1	35,7	38,4	59,4	62,1	71,3	82,5	96,2	116,9			1073
101-120	15,0	16,7	18,5	20,4	22,1	23,9	25,7	26,8	28,9	31,7	34,6	37,3	40,2	62,6	65,5	75,3	86,9	101,3	123,0			1128
121-140	15,2	17,1	19,1	21,1	22,9	24,9	26,9	28,0	30,2	33,2	36,4	39,3	42,4	66,5	69,5	80,0	92,2	107,4	130,2			1194
141-160	15,5	17,6	19,7	21,9	23,9	26,0	28,2	29,3	31,7	34,9	38,3	41,5	44,8	70,7	74,0	85,2	98,1	114,3	138,3			1267
161-180	15,9	18,2	20,5	22,9	25,0	27,4	29,8	31,0	33,6	37,1	40,8	44,2	47,9	76,1	79,7	91,8	105,5	122,9	148,6			1361
181-200	16,4	18,8	21,4	24,0	26,4	29,0	31,6	32,9	35,7	39,6	43,6	47,3	51,4	82,2	86,1	99,4	114,1	133,0	160,7			1471
201-220	16,5	19,1	21,8	24,5	27,0	29,7	32,4	33,8	36,7	40,7	44,9	48,8	53,0	85,1	89,2	103,0	118,1	137,6	166,1			1520
221-240	16,9	19,7	22,5	25,5	28,1	31,1	33,9	35,4	38,5	42,8	47,3	51,4	55,9	90,2	94,6	109,3	125,3	145,9	176,2			1612
301-320	18,0	21,3	24,7	28,2	31,4	34,9	38,4	40,1	43,7	48,8	54,1	59,1	64,4	105,1	110,3	127,6	146,0	170,1	205,0			1874
501-525	20,7	25,4	30,3	35,3	39,8	44,8	49,7	52,1	57,1	64,3	71,9	78,8	86,3	143,6	151,0	175,2	200,1	233,0	280,4			2559
601-625	21,5	26,7	32,0	37,5	42,4	47,9	53,2	55,9	61,3	69,0	77,4	84,9	93,1	155,6	163,6	190,0	216,9	252,7	304,0			2774

Beispiel 1

Wie hoch ist die Stückgutfracht für 2 Kisten Rohrzangen? Bruttogewicht je Kiste 83,5 kg, Entfernung 195 km.

Lösung		
	Wirkliches Gewicht 2 · 83,5 kg	167 kg
	Frachtpflichtiges Gewicht	170 kg
	170 kg bei 181–200 km	47,30 DM Bahnfracht

Beispiel 2

Wie hoch ist die Stückgutfracht für 50 Kartons Feinseife? Bruttogewicht je Karton 24,5 kg, Entfernung 310 km.

Lösung		
	Wirkliches Gewicht 50 · 24,5 kg	1225 kg
	Frachtpflichtiges Gewicht	1300 kg
	Frachtsatz für 100 kg = 18,74 DM · 13	243,62 DM
	aufgerundet	244,— DM Bahnfracht

Beispiel 3

Wie hoch ist die Stückgutfracht für ein sperriges Modell? Bruttogewicht 62,5 kg, Entfernung 149 km; Maße: 100 · 80 · 150 cm.

Lösung		
	Maßrechnung: 100 · 80 · 150 cm = 1 200 000 cm^3 =	120/10 dm^3
	Frachtpflichtiges Gewicht 120 · 1,5 kg	180 kg
	180 kg bei 141–160 km	41,50 DM Bahnfracht

Beispiel 4

Zwei leere Behälter (Eigentum des Lieferers) werden als Stückgut zurückgeschickt. Gewicht des Behälters 12,5 kg, Entfernung 85 km. Wie hoch ist die Fracht?

Lösung		
	Wirkliches Gewicht	25 kg
	Frachtpflichtiges Gewicht	30 kg (Mindestgew.)
	30 kg bei 81–90 km	14,60 DM Bahnfracht

1 Wie hoch ist die Fracht?

a) Gewicht 352 kg als Frachtgut bei einer Entfernung von 110, 210, 310, 510, 610 km.

b) Frachtgut bei einer Entfernung von 305 km mit einem Gewicht von 50, 100, 200, 350, 710, 1620, 1915 kg.

2 Berechnen Sie die Bahnfrachten!

Warenart	Versandart	Gewicht	km
a) 1 Kiste Schlösser	Frachtgut	84,2 kg	615
b) 1 Behälter Ersatzteile	Frachtgut	348 kg	189
c) 1 Drahtkorb, Leergut	Frachtgut	37 kg	135
d) 1 Messinggestell Sperrgutfaktor 1,5	Frachtgut, sperrig	51 kg 160 · 90 · 90 cm	217
e) 1 Bündel Stahlrohre	Frachtgut	1114 kg	319
f) 32 Kartons Sicherheitsglas	Frachtgut	42,5 kg je Karton	155
g) 20 Steigen Treibhausgurken	Frachtgut	18,5 kg je Steige	235
h) 12 Behälter, Leergut	Frachtgut	14,5 kg je Behälter	95
i) 11 Körbe Weintrauben	Frachtgut	21,5 kg je Korb	604

2. Wagenladungsverkehr

Die Wagenladungsgüter werden je nach Güterart in die Wertklassen A, B und C eingeteilt. Innerhalb jeder Wertklasse bestehen 5 Gewichtsklassen:

5-t-Klasse, 10-t-Klasse, 15-t-Klasse, 20-t-Klasse, 25-t-Klasse

Liegt das Bruttogewicht einer Sendung zwischen zwei Gewichtsklassen, z. B. 8,9 t zwischen den Gewichtsklassen 5 und 10, so wird die Fracht nach der Gewichtsklasse berechnet, die die günstigere Fracht ergibt: entweder 8,9 t nach Klasse 5 mit dem wirklichen Gewicht oder nach Klasse 10 mit dem Mindestgewicht von 10 t dieser Gewichtsklasse. Für besondere Güter und Wege bestehen Sondertarife.

Das Bruttogewicht wird auf volle 100 kg aufgerundet (Frachtgewicht), die Fracht auf volle DM auf- oder abgerundet. Die angegebenen Frachtsätze gelten für 100 kg der jeweiligen Wert- und Gewichtsklasse.

Frachtsatzzeiger
für Wagenladungen der Güterklasse A, B und C in Pfennig für 100 kg
(Auszug)

Entfernungen km	A					B					C				
	5 t	10 t	15 t	20 t	25 t	5 t	10 t	15 t	20 t	25 t	5 t	10 t	15 t	20 t	25 t
1- 7	452	226	151	114	91	452	226	151	114	91	452	226	151	114	91
8- 10	452	226	151	114	91	452	226	151	114	91	452	226	151	114	91
11- 13	452	226	151	114	96	452	226	151	114	93	452	226	151	114	91
92- 94	583	398	318	278	265	532	363	290	254	242	495	338	270	236	225
95- 97	596	407	325	285	271	546	372	298	260	248	506	345	276	242	230
98-100	612	417	334	292	278	557	380	304	266	253	517	353	282	247	235
146-150	801	546	437	382	364	724	494	395	345	329	667	455	364	318	303
151-155	821	560	448	392	373	741	506	404	354	337	682	465	372	326	310
156-160	840	573	458	401	382	759	518	414	362	345	697	476	380	333	317
191-195	975	665	532	465	443	878	599	479	419	399	805	549	439	384	366
196-200	994	678	542	475	452	895	611	488	427	407	821	560	448	392	373
201-210	1014	695	556	486	463	915	624	499	437	416	838	572	457	400	381
301-310	1329	906	725	634	604	1188	810	648	567	540	1085	740	592	518	493
311-320	1355	924	739	647	616	1212	827	661	579	551	1107	755	604	528	503
321-330	1384	944	755	660	629	1239	845	676	591	563	1129	770	616	539	513
441-460	1701	1160	928	812	773	1518	1035	828	725	690	1379	941	752	658	627
461-480	1745	1190	952	833	793	1555	1061	848	742	707	1415	965	772	675	643
481-500	1789	1220	976	854	813	1595	1088	870	761	725	1450	989	791	692	659
561-580	1947	1228	1062	929	885	1734	1182	946	827	788	1575	1074	859	752	716
581-600	1987	1355	1084	948	903	1767	1205	964	843	803	1606	1095	876	767	730
601-620	2022	1379	1103	965	919	1800	1227	982	859	818	1635	1115	892	780	743
741-760	2237	1526	1220	1068	1017	1989	1356	1085	949	904	1804	1230	984	861	820
761-780	2257	1539	1231	1077	1026	2009	1370	1096	959	913	1822	1242	994	869	828
781-800	2279	1554	1243	1088	1036	2026	1382	1105	967	921	1839	1254	1003	878	836

Beispiel 1

Wie hoch ist die Wagenladungsfracht? Bruttogewicht 4510 kg, Klasse A, 197 km.

Lösung

4510 kg = 5000 kg frachtpflichtiges Gewicht
50 × 994 Pf Tarif A 5 . . . . 497,— DM Bahnfracht

Beispiel 2

Wie hoch ist die Wagenladungsfracht? Bruttogewicht 14790 kg, Klasse C, 492 km.

Lösung

14790 kg = 14800 kg frachtpflichtiges Gewicht
Tarif C 10 (wirkliches Gewicht)
148 × 989 Pf . . . . aufgerundet 1464,— DM Fracht
Tarif C 15 (Mindestgewicht)
150 × 791 Pf . . . . aufgerundet 1187,— DM Fracht
Günstigerer Tarif C 15 . . . . 1187,— DM Bahnfracht

3 Wie hoch sind die gesamten Transportkosten? Bruttogewicht 14862 kg, Klasse C, 197 km; Rollgeld, Be- und Entladen des Waggons und Wagenstandgeld 106,40 DM.

4 Stellen Sie die (günstigste) Wagenladungsfracht fest!

Güterart	Klasse	Versandart	kg	km
a) Stahlbleche	A	Frachtgut	18028	96
b) Kiefernstämme	B	Frachtgut	27340	158
c) Kunstdruckpapier	A	Frachtgut	4275	202
d) Häute	A	Frachtgut	7164	318
e) Düngemittel	B	Frachtgut	13107	498
f) Rohrgeflecht	B	Frachtgut	3976	572
g) Braumalz	A	Frachtgut	21381	197
h) Korkrinde	B	Frachtgut	7826	769
i) Drehbank	A	Frachtgut	19104	452
j) Schaumstoffplatten	B	Frachtgut	2124	149

3. Expreßgut

Expreßgutfracht

mit Frachtberechnungsgewicht bis kg	Ausgerechnete Expreßgutfrachten in DM für Sendungen Zone 1 1–200 km		Zone 2 201–400 km		Zone 3 401–600 km		Zone 4 über 600 km	
6	**8,5**	7,5	**10,7**	9,5	**12,4**	11,0	**14,5**	12,8
8	**9,2**	8,1	**11,4**	10,1	**13,8**	12,2	**16,3**	14,4
10	**9,7**	8,6	**12,2**	10,8	**14,9**	13,2	**18,0**	15,9
12	**10,6**	9,4	**13,9**	12,3	**16,6**	14,7	**19,7**	17,4
14	**11,6**	10,3	**15,6**	13,8	**18,5**	16,4	**21,2**	18,8
16	**12,8**	11,3	**17,3**	15,3	**20,6**	18,2	**23,2**	20,5
18	**13,8**	12,2	**19,1**	16,9	**22,6**	20,0	**25,1**	22,2
20	**14,9**	13,2	**20,8**	18,4	**24,5**	21,7	**26,9**	23,8
30	**22,3**	19,7	**31,2**	27,6	**36,9**	32,7	**40,5**	35,8
40	**29,8**	26,4	**41,6**	36,8	**49,2**	43,5	**53,9**	47,7
50	**37,3**	33,0	**52,0**	46,0	**61,4**	54,3	**67,5**	59,7
60	**44,7**	39,6	**62,4**	55,2	**73,7**	65,2	**81,1**	71,8
70	**52,2**	46,2	**72,8**	64,4	**86,0**	76,1	**94,5**	83,6
80	**59,7**	52,8	**83,2**	73,6	**98,2**	86,9	**108,0**	95,6
90	**67,2**	59,5	**93,6**	82,8	**110,5**	97,8	**121,6**	107,6
100	**74,7**	66,1	**104,0**	92,0	**122,8**	108,7	**135,0**	119,5
110	**77,6**	68,7	**108,3**	95,8	**128,1**	113,4	**140,7**	124,5
120	**84,6**	74,9	**118,2**	104,6	**139,8**	123,7	**153,5**	135,8
130	**91,7**	81,2	**128,1**	113,4	**151,5**	134,1	**166,3**	147,2
140	**98,8**	87,4	**137,9**	122,0	**163,2**	144,4	**179,1**	158,5
150	**105,8**	93,6	**147,8**	130,8	**174,9**	154,8	**191,9**	169,8
160	**112,9**	99,9	**157,7**	139,6	**186,6**	165,1	**204,7**	181,2
170	**120,0**	106,2	**167,6**	148,3	**188,3**	175,5	**217,5**	192,5
180	**127,1**	112,5	**177,5**	157,1	**210,0**	185,8	**230,3**	203,8
190	**134,1**	118,7	**187,3**	165,8	**221,7**	196,2	**243,1**	215,1
200	**141,1**	124,9	**197,2**	174,5	**233,4**	206,5	**255,9**	226,5
			Frachtsatz für Gewichte über 200 kg					
für je angefangene 10 kg	**7,09**	6,27	**9,88**	8,74	**11,70**	10,35	**12,80**	11,33

Die Beträge in **Fettdruck** enthalten die Umsatzsteuer.

Die Bundesbahn befördert Güter als Expreßgut auch im Packwagen der Personenzüge, soweit sie sich dazu eignen. Warenbegleitpapier ist die Expreßgutkarte. Das tatsächliche Gewicht wird auf den nächsten Gewichtssatz aufgerundet.

Sperrgut: für 10 dm^3 wird 1 kg gerechnet. Für die Frachtberechnung müssen die Maße ermittelt werden.

Für Sendungen bis 200 kg kann man die Fracht aus der Frachtentabelle ablesen. Bei Gütern über 200 kg sind besondere Berechnungen erforderlich.

Beispiel 1

Wie hoch ist die Fracht für eine Kiste Autoersatzteile zu 24 kg? Entfernung 350 km.

Lösung

24 kg wirkliches Gewicht — 30 kg frachtpflichtiges Gewicht
30 kg bei 201–400 km = 31,20 DM Fracht

Beispiel 2

Wie hoch ist die Fracht für einen Behälter Etiketten zu 215 kg? Entfernung 78 km.

Lösung

215 kg wirkliches Gewicht — 220 kg frachtpflichtiges Gewicht
Frachtsatz bei 220 kg je 10 kg 7,09 DM
22 · 7,09 = 155,98 DM Fracht

5 Stellen Sie die Expreßgutfracht für folgende Sendungen fest:

Warenwert	a) kg	km	b) kg	km
Möbelbeschläge	7,2	410	33,5	150
Lösungsmittel	82,5	210	114,2	48
Bolzenschußapparate	22	73	38	405
Kalender	133	114	17,2	660
Lehrmodell	16	85	36	304
Bücher	64	809	144	218
Stahlwolle	117	95	94	190

6 Wie hoch ist die Fracht?
2 Kisten Feilen, 65,5 kg und 38,4 kg, Entfernung 218 km, 1 Empfänger.

7 Wie hoch ist die gesamte Fracht? 1 Behälter Zugfedern 145 kg, Entfernung 172 km; 1 Rolle Drahtseil 98 kg, Entfernung 572 km.

8 Wie hoch ist die Fracht? 3 Kisten zu je 22,7 kg, Entfernung 248 km.

9 Wie hoch ist die Fracht?
5 Ballen Därme zu je 28,4 kg, Entfernung 615 km.

C. Dreisatz

Schließen Sie von der

1. **Mehrheit auf die Einheit**
   a) 8 m^2 ≙ 56,— DM. 1 m^2?
   b) 12 m^3 ≙ 360,— DM. 1 m^3?
   c) $3^1/_2$ kg ≙ 70,— DM. 1 kg?
   d) 420 St. in 6 Std. in 1 Std.?
   e) Für 10 Maschinen reicht der Vorrat 84 Stunden. Wie lange reicht der Vorrat für eine Maschine?

2. **Einheit auf die Mehrheit**
   a) 1 kg ≙ 4,10 DM. 8 kg?
   b) 1 Std. ≙ 7,60 DM. 5 Std.?
   c) $^1/_2$ m ≙ 15,— DM. 30 m?
   d) 1 St. ≙ 0,60 DM. 250 Stück?
   e) 1 Füllanlage benötigt 15 Tage für einen Auftrag. Wieviel Tage benötigen 3 Anlagen für den Auftrag?

I. Einfacher Dreisatz

Beim Dreisatz ist der Wert für eine bestimmte Menge **(alte Mehrheit)** gegeben. Das Problem besteht darin, den Wert für eine neue Menge **(neue Mehrheit)** zu finden. **Wir schließen ① vom Wert der alten Mehrheit auf ② den Wert für 1 Mengeneinheit und von diesem auf ③ den Wert der neuen Mehrheit.**

1. Gerader einfacher Dreisatz (gerades Verhältnis)

Beispiel

Ein Betrieb stellt bei 40stündiger wöchentlicher Arbeitszeit 7650 kg Kunstharzlack her. Infolge des neuen Tarifabkommens mit den Gewerkschaften wird die wöchentliche Arbeitszeit auf 38 Stunden gesenkt. Wie hoch wird die Wochenproduktion bei 38 Arbeitsstunden sein?

Lösung

1. *Ansatz:*
   In 40 Std. werden 7650 kg Lack hergestellt (Angabesatz)
   In 38 Std. werden x kg Lack hergestellt (Fragesatz)

2. *Bruchsatz:*
   ① in 40 Std. 7650 kg: 7650
   ② in 1 Std. wieviel kg?
   Mehr oder weniger kg als in 40 Std? Weniger, nämlich: $\frac{7650}{40}$
   ③ in 38 Std. x kg
   Mehr oder weniger kg als in einer Stunde? Mehr, nämlich: $\frac{7650 \cdot 38}{40}$

3. *Ausrechnung:* $x = \frac{7650 \cdot 38}{40} =$ 7267,5 kg Lack in der 38stündigen Arbeitswoche

Lösungsweg

1. *Aufstellen des Ansatzes* — Form beachten!
   Gleichartige Bezeichnungen stehen untereinander, die gesuchte Größe steht am Ende des Fragesatzes.
2. *Entwickeln des Bruchsatzes*
   a) Der Wert der alten Mehrheit ist Ausgangspunkt der Rechnung und als erste Zahl auf den Bruchstrich des Bruchsatzes zu setzen.
   b) Wir schließen von der alten Mehrheit auf die Einheit!
   Sorgfältig prüfen, ob dabei eine Vermehrung (multiplizieren) oder eine Verminderung (dividieren) des Wertes für 1 Einheit eintritt! Beim geraden Dreisatz tritt eine Verminderung ein (dividieren).
   c) Wir schließen von der Einheit auf die neue Mehrheit!
3. *Ausrechnen* — Kürzen beachten (Rechenvorteil der kleinstmöglichen Zahl)!
   Erst multiplizieren – dann dividieren! Warum?
4. *Ergebnis schätzen* (Kontrolle)!
5. *Verkürzte Darstellung:*

40 Std. ≙ 7650 kg   Der Bruchsatz wird im Kopf entwickelt.
38 Std. ≙ x kg

$$x = \frac{7650 \cdot 38}{40} = \underline{\underline{7267{,}5\ \text{kg}}}$$ Wochenproduktion bei 38 Arbeitsstunden

Lösungsschema

① alte Mehrheit

↓

② Einheit — mehr oder weniger } als alte Mehrheit?

↓

③ neue Mehrheit — mehr oder weniger } als Einheit?

Lösung algebraisch

40 Std. ≙ 7650 kg
38 Std. ≙ x kg

Für den gesuchten Wert steht x als Platzhalter.

Die beiden Bezugsgrößen (hier: 40 Std. und 7650 kg) stehen in einem geraden Verhältnis, das heißt, sie sind *direkt* proportional.

Das bedeutet:

Je kleiner die erste Bezugsgröße wird, desto kleiner wird die zweite Bezugsgröße.
Je größer die erste Bezugsgröße wird, desto größer wird die zweite Bezugsgröße.

Beim geraden Verhältnis werden quotientengleiche Zahlenpaare einander gleichgesetzt:

$$\frac{x}{38} = \frac{7650}{40}$$

$$x = \frac{7650 \cdot 38}{40} = 7267{,}5$$

7267,5 kg Lack werden in der 38-Stunden-Woche hergestellt.

1 Die Benutzung eines Bauzaunes für die Plakatwerbung kostet für 60 Tage 546,— DM. Die Benutzungsdauer wird auf 76 Tage verlängert. Wieviel DM muß das Unternehmen insgesamt zahlen?

2 Für eine Sendung verschiedener Rohstoffe im Gesamtwert von 16 000,— DM wurden 3200,— DM Zoll gezahlt. Wie hoch ist der Zollanteil für einen der Artikel mit einem Wertanteil von 7000,— DM?

3 Unsere 13 Kundendienstwagen verbrauchen zusammen im Durchschnitt monatlich 6175 l Kraftstoff. Es werden wegen Vergrößerung des Bezirks zwei weitere Wagen angeschafft. Wie hoch wird jetzt der monatliche Kraftstoffverbrauch durchschnittlich sein?

2. Ungerader einfacher Dreisatz (ungerades Verhältnis)

Beispiel
Ein Rohstoffvorrat reicht für 35 Maschinen 24 Arbeitstage. Infolge eines Brandes fallen 7 Maschinen aus. Für wieviel Arbeitstage reicht nun der Vorrat?

Lösung kaufmännisch

1. *Ansatz:*
   Für 35 Maschinen reicht der Vorrat 24 Tage (Aussagesatz)
   Für 28 Maschinen reicht der Vorrat x Tage (Fragesatz)

2. *Bruchsatz:*
   a) für 35 Maschinen reicht der Vorrat 24 Tage : 24
   b) für 1 Maschine reicht der Vorrat wieviel Tage
   (Mehr oder weniger Tage als für 35 Maschinen? Mehr nämlich) : $24 \cdot 35$
   c) für 28 Maschinen reicht der Vorrat x Tage
   (Mehr oder weniger Tage als für 1 Maschine? Weniger, nämlich): $\frac{24 \cdot 35}{28}$

3. *Ausrechnung:*

$$x = \frac{\overset{6}{\cancel{24}} \cdot \overset{5}{\cancel{35}}}{\underset{7}{\cancel{28}}} = \underline{\underline{30 \text{ Arbeitstage}}}$$ reichen 28 Maschinen mit dem Rohstoffvorrat

4. *Verkürzte Darstellung:*

35 Maschinen ≙ 24 Arbeitstage
28 Maschinen ≙ x Arbeitstage

$$x = \frac{24 \cdot 35}{28} = \underline{\underline{\textbf{30 Arbeitstage}}}$$

Lösungsweg wie beim geraden Dreisatz.
Beim Schließen von der alten Mehrheit auf die Einheit tritt eine Vermehrung ein (multiplizieren).

Lösung algebraisch

35 Maschinen ≙ 24 Tage
28 Maschinen ≙ x Tage

Für den gesuchten Wert steht x als Platzhalter.

Die beiden Bezugsgrößen (hier: 35 Maschinen und 24 Tage) verhalten sich *umgekehrt* proportional.

Das bedeutet:

Je kleiner die erste Bezugsgröße wird, desto größer wird die zweite Bezugsgröße.
Je größer die erste Bezugsgröße wird, desto kleiner wird die zweite Bezugsgröße.

Beim umgekehrten Verhältnis werden produktgleiche Zahlenpaare einander gleichgesetzt:

$$28 \cdot x = 35 \cdot 24$$

$$x = \frac{35 \cdot 24}{28} = \underline{\underline{5}}$$

28 Maschinen reichen mit dem Rohstoffvorrat $\underline{\underline{\text{30 Arbeitstage}}}$.

4 Der Bestand an Dichtungsringen reicht bei voller Beschäftigung (5 Tage in der Woche) 6 Wochen. Wegen Absatzschwierigkeiten wird Kurzarbeit eingeführt (3 Tage in der Woche). Für wieviel Wochen reicht der Bestand bei Kurzarbeit?

5 Für die Abschlußarbeiten zum Ende des Geschäftsjahres benötigen 9 Angestellte 14 Arbeitstage. Wegen eines Eilauftrages können nur 7 Angestellte eingesetzt werden. Wieviel Tage sind erforderlich, um die Arbeiten mit weniger Personal zu erledigen?

6 Eine Batterie liefert bei Stromausfall 21 Glühlampen für 75 Betriebsstunden Strom. Es werden 4 weitere Lampen an das Batterienetz angeschlossen. Für welche Zeit reicht bei dieser Belastung die Batterieladung?

3. Übungen mit geradem und ungeradem einfachem Dreisatz

7 Für das Eindecken eines Flachdaches von 408 m^2 werden 10 200 Patentplatten benötigt. Infolge einer Konstruktionsänderung wird das Dach nur 381 m^2 groß. Wieviel Platten werden für das Decken des Daches bestellt werden müssen?

8 Für einen Auftrag werden bei einem Einsatz von 24 Packerinnen 9 Arbeitstage eingeplant. Wegen Krankheit können jedoch nur 18 Arbeiterinnen eingesetzt werden. Wieviel Tage müssen nun für den Auftrag geplant werden?

9 Ein betriebseigener Saugheber von 400 cm^2 Grundfläche hat eine Tagesleistung von 1500 t Getreide. Der Betrieb entschließt sich, ein weiteres Saugrohr zu installieren, aber mit einer Grundfläche von 625 cm^2. Wie groß wird die tägliche Förderleistung beider Saugheber sein?

10 Für einen Ballen Kleiderstoff von 32,4 m Länge zahlt ein Unternehmen 436,80 DM. Wie hoch sind die Materialkosten für ein Kleidercoupon von 2,15 m?

11 Für eine Spritzlackierkammer benötigt ein Betrieb 34,5 m eines Fußboden-Spezialbelages von 70 cm Breite. Der Belag ist in einer Breite von nur 50 cm vorrätig. Wieviel Meter müssen geliefert werden?

12 Im vergangenen Monat erhielt unser Vertreter bei 36 250,— DM Umsatz 1812,50 DM Provision. Der Umsatz dieses Monats beträgt 32 070,— DM. Wie hoch ist die Provision?

13 Aus 50 kg Rohkaffee erhält man 43,3 kg Röstkaffee. Wie hoch ist der Röstverlust bei einer Tagesproduktion von 22 650 kg Röstkaffee?

14 Bei einer Lieferzeit von 21 Tagen ist ein eiserner Bestand von 861 Stück erforderlich. Die Lieferzeit erhöht sich um 9 Tage. Wie hoch muß jetzt der eiserne Bestand sein?

15 Die betrieblichen Stromkosten betragen 5763,15 DM für 38 421 kWh. Wie hoch ist der Stromkostenanteil des Materiallagers? Alter Zählerstand 6937, neuer Zählerstand 9023.

16 In der Qualitätskontrolle vermessen monatlich 3 Angestellte 4320 Stichproben. Wieviel Angestellte müssen bei 17 280 Stichproben eingesetzt werden?

17 Ein Computer erledigt in 10 Minuten die eingegebenen Additionsarbeiten. Seine Rechenkapazität beträgt 500 000 Additionen je Sekunde. Wie lange müßte ein Mensch ohne Unterbrechung arbeiten, um dieses Pensum zu erledigen? Die menschliche Leistung liegt bei 12 Additionen je Minute.

18 Durch Arbeitszeitverkürzung bei vollem Lohnausgleich erhöht sich der Stundenlohn des Fahrers von 20,— DM auf 21,06 DM. Um wieviel Stunden je Woche hat sich die Arbeitszeit verkürzt? Neue Arbeitszeit: 38 Stunden.

19 Eine rollbare Eisentreppe zu einer Laderampe sollte 24 Stufen mit einer Steighöhe von 18 cm haben. Die Berufsgenossenschaft schreibt aus unfalltechnischen Gründen eine Steighöhe von nur 16 cm vor. Wieviel Stufen müssen von der Betriebsschlosserei hergestellt werden!

20 Die Frachtkosten für eine Sendung Stahlrohre verschiedenen Durchmessers von 855 t betragen 63 270,— DM. Wie hoch ist der Frachtkostenanteil für Röhrenklasse A mit 210 t Gewichtsanteil?

21 Unsere 14 Abfüllautomaten haben eine Tageskapazität von 210 000 Flaschen. Wegen steigenden Umsatzes sollen Automaten nachbestellt werden, so daß eine Kapazität von 300 000 Flaschen erreicht wird. Wieviel Automaten müssen bestellt werden?

22 Ein Frachter benötigt bei einer Motorenleistung von 17 Knoten $10\frac{3}{4}$ Tage, um im Bestimmungshafen anzukommen. Nach Umbau legt das Schiff 20 Knoten zurück. Wieviel Tage und Stunden benötigt der Frachter jetzt für die Fahrt?

23 Die letzte Rohstoffsendung von 35 t wurde zu 21 157,50 DM angeboten. Das neue Angebot über 22 t lautet: 13 981,— DM. Wie hoch ist die Preissteigerung insgesamt und je t?

24 Die Lohnkosten eines Unternehmens betragen bei täglich $8\frac{1}{2}$stündiger Arbeitszeit 18 426,30 DM. Wegen eines Streiks bei Lieferern wird die Arbeitszeit auf 5 Stunden herabgesetzt (Kurzarbeit ohne Lohnausgleich). Wie hoch ist die aufzubringende Lohnsumme?

25 Um eine Partie Rundholz abzufahren, müssen 6 Lkw je 16mal täglich fahren. Wegen Straßenbauarbeiten muß ein Umweg gefahren werden, so daß die Lkw nur 12mal je Tag fahren können. Wieviel Lkw müssen zusätzlich eingesetzt werden, um die Partie termingemäß abfahren zu können?

II. Zusammengesetzter Dreisatz

Er ist aus zwei oder mehr einfachen geraden oder ungeraden Dreisätzen zusammengesetzt. Die Entwicklung erfolgt wie beim einfachen Dreisatz.

Beispiel
Um 15 000 m^3 Erde zu bewegen, benötigten 5 Maschinen 48 Arbeitsstunden. Wieviel Arbeitsstunden brauchen 6 Maschinen für einen Auftrag über 23 000 m^3?

Lösung

Ansatz:

5 Maschinen bewegen 15 000 m^3 in 48 Stunden
6 Maschinen bewegen 23 000 m^3 in x Stunden

Auflösen in einf. Dreisätze

5 Ma.	15 000 m^3	48 Std.
6 Ma.	23 000 m^3	x Std.

Bruchsatz:
Der zusammengesetzte Dreisatz wird in **einfache Dreisätze** aufgelöst. Jeder einfache Dreisatz wird für sich entwickelt und im gemeinsamen Bruchsatz ausgerechnet.

Erster einfacher Dreisatz:

1. 5 Maschinen benötigen 48 Stunden: $\boxed{48}$
2. 1 Maschine benötigt wieviel Stunden?
   Mehr oder weniger Std. als 5 Maschinen? Mehr, nämlich: $\boxed{48} \cdot 5$
3. 6 Maschinen benötigen wieviel Stunden?
   Mehr oder weniger Std. als 1 Maschine? Weniger, nämlich: $\frac{\boxed{48} \cdot 5}{6}$

Zweiter einfacher Dreisatz:

1. in 48 Stunden werden 15 000 m^3 bewegt: $\frac{\boxed{48} \cdot 5}{6}$
2. für 1 m^3 benötigt man wieviel Stunden?
   Mehr oder weniger Std. als für 15 000 m^3? Weniger, nämlich: $\frac{\boxed{48} \cdot 5}{6 \cdot 15\,000}$
3. für 23 000 m^3 benötigt man x Stunden
   Mehr oder weniger Std. als für 1 m^3? Mehr, nämlich: $\frac{\boxed{48} \cdot 5 \cdot 23\,000}{6 \cdot 15\,000}$

Ausrechnung:

$$x = \frac{\overset{8}{\cancel{48}} \cdot \cancel{5} \cdot 23\cancel{000}}{\cancel{6} \cdot \underset{3}{\cancel{15}}\cancel{000}} = \frac{184}{3} = 61\tfrac{1}{3} \text{ Arbeitsstunden} = \underline{\underline{61 \text{ Stunden, } 20 \text{ Minuten}}}$$

1 Zur Herstellung eines Gewebes, 350 m lang, 80 cm breit, braucht man 264 kg Garn.

a) Wieviel kg Garn müssen für ein Gewebe von 250 m Länge und 105 cm Breite eingesetzt werden?

b) Wie lang wird das Gewebe, wenn es 120 cm breit sein soll und 400 kg Garn zur Verfügung stehen?

2 Der Erdaushub einer Baustelle wird von 6 Lkw zu 3 t bei 20 Fahrten täglich abgefahren. Wievielmal müßten täglich vier 5-Tonner fahren?

3 Für die Wandverkleidung einer Ausstellungshalle (15 m hoch und 24 m lang) liefern wir 2460 imprägnierte Kupferplatten. Wieviel Platten müssen für eine Wand von 11 m Höhe und 22 m Länge geliefert werden?

4 Einen Auftrag über 56 Werkstücke erledigen 14 Arbeiter in 12 Arbeitstagen bei achtstündiger täglicher Arbeitszeit. Ein Eilauftrag über 78 Stücke soll in 9 Tagen ausgeführt werden.

a) Wieviel Überstunden müßte jeder der 14 Arbeiter täglich machen?

b) Wieviel Arbeiter müßten bei den vorgesehenen 9 Arbeitstagen für den Auftrag über 78 Stücke zusätzlich eingesetzt werden, um Überstunden zu vermeiden?

5 An 8 Automaten werden in der 5-Tage-Woche bei täglicher Arbeitszeit von 9 Stunden 3780 Kegelräder gefertigt. Die tägliche Arbeitszeit wird auf 8 Stunden herabgesetzt. Eine Maschine fällt aus. Wie hoch ist die Tagesproduktion bei achtstündiger Arbeitszeit?

6 12 Lkw eines Betonwerkes fahren 96 000 Fertigteile in 8 Tagen ab, wenn sie täglich sechsmal fahren. Wieviel Teile können in 6 Tagen befördert werden, wenn 14 Lkw täglich fünfmal fahren?

Was sagen die folgenden Bruchsätze bis zu ihrem gezeigten Entwicklungsstand aus?

a) $\frac{96\,000 \cdot 14}{12 \cdot 8}$ b) $\frac{96\,000 \cdot 14 \cdot 6}{12 \cdot 8 \cdot 6}$

c) Ermitteln Sie das Endergebnis!

7 Das Ersatzteillager hat eine Wandfläche von insgesamt 60 m Länge mit 3 Böden. Weil diese Organisation lange Verkehrswege verursacht, werden die Regalböden in freistehende Gestelle montiert. Dadurch verkürzt sich die Gesamtlänge auf 50 m. Durch Sonderlagerung von wenigen Großpackungen können bei gleicher Höhe 4 Böden untergebracht werden. Wieviel m Bodenlänge stehen jetzt für die Lagerung zur Verfügung?

III. Programmierte Übungen

Die Lösungen bitte nur dann ankreuzen, wenn das Buch Ihr Eigentum ist. Im Leihverfahren überlassene Bücher dürfen nicht beschrieben werden.

1 Einem Kunden wurden versehentlich gegen Barnachnahme 600 Paar Strümpfe zu 1,05 DM je Paar I. Wahl geliefert. Er bat um Lieferung II. Wahl zu 0,75 DM je Paar. Wieviel Paar Strümpfe II. Wahl müssen wir ihm liefern, wenn die Vorauszahlung voll eingesetzt werden soll?

- a 228 Paar
- b 840 Paar
- c 1300 Paar
- d 845 Paar
- e anderes Ergebnis, welches?

2 Beim Bau einer Pipeline sind 5 Maschinen eingesetzt, die täglich in $7\frac{1}{2}$ Arbeitsstunden 1220 m Graben ausheben. Eine Maschine ist wegen Achsenbruchs ausgefallen. Wieviel Überstunden (Std./Min.) müssen die 4 Maschinen leisten, um die Tagesleistung von 1220 m einzuhalten?

- a 1 Std., 30 Min.
- b 9 Std., 22,5 Min.
- c 6 Std.
- d 1 Std., 52,5 Min.
- e anderes Ergebnis, welches?

3 Die Füllung eines Heizöltanks reicht bei einem durchschnittlichen Tagesverbrauch von 300 l 120 Heiztage. Für wieviel Heiztage reicht die Tankfüllung, wenn nach Einbau eines neuen Brenners und einer Klappe zur Regulierung des Luftzuges der Tagesverbrauch auf 252 l sinkt?

- a 143 Tage
- b 630 Tage
- c 101 Tage
- d 142 Tage
- e anderes Ergebnis, welches?

4 Das Förderband einer Kiesgrube hat 3 Geschwindigkeiten. Stufe I: 1,5 m/sec., II: 2 m/sec., II: 3 m/sec. bei gleicher Belastung. In einer Stunde können auf Stufe II 28 m^3 gefördert werden.
Wieviel m^3 können je Stunde bei Stufe III gefördert werden?

- a 21 m^3
- b 24 m^3
- c 19 m^3
- d 18,7 m^3
- e anderes Ergebnis, welches?

5 Eine Säurefabrik will eine Abteilung mit säurefesten Fliesen zu 18×22 cm auslegen lassen. Erforderlich wären 20000 Fliesen. Ein anderer Hersteller bietet Fliesen an, die sich für diese Beanspruchung besser eignen, aber nur in einer Größe von 10×12 cm geliefert werden. Wieviel Fliesen müßten beim zweiten Hersteller bestellt werden?

- a
- b
- c
- d
- e anderes Ergebnis, welches?

a $\frac{20000 \cdot 10 \cdot 12}{18 \cdot 22}$ b $\frac{20000 \cdot 18 \cdot 12}{10 \cdot 22}$ c $\frac{20000 \cdot 18 \cdot 22}{10 \cdot 12}$ d $\frac{20000 \cdot 10 \cdot 22}{18 \cdot 12}$

6 Ein Tee-Importeur packt täglich mit 12 Automaten in zwei Schichten zu je 8 Stunden 3456000 Aufgußbeutel. Die Schichtarbeitszeit wird um eine halbe Stunde gesenkt. Die zukünftige Absatzerwartung liegt bei 5000000 Beuteln. Wieviel Automaten müssen zusätzlich auf Grund der Arbeitszeitverkürzung und der Absatzerwartung angeschafft werden?

- a 7 Automaten
- b 17 Automaten
- c 19 Automaten
- d 5 Automaten
- e anderes Ergebnis, welches?

D. Kettensatz

Beispiel 1

Eine Bremer Baumwollhandelsgesellschaft führt 20 000 kg Baumwolle aus den USA ein. Der Rechnungspreis beträgt 28 000,— \$. Wieviel DM kostet für die Handelsgesellschaft ½ kg dieser Sendung, wenn der Kurs* 1 \$ = 2,40 DM beträgt?

Lösung nach dem Dreisatz

1. Möglichkeit

a) 20 000 kg ≙ 28 000 \$
0,5 kg ≙ x \$

$$x = \frac{28\,000 \cdot 0{,}5}{20\,000} = \underline{\underline{0{,}70\ \$}}$$

b) 1 \$ ≙ 2,40 DM
0,70 \$ ≙ x DM

$$x = 2{,}40 \cdot 0{,}70 = \underline{\underline{1{,}68\ \text{DM}}}$$

2. Möglichkeit

a) 1 \$ ≙ 2,40 DM
28 000 \$ ≙ x DM

$$x = 2{,}40 \cdot 28\,000 = \underline{\underline{67\,200{,}\text{— DM}}}$$

b) 20 000 kg ≙ 67 200,— DM
0,5 kg ≙ x DM

$$x = \frac{67\,200 \cdot 0{,}5}{20\,000} = \underline{\underline{1{,}68\ \text{DM}}}$$

Diese Rechnung kann beim geraden Dreisatz durch den Kettensatz vereinfacht werden:

Lösung nach dem Kettensatz

			Sprich:
x DM	≙	0,5 kg	Wieviel DM kosten 0,5 kg,
20 000 kg	≙	28 000 \$	wenn 20 000 kg 28 000 \$ kosten,
1 \$	≙	2,40 DM	wenn 1 \$ 2,40 DM entspricht?

Das Produkt der auf der linken Seite stehenden Kettenglieder ist gleich dem Produkt der auf der rechten Seite stehenden:

$$x \cdot 20\,000 \cdot 1 = 0{,}5 \cdot 28\,000 \cdot 2{,}40$$

Daraus ergibt sich:

$$x = \frac{0{,}5 \cdot 28\,000 \cdot 2{,}40}{20\,000 \cdot 1} = 1{,}68$$

0,5 kg Baumwolle kosten $\underline{\underline{1{,}68\ \text{DM}}}$

Die 1 braucht weder im Zähler noch im Nenner geschrieben zu werden; sie hat keinen Einfluß auf das Ergebnis!

Kettenregel

1. Die Kette wird in der Form von Gleichungen geschrieben. Sie *beginnt* mit der *gesuchten Größe* (hier: x DM ≙ 0,5 kg).
2. Das *folgende Kettenglied* beginnt mit der Bezeichnung, mit der das vorhergehende Kettenglied schließt (hier: kg — dann: \$).
3. Die Kette schließt mit der gesuchten Bezeichnung (hier: DM).

x DM ≙ 0,5	kg	20000 ≙ 28000,—	\$	1,— ≙ 2,40 DM

* Die Wechselkurse für den Kauf und Verkauf fremder Währungen unterliegen ständigen Schwankungen, oft in erheblichem Ausmaß. Entnehmen Sie aktuelle Wechselkurse bitte den Kurstabellen der Geldinstitute oder aus der Tagespresse.

4. Die Kette (= *„senkrechter Bruchstrich“*) wird gedreht. Die *rechte Seite* der Gleichungen steht (nach dem Herausstellen von x) *auf dem Bruchstrich,* die *linke Seite unter dem Bruchstrich.*

Nenner	Zähler
x DM	0,5 kg
20000 kg	28000 $
1 $	2,40 DM

$$x = \frac{\text{rechte Seite}}{\text{linke Seite}}$$

Beispiel 2

Ein Lebensmittelwerk kauft dänisches Schweineschmalz. Die Tonne wird mit 14311,20 dkr angeboten. Wieviel DM kostet das Schweineschmalz je Verbraucherpackung (250 g) bei einem Kurs von 26,— DM für 100 dkr?

Lösung

x DM	≙	250 g
1000 g	≙	1 kg
1000 kg	≙	1 t
1 t	≙	14311,20 dkr
100 dkr	≙	26,— DM

oder verkürzt:

x DM	≙	0,250 kg
1000 kg	≙	14311,20 dkr
100 dkr	≙	26,— DM

$$x = \frac{250 \cdot 14\,311{,}20 \cdot 26}{1000 \cdot 1000 \cdot 100} = \underline{\underline{0{,}93\ \text{DM}}} = \frac{0{,}25 \cdot 14\,311{,}20 \cdot 26}{1000 \cdot 100} = x$$

1 Wieviel DM beträgt der Einkaufspreis für schwedisches Erz je Tonne?

	a)	b)	c)	d)
Menge	3825 t	12650 t	860 t	6275 t
Gesamtpreis	229500,— DM	664125,— DM	51146,— DM	409130,— DM

2 Ein Pkw verbraucht im Winter im Stadtverkehr für eine Fahrstrecke von 733 km 98,5 l Benzin. Wie hoch ist der Verbrauch auf 100 km?

3 Französische Brennweine werden angeboten:

	a)	b)	c)	d)
Menge	35 hl	1200 l	26 hl	2250 l
Preis je l	3,28 F	3,28 F	3,16 F	3,10 F
Kurs für 100 F	31,25 DM	32,— DM	32,10 DM	31,50 DM

Wie hoch sind die Angebotspreise in DM?

4 Die Löhne und Gehälter eines Unternehmens betragen 58250,— DM bei einem Umsatz von 282500,— DM. Wieviel DM Personalkosten entfallen auf 100,— DM Umsatz?

5 Die Bezugskosten für 85,2 t Stahlbleche betragen 908,30 DM. Wieviel DM Bezugskosten entfallen auf eine Partie von 5,6 t?

6 Wieviel DM kosten 5 t Kautschuk, wenn 1 amerikanisches lb in New York mit 52 cts angeboten wird?

(100 am. lbs ≙ 1 am. cwt; 1 am. cwt ≙ 45,357 kg; 1 $ ≙ 100 cts; 1 $ ≙ 2,30 DM)

7 Für den Garten eines Belegschaftserholungsheimes werden 3500 Tulpenzwiebeln aus den Niederlanden bezogen. Der Einkaufspreis beträgt 294 hfl. Wieviel DM kosten die Zwiebeln,

a) wenn der Kurs für 100 hfl 87,50 DM beträgt,

b) wenn 17,50 DM Frachtkosten hinzukommen?

8 Vergleichen Sie folgende Preisnotierungen für Baumwolle:

a) Bremen:	5,523 DM	je kg	(1 $	≙	2,40 DM
b) New York:	75,60 cts	„ am. lb	1 £	≙	3,50 DM
c) New Orleans:	68,25 cts	„ „ „	100 am. lbs	≙	45,357 kg
d) Liverpool:	0,605 £	„ engl. lb	112 engl. lbs	≙	50,8 kg)

Wie hoch ist der Preis in DM für 1 kg an den einzelnen Auktionsorten? Worauf beruhen die Preisunterschiede?

9 Einer Kaffeegroßrösterei wird ein Posten Kaffee „Santos" zu 141,50 cts je lb frei Hafen New York angeboten.

a) Wieviel DM kosten 3500 kg frei Hafen New York?

b) Wieviel DM kostet die Partie frei Rösterei Bremen, wenn je 100 DM Einkaufspreis (auch angef. 100 DM) 4,50 DM Bezugskosten entstehen?

(1 lb ≙ 0,4536 kg; 1 $ ≙ 2,50 DM)

10 Eine Krefelder Kleiderfabrik erhält aus Manchester ein Tuchangebot zu 5,80 £ je yard.

a) Wieviel DM kostet 1 m, wenn 12 yards ≙ 11 m sind und der Kurs für 1 £ ≙ 3,60 DM beträgt?

b) Wieviel DM kosten 3500 yards, wenn zum Einkaufspreis 7,50 £ Transportkosten und Spesen je 100 yards hinzukommen?

11 Ein spanischer Elektroartikelimporteur kauft in der Bundesrepublik Deutschland 80 Waschmaschinen zum Stückpreis von 820,— DM. Er bezahlt die Rechnung bei der Pariser Bank des Lieferers. Wieviel F überweist er bei folgenden Kursen: 100 Pta ≙ 1,75 DM; 100 F ≙ 1420,— Pta?

12 Ein deutscher Anbieter will Filetiermaschinen zum Preis von 21400,— DM ab Werk nach Skandinavien exportieren. Zu welchen Preisen müssen die Maschinen in Landeswährung in Kopenhagen, Oslo und Stockholm angeboten werden?

(Kurse: 100 dkr ≙ 26,— DM; 100 nkr ≙ 33,— DM; 100 skr ≙ 31,20 DM)

Programmierte Übungen

Die Lösungen bitte nur dann ankreuzen, wenn das Buch Ihr Eigentum ist. Im Leihverfahren überlassene Bücher dürfen nicht beschrieben werden.

13 Wieviel DM kostet 1 kg Baumwolle einer Sendung von 14 500 lbs bei einem Preis von 144 cts je lb? Für die gesamte Sendung entstehen 620,— US-$ Frachten und Beschaffungsspesen.
(1 US-$ ≙ 2,35 DM; 1 lb ≙ 0,4536 kg)

- a 3,36 DM
- b 3,97 DM
- c 3,79 DM
- d 4,02 DM
- e anderes Ergebnis, welches?

14 Über einen niederländischen Importeur beziehen wir kanadisches Schweineschmalz ab Hafen New York. Das Schmalz kostet 20 kan. cts je lb. Die gekauften 50 Tonnen müssen in holländischer Währung bezahlt werden. Welchen Betrag müssen wir überweisen, wenn 1 US-$ ≙ 1,10 kan. $ sind? (Nur Bruchsatz aufstellen!)
(1 cwt ≙ 112 lbs; 1 cwt ≙ 50,8 kg; 1 US-$ ≙ 2,30 DM; 100 hfl ≙ 88,— DM)

- a $\frac{50 \cdot 1000 \cdot 112 \cdot 20 \cdot 1{,}1 \cdot 100}{50{,}8 \cdot 100 \cdot 2{,}3 \cdot 88}$
- b $\frac{50{,}8 \cdot 100 \cdot 1{,}1 \cdot 88}{50 \cdot 1000 \cdot 112 \cdot 20 \cdot 2{,}3 \cdot 100}$
- c $\frac{50 \cdot 1000 \cdot 112 \cdot 20 \cdot 2{,}3 \cdot 100}{50{,}8 \cdot 100 \cdot 1{,}1 \cdot 88}$
- d $\frac{50\,000 \cdot 112 \cdot 20 \cdot 2{,}3}{50{,}8 \cdot 1{,}1 \cdot 88}$
- e anderes Ergebnis, welches?

15 Ein Spirituosenhändler kauft in Algerien 240 hl Brennwein zum Preise von 4,42 F je l, die in DM zu bezahlen sind. Kurs: 100 F ≙ 32,— DM.
Wieviel DM kostet die Sendung?

- a 3 394,56 DM
- b 33 945,60 DM
- c 33 954,60 DM
- d 339 456,— DM
- e anderes Ergebnis, welches?

16 Für die Reisenden eines Hannoveraner Unternehmens will die Geschäftsleitung Dienstwagen anschaffen. Es stehen Fahrzeuge mit Superbenzin- oder Dieselmotoren zur Auswahl. Bei den Testfahrten stellt sich heraus, daß der Dieselkraftstoffverbrauch bedeutend geringer ist als der Benzinverbrauch. Wie hoch ist die Kostenersparnis eines Pkw-Diesel auf der Strecke Hannover–Stuttgart (1100 km für Hin- und Rückfahrt), wenn die Wagen 12 l Benzin bzw. 8 l Diesel auf 100 km verbrauchen und 63 l Benzin im Preis etwa 69 l Diesel entsprechen? 1 l Benzin 1,469 DM.

- a 193,91 DM
- b 75,88 DM
- c 118,03 DM
- d 69,02 DM
- e anderes Ergebnis, welches?

17 Eine Getreidehandlung importiert über Rotterdam 12 000 t kanadischen Weizen, der über Chicago verschifft wird. Der Preis je bushel beträgt nach der letzten Notierung in Winnipeg 510 kan. cts. Wieviel hfl sind in Rotterdam an den holländischen Zwischenhändler zu zahlen, wenn 1 US-$ ≙ 1,10 kan. $; 100 hfl ≙ 88,50 DM; 1 bushel ≙ 60 lbs; 112 lbs ≙ 50,8 kg und 1 US-$ ≙ 2,32 DM sind? (Nur Bruch aufstellen!)

- a $\frac{12\,000 \cdot 1000 \cdot 112 \cdot 510 \cdot 2{,}32 \cdot 100}{50{,}8 \cdot 60 \cdot 100 \cdot 88{,}5 \cdot 1{,}1}$
- b $\frac{50{,}8 \cdot 60 \cdot 100 \cdot 1{,}1 \cdot 88{,}5}{12\,000 \cdot 1000 \cdot 112 \cdot 510 \cdot 2{,}32 \cdot 100}$
- c $\frac{12\,000 \cdot 1000 \cdot 112 \cdot 510 \cdot 2{,}32 \cdot 100}{50{,}8 \cdot 60 \cdot 100 \cdot 1{,}1 \cdot 88{,}5}$
- d $\frac{12\,000 \cdot 1000 \cdot 112 \cdot 510 \cdot 2{,}32 \cdot 100}{50{,}8 \cdot 60 \cdot 100 \cdot 88{,}5}$
- e anderes Ergebnis, welches?

E. Rechnen mit ausländischen Währungen, Maßen und Gewichten

I. Rechnen mit Währungen*

Sortenkurstabelle einer Geschäftsbank

Land	Währungs-einheit	für	Kurse Ankauf/Geld	Verkauf/Brief
Belgien	belg. Franc (bfr)	100 bfrs	4,65	4,90
Dänemark	dän. Kronen (dkr)	100 dkr	26,—	28,—
Finnland	Finnmark (Fmk)	100 Fmk	43,50	45,25
Frankreich	franz. Franc (F)	100 F	31,—	33,—
Großbritannien	Pfund Sterling (£)	1 £	3,50	3,65
Irland	irisches Pfund (ir. £)	1 ir. £	3,10	3,25
Italien	Lira (Lit)	1000 Lit	1,55	1,66
Japan	Yen (¥)	100 ¥	0,96	1,02
Kanada	kan. Dollar (kan. $)	1 kan. $	1,93	2,02
Niederlande	Gulden (hfl)	100 hfl	87,—	89,—
Norwegen	norw. Kronen (nkr)	100 nkr	32,75	34,50
Österreich	Schilling (öS)	100 öS	14,11	14,35
Portugal	Escudo (Esc)	100 Esc	1,10	1,50
Schweden	schwed. Kronen (skr)	100 skr	30,75	32,50
Schweiz	Schw. Franken (sfr)	100 sfrs	115,—	117,—
Spanien	Peseten (Pta)	100 Pta	1,65	1,77
USA	US-Dollar ($)	1 US-$	2,30	2,40

Eine *Währung* ist die gesetzliche Geldordnung eines Staates. Der Außenwert einer Währung wird *Währungsparität* genannt.

Bei ausländischen Zahlungsmitteln unterscheiden wir *Sorten* (Banknoten und Münzen) und *Devisen* (a) Schecks und Wechsel, die auf fremde Währung ausgestellt und im Ausland fällig sind; b) telegrafische und briefliche Auszahlungen = Anweisungen an eine Bank, einen Betrag in Auslandswährung auszuzahlen).

Banken kaufen und verkaufen Zahlungsmittel fremder Länder. *Der Preis* für die fremden Währungseinheiten ist der *Kurs*. In der Bundesrepublik Deutschland wird der Kurs *in* DM für 100 *fremde Währungseinheiten* angegeben. *Ausnahmen* bilden $ und £ – hier wird der Kurs für 1 Einheit angegeben – und Lire – hier: 1000 fremde Währungseinheiten (z. B. Kurs für 100 skr ≙ 30,75 DM; Kurs für 1 £ ≙ 3,50 DM; Kurs für 1000 Lire ≙ 1,55 DM).

Im *Ausland* wird der Wechselkurs der DM für 100,— DM in der entsprechenden Landeswährung notiert (z. B.: Kurs für 100,— DM in Bern: 86,20 sfrs). In den USA und in Großbritannien gibt der Kurs die Menge fremder Währungseinheiten an, die für 1 $ bzw. 1 £ benötigt werden (z. B.: 3,60 DM ≙ 1 £).

Der Verkaufspreis ist höher als der Einkaufspreis. Die Differenz ist Kostendeckung und Gewinn der Bank.

Wir unterscheiden

Ankaufskurs/Geldkurs	Verkaufskurs/Briefkurs
Einkaufspreis der Bank (z. B. Ankauf von 100 skr für 30,75 DM)	Verkaufspreis der Bank (z. B. Verkauf von 100 skr für 32,50 DM)

Differenz von 1,75 DM = Kostendeckung und Gewinn der Bank

Nach Währungsbezeichnungen steht kein Punkt! (DM – hfl – skr – F)

* Die Wechselkurse für den Kauf und Verkauf fremder Währungen unterliegen ständigen Schwankungen, oft in erheblichem Ausmaß. Entnehmen Sie aktuelle Wechselkurse bitte den Kurstabellen der Geldinstitute oder aus der Tagespresse.

Beispiel 1
Der Generalbevollmächtigte eines Werkes kauft für einen Kundenbesuch in Schweden für 3600,— DM skr ein. Wieviel skr erhält er?

Lösung (Die Bank verkauft Sorten zum Verkaufskurs = Briefkurs.)

a) *mit dem Kettensatz:*

x skr ≙ 3600,— DM
32,50 DM ≙ 100,— skr

$$x = \frac{3600 \cdot 100}{32,5} = \underline{\underline{11076,92 \text{ skr}}}$$

b) *mit dem Dreisatz:*

32,50 DM ≙ 100 skr
3600,— DM ≙ x DM

$$= \frac{100 \cdot 3600}{32,5} = x$$

Beispiel 2
Nach seiner Rückkehr verfügt der Generalbevollmächtigte noch über 980,— skr, die er bei der Bank zurücktauscht. Wieviel DM erhält er?

Lösung (Die Bank kauft zum Ankaufskurs = Geldkurs.)

a) *mit dem Kettensatz:*

x DM ≙ 980,— skr
100 skr ≙ 30,75 DM

$$x = \frac{980 \cdot 30,75}{100} = \underline{\underline{301,35 \text{ DM}}}$$

b) *mit dem Dreisatz:*

100 skr ≙ 30,75 DM
980 skr ≙ x DM

$$= \frac{30,75 \cdot 980}{100} = x$$

1 Wir kaufen bei unserer Hausbank:

a) 8480,— dkr
b) 7585,— nkr
c) 12912,— Pta
d) 835,60 hfl
e) 350,40 £
f) 15720,— öS
g) 35280,— Lit
h) 9615,— bfrs
i) 975,— F
k) 3,82 £
l) 7500,— US-$
m) 9750,— sfrs

Wieviel DM werden unserem Konto belastet?

2 Wie hoch sind die Sortenumsätze einer Bankfiliale in der Hauptreisezeit?

für DM	verkaufte Währung	für DM	verkaufte Währung	für DM	verkaufte Währung
a) 380,—	hfl	e) 3420,—	£	i) 1800,—	F
b) 12400,—	US-$	f) 4750,—	sfrs	k) 960,—	US-$
c) 2600,—	dkr	g) 8600,—	kan. $	l) 1350,—	nkr
d) 800,—	bfrs	h) 674,—	öS	m) 2800,—	Esc

3 Einer Bank werden Sorten angeboten. Wieviel DM zahlt sie dafür?

a) 3000,— nkr
b) 5500,— F
c) 240,— hfl
d) 1520,50 US-$
e) 25000,— Lit
f) 9920,— Pta
g) 2615,— öS
h) 325,75 £
i) 14,20 skr
k) 1928,70 £
l) 550,25 US-$
m) 55000,— bfrs

4 Wieviel a) nkr, b) bfrs, c) F, d) US-$, e) hfl erhält man für 1000,— DM?

5 Wieviel DM zahlt die Bank für a) 1000,— sfrs, b) 500,— dkr, c) 750,— US-$, d) 250,— nkr, e) 1400,— hfl?

6 Ein spanisches Reisebüro bietet 7tägige Flugreisen nach Mallorca an: Vorsaison 39 560,— Pta, Hauptsaison 44 650,— Pta, Nachsaison 38 480,— Pta.

Wieviel DM sind das?

7 Wir kaufen Sorten von unserer Hausbank. Führen Sie die Sortenabrechnung durch!

US-$	£	F	hfl	bfrs	sonst.	Tageskurs	Kurswert	Gebühr	DM-Betrag
3 540,—						2,35	?	3,25	?
	450,50					3,60	?	4,10	?
		6 620,—				31,50	?	2,35	?
			4 580,—			87,50	?	3,90	?
				12 400,—		4,80	?	—	?
					dkr 875,—	27,—	?	1,50	?
					Gesamtbetrag		?	?	?

8 Prüfen Sie die Sortenabrechnung! (Die Bank berechnet 0,30 DM Gebühren je angefangene 100,— DM Kurswert)

Währung	Tageskurs	Kurswert in DM	Gebühr	DM-Betrag
5 460,— skr	31,—	1 692,60	5,10	1 697,70
1 212,— £	3,60	4 363,20	14,10	4 377,30
8 425,— dkr	26,50	2 232,63	6,90	2 239,53
970 000,— Lit	1,60	1 552,—	5,10	1 557,10
8 470,— US-$	2,30	19 481,—	53,40	19 534,40
4 440,— kan. $	1,95	8 658,—	20,10	8 678,40
		37 979,43	104,70	38 084,13

9 Ein Hersteller elektrischer Kleingeräte versendet 3 Kisten Haartrockner (Kistenmaße 1,20 x 0,80 x 0,60 m; Gewicht je Kiste 478 kg) auf dem Seeweg nach Melbourne. Die Seefracht beträgt £ 19,26 je m^3 bzw. je 1000 kg nach Reeders Wahl (d. h., die Reederei legt die für sie günstigere Frachtberechnung zugrunde).

Wie hoch ist die Fracht a) in £, b) in DM? (Kurs: 3,55 DM)

10 Errechnen Sie die Fracht in £ und DM, Maß/Gewicht nach Reeders Wahl.

	Kisten	Maße je Kiste in m	Gewicht je Kiste	Frachtrate je m^3 bzw. 1000 kg	Kurs
a)	5	0,90 x 0,40 x 0,20	165 kg	£ 6,24	3,57 DM
b)	2	2,65 x 1,24 x 0,70	1755 kg	£ 12,45	3,60 DM
c)	8	1,80 x 1,40 x 1,20	3247 kg	£ 4,45	3,61 DM
d)	4	1,45 x 1,35 x 1,25	1516 kg	£ 16,50	3,50 DM

Beispiel 3
Für 15 000,— öS zahlt die Grenzwechselstelle einer Bank 2130,— DM aus. Zu welchem Ankaufskurs hat die Bank abgerechnet?

Lösung

a) *mit dem Kettensatz*

x DM	≙ 100,— öS
15 000,— öS	≙ 2130,— DM

b) *mit dem Dreisatz*

15 000,— öS	≙ 2130,— DM
100,— öS	≙ x DM

$$x = \frac{100 \cdot 2130}{15\,000} = \underline{\underline{14{,}20\ \text{DM}}} = \frac{2130 \cdot 100}{15\,000} = x$$

11 Errechnen Sie die Ankaufs- bzw. Verkaufskurse der Bank für folgende Sortengeschäfte:

für	Auszahlung	für	Auszahlung
a) 16 300,— F	5 134,50 DM	d) 9325,— DM	7 935,56 sfrs
b) 25 450,— hfl	22 396,— DM	e) 15,50 DM	6,46 US-$
c) 533,— £	1 918,80 DM	f) 356,24 DM	215 900,— Lire

12 Unser Reisender für Frankreich wechselt in Paris 3 Eurocheques über je 300,— DM in F. Die Bank erhebt eine Bearbeitungsgebühr von 4,— F je Scheck. Kurse: Ankauf 303,—, Verkauf 322,60.

Prüfen Sie die Bankabrechnung!

Nature des Devises Billets ou chèques de voyage	Devise	Montant	Cours	Contre-valeur en F
EC	DM	900,—	3,226	2 903,40
	Frais d'encaissement			12,—
				Montant
				2 915,40

13 Bei Auslandsbanken werden die folgenden Beträge umgetauscht. Wie hoch sind die Auszahlungen?

	Gebühren	Geldkurs	Briefkurs
a) 750,— DM in sfrs	5,— sfrs	85,90	89,30
b) 5 600,— DM in dkr	40,— dkr	384,60	398,—
c) 180,— DM in F	—	305,20	324,10
d) 23 000,— öS in DM	—	714,30	746,30
e) 12 000,— nkr in DM	75,— nkr	289,85	305,35
f) 50,— hfl in DM	—	109,30	111,—

Beispiel 4

Bei einer deutschen Sparkasse werden 20 000,— hfl in sfrs gewechselt. Wie hoch ist die Auszahlung? Ankauf hfl 87,50, Verkauf sfrs 116,—.

Lösung

Die Sparkasse kauft die hfl zum Ankaufskurs von 87,50 und verkauft die sfrs zum Briefkurs von 116,—.

x sfrs ≙ 20 000,— hfl
100,— hfl ≙ 87,50 DM
116,— DM ≙ 100,— sfrs

$$x = \frac{20\,000 \cdot 87{,}5 \cdot 100}{100 \cdot 116} = \underline{\underline{15\,086{,}21 \text{ sfrs}}}$$

14 Bei einer deutschen Bank werden fremde Sorten in andere ausländische Währungen gewechselt.

Wie hoch sind die Auszahlungen in der gewünschten Währung?

	verkaufte Sorten	gewünschte		verkaufte Sorten	gewünschte
a)	3 600,— dkr	öS	d)	2 270,— F	skr
b)	560,— £	sfrs	e)	8 640,— nkr	£
c)	6 475,— öS	Lit	f)	25 400,— bfrs	US-$

Durch einen Vergleich der Inlandskurse mit den Wechselkursen im Ausland kann festgestellt werden, wo der Umtausch günstiger ist. Dazu müssen die Kurse vergleichbar gemacht werden. Es wird die *rechnerische Währungsparität* **(Paritätskurs)** festgestellt.

Beispiel 5

a) Die Kursnotierung für öS in der Bundesrepublik Deutschland ist 14,20. Welchem Kurs entspricht das in Österreich?

Lösung

mit dem Kettensatz

x öS ≙ 100,— DM
14,20 DM ≙ 100,— öS

mit dem Dreisatz

14,20 DM ≙ 100,— öS
100,— DM ≙ x öS

$$x = \frac{100 \cdot 100}{14{,}2} = \underline{\underline{704{,}23 \text{ öS}}} = \frac{100 \cdot 100}{14{,}2} = x$$

b) Die DM notiert in Kopenhagen mit 385,50. Errechnen Sie den Paritätskurs in der Bundesrepublik Deutschland!

Lösung

mit dem Kettensatz

x DM ≙ 100,— dkr
385,50 dkr ≙ 100,— DM

mit dem Dreisatz

385,50 dkr ≙ 100,— DM
100,— dkr ≙ x DM

$$x = \frac{100 \cdot 100}{385{,}5} = \underline{\underline{25{,}94 \text{ DM}}} = \frac{100 \cdot 100}{385{,}5} = x$$

15 Errechnen Sie die jeweiligen Paritätskurse!

Kurse in der Bundesrepublik Deutschland für		Kurse für DM im Ausland	
a) F	31,20	e) Belgien:	2040,80
b) Esc	2,60	f) Norwegen:	285,71
c) sfrs	116,30	g) Schweden:	322,58
d) Fmk	44,—	h) Holland:	111,42

16 DM-Beträge sollen in ausländische Sorten gewechselt werden. Prüfen Sie, ob der Umtausch in der Bundesrepublik Deutschland oder im Ausland günstiger ist! (Sortenkurse in der Bundesrepublik Deutschland: siehe Kurstabelle)

DM	Umtausch in	Auslandskurs	DM	Umtausch in	Auslandskurs
a) 15 600,—	F	318,50	d) 1 800,—	dkr	344,83
b) 60 000,—	öS	694,44	e) 8 300,—	hfl	112,60
c) 325 500,—	sfrs	86,59	f) 12 350,—	bfrs	2061,85

17 Unser Unternehmen hat Verbindlichkeiten bei einem französischen Lieferer.

Aus einem Exportgeschäft besteht auf einer schwedischen Bank ein Guthaben von 1 200 000,— skr.

Prüfen Sie, ob das Guthaben

a) in Schweden (Kurs 101,20),

b) in Frankreich (Kurs 97,20) oder

c) in der Bundesrepublik Deutschland (Kurse siehe Kurstabelle)

in F gewechselt werden soll!

18 Ein deutsches Unternehmen muß eine Rechnung über 26 300,— sfrs begleichen.

a) Welcher DM-Kurs in der Schweiz würde der deutschen Notierung entsprechen?

b) Wieviel DM müßte das Unternehmen für die Rechnung bezahlen, wenn die sfrs im Inland beschafft werden?

c) Wie hoch ist der DM-Kurs in der Schweiz, wenn das Unternehmen durch den Kauf der sfrs in der Schweiz einen Gewinn von 164,30 DM erzielt?

II. Rechnen mit englischen und amerikanischen Gewichten

1. Addition und Subtraktion

englische long ton(s)	= lton	ounce(s)	= oz
hundredweight(s)	= cwt(s)	dram(s)	= dr(s)
quarter(s)	= qr(s)	amerikan. short ton	= ston
pound(s)	= lb(s).		

Englische Gewichte				
1 ton	= 20 cwts	=	1016	kg
1 cwt	= 4 qrs	=	50,8	kg
1 qr	= 28 lbs	=	12,7	kg
1 lb	= 16 oz	=	453,6	g
1 oz	= 16 drs	=	28,35	g

Amerikanische Gewichte				
1 ton	= 20 cwts	=	907,185	kg
1 cwt	= 4 qrs	=	45,359	kg
1 qr	= 25 lbs	=	11,340	kg
1 lb	= 16 oz	=	453,6	g
1 oz	= 16 drs	=	28,35	g

Beispiele

(engl.)		(am.)	
	lton 46.13.3.27		ston 15.19.3.24
+	lton 15. 9.2.14	+	ston 33.16.1. 3
=	lton 61.22.5.41	=	ston 48.35.4.27
	lton 62. 3.2.13		ston 49.16.1. 2

1 Wieviel wiegen die gelieferten Waren?

a)	b)	c)	d)
engl. t 247.19. 3.27	engl. cwts 18.3.26	am. t 4.19. 3.24	am. cwts 19. 2.23
engl. t 964.12. 1. 4	engl. cwts 9.1.17	am. t 7.17. 1.18	am. cwts 8. 3.21
engl. t 9. 5.—.15	engl. cwts 17.2.21	am. t 1. 8. 1. 9	am. cwts 13.—.17
engl. t 1067.—. 2. 9	engl. cwts 6.1. 2	am. t 3.15.—.23	am. cwts 4. 1. 4
engl. t 486.14. 1.24	engl. cwts 15.3.25	am. t 9.13. 3.—	am. cwts —. 2.22
engl. t ?	engl. cwts ?	am. t ?	am. cwts ?

2 Wie hoch sind die Gesamtumsätze?

a) engl. t	—. 19.3.27	317. 4. 1.18	97. 13.—.11	104. 15. 3. 4
b) engl. cwts	420.1.14	15. 2.23	904. 3. 8	510.—.14
c) am. t	8. 18.3.24	—. 15. 1.18	33. 8.—.15	100. 16. 1.18
d) am. cwts	12.1. 7	258.—.24	829. 1. 8	64. 3.21

3 Wie hoch sind die Nettogewichte?

	a) long ton	b) engl. cwts	c) short ton	d) am. cwts
brutto	t 417. 9.3.17	cwts 319.1. 5	t 58.15.2.19	cwts 255.3.18
Tara	t 24.15.3.25	cwts 42.3.19	t 8.18.2.24	cwts 48.3.23
netto	t ?	cwts ?	t ?	cwts ?

4 Wie hoch sind die Schlußbestände?

	a)	b)	c)
Anfangsbest.	engl. cwts 666.—.—	am. cwts 8910. 1.—	am. cwts 170. 3. 1
Verkäufe	engl. cwts 2. 8. 4	am. cwts 1009.—.11	am. cwts 17. 1. 9
Verkäufe	engl. cwts 397.—.11	am. cwts 875. 2. 8	am. cwts 88. 2.18
Verkäufe	engl. cwts 33. 3. 3	am. cwts 3476. 1. 9	am. cwts —. 3.24
Verkäufe	engl. cwts 19. 1.—	am. cwts 6. 2. 3	am. cwts 6.—.—
Schlußbestand	engl. cwts ?	am. cwts ?	am. cwts ?

2. Umrechnen in Gewichtsdezimalen

1 t = 20 cwts = 1016 kg 1 cwt = 4 qrs = 50,8 kg 1 qr = 28 lbs = 12,7 kg 1 lb = 0,4536 kg
t → · 20 → cwt → · 4 → qr → · 28 → lb t ← 20 : ← cwt ← 4 : ← qr ← 28 : ← lb

Beispiel 1
8.10.2.4 t sind in lbs zu verwandeln.

Lösung

t	8. 10. 2.4	(8 · 20 + 10)
cwts	170. 2.4	(170 · 4 + 2)
qrs	682.4	(682 · 28 + 4)
lbs	19 100	

Beispiel 2
Verwandeln Sie 9294 lbs in t!

Lösung

lbs	9294	(: 28; Rest = lbs)
qrs	331.26	(: 4; Rest = qr)
cwts	82. 3.26	(: 20; Rest = cwt)
t	4. 2. 3.26	

5 Verwandeln Sie in lbs:

a) t 4. 2. 1. 3	e) t 25.—.1.19	i) t —.19. 2.16
b) cwts 16.—.14	f) qrs 2.17	k) cwts 38. 3. 2
c) cwts 125. 2.13	g) t 2.12.2.10	l) t 9. 7.—. 5
d) t 20. 17. 3.18	h) qrs 3.15	m) cwts 99. 1.18

6 Verwandeln Sie in t:

a) lbs 7 125	c) lbs 26 397	e) lbs 207 531	g) lbs 115	i) lbs 99
b) lbs 25 679	d) lbs 500 000	f) lbs 627	h) lbs 3749	k) lbs 54 312

Zur Rechnung mit englischen Gewichten müssen cwts, qrs und lbs in t-Dezimalen verwandelt werden.

Beispiel 3
Verwandeln Sie 2.4.2.14 t in t-Dezimalen!

Lösung

		t 2.4.2.14
1. Umrechnen der lbs in qr-Dezimalen:	14 : 28 = qrs	0,5
2. Umrechnen der qrs in cwt-Dezimalen:	2,5 : 4 = cwts	0,625
3. Umrechnen der cwts in t-Dezimalen:	4,625 : 20 = t	0,23125
	t	2,23125

7 Errechnen Sie die Dezimalen der angegebenen Größen:

a) t 18. 6. 3.21	e) t 55.—.—.25	i) t 14.—. 2. 9
b) cwts 105.—.14	f) qrs 3.20	k) cwts 88. 3.18
c) t 250. 16. 1.27	g) t 250.12. 1. 8	l) cwts 70. 3.12
d) t —. 14. 2.26	h) qrs 2. 7	m) cwts 16.—. 2

Beispiel 4 Es sind 450,69375 t in cwts, qrs und lbs zu verwandeln.

Lösung

1. Umrechnen der t-Dezimalen in cwts:
2. Umrechnen der cwt-Dezimalen in qrs:
3. Umrechnen der qr-Dezimalen in lbs:

t	450,69375
0,69375 · 20 = cwts	13,875
0,875 · 4 = qrs	3,5
0,5 · 28 = lbs	14
t	450.13.3.14

8 Verwandeln Sie in cwts, qrs und lbs:

a) t 275,3624	d) t 0,855	g) t 800,575	k) t 0,37426
b) t 33,37286	e) t 2,5	h) t 85,26175	l) t 9,750
c) t 2600,76452	f) t 65,6428	i) t 0,9835	m) t 170,57398

9 Wieviel DM kosten Rohstoffimporte aus dem £-Raum? Wieviel metrische t hat die Sendung? Wieviel DM kostet eine metr. t?[1)]

a) t 875.12.2.14 zu £ 2,34 je t; Kurs: 3,78 DM
b) cwts 99.1. 7 zu £ 0,58 je cwt; Kurs: 3,82 DM
c) t 753.15.1.14 zu £ 5,50 je t; Kurs: 3,85 DM

10 Wieviel cwts, qrs und lbs wiegen folgende Sendungen Exportwaren? Wie hoch ist der Rechnungspreis in £ und DM?

a) 8 750,000 kg zu 15,20 DM je kg; Kurs: 3,60 DM
b) 25,400 kg zu 300,— DM je kg; Kurs: 3,67 DM
c) 50 245,000 kg zu 1,03 DM je kg; Kurs: 3,72 DM

III. Rechnen mit englischen und amerikanischen Längenmaßen

1. Addition und Subtraktion

England und die USA haben *yards* als Längenmaß.

1 yard = 3 feet (ft)	1 yard = 91,44 cm
1 foot = 12 inches (in)	12 yards = 11 m

Beispiele

yds 18.1. 6	yds 216.2. 4	yds 216.2.4
+ yds 9.1. 4	yds 784.2. 9	yds 784.2.9
= yds 27.2.10	yds 1000.4.13	yds 1001.2.1 (im Kopf umgerechnet)
	yds 1001.2. 1	

1 Wie hoch sind die Einkäufe?

a)	b)	c)	d)
yds 827. 2. 7	yds 16412. 1. 9	yds 1702. 2. 4	yds 35216. 1. 4
yds 4683. 1. 8	yds 42539. 1.10	yds 86. 1. 8	yds 49. 2.11
yds 5110. 1.11	yds 76483. 2.11	yds 9.—. 7	yds 7635. 2. 9
yds 2754.—. 5	yds 92548.—. 8	yds 6207.—.10	yds 917.—. 2
yds 3279. 2. 9	yds 50380. 2.—	yds 715. 2.11	yds 4266.—.—
yds 84. 2.10	yds 14006. 1. 5	yds 874. 2. 9	yds 776. 1. 8
yds ?	yds ?	yds ?	yds ?

1) 1 metrische t = 1000 kg

2 a) Wie hoch ist der Wochenumsatz je Gewebe?
b) Wie hoch ist der Tagesumsatz der Gewebe insgesamt?
c) Wie hoch ist der Wochenumsatz insgesamt?

Gewebe	I	II	III	IV	insges.
Mo.	yds 38217. 2. 9	yds 934. 2. 7	yds 618. 1.—	yds 86. 1.10	yds ?
Di.	yds 41609. 2. 8	yds 1066. 2. 8	yds 679.—.10	yds 91.—. 4	yds ?
Mi.	yds 40320. 2.11	yds 1026.—. 4	yds 702. 2. 8	yds 97. 2. 3	yds ?
Do.	yds 43616.—. 3	yds 1212. 1.—	yds 689. 1. 7	yds 88. 1.—	yds ?
Fr.	yds 40207. 1.—	yds 1139. 1.11	yds 635. 1. 3	yds 79. 2. 8	yds ?
	yds ?	yds ?	yds ?	yds ?	yds ?

3 Wie hoch sind die Abrechnungsmengen?

	a)	b)	c)
Nettomenge	yds 2612.1. 7	yds 35.—. 8	yds 418.2.1
– Rabatt	yds 187.1.10	yds 8. 1.11	yds 15.2.5
Abrechnungsm.	yds ?	yds ?	yds ?

4 Wie hoch sind die Schlußbestände?

	a)	b)	c)
Anfangsbestand	yds 485. 2. 7	yds 6820. 2. 9	yds 327. 2. 5
Verkäufe	yds 13.—. 9	yds 1060. 1.—	yds 15.—. 7
Verkäufe	yds 104. 2.—	yds 410.—. 6	yds —. 2. 6
Verkäufe	yds —. 1. 6	yds —. 2.10	yds 103. 1.11
Verkäufe	yds 86. 1. 7	yds 860. 1. 8	yds 96. 2. 8
Schlußbestand	yds ?	yds ?	yds ?

2. Umrechnen in Dezimalen

1 yard = 3 feet = 91,44 cm 1 foot = 12 inches = 30,48 cm
yds → · 3 → · 12 → in
yds ← 3 : ← 12 : ← in

Beispiel 1
Verwandeln Sie 10.2.8 yds in ft und in!

Lösung

yds	10. 2.8	(10 · 3 + 2 yds)
ft	32.8	(32 · 12 + 8 feet)
in	392	

Beispiel 2
Verwandeln Sie 1960 in in yds und in!

Lösung

in	1960	(: 12; Rest = in)
ft	163.4	(: 3; Rest = feet)
yds	54.1.4	

5 Rechnen Sie in inches um:

a) yds 100.—.—
b) yds 45.—.10
c) yds 80. 2. 7
d) yds 220. 2. 5
e) yds 575.—.11
f) yds 23. 2. 6
g) yds 66.1. 2
h) yds 125.2. 9
i) yds —.2.10
k) yds 26.2. 8
l) yds —.2.11
m) yds 13.1. 6

6 Verwandeln Sie in yds:

a) in 5620	d) in 78	g) in 150	k) in 788
b) in 9625	e) in 481	h) in 99	l) in 108
c) in 526	f) in 448	i) in 200	m) in 999

Beispiel 3
78.2.9 yds sind in yd-Dezimalen zu verwandeln.

Lösung

		yds 78.2.9
1. Umrechnen von inches in feet-Dezimalen =	9 : 12 =	feet 0,75
2. Umrechnen von feet in yard-Dezimalen =	2,75 : 3 =	yds 0,9167
		yds 78,9167

7 Rechnen Sie in yd-Dezimalen um!

a) yds 20. 2.3	d) yds 75.1. 6	g) yds —.2. 9	k) yds 13. 1.10
b) yds —.—.3	e) yds 150.2. 7	h) yds 20.1.—	l) yds 275. 2. 2
c) yds 45. 1.5	f) yds —.2.11	i) yds 47.1. 6	m) yds 63.—.10

Beispiel 4
Rechnen Sie 3,528 yds in feet und inches um!

Lösung

		yards 3,528
1. Umrechnen der feet-Dezimalen in inches:	0,528 · 3 =	feet 1,584
2. Umrechnen der yard-Dezimalen in feet:	0,584 · 12 =	inches 7,008
		yards 3.1.7

8 Rechnen Sie um in yards, feet und inches!

a) yds 18,625	d) yds 150,250	g) yds 43,329	k) yds 50,025
b) yds 8,575	e) yds 325,750	h) yds 99,928	l) yds 65,333
c) yds 43,678	f) yds 6,635	i) yds 475,294	m) yds 22,222

9 Wieviel DM kosten die gesamte Sendung und 1 m jeder Sendung?

a) yds 250. 2. 9 zu £ 1,12 je yd; Kurs: 3,70 DM
b) yds 950. 1. 6 zu £ 2,38 je yd; Kurs: 3,68 DM
c) yds 75. 2. 4 zu £ 0,85 je yd; Kurs: 3,73 DM
d) yds 335.—.11 zu £ 3,69 je yd; Kurs: 3,80 DM
e) yds 36. 1. 3 zu £ 4,70 je yd; Kurs: 3,82 DM

10 Zu welchem £-Preis müssen nach England in yards angeboten werden?

a) 3500 m zu 0,25 DM je m; Kurs: 3,79 DM
b) 6225 m zu 1,30 DM je m; Kurs: 3,84 DM
c) 220 m zu 0,75 DM je m; Kurs: 3,85 DM
d) 560 m zu 5,81 DM je m; Kurs: 3,90 DM
e) 5200 m zu 8,30 DM je m; Kurs: 3,75 DM

IV. Programmierte Übungen

> Die Lösungen bitte nur dann ankreuzen, wenn das Buch Ihr Eigentum ist.
> Im Leihverfahren überlassene Bücher dürfen nicht beschrieben werden.

1 Eine deutsche Konservenfabrik gleicht die Rechnung der Obst- und Gemüsegesellschaft St. Foy la Grande über eine Lieferung Pfirsiche durch Banküberweisung aus. — Rechnungsbetrag 25 620,— F; Kurs: Ankauf 31,25 DM, Verkauf 33,25 DM.

Wie hoch ist die Lastschrift der Bank in DM?

a	8060,25 DM
b	8006,25 „
c	8518,65 „
d	8518,56 „
e	anderes Ergebnis, welches?

2 Unsere Londoner Versicherung überweist für eine Havarie (Seetransportschaden) 4226,— £ an unsere Hausbank, die uns den DM-Gegenwert zum Tageskurs gutschreibt. Kurs: Ankauf 3,55 DM. Verkauf 3,70 DM.

Über wieviel DM lautet die Gutschrift?

a	105,02 DM
b	156,36 „
c	15 002,30 „
d	15 636,20 „
e	anderes Ergebnis, welches?

3 Wir beteiligen uns an einem spanischen Unternehmen, um den spanischen Markt direkt beliefern zu können. Unsere Kapitalbeteiligung beträgt 265 000,— DM. Der Geschäftsanteil wird in Pta überwiesen.

Wie hoch ist unser Geschäftsanteil in Peseten? Kurs: Ankauf 1,65 DM, Verkauf 1,80 DM.

a	606 060,06 Pta
b	16 060 060,06 „
c	74 122 222,22 „
d	14 722 222,22 „
e	anderes Ergebnis, welches?

4 Ein kanadischer Kunde bittet um ein Angebot in kan. Dollars. Unser Angebotspreis in DM beträgt 18 200,— DM. Preisangebot in kan. Dollars erfolgt zum Tageskurs von 1,60 DM. Das Geschäft kommt zustande. Nach zwei Monaten geht der Betrag bei unserer Bank ein, die uns den DM-Gegenwert gutschreibt. — Kurs: Ankauf 1,62 DM, Verkauf 1,72 DM.

Wie hoch ist die Kursdifferenz gegenüber dem Angebotspreis in DM?

a	136,50 DM
b	227,50 DM
c	1 365,— DM
d	2 275,— DM
e	anderes Ergebnis, welches?

5 Wieviel DM kostet eine Sendung Rohstoffe aus Großbritannien?

Importiert werden 20 346,875 kg zu £ 3,02 je t, Kurs 3,60 DM.

a	22,12 DM
b	221,22 DM
c	536,41 DM
d	3 564,10 DM
e	anderes Ergebnis, welches?

F. Verteilungsrechnen

Beim Verteilungsrechnen werden Gesamtsummen anteilmäßig auf Einzelpositionen verteilt, um Gewinne oder Kosten aufzuschlüsseln. Verteilungsschlüssel sind Einzelmengen und Anteile (ganze Zahlen, Brüche, Prozentsätze).

Beispiel 1

An einem Unternehmen sind beteiligt: A mit 80 000,—DM, B mit 200 000,— DM, C mit 120 000,— DM. Der Jahresgewinn von 120 000,— DM ist entsprechend der Kapitaleinlagen der Gesellschafter zu verteilen.

Lösung kaufmännisch

1. Möglichkeit

	①		
Kapital A	80 000,— DM	≙	24 000,— DM Gewinn ④
Kapital B	200 000,— DM	≙	60 000,— DM Gewinn ④
Kapital C	120 000,— DM	≙	36 000,— DM Gewinn ④
Gesamtkapital	400 000,— DM ②	≙	120 000,— DM Gesamtgewinn
Kapital	1,— DM ③	≙	0,30 DM Gewinn

Die Ziffern zeigen den Rechenweg an. Das Ergebnis wird durch Addition der einzelnen Anteile kontrolliert (= Gesamtgewinn).

Lösungsweg

① Feststellen der Gesamtanteile = Gesamtkapital;
② diesem Gesamtkapital entspricht der Gesamtgewinn;
③ Feststellen des Gewinnanteils für 1,— DM Kapital (120 000 : 400 000 = 0,30);
④ Schließen vom Gewinn für 1,— DM Kapital auf den Gewinn für die Kapitalanteile von A, B und C (Gewinn A: 80 000 · 0,30 = 24 000,— usw.)

2. Möglichkeit

Bei Kürzungsmöglichkeiten kann die Summe (hier: Gesamtgewinn) mit Hilfe von Verhältniszahlen (Teilen) verteilt werden. **1 Teil ist die kleinstmögliche ganze Zahl** (hier: Kapital der Gesellschafter geteilt durch 40 000).

Kapital A	80 000,— DM	≙	2 Teile	≙ 24 000,— DM Gewinn
Kapital B	200 000,— DM	≙	5 Teile	≙ 60 000,— DM Gewinn
Kapital C	120 000,— DM	≙	3 Teile	≙ 36 000,— DM Gewinn
			10 Teile	≙ 120 000,— DM Gesamtgewinn
			1 Teil	≙ 12 000,— DM Gewinn

Lösung algebraisch

Der Gesamtgewinn von 120 000,— DM wird auf die Gesellschafter A, B und C im Verhältnis 2 : 5 : 3 verteilt.

A: $2x = \ldots ? \ldots$ DM
B: $5x = \ldots ? \ldots$ DM
C: $3x = \ldots ? \ldots$ DM

$$10x = 120\,000 \text{ DM}$$
$$x = \frac{120\,000}{10}$$
$$x = 12\,000 \text{ DM}$$

Beispiel 2

A und B sind an der Ausbeutung einer Kiesgrube beteiligt. Von den 62 000,— DM Gewinn soll B 6000,— DM mehr als A erhalten. Wie hoch sind ihre Gewinnanteile?

Lösung kaufmännisch

Gewinn A	1 Teil	≙	28 000,— DM	
Gewinn B	1 Teil + 6000,— DM	≙	34 000,— DM	
	2 Teile + 6000,— DM	≙	62 000,— DM	Gesamtgewinn
	2 Teile	≙	56 000,— DM	(— 6000,—)
	1 Teil	≙	28 000,— DM	Gewinn

Lösung algebraisch

Für den kleinsten ganzen Anteil wird x als Platzhalter eingesetzt.

A:	x	28 000,— DM
B:	x + 6000,—	34 000,— DM
	2x + 6000,—	= 62 000,— DM
	2x	= 56 000,— DM
	x	= 28 000,— DM

Beispiel 3

Vier Unternehmer mieten gemeinsam einen Eisenbahnwaggon. Die Frachtkosten sollen verteilt werden: Unternehmer A trägt $\frac{1}{6}$, B $\frac{2}{5}$, C $\frac{1}{4}$ und D den Rest = 117,70 DM. Wie hoch sind die Frachtanteile der Unternehmer A, B und C?

Lösung kaufmännisch

A	$\frac{1}{6}$	$= \frac{10}{60}$	≙	10 Teile = 107,— DM
B	$\frac{2}{5}$	$= \frac{24}{60}$	≙	24 Teile = 256,80 DM
C	$\frac{1}{4}$	$= \frac{15}{60}$	≙	15 Teile = 160,50 DM
D	Rest	$= \frac{11}{60}$	≙	11 Teile = 117,70 DM
Gesamtfracht		$\frac{60}{60}$	≙	60 Teile = 642,— DM

11 Teile = 117,70 DM
1 Teil = 10,70 DM

Lösung algebraisch

Für die Gesamtfracht wird x als Platzhalter eingesetzt.

A:	$\frac{x}{6}$	= . . ?. . DM
B:	$\frac{2x}{5}$	= . . ?. . DM
C:	$\frac{x}{4}$	= . . ?. . DM
D:	117,70 DM	= 117,70 DM
	x	= 642,— DM

$$x = \frac{x}{6} + \frac{2x}{5} + \frac{x}{4} + 117{,}7 \mid \text{mit Hauptnenner 60 multiplizieren}$$

$$60x = 10x + 24x + 15x + 7062$$

$$11x = 7062$$

$$x = 642$$

1 Stellen Sie die Gewinn- und für e) die Verlustanteile sowie die neuen Kapitalanteile der Gesellschafter fest! Gewinn- und Verlustverteilung nach Kapitalanteilen:

Gesellschafter	A	B	C	D	Gew./Verl.
a) Kapital	300000,—	200000,—	150000,—	—,—	143000,—
b) Kapital	25000,—	40000,—	30000,—	60000,—	64170,—
c) Kapital	72000,—	96000,—	40000,—	112000,—	80360,—
d) Kapital	136240,—	184315,—	86742,—	67213,—	132862,80
e) Kapital	140000,—	210000,—	90000,—	100000,—	44280,—

2 Wie hoch sind die anteiligen Bezugskosten? Aufgaben a), b) und c) Verteilung nach Gewicht = Gewichtsspesen; Aufgaben d) und e) nach dem Wert der Posten = Wertspesen.

Rohstoffe I	II	III	IV	Bezugs-kosten
a) 400 kg	600 kg	1400 kg	200 kg	273,— DM
b) 75 l	140 l	315 l	24 l	138,50 DM
c) 1,7 t	1,2 dt	300 kg	500 kg	471,60 DM
d) 400,— DM	900,— DM	150,— DM	250,— DM	106,08 DM
e) 304,15 DM	90,45 DM	162,72 DM	49,38 DM	121,34 DM

3 Ein Unternehmen bezieht 3 Blechsorten. I: 26 t zu 620,— DM je t, II: 38 t zu 850,— DM je t, III: 14 t zu 760,— DM je t. An Bezugskosten sind entstanden: Gewichtsspesen (Fracht, Umladekosten, Rollgeld) 2503,80 DM; Wertspesen (Versicherung, Zoll u.a.) 8859,— DM.

a) Wie hoch ist der Anteil je Partie an den Gewichtsspesen?

b) Wie hoch ist der Anteil je Partie an den Wertspesen?

c) Wie hoch ist der Bezugspreis je Partie und t?

4 Von 66000 Werbeprospekten erhielten: Hersteller $^1/_8$, Großabnehmer $^1/_6$, Einzelhändler $^3/_5$, Behörden und andere Abnehmer den Rest. Wieviel Prospekte erhielt jede Abnehmergruppe?

5 Die Werkfernfahrer erhalten zu ihrem Lohn eine Prämie je t/km. Von den gefahrenen t/km entfallen 260000 t/km auf Wagen Nr. 6, 280000 t/km auf Nr. 7, 220000 t/km auf Nr. 9, 300000 t/km auf Nr. 12. Das gesamte Tonnengeld beträgt 450,50 DM. Wie hoch sind die Anteile je Wagen und Fahrer (Fahrer und Beifahrer)?

6 Unser Kunde Bauer hat Konkurs angemeldet. Die verteilbare Konkursmasse beträgt 5880,50 DM. Forderungen der Lieferer: Rang 12450,— DM, Born 13130,—DM, Soller 14040,—DM, unsere Forderung 22280,—DM. Wieviel DM erhält jeder Lieferer aus der Konkursmasse?

7 Ein Bezirksvertreter erhält 85200,— DM als Bezirksprovision überwiesen. Dem Bezirksvertreter steht $\frac{1}{4}$ zu; der Rest ist auf die Untervertreter im Verhältnis ihrer Umsatzerfolge zu verteilen. Verkäufe: Untervertreter Farrel 84, Kramer 75, Dantz 102, Kollin 94 Stück. Wieviel Provision erhalten der Bezirks- und die Untervertreter?

8 Drei kleine deutsche Weinbrennereien betreiben zur Eigenversorgung gemeinsam eine Weineinkaufsgesellschaft in Frankreich. Die entstandenen Kosten von 84480,—F sollen entsprechend den bezogenen Weinmengen verteilt werden. Brennerei A bezog 450000 l, B 810000 l, C 540000 l.

a) Wie hoch sind die Kostenanteile der Gesellschaften?

b) Wie hoch ist der Gegenwert in DM, der überwiesen werden muß? Ankaufskurs 30,25 DM für 100 F, Verkaufskurs 32,— DM für 100 F.

9 Drei Unternehmen hatten ein Marktforschungsinstitut beauftragt, den Käufergeschmack für Brillengestelle festzustellen. An Kosten entfielen auf Hersteller A 8400,—DM, auf B 11900,—DM, auf C 14700,—DM. Das Institut fordert wegen unvorhergesehener Kosten 2173,50 DM nach. Wieviel DM muß jedes der drei Unternehmen nachzahlen?

10 Die Gesellschafter einer OHG beschließen, mit einem anderen Unternehmen eine Aktiengesellschaft zu gründen. Die bestehenden Unternehmen werden in die neue Gesellschaft eingebracht. Die Kapitalanteile der Gesellschafter: A 1840000,—DM, B 2410000,—DM, C 3200000,—DM. Ein Wirtschaftsprüfer bewertete die OHG mit 9750560,—DM. Wie hoch sind die Einlagen der OHG-Gesellschafter in die AG?

11 Vier Straßenbauunternehmer betreiben einen Steinbruch. Von den geförderten Steinen erhielten Unternehmen A $\frac{1}{6}$, B $\frac{1}{4}$, C $\frac{2}{5}$ und D 3113 m^3.

a) Wie hoch war die Gesamtausbeute?

b) Wieviel m^3 erhielten die Unternehmen A, B und C?

12 Von 15150,— DM Gewinn sollen die Gesellschafter A, B und C so viel erhalten, daß der nachfolgende 1000,— DM mehr als sein Vormann erhält. Wie hoch sind die Gewinnanteile?

13 Eine Gruppe arbeitet im Akkord und erhält für den Auftrag 2988,— DM. Müller hat 56, Kroll 60, Weller 65 Stunden gearbeitet. Die Stunden werden wegen des unterschiedlichen Schwierigkeitsgrades der Arbeiten bewertet: Müller hat Wertungsziffer 1, Kroll 1,1 und Weller 1,2. Wieviel DM erhält jeder?

14 Neben den gesetzlichen und tariflichen Sozialkosten weist eine Zeche 113918,40 DM freiwillige Sozialleistungen aus. Sie sollen nach der Beschäftigtenzahl auf die Kostenstellen verteilt werden.

Beschäftigte:	unter Tage	1420
	Förder-, Bruch-, Sortier-, Waschanlage	84
	Verwaltung	96
	Vertrieb	20

a) Wie hoch sind die freiwilligen Sozialkosten je Kostenstelle?

b) Wie hoch sind die freiwilligen Sozialkosten je Kostenstelle, wenn für die Beschäftigten unter Tage je Kopf doppelt soviel veranschlagt wird wie für die anderen Beschäftigten? Die freiwilligen Sozialkosten betragen im folgenden Jahr 213772,80 DM.

15 Das Konto Stromkosten weist Aufwendungen von 25637,76 DM aus. Sie sind nach dem Verbrauch der Kostenstellen zu verteilen.

Kostenstellen	alter Zählerstand	neuer Zählerstand
Material	18341 kWh	23862 kWh
Fertigung	394567 kWh	528435 kWh
Verwaltung	266412 kWh	267510 kWh
Vertrieb	30062 kWh	41007 kWh

a) Wie hoch sind die Stromkosten je Kostenstelle? (7 Kommastellen)

b) Die Kosten von 6409,44 DM der Stromverteilung (Instandhaltung, -setzung) sind ebenfalls nach dem Verbrauch der Kostenstellen zu verteilen. Wie hoch sind die Bruttostromkosten je Kostenstelle?

16 An einem Unternehmen sind beteiligt: Unternehmer A mit 76000,— DM, B mit 112000,— DM und C mit 180000,— DM. Der Gewinn von 82452,60 DM ist laut Gesellschaftsvertrag zu verteilen: A erhält vorab 24000,— DM für Geschäftsführung. A, B und C erhalten dann ihre Kapitalanteile zu 6% verzinst, der Restgewinn ist im Verhältnis 4:3:3 zu verteilen. Wie hoch sind die Gewinnanteile?

Lösungsschema:		Kapital	Gehalt	Verzinsung	Restanteil	Gesamtgewinn
	A					
	B					
	C					
insgesamt						

17 A, B und C sind an einem Unternehmen mit einem Gesamtkapital von 900000,— DM beteiligt. Vom Jahresgewinn erhielten: A 51000,— DM, B 22500,— DM, C 28500,— DM. Die vertraglichen Bestimmungen über die Gewinnverteilung: A bekommt vorweg 30000,— DM für Geschäftsführung; 6% Kapitalverzinsung; der Rest ist im Verhältnis 2:1:1 zu verteilen. Wie hoch waren die Kapitalanteile der Gesellschafter?

18 Die Kosten der Betriebsschlosserei von 83850,— DM sind auf die Kostenstellen I, II und III im Verhältnis 2:5:6 zu verteilen. Wie hoch sind die Kostenanteile der Fertigungsstellen?

19 Von 74400,— DM Gewinn erhält B doppelt soviel wie A und 4000,— DM, C doppelt soviel wie B minus 2000,— DM. Wieviel DM erhalten die Beteiligten?

20 Eine Kommanditgesellschaft wurde verkauft. Der Verkaufserlös von 2541000,— DM soll so verteilt werden, daß Gesellschafter B $^3/_4$ des Anteils von A, C $^1/_4$ der Anteile von A und B zusammen erhält. Wie hoch sind die Liquidationsanteile der Gesellschafter?

21 Drei Hersteller werben gemeinschaftlich. Die 48954,— DM Werbekosten sollen nach folgendem Schlüssel verteilt werden: A 5 Teile, B 10%, C $^2/_5$. Wie hoch sind die anteiligen Werbekosten?

22 Für eine Ladung Bornholmer Granitsteine im Gewicht von 960 t zahlen Bauunternehmer A 3111,— DM und B 1785,— DM Fracht. Wieviel t haben A und B jeweils bezogen?

23 Ein Baustoffgroßhändler hat mit einem anderen Unternehmen in einer Stadt einen Lagerplatz von 38 m × 126 m gepachtet. Die Pacht beträgt monatlich 1,80 DM je m^2. Der Pachtanteil des Unternehmens A wurde auf 4377,60 DM festgesetzt.

a) Wie groß sind die Anteile der Unternehmen A und B in m^2?

b) Wieviel Pacht muß das Unternehmen B an den Verpächter zahlen?

Programmierte Übungen

Die Lösungen bitte nur dann ankreuzen, wenn das Buch Ihr Eigentum ist. Im Leihverfahren überlassene Bücher dürfen nicht beschrieben werden.

24 Die Kosten eines Privatweges in Höhe von 14390,20 DM sollen auf die drei Anlieger entsprechend der Grundstücksgrößen verteilt werden.

Grundstücksgrößen: Dorsch 890 m², Holm 1170 m², Riemer 1350 m²

Wie hoch ist der Kostenanteil von Reimer?

a	56,97 DM
b	569,70 DM
c	5697,— DM
d	56970,— DM
e	anderes Ergebnis, welches?

25 Die Jahresprämie der Abteilung B soll auf die beiden Verkäuferinnen entsprechend ihrer Jahresumsätze verteilt werden: Frau Gerlach 124500,— DM, Fräulein Post 132200,— DM.

Wie hoch ist der Anteil von Frau Gerlach an der Jahresprämie von 3850,50 DM?

a	1867,50 DM
b	1983,— DM
c	1883,— DM
d	1967,50 DM
e	anderes Ergebnis, welches?

26 Die monatlichen Kosten einer Maschine betragen 12924,10 DM (Abschreibungen, Zinsen, Versicherung, Steuern, Wartung, Kraftstoff des Fuhrparks u. a.). Der Anteil der fixen Kosten wurde mit $\frac{5}{7}$ berechnet.

Wie hoch ist der Anteil der variablen Kosten in DM?

a	9231,50 DM
b	3692,60 DM
c	1846,30 DM
d	6392,60 DM
e	anderes Ergebnis, welches?

27 Drei Gesellschafter sind an einem Unternehmen beteiligt: Lorenz 250000,— DM, Geisling 600000,— DM, Bühler 390000,— DM. Der Jahresverlust von 62000,— DM wird laut Gesellschaftervertrag entsprechend den Kapitalanteilen am Anfang des Geschäftsjahres verteilt. Privatentnahmen: Lorenz 60000,— DM, Geisling 72000,— DM, Bühler keine.

Wie hoch ist das neue Kapital von Bühler?

a	177500,— DM
b	498000,— DM
c	369333,34 DM
d	370500,— DM
e	anderes Ergebnis, welches?

28 Eine gemietete Baumaschine, deren Monatsmiete 2520,— DM beträgt, wird weitervermietet. Der Preis soll dem zeitlichen Nutzungsanteil entsprechen: monatliche Arbeitstage 21, Weitervermietung für 13 Arbeitstage.

Wie hoch ist der Preis für die Weitervermietung?

a	1450,— DM
b	1440,— DM
c	1550,— DM
d	1680,— DM
e	anderes Ergebnis, welches?

G. Durchschnittsrechnen

I. Einfacher Durchschnitt

Aus mehreren Werten wird der Durchschnitt errechnet:

$$x = \frac{\text{Summe der Werte}}{\text{Anzahl der Werte}}$$

Beispiel

Eine Kaffeerösterei mischt drei Sorten Kaffee zum Einkaufspreis von 10,90 DM, 11,44 DM, 11,62 DM je kg. Wie hoch ist der Durchschnittspreis für 1 kg Kaffee?

Lösung

Sorte I	1 kg zu	10,90 DM		
Sorte II	1 kg zu	11,44 DM		
Sorte III	1 kg zu	11,62 DM		
Es kosten	3 kg	33,96 DM		
Es kostet	1 kg	11,32 DM		$x = 33{,}96 : 3 = 11{,}32$

1 Stellen Sie die Durchschnittswerte folgender Hilfsstoffe fest!

	a)	b)	c)	d)
1 kg zu	0,93 DM	6,20 DM	19,44 öS	38,71 hfl
1 kg zu	1,02 DM	6,23 DM	28,06 öS	21,09 hfl
1 kg zu	1,11 DM	9,11 DM	31,25 öS	20,36 hfl

2 Ein Unternehmen verkauft sein Erzeugnis in Holzfässern. Wie hoch ist die zu berechnende Durchschnittstara, wenn die Stichprobenfässer folgende Gewichte hatten?

25-kg-Packung:	6,953 kg,	7,009 kg,	6,827 kg,	6,903 kg,	7,210 kg
	7,053 kg,	7,000 kg,	6,994 kg,	6,899 kg,	7,152 kg
50-kg-Packung:	11,762 kg,	11,757 kg,	11,741 kg,	11,729 kg	
	11,782 kg,	11,799 kg,	11,721 kg,	11,709 kg	

3 Eine Werkzeugmaschine wurde am Montag 5,5, Dienstag 8, Mittwoch 6, Donnerstag 7 und Freitag 6,5 Stunden eingesetzt.

a) Wie hoch war der durchschnittliche arbeitstägliche Einsatz der Maschinen in dieser Woche? (Stunden und Minuten)

b) Wieviel DM kostet eine Maschinenstunde, wenn an Kosten (Arbeits- und Ruhekosten) 1378,14 DM in dieser Woche angefallen sind?

4 In den letzten Jahren hatte ein Unternehmen folgende Forderungsausfälle (in DM):

	Inland	Ausland	davon EG
1. Jahr	14822,—	17988,—	7288,—
2. Jahr	22136,—	17151,—	8100,—
3. Jahr	15268,—	19022,—	6502,—
4. Jahr	16315,—	31315,—	9200,—
5. Jahr	29662,—	17733,—	5103,—

a) Wie hoch sind die durchschnittlichen Forderungsausfälle der letzten fünf Jahre im Inlands- und Auslandsgeschäft gewesen?

b) Wie hoch ist der durchschnittliche Jahresforderungsausfall für das Inlands- und Auslandsgeschäft insgesamt?

5 Als Lizenzgebühr für einen Ölofenbrenner wurden 0,45 DM je verkauftes Stück vereinbart. In den letzten fünf Jahren wurden verkauft: 1. Jahr 13672, 2. Jahr 14239, 3. Jahr 14965, 4. Jahr 15033, 5. Jahr 15896 Stück.

a) Wie hoch war der durchschnittliche Jahresabsatz?

b) Wie hoch waren die Lizenzeinnahmen je Jahr?

c) Wie hoch waren die durchschnittlichen Lizenzeinnahmen im Jahr?

6 In einer Dreherei ergeben sich bei der Handbearbeitung von Ventilstößeln folgende Fehlerhäufigkeiten:

	7–8	8–9	9–10	10–11	11–12	13–14	14–15	15–16 Uhr
Mo.	86	61	49	41	40	51	62	49 Stück
Di.	48	39	33	27	33	41	44	38 Stück
Mi.	49	38	34	28	35	43	45	40 Stück
Do.	50	41	37	30	36	45	47	42 Stück
Fr.	57	48	41	35	39	48	56	54 Stück

a) Wie hoch ist die Fehlerhäufigkeit je Wochentag?

b) Wie hoch ist die durchschnittliche Fehlerhäufigkeit je Tag?

c) Wie hoch ist die Fehlerhäufigkeit der einzelnen Arbeitsstunden aller Wochentage?

d) Wie hoch ist die durchschnittliche Fehlerhäufigkeit der einzelnen Arbeitsstunden aller Wochentage?

e) Wie hoch ist die durchschnittliche Fehlerhäufigkeit je Stunde der ganzen Woche?

f) Für welchen Wochentag ergibt sich die höchste bzw. niedrigste Fehlerhäufigkeit? Geben Sie die Gründe an!

g) Für welche Tageszeit (über die ganze Woche gesehen) ergibt sich die höchste bzw. niedrigste Fehlerhäufigkeit? Geben Sie die Gründe an!

II. Gewogener Durchschnitt

Der gewogene Durchschnitt wird aus mehreren Werten mit unterschiedlicher Mengenbeteiligung errechnet.

$$x = \frac{\text{gewogene Summe der Werte}}{\text{gewogene Anzahl der Werte}} \quad \text{z. B.} \quad \frac{\text{Gesamtpreis}}{\text{Gesamtmenge}}$$

Beispiel

Eine Kaffeerösterei mischt für uns drei Sorten Röstkaffee, Sorte I 12 kg zu 10,90 DM je kg, Sorte II 7 kg zu 11,44 DM je kg, Sorte III 21 kg zu 11,62 DM je kg. Wie hoch ist der Durchschnittspreis für 1 kg dieser Mischung?

Lösung

Sorte I	12 kg zu 10,90 DM je kg =	130,80 DM
Sorte II	7 kg zu 11,44 DM je kg =	80,08 DM
Sorte III	21 kg zu 11,62 DM je kg =	244,02 DM
	40 kg Röstkaffee kosten	454,90 DM
	1 kg Röstkaffee kostet	11,37 DM

$x = 454{,}90 : 40 = 11{,}37$

Für den gesuchten Durchschnittspreis der Kaffeemischung wird x als Platzhalter eingesetzt.

$$12 \cdot 10{,}90 + 7 \cdot 11{,}44 + 21 \cdot 11{,}62 = 40 \cdot x$$
$$130{,}80 + 80{,}08 + 244{,}02 = 40x$$
$$454{,}90 = 40x$$
$$11{,}37 = x$$
$$x = 11{,}37$$

1 Stellen Sie die durchschnittlichen Materialeinsatzkosten für folgende Rohstoffmischungen fest!

	a)	b)	c)
25 kg zu	1,02 DM je kg	0,31 DM je kg	19,40 $ je kg
140 kg zu	4,28 DM je kg	2,76 DM je kg	3,68 $ je kg
320 kg zu	9,17 DM je kg	11,35 DM je kg	5,01 $ je kg

2 Wie hoch sind die durchschnittlichen Materialeinsatzkosten?

	a)	b)	c)
4 l zu	28,19 DM je l	61,37 DM je l	1,92 £ je l
105 l zu	4,05 DM je l	9,40 DM je l	0,50 £ je l
68 l zu	0,31 DM je l	0,38 DM je l	0,09 £ je l
33 l zu	9,22 DM je l	4,18 DM je l	1,06 £ je l

3 Wie hoch ist der durchschnittliche Einkaufspreis? (3 Dezimalstellen) 500 Stück zu 0,80 DM je Stück, 200 zu 0,81 je Stück, 900 zu 0,78 DM je Stück.

4 Wie hoch ist der Durchschnittspreis für 100 kg folgender Mischung?

Ware A	980 kg	zu 367,— DM je 100 kg
Ware B	2,3 t	zu 215,— DM je 100 kg
Ware C	0,4 t	zu 94,50 DM je t
Ware D	710 kg	zu 866,50 DM je t

5 Ein Lederwarenhersteller bezieht Häute:

20 Kalbfelle bis	4,5 kg zu 4,75 DM je kg	Gesamtgewicht	86,2 kg
55 Kalbfelle bis	7,5 kg zu 3,75 DM je kg	Gesamtgewicht	304,7 kg
8 Kalbfelle über	7,5 kg zu 3,40 DM je kg	Gesamtgewicht	64,9 kg

Wie hoch ist der durchschnittliche Einkaufspreis für 1 kg Kalbfell?

6 Eine Baugesellschaft, die ihren Standort an den Stadtrand verlegen will, kaufte Land zu verschiedenen Bonitäten und Preisen:

8 600 m^2 zu 39,— DM je m^2
15 000 m^2 zu 52,— DM je m^2
9 700 m^2 zu 143,— DM je m^2
30 200 m^2 zu 121,— DM je m^2

a) Wie hoch ist der Gesamtwert der Grundstücke?

b) Wieviel DM kostet 1 m^2 Land im Durchschnitt?

c) Wieviel DM kostet 1 m^2 Bauland im Durchschnitt, wenn an Erschließungskosten 7 100 000,— DM anfallen?

7 Als Kalkulationsunterlage benötigt ein Unternehmen den durchschnittlichen Auftragswert. Im vergangenen Rechnungszeitraum wurden ausgeführt:

128 Aufträge zu 40,— DM je Auftrag
156 Aufträge zu 50,— DM je Auftrag
312 Aufträge zu 55,— DM je Auftrag
402 Aufträge zu 60,— DM je Auftrag
288 Aufträge zu 70,— DM je Auftrag
196 Aufträge zu 80,— DM je Auftrag
141 Aufträge zu 90,— DM je Auftrag
115 Aufträge zu 100,— DM je Auftrag

Auf wieviel DM lautet der Durchschnittsauftrag?

8 Ein Kleiderwerk verkauft das Modell „Mercedes" wie folgt:

104 Stück mit	11,— DM	Gewinn	je Stück
62 Stück mit	6,50 DM	Gewinn	je Stück
13 Stück ohne		Gewinn	je Stück
7 Stück mit	12,50 DM	Verlust	je Stück

Wie hoch war der durchschnittliche Gewinn je Kleid?

9 Ein Unternehmen stellt nach jedem Zugang erneut den durchschnittlichen Bezugspreis je Stück fest. Zu welchem Durchschnittspreis gehen die einzelnen Mengen in die Produktion? Wie hoch ist der Schlußbestand?

01.01.	Anfangsbestand	2560 Stück zu 3,18 DM je Stück
15.01.	Verkauf	1420 Stück
24.01.	Einkauf	3500 Stück zu 3,10 DM je Stück
29.01.	Verkauf	500 Stück
07.02.	Einkauf	1200 Stück zu 3,29 DM je Stück
22.02.	Verkauf	900 Stück
07.03.	Einkauf	1300 Stück zu 3,38 DM je Stück
20.03.	Verkauf	2400 Stück

10 Ein Hochofen hat eine Tagesleistung von 800 t Roheisen. Für 1 t Roheisen werden benötigt: 1640 kg Fe-Erz zu 340,— DM je t, 25 kg Kalksteinzuschlag zu je 105,— DM je t, 775 kg Koks zu 475,— DM je t.

a) Wie hoch ist der mengen- und wertmäßige Rohstoffeinsatz für die Tagesleistung von 800 t Roheisen?

b) Wie hoch ist der wertmäßige Rohstoffeinsatz je t Rohstoff?

c) Wie hoch ist der wertmäßige Rohstoffeinsatz je t Roheisen?

11 Es sollen 2500 Weißblechplatten zu 1100 x 60 x 0,5 mm geliefert werden, spezifisches Gewicht 7,32. Die Legierung besteht aus 85 Teilen Zinn, 10 Teilen Antimon, 5 Teilen Kupfer. Preise: Zinn 36,— DM je kg, Antimon 4400,— DM je t, Kupfer 361,— DM je 100 kg.

a) Wie hoch ist der mengen- und wertmäßige Rohstoffeinsatz für diesen Auftrag?

b) Wie hoch sind die Materialkosten je t Rohstoff?

c) Wie hoch sind die Materialkosten je Platte?

III. Korrigierter Durchschnitt

Der Preis für einen Rohstoff mit einem bestimmten Gehalt (z. B. Eisengehalt bei Erz) ist festgesetzt. Weicht der Gehalt des gelieferten Rohstoffes von dem festgesetzten Gehalt ab, muß eine Korrektur in Höhe der Abweichung vorgenommen werden, d. h., es wird das Liefergewicht entsprechend erhöht oder ermäßigt. Es kann auch der Preis berichtigt werden.

Beispiel 1

Eine Käserei bezieht von der Molkerei Sauermilchquark und rechnet nach Trockenmasse ab: 100 kg zu 325,— DM bei 32 % Trockenmasse. Geliefert wurden 60 kg zu 29 % Trockenmasse. Das Liefergewicht muß um den Mindertrockenmassegehalt korrigiert, ermäßigt werden.

Lösung 1

Der Trockenmassegehalt der Lieferung liegt um 3% (Trockenmasseanteilen) unter der festgesetzten Trockenmasse, so daß die Lieferung nur $^{29}/_{32}$ Trockenmasseprozente bzw. Trockenmasseanteile aufweist.

Das Abrechnungsgewicht beträgt also

$$^{29}/_{32} \text{ von } 60 \text{ kg} = \underline{\underline{54{,}375 \text{ kg}}}$$

$\underline{\underline{\text{Einkaufspreis: } 54{,}375 \cdot 3{,}25 \text{ DM} = 176{,}66 \text{ DM}}}$

Lösung 2 (gilt nur für dieses Beispiel):

Zunächst wird das Gewicht für 1% Trockenmasse festgestellt:

100 kg : 32% = 3,125 kg/% (Gewichtsprozente)

Das heißt, daß für 1% Gehaltsabweichung 3,125 kg bei 100 kg zuzuschlagen bzw. abzuziehen sind.

Gehaltsabweichung 3%

für 1% Abweichung 3,125 kg bei 100 kg
für 3% Abweichung 9,375 kg bei 100 kg

Bei einem Liefergewicht von 60 kg ergibt sich folgender Mengenabzug:

$$x = \frac{9{,}375 \cdot 60}{100} = \underline{\underline{5{,}625 \text{ kg Gewichtsabzug}}}$$

	Liefergewicht	60 kg
–	Abzug	5,625 kg
	Verrechnungsgewicht	54,375 kg

Einkaufspreis: 54,375 · 3,25 DM = 176,66 DM

Diese Lösungsmethode wird in der Praxis im allgemeinen vereinfacht:

1% Gehaltsabweichung = 3% Gewichtsabweichung
Gewichtsabweichung: 9% von 60 kg = 5,4 kg
Der Unterschied von 0,225 kg ist auf die Abrundung auf volle 3% (genau 3,125%) zurückzuführen.

Beispiel 2

Dieselbe Käserei bezieht zum Preise von 325,— DM je 100 kg bei 32 % Trockenmasse:

Faß R 217 60 kg zu 30% Trockenmasse
Faß R 218 70 kg zu 33% Trockenmasse
Faß R 219 80 kg zu 36% Trockenmasse

a) Wie hoch ist der durchschnittliche Trockengehalt?
b) Was kostet die Rohstoffsendung?

Lösung 1

Bei mehreren Positionen mit unterschiedlichen Gehalten ist es einfacher, zunächst den durchschnittlichen Trockengehalt festzustellen und dann erst das Liefergewicht der gesamten Sendung um die Abweichung zu korrigieren.

R 217	60 kg zu 30%	=	1800 Trockeneinheiten/%
R 218	70 kg zu 33%	=	2310 Trockeneinheiten/%
R 219	80 kg zu 36%	=	2880 Trockeneinheiten/%
	210 kg	=	6990 Trockeneinheiten/%
	1 kg	=	33% (abgerundet)

Das Abrechnungsgewicht beträgt also

$^{33}/_{32}$ von 210 kg = 216,563 kg

Einkaufspreis 216,563 · 3,25 DM = 703,83 DM

Lösung 2 (gilt nur für dieses Beispiel):

Gehaltsabweichung 1% (+)
für 1% Gehaltsabweichung 3,125 kg bei 100 kg
Bei einem Liefergewicht von 210 kg ergibt sich folgender Mengenzuschlag:

$$x = \frac{3{,}125 \cdot 210}{100} = \underline{\underline{6{,}563 \text{ kg Gewichtszuschlag}}}$$

Liefergewicht	210 kg
+ Zuschlag	6,563 kg
Abrechnungsgewicht	216,563 kg

Einkaufspreis: 216,563 zu 3,25 DM = 703,83 DM

oder
3% von 210 kg = 6,3 kg Gutgewicht (Prozentsatz abgerundet)

Übungen

1 Wie hoch ist der Einkaufspreis für folgende Lieferungen?

Liefergewicht	a) 140 kg	b) 350 t
Liefergehalt	75%	38%
Preis	286,— DM je 100 kg	180,— DM je t
Abrechnungsgehalt	80%	35%

2 Bei der Rohstoffeingangs-Kontrolle wird festgestellt, daß 4800 l Alkohol nicht 96%, sondern nur 92% Alkoholgehalt haben.

a) Wie lautet die Abrechnungsmenge?

b) Wie hoch ist der Einkaufsbetrag bei einem Preis von 28,20 DM je l?

3 Eine Mühle kauft auf Abruf 5000 t Weizen zu 40,50 DM je dt bei 14% Feuchtigkeitsgehalt. Die erste Lieferung von 1450 t hat einen Feuchtigkeitsgehalt von 16%. Wie hoch ist der Einkaufspreis der Teillieferung?

4 Ein Hüttenwerk bezieht 4200 t Eisenerz. Vereinbarter Preis: 300,— DM je t bei 62% Eisengehalt. Stichproben ergeben einen Eisengehalt von 65%, nach dem abzurechnen ist. Wie hoch ist der Einkaufspreis, und was kostet 1 t Erz (volle t)?

5 Eine Edelmetallschmelze kauft Altgold zu 39,50 DM je g Feingold. Die Lieferung setzt sich zusammen aus:

81 kg mit der 333er Stempelung (reines Gold 1000)
165 kg mit 585er Stempelung
48 kg mit 900 Feingehalt
6 kg mit 18 Karat (reines Gold 24 Karat)

a) Wie hoch ist der durchschnittliche Feingoldgehalt dieser Sendung?

b) Auf welchen Betrag wird die Rechnung dieser Sendung lauten?

IV. Programmierte Übungen

Die Lösungen bitte nur dann ankreuzen, wenn das Buch Ihr Eigentum ist. Im Leihverfahren überlassene Bücher dürfen nicht beschrieben werden.

1 Ein Reisender erhält lt. Vertrag im Urlaubsmonat August das Fixum von 1800,— DM und als Provision die monatliche Durchschnittsprovision des letzten Jahres. (Der Urlaubsmonat bleibt unberücksichtigt.) Provisionen des letzten Jahres:

Sept.	2200,— DM	Jan.	1960,— DM	Mai	2140,— DM
Okt.	2440,— DM	Febr.	2320,— DM	Juni	2380,— DM
Nov.	2680,— DM	März	2020,— DM	Juli	2260,— DM
Dez.	2080,— DM	April	2260,— DM		

Wie hoch ist die Provision im Urlaubsmonat?

- [a] 2039,17 DM
- [b] 1549,09 DM
- [c] 2449,09 DM
- [d] 3349,09 DM
- [e] anderes Ergebnis, welches?

2 Bei Betriebsunfällen sind im letzten Geschäftsjahr folgende Schäden aufgetreten:

Nr. 6	7000,— DM	Nr. 52	1800,— DM
Nr. 13	24500,— DM	Nr. 73	35100,— DM
Nr. 30	400,— DM	Nr. 79	6300,— DM
Nr. 51	10900,— DM		

Wie hoch ist der Durchschnittswert der eingetretenen Unfallschäden?

- [a] 14333,33 DM
- [b] 12285,71 DM
- [c] 10750,— DM
- [d] 21285,71 DM
- [e] anderes Ergebnis, welches?

3 Für die Herstellung eines Delikateßsalates werden bezogen:

200 kg Wurst	zu 16,20 DM je kg
60 kg Gewürzgurken	zu 3,90 DM je kg
25 kg Äpfel	zu 1,05 DM je kg
10 kg Sellerie	zu 2,55 DM je kg
72 kg Mayonnaise	zu 8,40 DM je kg
6 kg Gewürze	zu 59,85 DM je kg

Wie hoch sind die Materialkosten für 1 kg Salat?

- [a] 11,97 DM
- [b] 12,— DM
- [c] 12,03 DM
- [d] 12,06 DM
- [e] anderes Ergebnis, welches?

4 Aus Beständen stehen einer Weinkellerei 18000 l zu 344,— DM je hl zur Verfügung. Um einen Konsum-Rotwein anzubieten, werden diesem Wein hinzugefügt: zur Farbaufbesserung 4000 l spanischer Rotwein zu 2,32 DM je l, zur Geschmacksaufbesserung $^1/_{12}$ *der Gesamtmischung* Zuckerwasser zu 44,— DM je hl. Was kostet 1 l Rotwein?

- [a] 6,— DM
- [b] 5,20 DM
- [c] 3,20 DM
- [d] 3,— DM
- [e] anderes Ergebnis, welches?

5 Für einen Likör werden folgende Rohstoffe eingesetzt:

125 l Grundmasse	zu 1,64 DM je l
12,5 l Kräuterauszug (30% Alkoholgehalt)	zu 79,10 DM je l
48 l Alkohol (96%)	zu 26,90 DM je l
10 l Wasser	

Wie hoch sind die Stoffkosten für 1 l Likör?

- [a] 15,26 DM
- [b] 17,24 DM
- [c] 16,52 DM
- [d] 12,71 DM
- [e] anderes Ergebnis, welches?

H. Prozentrechnen/Promillerechnen

Prozentrechnen

Eine Unternehmung stellt zwei Produkte her. Produkt I hat einen Wert von 3000,— DM, der Gewinn beträgt 300,— DM; Produkt II hat einen Wert von 5000,— DM, der Gewinn beträgt 350,— DM. Im Beispiel liegt der Stückgewinn des Produktes II um 50,— DM höher als bei Produkt I.

Geht man beim Gewinnvergleich aber auf 100,— DM Warenwert zurück, so ergibt sich ein anderes Bild:

Ware I

auf 3000,— DM entf. 300,— DM Gewinn
auf 100,— DM entf. x DM Gewinn

$$\frac{x}{100} = \frac{300}{3000} \qquad x = \frac{300 \cdot 100}{3000} = 10$$

auf 100,— DM entf. 10,— DM Gewinn

$$\frac{10,\text{— DM}}{100,\text{— DM}} = \frac{10}{100} = 10\,\% = 10 \text{ v.H.}$$

(10 vom Hundert / 10 pro centum)

Ware II

auf 5000,— DM entf. 350,— DM Gewinn
auf 100,— DM entf. x DM Gewinn

$$\frac{x}{100} = \frac{350}{5000} \qquad x = \frac{350 \cdot 100}{5000} = 7$$

auf 100,— DM entf. 7,— DM Gewinn

$$\frac{7,\text{— DM}}{100,\text{— DM}} = \frac{7}{100} = 7\,\% = 7 \text{ v.H.}$$

(7 vom Hundert / 7 pro centum)

In der Prozentrechnung werden durch die Vergleichszahl 100 ungleiche Größen (absolute Zahlen) vergleichbar gemacht. Sie werden durch den Prozentsatz (Verhältnis- bzw. Relativzahl) zueinander ins Verhältnis gesetzt.

Prozentrechnung

pro centum — % — von Hundert

7 %	von 5000,— DM =	350,— DM
↓	↓	↓
Prozentsatz (p)	**Grundwert (g)**	**Prozentwert (w)**
p = 7 bedeutet	Der Grundwert	Ergebnis aus p von g
$\frac{7}{100}$ oder 7 %	≙ 100 %	$\frac{7 \cdot 5000}{100} = 350,—$

1 % = $^1/_{100}$ = **der 100. Teil = 0,01 vom Grundwert**

Promillerechnen

In einigen Fällen wird auch die Vergleichszahl 1000 gewählt, z. B. bei Werten, die kleiner als 1 % sind. Dann wird von 1000 gerechnet.

Promillerechnung

pro mille — ‰ — von Tausend

7 ‰	von 5000,— DM =	35,— DM
Promillesatz	**Grundwert**	**Promillewert**
7 bedeutet	Der Grundwert	Ergebnis aus
$\frac{7}{1000}$ oder 7 ‰	= 1000 ‰	Promillesatz und Grundwert

1 ‰ = $^1/_{1000}$ = **der 1000. Teil = 0,001 vom Grundwert**

Verbindung Prozent-/Promillerechnen

$$100\,\% = \frac{100}{100} \rightarrow \textbf{Grundwert} \leftarrow \frac{1000}{1000} = 1000\,‰$$

$$1\ \% = 10\ ‰ = \frac{1}{100} = \frac{10}{1000} = 0{,}1$$

$$0{,}5\ \% = 5\ ‰ = \frac{5}{1000} = 0{,}005$$

$$0{,}25\,\% = 2{,}5\,‰ = \frac{25}{10\,000} = 0{,}0025$$

$$0{,}1\ \% = 1\ ‰ = \frac{1}{1000} = 0{,}001$$

I. Errechnen des Prozent-/Promillewertes

1. Prozent-/Promillewert vom reinen Grundwert (v.H./v.T.)

a) Einfache Prozent-/Promillesätze

Beispiel 1 – Prozentrechnen
Ein Lieferer gewährt auf einen Warenpreis von 3720,— DM einen Mengenrabatt von 15 %. Wie hoch ist der Rechnungsabzug?

Lösung

a) *mit Kettensatz*

x DM ≙ 15 %
100 % ≙ 3720,— DM

$$x = \frac{15 \cdot 3720}{100} = \underline{\underline{558,\!—\ \text{DM}}}$$

b) *mit Dreisatz*

100 % ≙ 3720,— DM
15 % ≙ x DM

$$= \frac{3720 \cdot 15}{100} = x$$

c) mit Formel

Prozentwert = $\dfrac{\textbf{Grundwert} \cdot \textbf{Prozentsatz}}{\textbf{100}}$
oder: 1 % vom Grundwert · Prozentsatz

$$w = \frac{g \cdot p}{100}$$

$$\text{Prozentwert} = \frac{3720 \cdot 15}{100} = \underline{\underline{558,\!—\ \text{DM}}}$$

Beispiel 2 – Promillerechnen

Für den Bezug einer Ware wird eine Transportversicherung abgeschlossen. Die Versicherungsprämie beträgt 8 ‰ vom Warenwert = 60 000,— DM.
Wieviel DM betragen die Versicherungskosten?

Lösung

a) *mit Kettensatz*

x DM ≙ 8 ‰
1000 ‰ ≙ 60 000,— DM

$$x = \frac{8 \cdot 60\,000}{1000} = \underline{\underline{480,\!—\ \text{DM}}}$$

b) *mit Dreisatz*

1000 ‰ ≙ 60 000,— DM
8 ‰ ≙ x DM

$$= \frac{60\,000 \cdot 8}{1000} = x$$

c) mit Formel

$$\textbf{Promillewert} = \frac{\textbf{Grundwert} \cdot \textbf{Promillesatz}}{\textbf{1000}}$$

oder: 1 ‰ vom Grundwert · Promillesatz

$$\text{Promillewert} = \frac{60\,000 \cdot 8}{1000} = \underline{\underline{480,\!—\ \text{DM}}}$$

1 Berechnen Sie im Kopf 100%; 10%; 1%; 1‰ von:

a) 3 500,— DM	c) 325 625,75 DM	e) 2,45 DM	g) 17,30 DM
b) 19 200,03 DM	d) 293 278,25 DM	f) 1820,77 DM	h) 294,45 DM

2 Berechnen Sie im Kopf:

	DM		DM		DM
a) 3 % von	260,—	d) 1½% von	3600,—	g) ¾% von	840,—
b) 5 ‰ von	15 300,—	e) ⅓% von	48,—	h) 50 % von	5250,—
c) 1¼% von	680,—	f) 3 ‰ von	19,—	i) ¼% von	1420,—

3 Berechnen Sie schriftlich:

a) 8 % von 6 735,80 DM	f) ½ % von 27 326,91 DM
b) 1½ % von 8 932,83 DM	g) 3,25 % von 89,125 kg
c) 0,3 % von 1 780,725 kg	h) 16 % von 19 672,35 DM
d) 0,7 % von 15 173,625 kg	i) 8,5 % von 2 105,70 DM
e) 27 % von 529,75 DM	k) 17,5 % von 932,920 kg

4 Wie hoch sind die Versicherungsprämien?

a) 2 ‰ von 27 500,— DM	f) 0,5 ‰ von 7832,— DM
b) 1,25‰ von 284 695,— DM	g) 0,9 ‰ von 1450,— DM
c) 0,75‰ von 750 000,— DM	h) ¾ ‰ von 980,— DM
d) 1 ‰ von 625 325,— DM	i) 3,5 ‰ von 500,— DM
e) 1,5 ‰ von 2 150,— DM	k) ⅘ ‰ von 6890,— DM

b) Zerlegen von Prozentsätzen

Prozentsätze, die sich nur ungenau in Dezimale umrechnen lassen, werden zerlegt.

Beispiel $4\frac{7}{8}$ von 840,— DM

1 % = 8,40 DM
5 % = 42,— DM
– $\frac{1}{8}$% = 1,05 DM (= $\frac{1}{8}$ v. 1%
$4\frac{7}{8}$% = 40,95 DM oder $\frac{1}{40}$ v. 5%)

Beispiel $3\frac{1}{7}$% von 78,40 DM

1 % = 0,784 DM
3 % = 2,352 DM
+ $\frac{1}{7}$% = 0,112 DM (= $\frac{1}{7}$ v. 1%
$3\frac{1}{7}$% = 2,464 DM oder $\frac{1}{21}$ v. 3%)

Beispiel $6\frac{7}{12}$% von 2376,— DM

1 % = 23,76 DM
6 % = 142,56 DM (= $\frac{1}{2}$ v. 1%
+ $\frac{6}{12}$% = 11,88 DM oder $\frac{1}{12}$ v. 6%)
+ $\frac{1}{12}$% = 1,98 DM (= $\frac{1}{12}$ v. 1%
$6\frac{7}{12}$% = 156,42 DM oder $\frac{1}{72}$ v. 6%)

oder

1 % = 23,76 DM
7 % = 166,32 DM
– $\frac{1}{12}$ = 1,98 DM
– $\frac{4}{12}$% = 7,92 DM ($4 \cdot \frac{1}{12}$)
$6\frac{7}{12}$% = 156,42 DM

5 Zerlegen Sie folgende Prozentsätze: $9\frac{7}{8}$; $3\frac{2}{11}$; $7\frac{1}{3}$; $2\frac{4}{7}$; $12\frac{8}{9}$; $1\frac{2}{3}$; $8\frac{3}{13}$; $1\frac{6}{7}$; $4\frac{4}{15}$; $3\frac{11}{12}$; $2\frac{1}{7}$; $12\frac{12}{13}$; $7\frac{1}{3}$; $3\frac{1}{14}$; $3\frac{1}{6}$; $5\frac{1}{3}$.

6
a) $2\frac{3}{4}$ % von 3520,225 kg
b) $7\frac{1}{2}$ % von 152,34 m
c) $1\frac{3}{4}$ % von 5780,29 hl
d) $15\frac{1}{8}$ % von 92,30 m
e) $3\frac{5}{12}$% von 6825,73 ha
f) $9\frac{4}{5}$% von 5 817,20 hfl
g) $27\frac{6}{7}$% von 623,76 DM
h) $5\frac{1}{2}$% von 18 926,36 dkr
i) $4\frac{3}{4}$% von 25,11 £
k) $37\frac{2}{3}$% von 8 787,69 $

c) Bequeme Teile von 100%

Beispiel In einem Konkursverfahren beträgt die Konkursquote $16\frac{2}{3}$%. Die Forderung gegen den Schuldner betrug 4320,— DM. Wieviel DM überweist der Konkursverwalter? Wie hoch ist der Forderungsausfall?

Lösung $16\frac{2}{3}$% ist $\frac{1}{6}$ = der 6. Teil von 100 (also auch von 4320,— DM)
$16\frac{2}{3}$% = 4320 : 6 = 720,— DM

	Forderung	= 4320,— DM	≙ 100 %
–	$16\frac{2}{3}$% Konkursquote	= 720,— DM	≙ $16\frac{2}{3}$%
	Forderungsausfall	= 3600,— DM	≙ $83\frac{1}{3}$%

nach der Formel

$$x = \frac{4320 \cdot \cancel{16\frac{2}{3}}\ 1}{\cancel{100}\ 6}$$

7 Ermitteln Sie die Teiler der folgenden bequemen Prozentsätze:

50 % = $\frac{1}{2}$ = der 2. Teil von 100
25 % = $\frac{1}{4}$ = der ? Teil von 100
$12\frac{1}{2}$% = ? = der ? Teil von 100
$6\frac{1}{4}$% = ? = der ? Teil von 100
$33\frac{1}{3}$% = $\frac{1}{3}$ = der 3. Teil von 100
$16\frac{2}{3}$% = ? = der ? Teil von 100
$8\frac{1}{3}$% = ? = der ? Teil von 100
$4\frac{1}{6}$% = ? = der ? Teil von 100

20 % = $\frac{1}{5}$ = der 5. Teil von 100
10 % = ? = der ? Teil von 100
5 % = ? = der ? Teil von 100
$2\frac{1}{2}$ % = ? = der ? Teil von 100
$6\frac{2}{3}$ % = ? = der ? Teil von 100
$3\frac{1}{3}$ % = ? = der ? Teil von 100
$14\frac{2}{7}$ % = ? = der ? Teil von 100
$11\frac{1}{9}$ % = ? = der ? Teil von 100
$9\frac{1}{11}$% = ? = der ? Teil von 100

8 Errechnen Sie die Auszahlungsbeträge und die Höhe des Forderungsausfalls bei folgenden Konkursverfahren! Die Konkursquote ist der Prozentsatz der noch eingehenden Forderungen.

	Konkursquote	Forderung		Konkursquote	Forderung
a)	$12\frac{1}{2}$%	7 680,— DM	g)	$6\frac{1}{4}$ %	4 288,— DM
b)	$8\frac{1}{3}$%	5 080,— DM	h)	$11\frac{1}{9}$ %	28 854,— DM
c)	$14\frac{2}{7}$%	57 708,— DM	i)	$4\frac{1}{6}$ %	744,— DM
d)	$6\frac{1}{4}$%	8 576,— DM	j)	$9\frac{1}{11}$%	8 206,— DM
e)	$16\frac{2}{3}$%	25 836,— DM	k)	$33\frac{1}{3}$ %	715 329,— DM
f)	$3\frac{1}{3}$%	6 327,— DM	l)	$12\frac{1}{2}$ %	57 672,— DM

9 Wie hoch sind die Bareinkaufspreise nach Abzug von Rabatt und Skonto? (Lösungshinweis: Skonto wird von dem um den Rabatt verminderten Rechnungspreis abgezogen!)

	Listenpreis	Rabatt	Skonto		Listenpreis	Rabatt	Skonto
a)	4 800,— DM	$12\frac{1}{2}$%	$2\frac{1}{2}$ %	g)	6 529,91 £	15 %	$2\frac{2}{3}$ %
b)	19 527,— hfl	$8\frac{1}{3}$%	3 %	h)	716,75 dkr	25 %	0,5 %
c)	62 525,30 skr	25 %	1,5 %	i)	725 193,— Lire	$8\frac{1}{3}$%	3 %
d)	205,32 £	10 %	2 %	j)	25 630,— Pta	$12\frac{1}{2}$%	$3\frac{3}{4}$ %
e)	7 924,17 F	$11\frac{1}{9}$%	2,25%	k)	552,60 DM	$16\frac{2}{3}$%	$2\frac{1}{4}$ %
f)	17 286,70 $	35 %	$1\frac{1}{3}$ %	l)	19,64 £	$8\frac{1}{2}$%	0,75%

10 Am Schluß des Geschäftsjahres sind folgende Abschreibungen vorzunehmen:

	Buchwert	Abschreibungssatz
Bebaute Grundstücke	480 000,— DM	$2\frac{1}{2}$%
Fuhrpark	36 720,— DM	$16\frac{2}{3}$%
Geschäftsausstattung	73 720,— DM	$10\frac{1}{2}$%
Zweifelhafte Forderungen	2 640,— DM	$91\frac{2}{3}$%

a) Wie hoch sind die Restbuchwerte nach der direkten Abschreibung?

b) Wie hoch ist die Gesamtabschreibungssumme?

11 Ermitteln Sie die Werte der einzelnen Bilanzpositionen einer OHG!

Aktiva — Bilanz zum 31. 12. .. — Passiva

	DM			DM	
Anlagevermögen			Eigenkapital Krüger	?	35 %
Grundst. u. Gebäude	?	20 %	Eigenkapital Güchow	?	$14\frac{2}{3}$%
Maschinen- u. Fuhrpark	?	$24\frac{1}{6}$ %	Wertberichtigungen	?	$6\frac{2}{3}$%
Geschäftsausstattung	?	$8\frac{1}{3}$ %	Rückstellungen	?	$12\frac{1}{2}$%
Beteiligungen	?	$2\frac{1}{2}$ %	langfristige Verbindlk.	?	$16\frac{2}{3}$%
Umlaufvermögen			kurzfristige Verb.	?	$13\frac{3}{4}$%
Roh-, Hilfs- und Betriebsstoffe	?	$8\frac{2}{3}$ %	Posten d. Jahresabr.	?	$\frac{3}{4}$%
Halberzeugnisse	?	$5\frac{1}{6}$ %			
Fertigfabrikate	?	$13\frac{1}{12}$%			
Forderungen	?	$6\frac{1}{4}$ %			
Bank u. Zahlungsmittel	?	$10\frac{1}{3}$ %			
Posten d. Jahresabgrenzung	?	$1\frac{1}{2}$ %			
	962 400,—	100%		962 400,—	100%

12 Ein Werk erhöht die Preise für Herrenanzüge von 157,80 DM um 17,5 % und für Knabenanzüge von 89,25 DM um 14 2/7 %. Die Preise der Herrenmäntel von 125,80 DM werden um 12,375 %, die für Knabenjeans von 43,20 DM um 16 2/3 % gesenkt. Wie hoch sind die neuen Listenpreise für alle Artikel?

13 Ein Kommissionär verkauft für uns Stoffe zu folgenden Bedingungen:

a) 3250,75 m zu 4,25 DM je m, abzüglich 25 % Rabatt und 2% Skonto
b) 1820,00 m zu 5,20 DM je m, abzüglich 10 % Rabatt, 30 Tage Ziel
c) 7445,40 m zu 3,60 DM je m, abzüglich 33 1/3% Rabatt und 3% Skonto

Wie hoch ist die Überweisung des Kommissionärs, wenn er 8 1/3% Verkaufsprovision (auf die Preise abzüglich Rabatt, ohne Abzug von Skonto) und 2½% Delkredereprovision[1] auf das Zielgeschäft beansprucht? Kosten, Spesen und Auslagen berechnet der Kommissionär mit 626,04 DM.

14 Ein Markenartikelhersteller hat im 1. Halbjahr dieses Jahres 421 680,— DM Werbeaufwendungen bezahlt. Davon entfallen 33 1/3% auf das Fernsehen, 25% auf Illustrierte und Tageszeitungen, 16 2/3% auf Plakate, 8 1/3% auf Postwurfsendungen, 12 1/2% auf Diapositive und Werbefilme in Kinos und 4 1/6% auf Flugzeugwerbung. Wieviel DM entfallen auf die einzelnen Werbeträger?

15 Das Gewinn- und Verlustkonto einer Unternehmung sieht am Jahresschluß so aus:

Soll — Gewinn- und Verlustkonto — Haben

Soll			Haben		
Fertigungsmaterial	?	42,6 %	Umsatzerlöse	?	78,5%
Hilfsmaterial	?	2,5 %	Erlöse aus Beteilig.	?	7,3%
Löhne u. Gehälter u. Sozialversicherung	?	16,6 %	Grundstückserlöse	?	2,5%
Abschreibungen	?	4,3 %	Gewinn aus Wertpapierverkäufen	?	6 %
Steuern u. sonstige Abgaben	?	12,5 %	Gewinn aus Anlagenverkauf	?	2,3%
Zinsaufwand	?	1,3 %	Steuerrückerstattung	?	3,4%
Energie	?	4,2 %			
Reparaturen	?	0,75%			
Frachten	?	0,5 %			
Werbung	?	3,3 %			
sonst. Gemeinkosten	?	2,75%			
Gewinn	?	?			
	1 500 000,—	100%		1 500 000,—	100%

a) Ermitteln Sie die Beträge der Aufwendungen und Erträge.
b) Wie hoch ist der Gesamtgewinn in DM und Prozent?

16 An einer OHG sind vier Gesellschafter beteiligt: A mit 36,4 %, B mit 14,5 %, C mit 25,1 % und D mit 193 200,— DM. Der Gewinn von 256 400,— DM soll nach dem HGB (4 % auf Einlagen, Rest nach Köpfen) verteilt und den Kapitalkonten gutgeschrieben werden.
Wie hoch ist der Anteil der Gesellschafter an der OHG vor und nach der Gewinnverteilung? Wie hoch ist das Eigenkapital der OHG?

1) Vergütung für die Übernahme des Risikos des Zahlungseinganges.

2. Prozent-/Promillewert vom vermehrten Grundwert (auf Hundert / auf Tausend)

Beispiel 1 – Prozentrechnen
Nach Inkrafttreten der Tarifvereinbarungen zwischen dem Arbeitgeberverband und der Gewerkschaft erhält ein kaufmännischer Angestellter 2896,80 DM Gehalt. Die Gehaltserhöhung beträgt 6,5%.
Wie hoch war das ursprüngliche Gehalt? Wieviel DM beträgt die Gehaltserhöhung?

Lösung Das neue Gehalt von 2896,80 DM ist der um 6,5% vermehrte Grundwert = 106,5% des reinen Grundwertes:

Grundwert	+	Vermehrung	=	vermehrter Grundwert
100%		6,5%		106,5%

Gesucht werden 100% bzw. 6,5%.

a) *Lösung mit Kettensatz*

$$\begin{array}{l} x \text{ DM} \triangleq 100\% \\ 106{,}5\% \triangleq 2896{,}80 \text{ DM} \\ \hline x = \dfrac{100 \cdot 2896{,}8}{106{,}5} = \underline{\underline{2720{,}\text{— DM}}} \end{array}$$

b) *Lösung mit Dreisatz*

$$\begin{array}{l} 106{,}5\% \triangleq 2896{,}80 \text{ DM} \\ 100\ \% \triangleq x \text{ DM} \\ \hline = \dfrac{2896{,}8 \cdot 100}{106{,}5} = x \end{array}$$

Altes Gehalt	2720,— DM ≙	100 %
+ 6,5% Gehaltserhöhung	176,80 DM ≙	6,5%
Neues Gehalt	2896,80 DM ≙	106,5%

Beispiel 2 – Promillerechnen
Für eine Warensendung werden einschließlich 2,5‰ Transportversicherung 32 080,— DM berechnet.
Stellen Sie für die Ausstellung des Buchungsbelegs die Versicherungsprämie in DM und den Warenwert fest!

Lösung

Grundwert	+	Vermehrung	=	vermehrter Grundwert
1000 ‰		2,5 ‰		1002,5 ‰

a) *Lösung mit Kettensatz*

$$\begin{array}{l} x \text{ DM} \triangleq 2{,}5\ ‰ \\ 1002{,}5\ ‰ \triangleq 32\,080{,}\text{— DM} \\ \hline x = \dfrac{2{,}5 \cdot 32\,080}{1002{,}5} = \underline{\underline{80{,}\text{— DM}}} \end{array}$$

b) *Lösung mit Dreisatz*

$$\begin{array}{l} 1002{,}5\ ‰ \triangleq 32\,080{,}\text{— DM} \\ 2{,}5\ ‰ \triangleq x \text{ DM} \\ \hline = \dfrac{32\,080 \cdot 2{,}5}{1002{,}5} = x \end{array}$$

Warenbezugswert	32 080,— DM ≙	1002,5 ‰
– Versicherungsprämie	80,— „ ≙	2,5 ‰
Warenwert	32 000,— DM ≙	1000 ‰

1 Durch Kostensteigerungen werden für einige Waren die Listenpreise erhöht. Errechnen Sie den alten Preis und die Preiserhöhung!

	Erhöhung	neuer Preis		Erhöhung	neuer Preis
a)	7 %	430,14 DM	d)	$12\frac{1}{3}$%	144,24 £
b)	2 %	36,72 hfl	e)	8,7%	54 350,— $
c)	4,25%	6 058,01 skr	f)	$10\frac{1}{2}$%	4 033,25 DM

2 Ermitteln Sie für die Buchungsbelege die Umsatzsteuer und den Nettorechnungspreis!

	Bruttorechnungspreis	USt
a)	169,50 DM	14 %
b)	3530,90 DM	7 %
c)	36,81 DM	7 %
d)	664,61 DM	14 %

3 Stichproben ergaben eine Zunahme der Fehlerhäufigkeit gegenüber der Vorwochen:

Wochentag	Zunahme	Neue Fehlerzahl
Montag	8 ‰	4032 Stück
Dienstag	5 ‰	3618 „
Mittwoch	4 ‰	3514 „
Donnerstag	4 ‰	3012 „
Freitag	6 ‰	4024 „

Wieviel Stück beträgt die Zunahme der fehlerhaften Stücke je Wochentag?

4 Für die Einlösung eines Schecks in ausländischer Währung berechnet die Bank 1,25 ‰ Provision; sie belastet unser Konto mit insgesamt 9772,20 DM.

Wieviel DM betragen die Provision und der Scheckbetrag?

Beispiel 3

Die Bilanzsumme eines Unternehmens ist seit dem letzten Abschluß um $8\frac{1}{3}$ % auf 398 632,— DM gestiegen. Wie hoch war die alte Bilanzsumme?

Lösung

Neue Bilanzsumme	398 632,— DM ≙	$108\frac{1}{3}$ %	
− $8\frac{1}{3}$ % Steigerung	30 664,— DM ≙	$8\frac{1}{3}$ %	≙ $\frac{1}{13}$ des vermehrten Wertes
Alte Bilanzsumme	367 968,— DM ≙	100 %	

Ist der Prozentsatz der Steigerung ein bequemer Teiler von 100, so ist er auch ein bequemer Teiler des vermehrten Wertes!

Erklärung:

Reiner Grundwert	= 100,— DM
+ 25 % Vermehrung	= 25,— DM
Vermehrter Grundwert	= 125,— DM

25,— DM ist der 4. Teil des reinen Grundwertes (100 : 4 = 25) und der 5. Teil des vermehrten Grundwertes (125 : 5 = 25).

5

Prozentsatz		Teil vom reinen Grundwert		Teil vom vermehrten Grundwert
50 %	=	2. Teil von 100	und	3. Teil von 150
$33\frac{1}{3}$ %	=	3. Teil von 100	und	4. Teil von $133\frac{1}{3}$
25 %	=	4. Teil von 100	und	5. Teil von 125

Vervollständigen Sie die Aufstellung für die folgenden bequemen Prozentsätze:

20 %; $16\frac{2}{3}$ %; $14\frac{2}{7}$ %; $12\frac{1}{2}$ %; $11\frac{1}{9}$ %; 10 %; $9\frac{1}{11}$ %;
$8\frac{1}{3}$ %; $6\frac{2}{3}$ %; $6\frac{1}{4}$ %; 5 %; $4\frac{1}{6}$ %; $3\frac{1}{3}$ %; $2\frac{1}{2}$ %;

6 Die Abrechnung einer Industrievertretung GmbH (Einkaufskommissionär) enthält neben dem Preis die Provision. Ermitteln Sie den Preis und die Höhe der Provision!

	Provision	Endabrechnung		Provision	Endabrechnung
a)	$8\frac{1}{3}$%	780,— DM	g)	$9\frac{1}{11}$%	14,40 DM
b)	10 %	2768,15 F	h)	25 %	8,84 £
c)	$12\frac{1}{2}$%	360,90 $	i)	$3\frac{1}{3}$ %	4777,10 hfl
d)	5 %	25,53 £	j)	$12\frac{1}{2}$ %	18646,20 bfr
e)	$2\frac{1}{2}$%	86,52 DM	k)	$14\frac{2}{7}$ %	6152,80 DM
f)	$16\frac{2}{3}$%	8820,— skr	l)	20 %	1051,80 dkr

7 Im Vergleich zum Vorjahr sind die Unterhaltungskosten für das Verwaltungsgebäude um 5,57% auf 82198,— DM, die für die Produktionsstätten um $9\frac{1}{11}$% auf 143520,— DM und für die Lagerhalle um 4,8% auf 33536,— DM gestiegen.
Wie hoch waren die Kosten im Vorjahr, und wieviel DM betrugen die Steigerungen?

8 Eine AG erhöhte im vergangenen Jahr ihr Grundkapital um $14\frac{2}{7}$%. Im laufenden Geschäftsjahr wurde von der Hauptversammlung eine erneute Erhöhung um $12\frac{1}{2}$% auf 6030000,— DM beschlossen.

a) Wie hoch waren die beiden Erhöhungen?

b) Wie hoch war das Grundkapital vor der ersten Erhöhung?

Lösungshinweis

1. Jahr ≙ 100%
\+ $14\frac{2}{7}$% Erhöhung
Neues Kapital ≙ $114\frac{2}{7}$% ② ≙ für 2. Erhöhung 100%
\+ $12\frac{1}{2}$% Erhöhung
Neues Kapital ≙ $112\frac{1}{2}$% ①

9 Die Personalkosten eines Unternehmens stiegen in den letzten drei Jahren um folgende Prozentsätze gegenüber dem jeweiligen Vorjahr: im 1. Jahr um 5%, im 2. Jahr um 7,5%, im 3. Jahr um 4% auf insgesamt 498907,50 DM.

a) Wieviel DM betrugen die Personalkostensteigerungen in jedem Jahr?

b) Wie hoch war die Personalkostenbelastung vor der ersten Erhöhung?

10 Die Umsätze eines Geschenkartikel-Herstellers stiegen im Oktober im Vergleich zum September um 8%, im November im Vergleich zum Oktober um $16\frac{2}{3}$% und im Dezember um weitere 3,5% auf 312984,— DM.

a) Wieviel DM betragen die monatlichen Umsatzsteigerungen?

b) Wie hoch war der Umsatz in jedem der vier Monate?

c) Wie hoch ist der Umsatz des letzten Vierteljahres?

3. Prozent-/Promillewert vom verminderten Grundwert (im Hundert / im Tausend)

Beispiel 1 – Prozentrechnen
Der Umsatz eines Handwerksbetriebes ging im Juli im Vergleich zum Juni um 12,2 % auf 131 700,— DM zurück. Wieviel DM beträgt der Umsatzrückgang? Wie hoch war der Juniumsatz?

Gegeben ist der verminderte Grundwert ≙ 87,8%.

Grundwert		Verminderung		verminderter Grundwert
100%	−	12,2%	=	87,8%

Gesucht werden 100% bzw. 12,2%.

Lösung

Lösung mit Kettensatz

x DM ≙ 100%
87,8% ≙ 131 700,— DM

Lösung mit Dreisatz

87,8% ≙ 131 700,— DM
100 % ≙ x DM

$$\frac{100 \cdot 131\,700}{87{,}8} = \underline{\underline{150\,000{,}\text{— DM}}} = \frac{131\,700 \cdot 100}{87{,}8}$$

Umsatz Monat Juni	150 000,— DM	≙	100 %
− 12,2% Rückgang	18 300,— DM	≙	12,2%
Umsatz Juli	131 700,— DM	≙	87,8%

1 Durch eine genauere Produktionsüberwachung und bessere Arbeitsvorbereitung sinkt die Ausschußproduktion

a) um 6 % auf 6186,082 kg
b) um 10 % auf 3510 Stück
c) um 8,3 % auf 3209,5 t
d) um 3,75% auf 1437 kg
e) um 12,2% auf 825,300 kg
f) um 2,4% auf 294,2 t
g) um 18,6% auf 2100,000 kg
h) um 7,5% auf 925 Stück

Wie hoch waren die Ausschußmengen vor der Überwachungsmaßnahme?

Beispiel 2 – Promillerechnen
Die Zahl der Betriebsunfälle sank im abgelaufenen Kalenderjahr durch Unfallverhütungsmaßnahmen um 9 ‰ auf 6937 Unfälle.
Errechnen Sie die Unfallverringerung und die Zahl der Unfälle im Vorjahr!

Lösung

Grundwert		Verminderung		verminderter Grundwert
1000 ‰	−	9 ‰	=	991 ‰

a) *Lösung mit Kettensatz*

x Unfälle ≙ 9 ‰
991 ‰ ≙ 6937 Unfälle

b) *Lösung mit Dreisatz*

991 ‰ ≙ 6937 Unfälle
9 ‰ ≙ x Unfälle

$$x = \frac{9 \cdot 6937}{991} = \underline{\underline{63\ \text{Unfälle}}} = \frac{6937 \cdot 9}{991} = x$$

Neuer Unfallstand	6937	≙	991 ‰
+ Verringerung	63	≙	9 ‰
Alter Unfallstand	7000	≙	1000 ‰

2 Ein Gewebe hat im Gewicht eine Minusabweichung von 9 ‰ und wiegt 188,29 g/m².

Wie hoch ist das DIN-Gewicht?

3 Nach Abzug der Provisionen von 2,25 ‰ schreibt die Bank eine Auslandsforderung mit 18 393,90 DM unserem Konto gut.

Wie hoch sind die Provision und die Forderung?

Beispiel 3

Die Telefonkosten einer Gesellschaft sind im laufenden Rechnungsabschnitt um 12 ½ % auf 24 867,50 DM gesunken. Wieviel DM beträgt die Kostensenkung? Wie hoch waren die Telefonkosten vorher?

Lösung

Telefonkosten im neuen Rechnungsabschnitt	= 24 867,50 DM	(≙ 87 ½ %)
+ 12 ½ % Kostensenkung	= 3 552,50 DM	(≙ ⅐ d. verminderten Wertes)
Telefonkosten im alten Abrechnungszeitraum	= 28 420,— DM	

Ist der Prozentsatz, um den der Grundwert vermindert wird, ein bequemer Teiler von 100, so ist er auch ein bequemer Teiler des verminderten Wertes.

Reiner Grundwert	= 100,— DM
– 25% Verminderung	= 25,— DM
Verminderter Grundwert	= 75,— DM

25,— DM sind der 4. Teil des Grundwertes 100 (100 : 4 = 25) und der 3. Teil des verminderten Grundwertes 75 (75 : 3 = 25)

4

Prozentsatz		Teil vom reinen Grundwert		Teil vom verminderten Grundwert
33⅓%	=	3. Teil von 100	und	2. Teil von 66⅔
25 %	=	4. Teil von 100	und	3. Teil von 75
20 %	=	5. Teil von 100	und	4. Teil von 80

Vervollständigen Sie die Aufstellung für die folgenden bequemen Prozentsätze:

16⅔%; 14²⁄₇%; 12½%; 11⅑%; 10 %; 9¹⁄₁₁%; 8⅓%;
6⅔%; 6¼%; 5 %; 4⅙%; 3⅓%; 2½ %.

5 Unser Verkaufskommissionär überweist nach Abzug seiner Provision die Verkaufserlöse. Wie hoch ist die Provision des Kommissionärs, und wie hoch war der Verkaufserlös?

	Provision	Überweisung		Provision	Überweisung
a)	8⅓%	2 200,— DM	g)	2½ %	84,88 £
b)	10 %	3 168,36 hfl	h)	6¼ %	774,15 DM
c)	4⅙%	7 429,23 dkr	i)	8⅓ %	15 488,99 skr
d)	16⅔%	280,26 £	k)	9¹⁄₁₁%	45 190,— sfrs
e)	20 %	4 958,— F	l)	12½ %	58 415,80 Pta
f)	12½%	416 778,50 Lire	m)	14²⁄₇ %	1 628,28 $

6 Durch Rationalisierungsmaßnahmen sind die Kosten der Fertigungsstelle I um 18,5% auf 15 970,30 DM, die der Fertigungsstelle II um $8\frac{1}{3}$% auf 14 135,— DM und die der Fertigungsstelle III um $12\frac{1}{2}$% auf 20 624,56 DM gesunken.

a) Wie hoch sind die Kosteneinsparungen je Fertigungsstelle?

b) Wie hoch waren die Kosten vor den Rationalisierungsmaßnahmen?

7 Die durchschnittliche Abschreibung auf den Fuhrpark eines Arzneimittelherstellers betrug im vergangenen Jahr 20%. In diesem Jahr wurden durchschnittlich $12\frac{1}{2}$% abgeschrieben, so daß die Wagen jetzt noch mit 77 000,— DM zu Buch stehen.

a) Wie hoch war die jährliche Abschreibung?

b) Wie hoch war der Buchwert des Fuhrparks vor der 1. Abschreibung?

Lösungshinweis

	Buchwert am Anfang des 1. Jahres	≙ 100%	②		
–	Abschreibung	≙ 20%			
	Buchwert am Anfang des 2. Jahres	≙ 80%		≙ 100 %	①
–	Abschreibung			≙ $12\frac{1}{2}$%	
	Buchwert am Anfang des 3. Jahres			≙ $87\frac{1}{2}$%	

8 In den Sommermonaten gingen die Umsätze eines Erzeugnisses zurück. Im Juni wurden 10% weniger umgesetzt als im Mai, im Juli $16\frac{2}{3}$% weniger als im Juni, und im August verringerte sich der Umsatz um weitere 5,5% auf 28 343,25 DM.

a) Wieviel DM betrug der monatliche Rückgang?

b) Wie hoch waren die Umsätze in den einzelnen Vormonaten?

II. Errechnen des Prozent-/Promillesatzes

Beispiel 1 – Prozentrechnen

Die Bezugskosten für eine Rohstofflieferung im Werte von 36 500,— DM betragen 1460,— DM. Wieviel Prozent sind das?

Lösung mit Kettensatz

x % ≙ 1460,— DM
36 500,— DM ≙ 100%

$$x = \frac{1460 \cdot 100}{36\,500} = \underline{\underline{4\%}}$$

Lösung mit Dreisatz

36 500,— DM ≙ 100%
1 460,— DM ≙ x %

$$= \frac{100 \cdot 1460}{36\,500} = x$$

Formel: Prozentsatz = $\dfrac{\textbf{Prozentwert} \cdot \textbf{100}}{\textbf{Grundwert}}$

1 Wieviel Prozent vom Bruttogewicht beträgt die Tara?

	Bruttogewicht	Tara		Bruttogewicht	Tara
a)	7650 kg	229,5 kg	g)	278 kg	42,250 kg
b)	880 kg	110 kg	h)	57,5 t	5002,5 kg
c)	500 g	15 g	i)	36 450 kg	2150,550 kg
d)	6,5 t	0,455 t	k)	48 kg	47,040 kg
e)	750 kg	637,5 kg	l)	7,890 kg	1972,5 g
f)	78 dt	97,5 kg	m)	9 620 kg	48,100 kg

Beispiel 2 – Promillerechnen

Bei einem Wertpapierverkauf werden 71 400,— DM erzielt. Die Börsenumsatzsteuer beträgt 178,50 DM.

Wieviel Promille sind das?

a) *Lösung mit Kettensatz*

x ‰ ≙ 178,50 DM
71 400,— DM ≙ 1000 ‰

$$x = \frac{178{,}50 \cdot 1000}{71\,400} = \underline{\underline{2{,}5\text{‰}}}$$

b) *Lösung mit Dreisatz*

71 400,— DM ≙ 1000 ‰
178,50 DM ≙ x ‰

$$= \frac{1000 \cdot 178{,}50}{71\,400} = x$$

Formel: Promillesatz = $\frac{\textbf{Promillewert} \cdot \textbf{1000}}{\textbf{Grundwert}}$

2 Wieviel Promille des Warenwertes betragen die Versicherungsprämien?

	Warenwert	Versicherungsprämie		Warenwert	Versicherungsprämie
a)	33 500,— DM	127,30 DM	d)	6 425,— DM	51,40 DM
b)	146 700,— „	953,55 „	e)	341 000,— „	920,70 „
c)	78 200,— „	379,72 „	f)	97 460,— „	877,14 „

Beispiel 3

Ein Fertigerzeugnis wird einschließlich eines Mindermengenzuschlages von 33,75 DM für 258,75 DM angeboten. Wieviel Prozent beträgt der Zuschlag?

Lösung

Der Verkaufspreis ist der vermehrte Wert. Zunächst muß der reine Grundwert ≙ 100 % errechnet werden:

	Verkaufspreis	= 258,75 DM
–	Mindermengenzuschlag	= 33,75 „
	Reiner Grundwert	= 225,— DM

a) *Lösung mit Kettensatz*

x % ≙ 33,75 DM
225,— DM ≙ 100 %

$$x = \frac{33{,}75 \cdot 100}{225} = \underline{\underline{15\,\%}}$$

b) *Lösung mit Dreisatz*

225,— DM ≙ 100 %
33,75 DM ≙ x %

$$= \frac{100 \cdot 33{,}75}{225} = x$$

Der Prozent-/Promillewert muß immer vom reinen Grundwert = 100 % bzw. 1000 ‰ berechnet werden.

Beispiel 4
Nach Abzug von 160,— DM Skonto ergibt sich für Schmierfette ein Bareinkaufspreis von 6240,— DM. Wieviel Prozent beträgt der Skontoabzug?

Lösung

Barpreis	= 6240,— DM	(verminderter Wert)
+ Skonto	= 160,— DM	
Zielpreis	= 6400,— DM	(≙ 100 %)

a) *Lösung mit Kettensatz*

x % ≙ 160,— DM
6400,— DM ≙ 100 %

$$x = \frac{160 \cdot 100}{6400} = \underline{\underline{2\tfrac{1}{2}\,\%}}$$

b) *Lösung mit Dreisatz*

6400,— DM ≙ 100 %
160,— DM ≙ x %

$$= \frac{100 \cdot 160}{6400} = x$$

3 Wieviel Prozent von den Selbstkosten beträgt der Gewinn bzw. der Verlust bei Verkauf von Waren zu folgenden Preisen?

	Verkaufserlös		
a)	6 080,— DM	Verl.	1520,— DM
b)	252,— hfl	Gew.	12,— hfl
c)	66,19 £	Gew.	1,13 £
d)	68 949,76 skr	Verl.	6570,24 skr
e)	13 310,55 F	Verl.	1210,05 F
f)	7 841,40 dkr	Gew.	1120,20 dkr

	Verkaufserlös		
g)	1,37 £	Gew.	0,42 £
h)	52 335,— Pta	Gew.	5 815,— Pta
i)	613 902,82 Lire	Verl.	164 455,18 Lire
k)	27 680,21 $	Gew.	3 460,07 $
l)	9 135,72 Esc	Verl.	92,28 Esc
m)	24 448,— DM	Verl.	1 152,— DM

4 An einer Landtagswahl nahmen von 2 500 000 wahlberechtigten Bürgern 2 110 000 teil. Wieviel Prozent betrug die Wahlbeteiligung?

5 Der Umsatz eines Büromaschinenwerkes wies in den letzten zehn Jahren folgende Entwicklung auf (in Mio. DM):

1. Jahr	2. Jahr	3. Jahr	4. Jahr	5. Jahr	6. Jahr	7. Jahr	8. Jahr	9. Jahr	10. Jahr
38,2	49,8	71,2	92,7	122,3	144,9	176,3	186,0	196,4	217,6

Errechnen Sie den Prozentsatz

a) der jährlichen Umsatzsteigerung gegenüber dem Vorjahr,
b) der einzelnen Jahre gegenüber dem ersten Jahr! (Basisjahr)

6 Ein Unternehmer kauft Wertpapiere im Wert von 725 000,— DM. Neben dem Kaufpreis werden ihm berechnet: 3625,— DM Provision, 725,— DM Börsenumsatzsteuer und 543,75 DM Maklergebühr.

a) Wieviel Prozent beträgt die Provision, und wieviel Promille betragen Börsenumsatzsteuer und Maklergebühr?
b) Mit welchem Betrag wird das Konto des Unternehmers belastet?

7 Der Buchwert des Fuhrparks einer Unternehmung beträgt nach einer Abschreibung von 12 314,50 DM noch 37 943,50 DM. Wie hoch ist der Prozentsatz der Abschreibung?

8 Dem Konto eines Industrieunternehmens werden nach Abzug von 270,— DM Provision 224 730,— DM gutgeschrieben.
Wieviel Promille beträgt die Provision der Außenhandelsbank?

9 Ein Automobilwerk veröffentlicht folgende Bilanz (in Tausend DM):

Aktiva — Bilanz zum 31. Dezember 19 . . — Passiva

	DM	%		DM	%
I. **Anlagevermögen**			I. Eigenkapital	957,7	?
Sachanlagen	1219,7	?	II. Fremdkapital		
Beteiligungen	79,2	?	langfristiges	486,5	?
II. **Umlaufvermögen**			kurzfristiges	456,0	?
Vorräte/Erzeugn.	397,6	?			
Darlehn	16,2	?			
Forderungen	157,2	?			
Liquide Mittel	30,3	?			
	1900,2	100%		1900,2	100%

a) Errechnen Sie den Prozentanteil der einzelnen Bilanzpositionen an der Bilanzsumme!

b) Wieviel Prozent entfallen auf Anlage- und Umlaufvermögen?

c) Wieviel Prozent entfallen auf Eigen- und Fremdkapital?

d) Mit wieviel Prozent Eigenkapital ist das Anlagevermögen finanziert?

10 Durch die sorgfältigere Überwachung der Außenstände erhöhte sich der durchschnittliche Bestand an flüssigen Mitteln im letzten Quartal um 2439,— DM auf 34 959,— DM. Wieviel Prozent sind das?

11 In einer Kondensmilchfabrik ergaben Stichproben einen Fehler in der Abfüllautomatik. Der tatsächliche Inhalt von 10 überprüften Dosen wich vom Normalinhalt ab (Normalinhalt = 170 g):

Dose 1	Dose 2	Dose 3	Dose 4	Dose 5	Dose 6	Dose 7	Dose 8	Dose 9	Dose 10
168,4 g	161,4 g	165,2 g	169,6 g	166,9 g	173,3 g	175,6 g	164,4 g	166,5 g	164,6 g

Um wieviel Prozent weicht der tatsächliche Doseninhalt vom Normalinhalt nach oben oder unten ab? (2 Dezimalstellen)

12 Die Bilanzsumme einer Gesellschaft erhöhte sich im letzten Jahr um 84 512,50 DM auf 788 787,50 DM. Im vergangenen Jahr betrug die Erhöhung 64 025,— DM. Um wieviel Prozent erhöhten sich die Bilanzsummen in den beiden Jahren gegenüber dem jeweiligen Vorjahr?

13 Für eine Lieferung werden dem Kunden einschließlich 34,20 DM Transportversicherung 7634,20 DM berechnet.
Wieviel Promille beträgt die Transportversicherung?

14 Einer unserer Kunden meldet Konkurs an. Unsere Forderungen an die Konkursmasse betragen 3904,72 DM. Nach Abschluß des Verfahrens erfahren wir durch den Konkursverwalter, daß 3416,63 DM uneinbringlich sind. Der Rest wird überwiesen. Wie hoch ist die Konkursquote?

15 Gewinn- und Verlustrechnung einer Maschinenfabrik (in Tausend DM):

Soll — Verlust- und Gewinnkonto — Haben

	DM	%		DM	%
Aufwand für Roh-, Hilfs- u. Betriebsstoffe	69 031	?	Umsatzerlöse	206 021	?
Personalkosten	88 814	?	Erträge aus Beteiligungen	141	?
Allg. Verwaltungsk.	2 350	?	Zinserträge	863	?
Abschreibungen	18 983	?	sonstige Erträge	1 882	?
Zinsaufwand	6 617	?			
Steuern	14 732	?			
sonstige Aufwendg.	4 430	?			
Gewinn	3 950	?			
	208 907	100%		208 907	100%

Errechnen Sie die Prozentanteile für Aufwendungen, für Erträge und für Gewinn an der Gesamtsumme des Verlust- und Gewinnkontos.

16 In Zusammenarbeit von Betriebsleitung und Betriebsrat wurden nach einem Großunfall neue Unfallschutzbestimmungen erlassen. Danach sank die Unfallquote im Quartal um 21 auf 27 Unfälle bei 9600 Beschäftigten.

a) Um wieviel Prozent ist die Unfallquote gesunken?

b) Wieviel ‰ von der Belegschaft verunglückten vor- und nachher?

III. Errechnen des Grundwertes

Beispiel 1 – Prozentrechnen

Ein Unternehmen erhält beim Einkauf von Zugfedern 15% ≙ 1020,— DM Mengenrabatt.

a) Wie hoch ist der Listenpreis?

b) Wieviel DM beträgt der Zielpreis nach Abzug des Rabatts?

Lösung **Gesucht werden 100%.**

a) *Lösung mit Kettensatz*

x DM ≙ 100%
15% ≙ 1020,— DM

$$= \frac{100 \cdot 1020}{15} = \underline{\underline{6800,\text{— DM}}}$$

Lösung mit Dreisatz

15% ≙ 1020,— DM
100% ≙ x DM

$$= \frac{1020 \cdot 100}{15} = x$$

b)

Listenpreis	= 6800,— DM
– 15% Mengenrabatt	= 1020,— DM
Zielpreis	= 5780,— DM

Formel:

$$\textbf{Grundwert} = \frac{\textbf{Prozentwert} \cdot \textbf{100}}{\textbf{Prozentsatz}}$$

Beispiel 2 – Promillerechnen

Für die Vermittlung eines Grundstückes berechnet der Makler 9,5 ‰ = 5937,50 DM Provision. – Welchen Wert hat der Makler seiner Abrechnung zugrunde gelegt?

a) *Lösung mit Kettensatz*

$$\begin{array}{rl} x \text{ DM} & \triangleq 1000‰ \\ 9{,}5‰ & \triangleq 5937{,}50 \text{ DM} \end{array}$$

$$x = \frac{1000 \cdot 5937{,}50}{9{,}5} = \underline{\underline{625\,000,\text{— DM}}}$$

b) *Lösung mit Dreisatz*

$$\begin{array}{rl} 9{,}5‰ & \triangleq 5937{,}50 \text{ DM} \\ 1000‰ & \triangleq x \text{ DM} \end{array}$$

$$= \frac{5937{,}50 \cdot 1000}{9{,}5} = x$$

Formel: Grundwert = $\frac{\textbf{Promillewert} \cdot \textbf{1000}}{\textbf{Promillesatz}}$

Beispiel 3

Beim Ausgleich einer Rechnung ziehen wir $2\frac{1}{2}$% ≙ 105,— DM Skonto ab.

a) Wie hoch ist der Zielpreis? b) Wie hoch ist der Barpreis?

Lösung $2\frac{1}{2}$% ist ein bequemer Prozentsatz von 100 = der 40. Teil von 100.

a) = 105 · 40 = 4200,— DM

Bei bequemen Prozentsätzen gleich auf 100 schließen!

b)

	Zielpreis	= 4200,— DM	≙ 100 %
–	$2\frac{1}{2}$% Skonto	105,— DM	≙ $2\frac{1}{2}$%
	Barpreis	= 4095,— DM	≙ $97\frac{1}{2}$%

1 Wie hoch waren die Verkaufswerte?

a) 6 ‰ = 260,40 DM Provision
b) $12\frac{1}{2}$% = 725,26 „ „
c) 27,5 % = 825,— „ „
d) 9 ‰ = 82,80 DM Provision
e) $8\frac{1}{3}$% = 271,20 „ „
f) 5,5 ‰ = 540,65 „ „

2 Die Stundenlöhne für Facharbeiter werden um 5 % = 0,88 DM je Stunde erhöht. Wie hoch ist der neue Stundenlohn?

3 Unsere Bank verlangt für ein zur Sicherheit übereignetes Warenlager den Abschluß einer Feuerversicherung. Die Prämie beträgt 112,50 DM = $2\frac{1}{4}$‰ des Lagerwertes. Wie hoch ist der Versicherungswert?

4 Von einer Rechnung wurden erst $12\frac{1}{2}$% Mengenrabatt, dann 3% Skonto = 85,05 DM abgezogen. Wie hoch sind Bar- und Listenpreis?

5 Der Januarumsatz eines Unternehmens lag um $8\frac{1}{3}$% unter dem des Dezembers. Der Februarumsatz steigt um $2\frac{1}{2}$% = 6400,— DM im Vergleich zum Januar. Der Märzumsatz liegt um 5,5% über dem Februarumsatz. Wie hoch war der Umsatz der einzelnen Monate?

IV. Übungen zum Prozent-/Promillerechnen

1 Wie hoch ist der Bareinkaufspreis einer Sendung über 3021,57 DM, wenn uns der Verkäufer bei Zahlung innerhalb von 10 Tagen 3% Skonto gewährt?

2 Ein Stoff wiegt vor der Ausrüstung (Färben, Appretieren u. a.) 21 580 kg. Infolge der Ausrüstung wird er um $2\frac{8}{9}$% schwerer. Wieviel kg wiegt der Stoff nach der Ausrüstung?

3 Ein Stahlbolzen verlor durch Bearbeitung $4\frac{1}{2}$% seiner Länge. Der Fertigbolzen ist 182,7 mm lang. Wieviel mm (1 Dezimalstelle) hat der Rohbolzen durch die Bearbeitung verloren?

4 Die Stromkosten der Kostenstelle VII sind gegenüber dem Vorjahr um 7% auf 806,26 DM je Monat gestiegen. Wie hoch ist die Kostensteigerung in DM?

5 Wie hoch ist der Bareinkaufspreis in DM bei einer Rechnung über £ 37,96 nach Abzug von 2% Skonto. Kurs: 1 £ = 3,90 DM.

6 Die Produktion des Monats September wurde im Oktober um 4% übertroffen. Die Oktoberproduktion betrug 62 845,12 DM. Wie hoch war die Produktion des Monats September?

7 Der Angebotspreis mußte aus Konkurrenzgründen um $6\frac{2}{3}$% gesenkt werden und beträgt nun 198,55 DM für 100 kg. Wie hoch war der alte Angebotspreis?

8 Durch eine Konstruktionsänderung wurde die Leistung eines Schiffsmotors um 7% = 249,9 kW erhöht. Wie hoch ist die PS-Leistung vor und nach der Änderung?

9 Der Energieverbrauch einer Anlage ist infolge einer Verbesserung um $12\frac{1}{2}$% = 22 050 kWh gefallen. Wie hoch war der Verbrauch vor und nach der Verbesserung?

10 Unser Einkaufskommissionär berechnet einschließlich seiner Provision von 37,08 DM einen Preis von 861,08 DM. Wie hoch war die Provision in Prozent? (1 Dezimalstelle)

11 An einen Kunden haben wir eine Forderung in Höhe von 11 634,20 DM. Der Kunde macht Konkurs, und wir erhalten von unserer Forderung noch 1225,10 DM. Wie hoch ist der Verlust in Prozent? (1 Dezimalstelle)

12 Für eine Lieferung wird nach Abzug von 2% Skonto ein Bareinkaufspreis von 1572,75 DM errechnet. Fracht und Verpackung hat der Lieferer mit 217,80 DM berechnet; von diesem Betrag durfte kein Skonto abgezogen werden.

a) Wie hoch war der Zieleinkaufspreis?

b) Wieviel kg wurden geliefert, wenn $\frac{1}{2}$ kg 1,50 DM frei Haus kostete?

13 Der Rohstoffpreis ist um 10,63 DM auf 102,88 DM je 100 kg gefallen. Wieviel Prozent beträgt die Preissenkung? (1 Dezimalstelle)

14 Stellen Sie den Verkaufspreis, die Kostenanteile und den Gewinn in Prozent bzw. in DM fest! (Verkaufspreis = 100%)

Materialkosten		24%
Fertigungskosten	480,— DM	
Verwaltungskosten		18%
Vertriebskosten	130,— DM	
Gewinn		10%

15 Der Preis für ein Ersatzteil ist von 7,50 DM auf 9,90 DM gestiegen. Wieviel Prozent beträgt die Preissteigerung?

16 Ein Fertigprodukt wiegt, nachdem es drei Fertigungsstufen durchlaufen hat, noch 900 kg.

a) Wie hoch war das Rohstoffgewicht, wenn bei der Bearbeitung in Fertigungsstufe I $16\frac{2}{3}$%, in Fertigungsstufe II 20% und in Fertigungsstufe III 25% Gewichtsverlust vom jeweiligen Restgewicht entstehen?

b) Wieviel Prozent beträgt der gesamte Gewichtsverlust?

17 Ein Werk hat für eine Sendung eine Transportversicherung von 7,5‰ des Wertes = 224,10 DM abgeschlossen.

a) Mit wieviel DM ist die Sendung versichert?

b) Wie hoch ist der Rechnungsbetrag der Sendung? In die Versicherungssumme wurden 20% wahrscheinlicher Gewinn eingerechnet.

18 Durch die kostensenkende Wirkung eines patentierten Verfahrens steigt der Reingewinn je Stück um 25,30 DM. Das sind bei einer Gesamtproduktion von 132 Stück = $12\frac{1}{2}$% des Patentwertes. Welchen Wert hat das patentierte Verfahren?

19 Wolle verliert durch Waschen und Kämmen 16%, durch Spinnen 2% und gewinnt durch Ausrüsten 1% an Gewicht des jeweiligen Materialeinsatzes. Wie hoch war der Rohwolleeinsatz bei 166,286 kg Fertigwolle?

20 Wir benötigen 2000 Kanalabdeckungen aus Grauguß. Auf unsere Anfrage gehen vier Angebote Essener Gießereien ein:

Angebot A:	2,40 DM je Stück;	$16\frac{2}{3}$% Rabatt; 1% Skonto; Lieferung: frei Haus
Angebot B:	2,35 DM je Stück;	10% Rabatt; 2% Skonto; Lieferung: frachtfrei
Angebot C:	2,28 DM je Stück;	$8\frac{1}{3}$% Rabatt; 3% Skonto; Lieferung: ab Werk
Angebot D:	2,24 DM je Stück;	$12\frac{1}{2}$% Rabatt; $1\frac{1}{2}$% Skonto; Lieferung: frei Waggon Essen

Die Anroll- und Beladekosten betragen in Essen	20,— DM	je 1000 Stück
die Bahnfracht Essen–Bestimmungsort beträgt	45,— DM	je 1000 Stück
die Ablade- und Abrollgelder am Bestimmungsort	25,— DM	je 1000 Stück

a) Für welches Angebot entscheiden wir uns bei gleichen Lieferzeiten?

b) Um wieviel Prozent liegen die anderen Angebote über dem günstigsten Angebotspreis?

21 Durch einen stärkeren Auftragseingang auf Grund intensiverer Werbung ist die Kapazitätsausnutzung unserer Fertigungsanlagen um 6% gegenüber dem Vormonat gestiegen und beträgt nun 106 800 hl. Das entspricht einer Ausnutzung von 89% der Gesamtkapazität.

a) Wie hoch ist die Gesamtkapazität?

b) Wieviel hl wurden vor der Umsatzerhöhung hergestellt?

22 Eine Kakaomühle kauft Rohkakao zur Notierung der Londoner Rohstoffbörse zu 102,— £ je cwt. Zu welchem Preis in DM kann die Unternehmung 1 kg davon weiterverkaufen, wenn für Kosten und Gewinn 20 % des Verkaufspreises erzielt werden sollen? (1 cwt = 50,8 kg, 1 £ = 3,82 DM)

23 Der Stundenlohn eines Lagerarbeiters beträgt 19,20 DM, seine tarifliche Arbeitszeit 40 Stunden wöchentlich. Während der Abrechnungswoche hat er $9\frac{1}{2}$ Überstunden geleistet, davon 2 an gesetzlichen Feiertagen. Der Überstundenzuschlag beträgt an Werktagen 25 %, an Feiertagen 100 % auf den Tariflohn. Weiterhin wird eine Hitzezulage von 5,5 % auf den Grundlohn gezahlt ($49\frac{1}{2}$ Stunden). Auf die Überstunden (Reinigungsarbeiten) erhält der Arbeiter außerdem eine Schmutzzulage von 7,5 % auf den Tariflohn.

Bei der Feststellung des Nettolohnes sind zu berücksichtigten 25 % Lohnsteuer vom Bruttolohn, 8 % Kirchensteuer von der Lohnsteuer; Sozialversicherungsbeiträge: 18,5 % Rentenversicherung, 11,8 % Krankenversicherung und 4,6 % Arbeitslosenversicherung vom Bruttolohn. (Der Arbeitnehmeranteil beträgt 50 %).

Wie hoch ist der Nettolohn des Hilfsarbeiters in der Abrechnungswoche?

24 Nach Einführung eines Prämiensystems für Betriebstreue sank in einem Betrieb mit 1200 Beschäftigten die Fluktuation der Arbeitskräfte im Jahr um 292 auf 52; gleichzeitig stieg die Erzeugung um 3621 t auf 39 831 t. Weiterhin sank die Ausschußproduktion um 45% = 1395 t.

a) Wie hoch war und ist der Prozentsatz der „Wandervögel“ an der Gesamtbeschäftigtenzahl?

b) Um wieviel Prozent ist die Fluktuation im Vergleich zum Vorjahr gesunken?

c) Um wieviel Prozent stieg die Erzeugung?

d) Wie hoch war und ist der Produktionstonnenanteil je Beschäftigten?

e) Wie hoch war und ist die Ausschußproduktion?

25 Am Eigenkapital einer KG in Höhe von 3 800 000,— DM sind die Komplementäre A mit 25%, B mit 35,5%, C mit 30,5% und der Kommanditist D mit dem Rest (feste Einlage) beteiligt. Der Reingewinn beträgt 485 000,— DM. Hiervon erhalten die Gesellschafter zunächst je 4% auf ihre Einlagen. Vom Rest erhalten die geschäftsführenden Komplementäre je 15,5%. Die Restsumme wird nach Kapitalanteilen verteilt.

a) Wie hoch sind die Kapitalanteile der Gesellschafter in DM?

b) Wieviel Prozent des Eigenkapitals der Unternehmung beträgt der Gesamtgewinn?

c) Wieviel DM werden den Komplementären auf die Kapitalkonten gutgeschrieben, und wieviel erhält der Kommanditist ausgezahlt?

d) Mit wieviel Prozent hat sich das Kapital der einzelnen Gesellschafter verzinst?

e) Wieviel Prozent beträgt die Kapitalbeteiligung der Gesellschafter nach der Gewinnverteilung?

f) Um wieviel Prozent hat sich das Gesamteigenkapital der Unternehmung erhöht?

26 Ein Lieferer gewährt uns auf Grund einer Mängelrüge für Rohstoffe 2. Wahl auf einen Einkaufspreis von 5622,40 DM einen Preisnachlaß von 803,20 DM.

a) Wieviel Prozent beträgt der Preisnachlaß?

b) Wie hoch ist der Bareinkaufspreis bei $2\frac{1}{2}\%$ Skontoabzug?

27 Ein Kunde ist mit der Annahme einer Sendung Kleingußteile im Werte von 12 620,— DM in Verzug geraten. Unsere Verkaufsbedingungen lauteten: Zahlung unter Abzug von 12% Mengenrabatt und bei Zahlung innerhalb von 8 Tagen 3% Skonto.

Bei der öffentlichen Versteigerung nach 22 Tagen wird ein Versteigerungserlös von 74,3% unserer Forderungen erzielt. Die Kosten des Auktionators betragen $1\frac{1}{2}$% vom Versteigerungserlös. Die Einlagerungskosten in einem öffentlichen Lagerhaus vor der Versteigerung betrugen für 24 m^2 Lagerfläche 0,35 DM je Tag und m^2. Weiterhin wurden sonstige Kosten in Höhe von 38,50 DM verauslagt.

a) Wie hoch ist unsere Forderung an den Kunden nach Abwicklung des Verfahrens?

b) Wieviel Prozent beträgt der Verlust des Kunden durch den Annahmeverzug?

28 Der Wagen des Inhabers hat einen Normverbrauch von 12,5 l Superbenzin auf 100 km Fahrstrecke. Der tatsächliche Verbrauch liegt im Durchschnitt bei 15 l. Nach einem Chauffeurwechsel fiel der Durchschnittsverbrauch auf 14,1 l.

Um wieviel Prozent liegt der tatsächliche Verbrauch vor und nach dem Fahrerwechsel über dem Normverbrauch?

29 Die Jahresproduktion eines Werkes wurde zu 12,5% = 6520 t mit eigenen Fahrzeugen transportiert. Vom Rest (= 100%) entfallen 25% auf die Bundesbahn, 30,5% auf die Binnenschiffahrt und 44,5% auf den gewerblichen Güterfernverkehr.

a) Wie hoch ist die Jahresproduktion des Werkes?

b) Wie hoch ist der Transportanteil der firmenfremden Verkehrsträger?

c) Wieviel Prozent beträgt der Anteil der einzelnen Transportmittel am Gesamtversand des Werkes?

30 Der EG-Zusammenschluß hat zur Gründung eines Zweigwerkes in Frankreich geführt, um den französischen Markt schneller und transportkostengünstiger beliefern zu können. Ein junger Angestellter will dort eine Stellung übernehmen, wenn er 20% mehr verdient als in Deutschland. Sein Grundgehalt beträgt z. Z. 1560,— DM. Außerdem erhält er monatlich eine Prämie von $8\frac{1}{3}$% auf das Grundgehalt, ferner 240,— DM Urlaubsgeld und 480,— DM Weihnachtsgeld.

Wieviel F müssen dem Angestellten in Frankreich mindestens gezahlt werden? (Kurs 30,— DM)

31 Aktiva — Bilanz einer Straßenbahn AG (in Tausend DM) — Passiva

Aktiva	DM	%	Passiva	DM	%
Anlagevermögen . .	35 335	88,02	Eigenkapital	19 403	48,33
Vorräte	1 250	3,11	Langfr. Fremdkapital	18 693	46,56
Liquide Mittel	3 562	8,87	Kurzfr. Fremdkapital	2 051	5,11
	40 147	100%		40 147	100%

Aktiva — Bilanz einer Werft (in Tausend DM) — Passiva

Aktiva	DM	%	Passiva	DM	%
Anlagevermögen . .	46 680	17,67	Eigenkapital	34 430	13,03
Vorräte	121 780	46,10	Langfr. Fremdkapital	21 910	8,29
Liquide Mittel	95 690	36,23	Kurzfr. Fremdkapital		
			Vorauszahlungen . .	166 430	63,01
			Sonstiges	41 380	15,67
	264 150	100%		264 150	100%

Aktiva — Bilanz einer Handelsgesellschaft (in Tausend DM) — Passiva

Aktiva	DM	%	Passiva	DM	%
Anlagevermögen . .	69 650	13,31	Eigenkapital	89 200	17,05
Vorräte	114 480	21,88	Langfr. Fremdkapital	103 620	19,80
Forderungen	300 100	57,36	Kurzfr. Fremdkapital	330 410	63,15
Liquide Mittel	39 000	7,45			
	523 230	100%		523 230	100%

a) Überprüfen Sie den Prozentanteil der einzelnen Bilanzpositionen an der Bilanzsumme!

b) Wieviel Prozent der Bilanzsumme betragen Anlage- und Umlaufvermögen?

c) Wieviel Prozent der Bilanzsumme betragen Eigen- und Fremdkapital?

d) Zu wieviel Prozent ist das Anlagevermögen vom Eigenkapital gedeckt?

e) Wieviel Prozent der langfristigen Fremdmittel müssen zur Deckung des Anlagevermögens herangezogen werden?

f) Vergleichen Sie die Bilanzen! Wodurch unterscheiden sich die Unternehmungen?

Programmierte Übungen

Die Lösungen bitte nur dann ankreuzen, wenn das Buch Ihr Eigentum ist.
Im Leihverfahren überlassene Bücher dürfen nicht beschrieben werden.

32 Im letzten Geschäftsjahr sind 14 200 Kundenaufträge eingegangen. Davon entfielen 29,5% auf Kleinaufträge (unter 200,— DM).

Wieviel Aufträge waren Kleinaufträge?

- a 4260 Aufträge
- b 4118 Aufträge
- c 4198 Aufträge
- d 4189 Aufträge
- e anderes Ergebnis, welches?

33 Ein Chemiewerk kauft Bleiglanz mit genau festgelegtem Feingehalt an Blei. Die Analyse einer Stichprobe von 180 g Bleiglanz ergab 141,05 g Blei.

Wie hoch ist der Feingehalt an Blei dieser Lieferung in %?

- a 87,36%
- b 78,36%
- c 21,64%
- d 12,64%
- e anderes Ergebnis, welches?

34 Die Bundesrepublik Deutschland förderte 6,2 Mio. Tonnen Erdöl. Mit dieser Fördermenge kann der Erdölbedarf nur zu 5,1% aus eigenen Quellen gedeckt werden.

Wie hoch ist der Jahresbedarf der Bundesrepublik Deutschland in Mio. Tonnen?

- a 211,57 Mio. t
- b 111,57 Mio. t
- c 124,00 Mio. t
- d 125,57 Mio. t
- e anderes Ergebnis, welches?

35 Gegenüber dem Kostenanschlag hat sich der Bau einer Lagerhalle um 8,4% verteuert; sie kostet nun 280 430,— DM.

Wieviel DM müssen zusätzlich für die Finanzierung bereitgestellt werden?

- a 12 730,07 DM
- b 2 173,07 DM
- c 21 730,74 DM
- d 217 307,38 DM
- e anderes Ergebnis, welches?

36 Auf Grund der Zusicherung, daß auch im nächsten Geschäftsjahr alle Aufträge für Thermostate an Josef Sedlmayer OHG vergeben werden sollen, wird der Preis um 1,43 DM auf 20,57 DM gesenkt?

Wie hoch ist der Treuerabatt in %?

- a 6,5 %
- b 6,95%
- c 7 %
- d 7,47%
- e anderes Ergebnis, welches?

37 Aus der Statistik des Kraftfahrzeugbundesamtes in Flensburg geht hervor, daß im ersten Monat dieses Jahres 129 327 Fahrzeuge im Bundesgebiet und West-Berlin neu zugelassen wurden.

Im Januar des letzten Jahres waren es nur 105 379 Fahrzeuge.

Um wieviel Prozent sind die Zulassungen gestiegen? (2 Dezimalstellen)

- a 18,17%
- b 18,52%
- c 22,08%
- d 22,73%
- e anderes Ergebnis, welches?

38 Gegenüber dem Vorjahr (6,2 Mio. DM Umsatz) ist der Umsatz um 5,5% gestiegen. Wie hoch war die wertmäßige Umsatzsteigerung?

a	34 100,— DM
b	314 000,— DM
c	0,341 Mio. DM
d	0,113 Mio. DM
e	anderes Ergebnis, welches?

39 Der wertmäßige Umsatz ist gegenüber dem Vorjahr um 4% auf 4 288 000,— DM gestiegen. Von den 4% Umsatzsteigerung entfallen 3,6% auf Preis- und Kostensteigerungen, der Rest ist echte Leistungssteigerung.

Wieviel DM beträgt die tatsächliche Leistungssteigerung?

a	164 923,07 DM
b	16 492,31 DM
c	171 520,— DM
d	17 152,— DM
e	anderes Ergebnis, welches?

40 Nach Einführung von Kurzarbeit sinkt die Kapazitätsausnutzung auf 65%, das sind 4615 t im Monat.

Um wieviel t kann die monatliche Produktion bei Vollbeschäftigung erhöht werden?

a	2485 t
b	2130 t
c	7100 t
d	5515 t
e	anderes Ergebnis, welches?

41 Nach einer Konstruktionsänderung steigen die Materialkosten von 12,15 DM auf 14,84 DM, die Fertigungskosten sinken jedoch von 18,04 DM auf 14,02 DM je Auftrag.

Um wieviel Prozent sind die Herstellkosten gegenüber der alten Konstruktion gesunken?

a	22,14%
b	5,53%
c	4,41%
d	6,59%
e	anderes Ergebnis, welches?

42 Von einer Rechnung werden 8% Mengenrabatt und 3% Skonto (≙ 210,— DM Skonto) abgezogen.

Wie hoch ist der Listenpreis?

a	6790,— DM
b	7608,70 DM
c	7000,— DM
d	7210,— DM
e	anderes Ergebnis, welches?

43 In einem Vergleichsverfahren beträgt die Vergleichsquote 18,4%. Unsere Forderungen an den Kunden betrugen 20 486,— DM.

Wie hoch ist der Forderungsausfall?

a	16 716,58 DM
b	13 114,58 DM
c	7 369,42 DM
d	3 769,42 DM
e	anderes Ergebnis, welches?

I. Zinsrechnen

Zinsen sind ein Preis, den der Schuldner dem Gläubiger für das Überlassen von Kapital oder Kredit zu zahlen hat. Dieses Entgelt wird z. B. fällig für Bankkredite, bei Zielgeschäften, beim Zahlungsverzug, durch die Lagerhaltung, durch die Kapital gebunden wird, usw.

Die Höhe der Zinsen hängt ab

1. von der Höhe des überlassenen Kapitals
2. vom Zinssatz (veralteter Begriff: Zinsfuß)
3. von der Laufzeit, für die das Kapital dem Sch. überlassen wird

Die Zinsrechnung ist eine Anwendung der Prozentrechnung unter Berücksichtigung der Zeit.

Die Größen der Prozentrechnung heißen in der Zinsrechnung:

Grundwert → ① **Kapital** (k)
Prozentsatz → ② **Zinssatz** (p)
Prozentwert → ③ **Zinsen** (z)
Neuer Faktor → ④ **Zeit** (t)

I. Berechnen der Zinsen

1. Jahreszinsen

Beispiel
Ein Sägewerk nimmt bei einer Bank ein Darlehen von 20 000,— DM für 3 Jahre auf. Wieviel Zinsen müssen in diesem Zeitraum bei einem Zinssatz von 5% gezahlt werden?

Lösung **Gegeben sind:** das Kapital 20 000,— DM ≙ 100%,
der Zinssatz 5%,
die Zeit 3 Jahre.

Gesucht werden: die Zinsen

5% Zinssatz heißt, daß für ein Kapital von 100,— DM in einem Jahr 5 vom Hundert = 5,— DM Zinsen gezahlt werden müssen.

Zuerst Zinsen für 1 Jahr — dann für mehrere Jahre berechnen.

100% des Kapitals: $20\,000$

1% des Kapitals: $\frac{20\,000}{100}$

5% des Kapitals: (Zinsen für 1 Jahr) $\frac{20\,000 \cdot 5}{100}$

Zinsen für 3 Jahre: $\frac{20\,000 \cdot 5 \cdot 3}{100} = 3000$

Das Unternehmen hat in 3 Jahren 3000,— DM Zinsen zu zahlen.

Werden in den Bruch Zinsen für 3 Jahre $= \frac{20\,000 \cdot 5 \cdot 3}{100}$

für die gegebenen Werte Platzhalter eingesetzt, so ergibt sich die Formel für die Berechnung der Jahreszinsen:

$$z = \frac{k \cdot p \cdot t}{100} \qquad \textbf{Jahreszinsen} = \frac{\textbf{Kapital} \cdot \textbf{Zinssatz} \cdot \textbf{Jahre}}{\textbf{100}}$$

1 Berechnen Sie die Jahreszinsen für

a)	5370,— DM	zu	7%;	3%;	5%;	4%;	6%;	12%;	8%;
b)	3120,— hfl	zu	$8\frac{1}{2}$%;	$7\frac{1}{2}$%;	$5\frac{1}{2}$%;	$4\frac{1}{2}$%;	$3\frac{1}{2}$%;	$6\frac{1}{2}$%;	
c)	2790,70 skr	zu	$3\frac{1}{3}$%;	$4\frac{3}{5}$%;	$5\frac{3}{4}$%;	$6\frac{1}{4}$%;	$3\frac{3}{4}$%;	$5\frac{1}{4}$%.	

2 Es sind die Zinsen zu berechnen für:

	Kapital	Zinssatz	Jahre		Kapital	Zinssatz	Jahre
a)	3570,— DM	5 %	3	f)	8645,— F	$5\frac{3}{4}$%	15
b)	195,— hfl	7 %	2	g)	357,60 sfr	$2\frac{1}{4}$%	$5\frac{1}{2}$
c)	7753,— dkr	$3\frac{1}{2}$%	7	h)	556,40 DM	$8\frac{1}{2}$%	$3\frac{3}{4}$
d)	9178,30 nkr	$4\frac{1}{2}$%	6	i)	7128,30 $	$3\frac{3}{4}$%	$2\frac{1}{4}$
e)	920,50 £	$6\frac{1}{2}$%	4	k)	87,33 £	7 %	13

2. Monatszinsen

Beispiel Eine Weberei erhält von ihrer Hausbank ein kurzfristiges Darlehen von 20000,— DM für 3 Monate zu 5%. Wie hoch sind die Zinsen?

Lösung **Gegeben sind:** das Kapital 20000,— DM
der Zinssatz 5%
die Zeit 3 Monate

Gesucht werden: die Zinsen

Zuerst Jahreszinsen (12 Monate) — dann Monatszinsen berechnen.

100% des Kapitals: $20\,000$

1% des Kapitals: $\frac{20\,000}{100}$

5% des Kapitals: **(Zinsen für 12 Monate)** $\frac{20\,000 \cdot 5}{100}$

Zinsen für 1 Monat: $\frac{20\,000 \cdot 5}{100 \cdot 12}$

Zinsen für 3 Monate: $\frac{20\,000 \cdot 5 \cdot 3}{100 \cdot 12} = 250$

Das Unternehmen hat für 3 Monate 250,— DM Zinsen zu zahlen.

Werden in den Bruch Zinsen für 3 Monate $= \frac{20\,000 \cdot 5 \cdot 3}{100 \cdot 12}$

für die gegebenen Werte Platzhalter eingesetzt, so ergibt sich die Formel für die Berechnung der Monatszinsen:

$$z = \frac{k \cdot p \cdot t}{100 \cdot 12} \qquad \textbf{Monatszinsen} = \frac{\textbf{Kapital} \cdot \textbf{Zinssatz} \cdot \textbf{Monate}}{\textbf{100} \cdot \textbf{12}}$$

1 Berechnen Sie die Zinsen für

	Kapital	Zinssatz	Monate		Kapital	Zinssatz	Monate
a)	885,50 DM	7 %	2	f)	25 635,— Pta	$2\frac{1}{2}$%	$2\frac{1}{2}$
b)	2117,25 F	3 %	7	g)	88,81 dkr	$5\frac{1}{4}$%	$3\frac{1}{3}$
c)	629,78 skr	4 %	9	h)	9 107,— bfr	$4\frac{1}{2}$%	$5\frac{1}{2}$
d)	5793,70 DM	$16\frac{2}{3}$%	14	i)	12 619,50 hfl	$8\frac{1}{3}$%	$8\frac{1}{2}$
e)	125,96 £	12 %	5	k)	351,41 £	$3\frac{3}{4}$%	8

2 Mit welchem Betrag müssen folgende Darlehen einschließlich Zinsen zurückgezahlt werden?

	Darlehen	Zinssatz	Monate		Darlehen	Zinssatz	Monate
a)	3 150,— DM	3 %	11	f)	5 215,— DM	$6\frac{1}{2}$%	$3\frac{1}{2}$
b)	6 515,— DM	7 %	4	g)	12 060,— DM	$16\frac{2}{3}$%	$9\frac{1}{2}$
c)	2 625,70 DM	4 %	9	h)	360,40 DM	$2\frac{1}{2}$%	$5\frac{1}{3}$
d)	18 398,24 DM	$12\frac{1}{2}$%	17	i)	7 518,30 DM	$3\frac{1}{3}$%	$4\frac{1}{2}$
e)	9 728,20 DM	$8\frac{1}{3}$%	6	k)	50,— DM	$8\frac{1}{2}$%	$6\frac{1}{2}$

3. Tageszinsen

Beispiel

Wir nehmen bei der Deutschen Bank ein Darlehen von 20 000,— DM für 90 Tage zu 5% auf. Mit wieviel Zinsen belastet uns die Bank?

Lösung

Gegeben sind: das Kapital 20 000,— DM
der Zinssatz 5%
die Zeit 90 Tage

Gesucht werden: die Zinsen

Zuerst Jahreszinsen (360 Tage) — dann Tageszinsen berechnen.

100% des Kapitals: 20 000

1% des Kapitals: $\frac{20\,000}{100}$

5% des Kapitals: $\frac{20\,000 \cdot 5}{100}$
(Zinsen für 360 Tage)

Zinsen für 1 Tag: $\frac{20\,000 \cdot 5}{100 \cdot 360}$

Zinsen für 90 Tage: $\frac{20\,000 \cdot 5 \cdot 90}{100 \cdot 360} = 250$

Das Unternehmen hat für 90 Tage 250,— DM Zinsen zu zahlen.

Werden im Bruch Zinsen für 90 Tage $= \frac{20\,000 \cdot 5 \cdot 90}{100 \cdot 360}$

für die gegebenen Werte Platzhalter eingesetzt, so ergibt sich die Formel für die Berechnung der Tageszinsen:

$$\mathbf{z = \frac{k \cdot p \cdot t}{100 \cdot 360}}$$

$$\textbf{Tageszinsen} = \frac{\textbf{Kapital} \cdot \textbf{Zinssatz} \cdot \textbf{Tage}}{\textbf{100} \cdot \textbf{360}}$$

1 Ermitteln Sie die Zinsen für folgende Kapitalien:

	Kapital	Zinssatz	Tage		Kapital	Zinssatz	Tage
a)	3625,— DM	10 %	135	e)	7 258,80 DM	12 %	186
b)	498,— DM	$16\frac{2}{3}$%	83	f)	579,20 DM	$3\frac{3}{4}$%	322
c)	9875,20 DM	$2\frac{1}{2}$%	57	g)	126 400,— DM	$12\frac{1}{2}$%	96
d)	792,40 DM	$6\frac{3}{4}$%	229	h)	925,20 DM	$2\frac{1}{2}$%	274

Errechnen der Zinstage

In der kaufmännischen Zinsrechnung sind:

1 Jahr = 360 Tage — 1 Monat = 30 Tage

Der 31. Tag eines Monats wird **nicht** berechnet. Der Februar wird bei Angaben „bis Ende Februar" genau berechnet. Als Zinsmonat hat der Februar ebenfalls 30 Tage. Beim Errechnen der Zinstage wird der 1. Tag des Zeitraumes **nicht** mitgezählt.

Beispiele

a) vom 29.07. bis 02.08. = 3 Zinstage
b) vom 19.02. bis Ende Febr. = 9 Zinstage
c) vom 19.02. bis Ende Febr. (Schaltjahr) = 10 Zinstage
d) vom 19.02. bis 01.03. = 12 Zinstage
e) vom 28.03. bis 05.07. = 97 Zinstage

Lösung zu e)

vom 28.03. bis 30.03. = 2 Tage
vom 30.03. bis 30.06. = 90 Tage
vom 30.06. bis 05.07. = 5 Tage
vom 28.03. bis 05.07. = 97 Tage

oder vom 28.03. bis 28.06. = 90 Tage
vom 28.06. bis 05.07. = 7 Tage
vom 28.03. bis 05.07. = 97 Tage

2 Berechnen Sie die Zinstage:

vom – bis

a) 02.06.–07.07.
b) 20.04.–31.05.
c) 04.01.–Ende Febr.
d) 07.09.–18.02.
e) 18.10.–01.03.
f) 22.11.–Ende Febr. (Schaltjahr)
g) 01.05.–24.11.
h) 19.11.–05.01.
i) 02.12.–04.03.
k) 02.07.–15.08.
l) 28.11.–15.12.
m) 07.01.–09.04.
n) 14.05.–31.12.
o) 13.03.–09.06.
p) 06.05.–17.11.
q) 28.02.–16.08.
r) 29.12.–16.11.
s) 03.03.–Ende Febr. (Schaltjahr)
t) 19.08.–20.09.
u) 19.12.–03.01.
v) 25.02.–19.01.
w) 22.11.–Ende Febr.
x) 21.10.–29.09.
y) 18.07.–16.08.
z) 14.02.–07.06.

3 Berechnen Sie die Verzinsung folgender Kapitalien:

a) 3 420,— DM zu 4 % vom 05.07. bis 26.08.
b) 2 516,— DM zu 3 % vom 15.04. bis 28.09.
c) 75,— DM zu 8 % vom 27.02. bis 15.12.
d) 13 545,20 DM zu $3\frac{1}{2}$% vom 18.12. bis 14.03.
e) 7 245,70 DM zu $4\frac{1}{2}$% vom 08.10. bis Ende Februar
f) 4 598,50 DM zu $8\frac{1}{2}$% vom 29.08. bis Ende Februar (Schaltjahr)

4 Errechnen Sie die Rückzahlungssummen folgender Darlehen:

a) 2 829,— DM zu 7 % vom 19.02. bis 07.04.
b) 875,75 DM zu $3\frac{1}{2}$% vom 19.12. bis 03.03.
c) 14 328,— DM zu $8\frac{1}{3}$% vom 24.02. bis 19.07.
d) 224,80 DM zu $12\frac{1}{2}$% vom 20.10. bis Ende Februar

In einer Reihe von Ländern werden die Zinstage anders als in Deutschland berechnet. Folgende Berechnungsarten für Zinstage sind zu unterscheiden:

Berechnungsart	Jahr	Monat	Länder
deutsche	360 Tage	30 Tage	Dänemark, Deutschland, Norwegen, Schweden, Schweiz, UdSSR
französische[1]	360 Tage	genau	Belgien, Frankreich, Holland, Italien, Österreich, Spanien
englische[1]	365 Tage Schaltj.: 366	genau	Großbritannien, USA, bürgerliches Zinsrechnen in Deutschland

Beispiele

Zinszeitraum	deutsche Art	französische Art	englische Art
vom 25.01. bis 02.03.	37 Tage	36 Tage	36 Tage
vom 31.12. bis 31.12.	360 Tage	360 Tage	365 Tage
vom 31.12. bis 31.12. (Schaltjahr)	360 Tage	360 Tage	366 Tage
vom 30.06. bis 31.07.	30 Tage	31 Tage	31 Tage

5 Berechnen Sie die Zinstage der Aufgabe 2 nach englischer und nach französischer Art!

6 Ermitteln Sie die Zinsen nach den in den einzelnen Währungsgebieten geltenden Bestimmungen:

		zu	vom	bis			zu	vom	bis
a)	7 218,— F	3%	05.07.	31.08.	f)	617,18 £	4%	20.01.	28.02.
b)	103 690,— Lire	7%	30.08.	05.11.	g)	4325,50 $	10%	16.09.	31.12.
c)	84 500,— Pta	6%	09.03.	02.07.	h)	918,86 £	3%	29.11.	01.03.
d)	3 675,30 hfl	2%	27.06.	24.09.	i)	573,75 $	5%	18.06.	11.08.
e)	9 125,— öS	8%	01.05.	31.07.	j)	90,05 £	6%	14.11.	05.03.

7 Bei verschiedenen europäischen und amerikanischen Banken werden folgende Beträge eingezahlt:

		am	zu			am	zu
a)	7 516,50 DM	03.06.	3 %	f)	62,46 £	28.02. (Schaltj.)	8%
b)	250,04 £	02.09.	5 %	g)	6275,— dkr	05.06.	6%
c)	55 750,— Lire	30.04.	4½%	h)	2620,— öS	30.01.	5%
d)	3 687,50 F	20.10.	3½%	i)	1918,78 $	15.01. (Schaltj.)	9%
e)	370,20 DM	09.05.	7 %	j)	862,30 nkr	14.11.	12%

Wie hoch sind die Guthaben einschließlich Zinsen am 31. Dezember?

1) Zinsformel:

$$\text{Tageszinsen nach englischer Art} = \frac{\text{Kapital} \cdot \text{Zinssatz} \cdot \text{Tage (genau)}}{100 \cdot 365\ (366)}$$

$$\text{Tageszinsen nach französischer Art} = \frac{\text{Kapital} \cdot \text{Zinssatz} \cdot \text{Tage (genau)}}{100 \cdot 360}$$

4. Berechnen der Zinsen mit Zinszahl und Zinsteiler

Die Zinsen können auch mit Zinszahl (#) und Zinsteiler (Zt.) errechnet werden. Dazu wird die Zinsformel aufgelöst:

$$z = \frac{k \cdot p \cdot t}{100 \cdot 360} \qquad z = \frac{k \cdot t}{100} \cdot \frac{p}{360} \qquad z = \frac{\frac{k \cdot t}{100}}{\frac{360}{p}}$$

① **Zinszahl: # ≙ 1% vom Kapital · Tage**

werden ohne Kommastellen gerechnet; sie sind ganze positive Zahlen. Es wird normal gerundet.

1 Errechnen Sie die # für:

a) Kapital 435,05 DM, Laufzeit 93 Tage
b) Kapital 3217,55 DM, Laufzeit 29 Tage
c) Kapital 55,60 DM, Laufzeit 72 Tage
d) Kapital 923,34 DM, Laufzeit 33 Tage

Lösung zu a)[1]
1% Kapital · Tage
= 4,3505 · 93 = 404,5965
= 405

② **Zinsteiler: Zt. ≙ $\frac{360}{p}$**

2 Errechnen Sie die Zinsteiler für:

	8%	4%	2%	1%	½%
Zt.:	45	?	?	?	?

	12%	6%	3%	1½%	¾%
Zt.:	30	?	?	?	?

	30%	15%	7½%	3¾%
Zt.:	12	?	?	?

	10%	5%	2½%	1¼%
Zt.:	36	?	?	?

	9%	4½%	2¼%	1⅛%
Zt.:	40	?	?	?

Prägen Sie sich die Zinsteiler so ein, daß Sie sich jeweils die ersten Zt. einer Reihe merken und die übrigen daraus entwickeln!

③ **Tageszinsen ≙ $\frac{\#}{Zt.}$**[2]

Beispiel Ein Darlehen von 40 000,— DM soll zu 6% 90 Tage verzinst werden. Wie hoch sind die Zinsen?

Lösung $\frac{\#}{Zt.} \mathrel{\hat{=}} \frac{400 \cdot 90}{360:6} \mathrel{\hat{=}} \frac{36\,000}{60} = 600,\!—\ DM$ betragen die Zinsen

3 Berechnen Sie die Verzugszinsen mit # und Zinsteiler für:

a) 220,25 DM zu 4 % vom 20.01. bis 26.02.
b) 9627,35 DM zu 2½% vom 15.04. bis 08.09.
c) 852,93 DM zu 3 % vom 09.06. bis 27.10.
d) 100,— DM zu 12 % vom 13.07. bis 01.09.
e) 5117,30 DM zu 9 % vom 27.10. bis 03.01.
f) 964,75 DM zu 8 % vom 19.11. bis 31.12.

1) **Errechnung der #:** Pfennige blieben beim „Handrechnen" früher unberücksichtigt. Banken rechnen Pfennige seit der Einführung des maschinellen bzw. elektronischen Rechnens meist mit.

2) Für die englische Zinsrechnung: Tageszinsen = $\frac{\#}{Zt.} - \frac{1}{73}$ des Ergebnisses Engl. Zinsjahr: 365 Tage; $\frac{5}{365} = \frac{1}{73}$

Zerlegen des Zinssatzes

Nicht immer ergeben sich beim Errechnen der Zinsteiler ganze Zahlen (= bequeme Zinsteiler). Hier hilft man sich mit einem Zerlegen des Zinssatzes.

Zunächst wird mit dem nächstliegenden bequemen Zinsteiler gerechnet. Der Rest wird zugezählt bzw. abgezogen.

Beispiel Zu wieviel DM verzinst sich ein Kapital von 20000,— DM vom 07.07. bis 07.10. a) zu $5\frac{1}{2}\%$; b) zu $2\frac{1}{8}\%$; c) zu 7%?

Lösung zu a) # ≙ $200 \cdot 90 = 18\,000$

1. Möglichkeit

$5\% + \frac{1}{2}\%$

	5 % = 18 000 : 72	= 250,— DM
+	$\frac{1}{2}\%$ = ($\frac{1}{10}$ v. 5%)	= 25,— DM
	$5\frac{1}{2}\%$ Zinsen	= 275,— DM

Der bequeme Zt. für 5% ist 72. $\frac{1}{2}$ ist in 5 = 10mal enthalten. $\frac{1}{10}$ von 250 werden zugeschlagen = 25,— DM.

2. Möglichkeit

$6\% - \frac{1}{2}\%$

	6 % = 18 000 : 60	= 300,— DM
–	$\frac{1}{2}\%$ = ($\frac{1}{12}$ v. 6%)	= 25,— DM
	$5\frac{1}{2}\%$ Zinsen	= 275,— DM

Der bequeme Zt. für 6% ist 60. $\frac{1}{2}$ ist in 6 = 12mal enthalten. $\frac{1}{12}$ von 300 = 25,— DM.

Lösung zu b)

	2 % = 18 000 : 180	= 100,— DM
+	$\frac{1}{8}\%$ = ($\frac{1}{16}$ v. 2%)	= 6,25 DM
	$2\frac{1}{8}\%$ Zinsen	= 106,25 DM

Lösung zu c)

	6% = 18 000 : 60	= 300,— DM
+	1% = ($\frac{1}{6}$ v. 6%)	= 50,— DM
	7% Zinsen	= 350,— DM

4 Zerlegen Sie folgende Zinssätze:

a)	b)	c)	d)
$3\frac{1}{5}\%$	$3\frac{1}{4}\%$	$4\frac{3}{4}\%$	$5\frac{1}{4}\%$
$8\frac{1}{2}\%$	$5\frac{7}{8}\%$	$8\frac{1}{9}\%$	$11\frac{4}{5}\%$
$3\frac{1}{2}\%$	$4\frac{1}{5}\%$	$5\frac{1}{5}\%$	$6\frac{1}{2}\%$
11 %	$6\frac{1}{7}\%$	$10\frac{1}{7}\%$	$7\frac{6}{7}\%$

5 Berechnen Sie die Rückzahlungssummen folgender Forderungen einschließlich Verzugszinsen:

	Forderungssumme	fällig am	Rückzahlung am	Verzugszinsen
a)	2 670,20 DM	25.06.	17.07.	$4\frac{3}{4}\%$
b)	2 677,— DM	19.03.	02.06.	7 %
c)	739,— DM	16.01.	Ende Febr.	$10\frac{1}{2}\%$
d)	7 693,70 DM	02.10.	18.12.	$8\frac{1}{4}\%$
e)	5 429,25 DM	13.11.	05.01.	$4\frac{1}{5}\%$
f)	2 675,— DM	20.09.	18.12.	$3\frac{1}{4}\%$
g)	1 005,75 DM	04.05.	02.06.	$6\frac{1}{2}\%$
h)	300,— DM	26.11.	01.03.	$5\frac{1}{5}\%$
i)	75,50 DM	05.06.	18.10.	$8\frac{1}{6}\%$
j)	12 812,20 DM	04.04.	02.05.	$3\frac{1}{4}\%$

5. Summarisches Zinsrechnen

Werden mehrere Kapitalien mit *verschiedener Laufzeit,* aber *gleichem Zinssatz* verzinst, können die Zinsen in *einer Rechnung (= summarisch)* ermittelt werden. Der Zinsteiler ist für alle Zinszahlen (#) gleich.

Beispiel 1

Ein Schuldner will zum 30.06. vier Rechnungen ausgleichen: Nr. 1 über 3100,— DM, fällig am 28.12.; Nr. 2 über 550,— DM, fällig am 02.02.; Nr. 3 über 2155,50 DM, fällig am 17.03.; Nr. 4 über 1570,— DM, fällig am 01.06.; 6 ½ % Verzugszinsen. Auf welchen Betrag muß seine Überweisung ausgestellt sein?

Lösung

Rechnungsbetrag	Stichtag: 30.06.	Zinstage	#
Nr. 1 3100,— DM	fällig am 28.12.	182	5642
Nr. 2 550,— DM	fällig am 02.02.	148	814
Nr. 3 2155,50 DM	fällig am 17.03.	103	2220
Nr. 4 1570,— DM	fällig am 01.06.	29	455

7375,50 DM
164,87 DM Verzugszinsen 6½ %
7540,37 DM Überweisung am 30.6.

Verzugszinsen:[1] 9131
6 % = 9131 : 60 = 152,183 DM
+ ½ % = 1/12 v. 6% = 12,682 DM
6½ % = 164,87 DM

Lösungsweg ① Aufstellung machen und Zinstage errechnen; ② # ermitteln; ③ Summe der # durch gemeinsamen Zinsteiler dividieren.

1 Ein Industrieunternehmen erhält von seiner Bank am 03.05. 5 600,— DM; am 15.06. 7 250,— DM und am 02.07. 600,— DM als kurzfristige Darlehen zu 8%. Wie hoch ist die Rückzahlungssumme am 30.09.?

2 Bei einer Bank wurden folgende Beträge eingezahlt:

a) 2 150,— DM am 05.07. Zinsen
783,50 DM am 13.09. 4½ %
5 120,— DM am 20.10.

b) 945,25 DM am 02.06. Zinsen
3 457,30 DM am 15.08. 4%
2 923,45 DM am 09.09.

c) 920,— DM Wert 03.10. Zinsen
575,— DM Wert 17.11. 3,5 %
25,40 DM Wert 05.12.

d) 1 525,80 DM Wert 17.11. Zinsen
1 268,40 DM Wert 25.11. 2¾ %
972,25 DM Wert 01.12.

Wie hoch sind die Guthaben am 31.12.?

3 Wie hoch sind die Überweisungen unserer Kunden am Rückzahlungstag einschließlich Verzugszinsen?

a) 325,— DM, fällig am 03.08.
2 117,25 DM, fällig am 09.08.
673,60 DM, fällig am 28.08.
1 790,— DM, fällig am 07.09.
Rückzahlung am 15.09.
Verzugszinsen 7½ %

b) 220,— DM, fällig am 02.02.
65,— DM, fällig am 19.03.
132,20 DM, fällig am 31.03.
300,— DM, fällig am 05.04.
Rchngs.ausgleich am 20.04.
Verzugszinsen 5½ %

1) Bei Zwischenrechnungen wird mit 3 Stellen nach dem Komma gerechnet; dadurch ergibt sich ein genaues Ergebnis.

4 Franke & Co., Nürnberg, schulden den Papierwerken München für Warenlieferungen 7200,— DM, fällig am 05.01., 500,— DM, fällig am 17.02., und 1840,— DM, fällig am 01.03. — Wie hoch ist die Überweisung des Schuldners am 05.06., wenn 7 ½% Verzugszinsen berechnet werden?

5 Das Spanplattenwerk Gerhard Krüger GmbH, Frankfurt, kauft zum Fakturieren der Ausgangsrechnungen einen Kleincomputer zum Preis von 23 000,— DM. 3000,— DM werden davon bei Lieferung am 01.04. bezahlt. Der Rest soll in 4 gleichen Raten am 01.06., 01.08., 01.10. und 01.12. überwiesen werden. — Wie hoch ist die Überweisung am 1. Dezember einschließlich 8 ½% Zinsen?

6 Der Silberwarenfabrik Hubert Klein KG will ein weiterer Kommanditist beitreten. Die Kommanditeinlage von 120 000,— DM soll am 01.07. eingezahlt sein. Bei später eingehenden Zahlungen werden 5½% Zinsen berechnet, die mit der letzten Rate zu zahlen sind. Die Zahlungen erfolgen am 01.07. mit 60 000,— DM, am 31.08. mit 25 000,— DM, am 15.09. mit 10 000,— DM, am 25.09. mit 5000,— DM, am 15.10. mit dem Rest.

Über welchen Betrag lautet die Gesamtzahlung am 15. Oktober?

7 Ein Bausparer schließt am 02.01. einen Bausparvertrag ab. Die monatliche Sparrate (jeweils fällig am 1. eines Monats) beträgt 75,— DM. Hinzu kommen folgende Sondereinzahlungen:

am 02.01.:	500,— DM	am 14.10.:	700,— DM
am 30.06.:	350,— DM	am 31.12.:	1000,— DM

Die Bausparkasse vergütet Spareinlagen mit 3%. Wie hoch ist das Bausparguthaben am 31. Dezember? (1. Sparrate: 01.02.)

8 Karl Meiser, Gesellschafter der Rudolf Rebhahn OHG, Münster, hat im abgelaufenen Kalenderjahr folgende Privatentnahmen:

2. Jan.	2800,— DM	1. April	3000,— DM	2. Okt.	2800,— DM
15. Jan.	200,— DM	20. April	100,— DM	17. Okt.	750,— DM
3. Febr.	2800,— DM	4. Mai	2800,— DM	3. Nov.	1250,— DM
28. Febr.	300,— DM	2. Juni	2800,— DM	5. Dez.	3000,— DM
1. März	2800,— DM	5. Juli	3000,— DM	20. Dez.	1000,— DM
7. März	500,— DM	28. Juli	6000,— DM	30. Dez.	800,— DM

Verzinsung der Privatentnahmen: 4% lt. Gesellschaftsvertrag.

a) Mit wieviel DM Zinsen wird der Gesellschafter am 31. Dezember belastet?

b) Wie hoch ist die Summe der Privatentnahmen einschließlich Zinsen?

c) Wieviel DM Restgewinn werden dem Kapitalkonto gutgeschrieben, wenn Meiser einen Gesamtgewinn von 59 680,— DM erhält?

II. Berechnen des Kapitals

Gesucht wird das Kapital, gegeben sind Zinsen (z), Zinssatz (p) und die Zeit (t). Die Formel zur Ermittlung des Kapitals wird aus der Zinsformel abgeleitet:

$$z = \frac{k \cdot p \cdot t}{100 \cdot 360}$$

$$z \cdot 100 \cdot 360 = k \cdot p \cdot t$$

$$\frac{z \cdot 100 \cdot 360}{p \cdot t} = k$$

$$k = \frac{z \cdot 100 \cdot 360}{p \cdot t}$$

$$\textbf{Kapital} = \frac{\textbf{Zinsen} \cdot \textbf{100} \cdot \textbf{360}}{\textbf{Zinssatz} \cdot \textbf{Tage}}$$

1 Leiten Sie die Jahres- und Monatsformel zur Ermittlung des Kapitals ab!

2 Berechnen Sie die Kapitalien, die die angegebenen Zinsen bringen

a) vom 25.05. bis 05.08. zu 5 % = 4,20 DM
b) vom 18.09. bis 31.12. zu 6 % = 51,— DM
c) vom 05.05. bis 03.08. zu 5 % = 32,78 DM
d) vom 09.03. bis 29.07. zu 3 % = 29,40 DM
e) vom 02.02. bis 17.03. zu $5\frac{1}{2}$% = 10,97 DM
f) vom 08.10. bis 03.02. zu 2 % = 22,50 DM
g) vom 30.03. bis 15.05. zu 9 % = 33,75 DM
h) vom 20.06. bis 02.09. zu 12 % = 3600,— DM

3 Wie hoch ist eine Darlehenssumme, für die gezahlt werden?

a) zu 7% im Jahr 154,— DM Zinsen
b) zu 4% im Jahr 488,— DM Zinsen
c) zu 5% im Jahr 328,50 DM Zinsen
d) zu 6 % im Jahr 1071,— DM Zinsen
e) zu $5\frac{1}{2}$% im Jahr 12,10 DM Zinsen
f) zu 9 % im Jahr 6,75 DM Zinsen

4 Für welches Kapital zahlt ein Schuldner

a) zu 3 % 49,50 DM in 3 Monaten,
b) zu 5 % 6,— DM in 2 Monaten,
c) zu 7 % 627,60 DM in 8 Monaten,
d) zu $4\frac{1}{2}$% 66,98 DM in 5 Monaten,
e) zu $5\frac{1}{2}$% 5,50 DM in 6 Monaten,
f) zu 2 % 40,52 DM in 1 Monat,
g) zu 6 % 100,— DM in 4 Monaten?

5 Ein kurzfristiges Darlehen, das am 27.10. ausgeliehen wurde, wird am 03.01. zurückgezahlt. Der Schuldner zahlt 84,43 DM = 9% Zinsen.

a) Wie hoch war das Darlehen?

b) Wieviel DM beträgt die gesamte Rückzahlung?

6 Welches Kapital bringt vom 03.07. bis 18.08. zu 12% genausoviel Zinsen wie ein Kapital von 2500,— DM zu 6% vom 18.04. bis 18.10.?

III. Berechnen des Zinssatzes

Gesucht wird der Zinssatz, gegeben sind Zinsen (z), Kapital (k) und Zeit (t). Die Formel zur Ermittlung des Zinssatzes wird aus der Zinsformel abgeleitet:

$$z = \frac{k \cdot p \cdot t}{100 \cdot 360}$$

$$z \cdot 100 \cdot 360 = k \cdot p \cdot t$$

$$\frac{z \cdot 100 \cdot 360}{k \cdot t} = p$$

$$p = \frac{z \cdot 100 \cdot 360}{k \cdot t}$$

$$\textbf{Zinssatz} = \frac{\textbf{Zinsen} \cdot \textbf{100} \cdot \textbf{360}}{\textbf{Kapital} \cdot \textbf{Tage}}$$

1 Leiten Sie die Jahres- und die Monatsformel zur Ermittlung des Zinssatzes ab!

2 Bestimmen Sie den Zinssatz:

a)	720,— DM	vom 02.05. bis 02.10.	9,— DM Zinsen
b)	2450,— DM	vom 05.09. bis 20.11.	20,42 DM Zinsen
c)	765,— DM	vom 03.04. bis 19.06.	5,40 DM Zinsen
d)	978,— DM	vom 17.12. bis 28.02.	20,15 DM Zinsen
e)	1815,— DM	vom 07.07. bis 20.10.	26,50 DM Zinsen
f)	9600,— DM	vom 13.04. bis 24.06.	216,— DM Zinsen

3 Ermitteln Sie den Zinssatz:

a)	750,— DM	in 2 Monaten	7,50 DM Zinsen
b)	2400,— DM	in 7 Monaten	84,— DM Zinsen
c)	3650,— DM	in $1\frac{1}{2}$ Monaten	18,25 DM Zinsen
d)	920,— DM	in 15 Monaten	100,13 DM Zinsen
e)	1230,— DM	in $3\frac{1}{2}$ Monaten	43,05 DM Zinsen
f)	3500,— DM	in 3 Monaten	70,— DM Zinsen

4 Zu welchem Zinssatz erhält ein Gläubiger im Jahr für 15 000,— DM:
a) 900,— DM; b) 600,— DM; c) 675,— DM; d) 825,— DM Zinsen?

5 Zu welchem Zinssatz bringen 32 000,— DM vom 19.01. bis 01.04. 768,— DM Zinsen?

6 Ein Kredit wird einschließlich der Zinsen von 28 125,— DM mit 528 125,— DM zurückgezahlt. Kreditzeitraum: 17.04.–17.01. Zu welchem Zinssatz wurde er erteilt?

7 Zu welchem Zinssatz waren 8000,— DM vom 17. Oktober bis 29. Dezember ausgeliehen? Der Schuldner zahlt 160,— DM Zinsen an den Gläubiger.

IV. Berechnen der Zeit

Gesucht wird die Zeit, gegeben sind Zinsen (z), Kapital (k) und Zinssatz (p). Die Formel zur Ermittlung der Zeit wird aus der Zinsformel abgeleitet:

$$z = \frac{k \cdot p \cdot t}{100 \cdot 360}$$

$$z \cdot 100 \cdot 360 = k \cdot p \cdot t$$

$$\frac{z \cdot 100 \cdot 360}{k \cdot p} = t$$

$$t = \frac{z \cdot 100 \cdot 360}{k \cdot p}$$

$$\textbf{Zeit} = \frac{\textbf{Zinsen} \cdot \textbf{100} \cdot \textbf{360}}{\textbf{Kapital} \cdot \textbf{Zinssatz}}$$

1 Leiten Sie die Jahres- und die Monatsformel zur Ermittlung der Zeit ab!

2 Wieviel Jahre war ein Kapital von

a) 3 500,— DM angelegt, wenn es bei 6 % 630,— DM Zinsen brachte?
b) 250,— DM angelegt, wenn es bei 7 % 87,50 DM Zinsen brachte?
c) 25 630,— DM angelegt, wenn es bei 8 % 9226,80 DM Zinsen brachte?
d) 50,— DM angelegt, wenn es bei 4 % 31,— DM Zinsen brachte?
e) 9 218,— DM angelegt, wenn es bei 4½% 2488,86 DM Zinsen brachte?

3 Wieviel Monate wurden folgende Darlehn verzinst?

		Zinsertrag
a)	6 240,— DM zu 5 %	182,— DM
b)	2 926,— DM zu 8 %	117,04 DM
c)	850,— DM zu 4 %	51,— DM
d)	4 228,— DM zu 6 %	116,27 DM
e)	36 760,— DM zu 7½%	2757,— DM

4 In wieviel Tagen bringen

a) 2 420,— DM zu 4 % 12,10 DM Zinsen?
b) 240,— DM zu 5 % 5,20 DM Zinsen?
c) 18 690,— DM zu 6 % 186,90 DM Zinsen?
d) 7 536,— DM zu 4½% 306,15 DM Zinsen?
e) 5 629,— DM zu 12 % 365,27 DM Zinsen?

V. Kapital- und Zinsrechnen vom vermehrten und verminderten Wert

Für die Berechnung ist gegeben entweder

der vermehrte Wert = Kapital + Zinsen *oder* **der verminderte Wert** = Kapital – Zinsen

Gesucht werden das Ausgangskapital und die Höhe der Zinsen.

Beispiel 1

Ein am 15.01. zu 6% ausgeliehenes Darlehen wird am 09.12. mit 4031,55 DM zurückgezahlt. Wie hoch war es, und wieviel Zinsen sind in der Rückzahlung enthalten?

Lösung kaufmännisch

4031,55 DM sind der um die Zinsen vermehrte Wert.

① Die 6% Jahreszinsen (360 Tage) werden auf 324 Tage umgerechnet:

Kettensatz:

x%	≙	324 Tage
360 Tage	≙	6%

$$x = \frac{324 \cdot 6}{360} \quad \underline{\underline{5{,}4\%}}$$

Das Anfangskapital ist um 5,4% vermehrt.

② Das Anfangskapital ≙ 100% wird gesucht:

x DM	≙	100%
105,4%	≙	4031,55 DM

$$x = \frac{100 \cdot 4031{,}55}{105{,}4} = \underline{\underline{3825{,}\text{— DM}}}$$

③ Berechnung der Zinsen:

Anfangskapital	3825,— DM
+ Zinsen 324 Tage/6%	206,55 DM
Darlehensrückzahlung	4031,55 DM

Lösung algebraisch

x wird als Platzhalter für das gesuchte Darlehen eingesetzt.

Darlehen + Zinsen = Rückzahlung

$$x + \frac{x \cdot 6 \cdot 324}{100 \cdot 360} = 4031{,}55 \text{ DM}$$

Bruch gekürzt:

$$x + \frac{x \cdot \overset{1}{\not{6}} \cdot \overset{5{,}4}{\not{324}}}{100 \cdot \underset{\underset{1}{\not{60}}}{\not{360}}} = 4031{,}55$$

$$100x + 5{,}4x = 4031{,}55 \cdot 100$$

$$105{,}4x = 403155$$

$$x = \frac{403155}{105{,}4}$$

$$x = 3825$$

Anfangskapital: 3825,— DM
Zinsen: 206,55 DM

Beispiel 2

Eine Bank zahlt ein für die Zeit vom 07.05. bis 01.10. gewährtes Darlehen bei Berechnung von $7\frac{1}{2}\%$ Jahreszinsen mit 1940,— DM an den Kreditnehmer aus. Wieviel DM betragen Darlehen und Zinsen?

Lösung kaufmännisch 1940,— DM sind der um die Zinsen verminderte Wert.

① Die $7\frac{1}{2}\%$ Jahreszinsen werden auf die Laufzeit umgerechnet:

Kettensatz:

x% ≙ 144 Tage
360 Tage ≙ $7\frac{1}{2}\%$

$$x = \frac{144 \cdot 7{,}5}{360} = \underline{\underline{3\,\%}}$$

Das Anfangskapital ist um 3% vermindert.

② Das Anfangskapital ≙ 100% wird errechnet:

x DM ≙ 100%
97% ≙ 1940,— DM

$$x = \frac{100 \cdot 1940}{97} = 2000,\text{— DM}$$

③ Berechnung der Zinsen:

Darlehenssumme	2000,— DM
– Zinsen 144 Tage/$7\frac{1}{2}\%$	60,— DM
Auszahlung	1940,— DM

Lösung algebraisch

x wird als Platzhalter für das gesuchte Kapital eingesetzt.

Kapital – Zinsen = Auszahlung

$$x - \frac{x \cdot \overset{1}{\cancel{7{,}5}} \cdot \overset{3}{\cancel{144}}}{100 \cdot \underset{\underset{1}{\cancel{48}}}{\cancel{360}}} = 1940$$

$$100x - 3x = 194\,000$$
$$97x = 194\,000$$
$$x = 2\,000$$

Darlehenssumme: 2 000,— DM
Zinsen: 60,— DM

1 Berechnen Sie die Höhe des Kredits und die Höhe der Zinsen!

	Rückzahlung einschl. Zinsen	Zinssatz	Kreditdauer
a)	7631,25 DM	$4\frac{1}{2}\%$	vom 18.06. bis 08.11.
b)	6969,— DM	2 %	vom 24.04. bis 24.10.
c)	2958,85 DM	3 %	vom 13.07. bis 19.08.
d)	1357,88 DM	5 %	vom 29.03. bis 11.09.
e)	3674,34 DM	$5\frac{1}{2}\%$	vom 05.05. bis 05.11.

2 Ermitteln Sie die tatsächliche Schuldhöhe und die Zinsen!

	Auszahlung	Zinssatz	Kreditdauer
a)	394,80 DM	6 %	vom 15.07. bis 03.10.
b)	2 198,38 DM	$4\frac{1}{2}\%$	vom 18.09. bis 18.03.
c)	5 590,53 DM	5 %	vom 07.04. bis 19.06.
d)	16 594,— DM	8 %	3 Monate
e)	995,— DM	$7\frac{1}{2}\%$	vom 28.02. bis 22.03.

VI. Effektive (tatsächliche) Verzinsung

1. Der effektive Zinssatz beim Ausnutzen von Skonto

Das Ausnutzen von Skonto lohnt sich für die Unternehmung immer, wenn genügend flüssige Mittel vorhanden sind. Muß aber dafür Kredit aufgenommen werden, lohnt es sich nur, wenn der Skonto die Nettokreditkosten (Kreditkosten + eigene Bearbeitungskosten) übersteigt. Sind die Skontoerträge niedriger als die Kreditkosten oder gleichen sich Erträge und Kosten aus, empfiehlt es sich, den vollen Zielzeitraum in Anspruch zu nehmen.

Kredit = Rechnungssumme – Skonto

Beispiel 1

Liefererrechnung: 5000,— DM; Zahlungsbedingungen: Zahlung sofort mit 3% Skonto oder innerhalb von 30 Tagen netto. Um Skonto auszunutzen, müßte ein Kredit über den Überweisungsbetrag aufgenommen werden. Die Nettokreditkosten betragen 18%. Lohnt sich die Kreditaufnahme für das Ausnutzen von Skonto?

a) Wieviel DM beträgt der Skontoabzug? Wie hoch ist die Überweisung?
b) Wieviel Jahresprozent beträgt der Skontosatz für die kostenpflichtige Kreditzeit?
c) Wieviel DM betragen die Kreditkosten und der Finanzierungsgewinn?

Lösung

a)	Rechnungspreis	5 000,— DM
–	3 % Skonto	150,— „
	Überweisung/benötigter Kredit	4 850,— DM

b) Die 3 % Skonto beziehen sich auf den kostenpflichtigen Zielzeitraum von 1 Monat. Auf 1 Jahr umgerechnet, ergibt das:

1. mit kaufmännischer Überschlagsrechnung

x % ≙ 12 Monate
1 Monat ≙ 3 % $\qquad x = 12 \cdot 3 = 36\,\%$ im Jahr

Diese Rechnung wird in der kaufmännischen Praxis angewendet, um eine schnelle Entscheidungshilfe zu erhalten. Die Überschlagsrechnung reicht in der Regel aus.

2. mit mathematisch genauer Rechnung

Hier wird der Skontoertrag von 150,— DM ≙ 3 % auf die tatsächliche Zahlung von 4850,— DM ≙ 97 % bezogen.

Werden die Werte in die Formel für das Errechnen des Jahreszinssatzes eingesetzt, erhöht sich der Zinssatz:

$$p = \frac{z \cdot 100 \cdot 12}{K \cdot t\ (\text{Monate})} = \frac{150 \cdot 100 \cdot 12}{4850 \cdot 1} = \underline{\underline{37{,}11\,\%}}$$

$$\text{oder } p = \frac{3 \cdot 100 \cdot 12}{97 \cdot 1} = \underline{\underline{37{,}11\,\%}}$$

Der Skontoabzug lohnt sich, da die Skontoerträge auf den Zeitraum eines Jahres bezogen 36 % / 37,11 %, die Jahreskreditkosten aber nur 18 % betragen.

c) Die Kreditkosten für den benötigten Kredit von 4850,— DM werden mit der Zinsformel berechnet:

$$Z = \frac{k \cdot p \cdot t}{100 \cdot 360} = \frac{4850 \cdot 18 \cdot 30}{100 \cdot 360} = \underline{\underline{72{,}75\ \text{DM}}}$$

Skontoertrag	150,— DM
Kreditkosten	72,75 DM
Finanzierungsgewinn	77,25 DM

Beispiel 2 Rechnungsbetrag 12 000,— DM; Zahlungsbedingungen: innerhalb von 10 Tagen mit 2 % Skonto oder 60 Tage netto. Lohnt sich die Kreditaufnahme zum Ausnutzen von Skonto bei 18 % Nettokreditkosten?

a) Wieviel DM beträgt der Skontoertrag?
b) Wieviel Jahresprozent ist der Skontoabzug für die kostenpflichtige Kreditzeit?
c) Wieviel DM betragen die Kreditkosten und der Finanzierungsgewinn/-verlust

Lösung a) Die Skontosumme beträgt 2 % von 12 000,— DM = 240,— DM.

b) Die Skontofrist von 10 Tagen ist kostenfrei; der kostenpflichtige Kreditzeitraum beträgt 50 Tage.

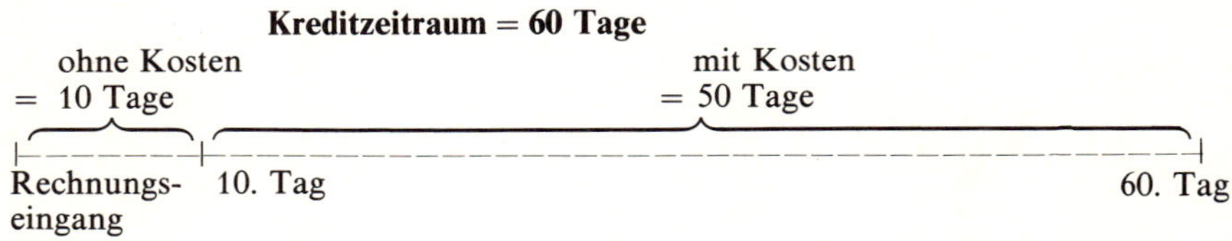

Die 2 % Skonto beziehen sich auf den kostenpflichtigen Kreditzeitraum von 50 Tagen. Auf 1 Jahr umgerechnet, ergibt das:

1. mit kaufmännischer Überschlagsrechnung

x % ≙ 360 Tage
50 Tage ≙ 2 %

$$x = \frac{360 \cdot 2}{50} = 14{,}4\,\%\ \text{für 1 Jahr}$$

2. mit mathematisch genauer Rechnung

$$p = \frac{z \cdot 100 \cdot 360}{k \cdot t} \qquad p = \frac{240 \cdot 100 \cdot 360}{11\,760 \cdot 50} = \underline{\underline{14{,}69\,\%}}\ \text{oder}\ p = \frac{2 \cdot 100 \cdot 360}{98 \cdot 50} = 14{,}69\,\%$$

Das Ausnutzen von Skonto unter Kreditaufnahme lohnt sich **nicht,** da die Skontoerträge (14,4 / 14,69 Jahresprozent) niedriger sind als die Kreditkosten (18 %).

c) Die Kreditsumme betrüge 11 760,— DM (12 000,— DM ⁒ 240,— DM). Die Kreditkosten werden mit der Zinsformel berechnet:

$$Z = \frac{k \cdot p \cdot t}{100 \cdot 360} = \frac{11\,760 \cdot 18 \cdot 50}{100 \cdot 360} = \underline{\underline{294{,}—\ \text{DM}}}$$

Skontoertrag	240,— DM
Kreditkosten	294,— DM
Finanzierungsverlust	54,— DM

 5138105

1 Lohnt sich die Kreditaufnahme zum Ausnutzen von Skonto bei folgenden Rechnungen? Errechnen Sie:

① den Skontoabzug in DM und die Höhe der Überweisung;

② den Jahresprozentsatz des Skontoabzuges für den kostenpflichtigen Zielzeitraum;

③ die effektiven Kreditkosten und den Finanzierungsgewinn und -verlust in DM!

Rechnungsbetrag		Zahlungsbedingungen	Netto-Kreditkosten
a)	25 000,— DM	sofort mit 2% Skonto oder 1 Monat netto	15 %
b)	14 000,— DM	sofort mit 3% Skonto oder 15 Tage netto	11,5%
c)	230 000,— DM	in 20 Tg. mit 1% Skonto oder 30 Tg. netto	12 %
d)	62 500,— DM	in 30 Tagen mit 2% oder 3 Monate netto	15 %
e)	9 750,— DM	sofort mit 2% oder $1\frac{1}{2}$ Monate netto	16 %
f)	4 800,— DM	in 15 Tagen mit $1\frac{1}{2}$% oder 30 Tage netto	12 %
g)	246 000,— DM	in 30 Tagen mit 2 % oder 90 Tage netto	$8\frac{1}{3}$%
h)	93 400,— DM	in 8 Tagen mit 3 % oder 20 Tage netto	14 %
i)	75 000,— DM	in 14 Tagen mit $2\frac{1}{2}$% oder 30 Tage netto	12,5%
j)	43 200,— DM	sofort mit 1% oder 30 Tage netto	15 %

2. Der effektive Zinssatz bei Darlehen

Darlehen werden vom Kreditgeber (z. B. Banken, Bausparkassen, Hypothekenbanken) häufig nicht zum vollen Betrag (100%) ausgezahlt, sondern mit einem *Disagio* (Abschlag). Provisionen und Spesen können den Auszahlungsbetrag weiter vermindern. Dadurch werden die tatsächlichen (effektiven) Kreditkosten höher als der vereinbarte Zins (Nominalzins).

Beispiel

Eine Bank zahlt ein Darlehen von 60 000,— DM, das mit 8% Zinsen begeben wird, zu 95% aus. Die Bank berechnet 2% Bearbeitungsgebühren und 30,— DM Spesen. Das Darlehen ist nach Ablauf von 10 Jahren in einer Summe zu tilgen.

Wie hoch sind
a) der Auszahlungsbetrag?
b) die tatsächlichen Kreditkosten in DM?
c) der effektive Zinssatz?

Lösung a)

Darlehen	60 000,— DM
– 5% Disagio	3 000,— DM
– 2% Gebühren	1 200,— DM
– Spesen	30,— DM
Auszahlungsbetrag	55 770,— DM

Lösung b) Die effektiven Kreditkosten ergeben sich aus den Kreditzinsen, dem Disagio, den Gebühren und den Spesen.

Zinsen (10 Jahre zu 8% auf 60 000,— DM)	48 000,— DM
+ Disagio (5% von 60 000,— DM)	3 000,— DM
+ Gebühren (2% von 60 000,— DM)	1 200,— DM
+ Spesen	30,— DM
effektive Kreditkosten	52 230,— DM

Lösung c) Um den effektiven Zinssatz zu ermitteln, müssen die Kreditkosten (auf 1 Jahr und auf 100,— DM Auszahlungsbetrag) zum gesamten Auszahlungsbetrag ins Verhältnis gesetzt werden:

Lösung mit Kettensatz

x %	≙	1 Jahr
10 Jahre	≙	52230,— DM Kreditkosten
55 770,— DM Ausz.	≙	100%

Lösung mit Dreisatz

55 770,— DM Ausz.kosten in 10 Jahren 52 230,— DM
100,— DM Ausz.kosten in 1 Jahr x DM

$$x = \frac{52\,230 \cdot 100}{10 \cdot 55\,770} = \underline{\underline{9{,}4\%}}$$

oder

Kreditkosten
10 Jahre 52 230,— DM
1 Jahr 5 223,— DM

x % ≙ 5 223,— DM
55 770,— DM ≙ 100 %

$$x = \frac{5223 \cdot 100}{55\,770} = \underline{\underline{9{,}4\,\%}}$$

2 Errechnen Sie
a) die Auszahlungsbeträge
b) die tatsächlichen Kreditkosten in DM
c) die effektiven Zinssätze

	Darlehen	Laufzeit	Zinssatz	Auszahlung	Provision	Spesen
1.	80 000,— DM	4 Jahre	6 %	96 %	1,5%	15,— DM
2.	130 000,— DM	8 Jahre	7,5%	98 %	2 %	—
3.	25 000,— DM	3 Jahre	8 %	94 %	—	4,— DM
4.	220 000,— DM	5 Jahre	5,5%	99 %	1 %	40,— DM
5.	68 000,— DM	2 Jahre	9 %	97 %	—	—
6.	55 000,— DM	10 Jahre	6,5%	98,5%	0,5%	5,— DM

3. Die effektiven Zinsen im Teilzahlungsgeschäft (Ratengeschäft)

Im Teilzahlungsgeschäft wird der Zinssatz für den Kredit, um ihn aus optischen Gründen möglichst niedrig zu halten, häufig nicht für 1 Jahr, sondern für 1 Monat angegeben.

a) Zinsen je Monat auf die jeweilige Restzahlung

Hier werden nach Rückzahlung einer Rate die Zinsen vom Restkredit berechnet.

1 % Zinsen je Monat = 12 % Jahreszinsen (effektiv)
0,4% Zinsen je Monat = 4,8 % Jahreszinsen (effektiv) usw.

b) Zinsen je Monat auf die Anfangskreditsumme

Hier werden die Zinsen ohne Rücksicht auf die geleisteten Rückzahlungsraten auf den Anfangskredit gerechnet.

Beispiel

Ein Hersteller beliefert einen Kunden mit Waren im Werte von 2000,— DM. Nach Anzahlung von 10% des Kaufpreises soll die Restkaufsumme in sechs gleichen Monatsraten beglichen werden. Es werden 1% Zinsen je Monat auf den Anfangskredit und 0,5% einmalige Bearbeitungsgebühr für den Teilzahlungsauftrag berechnet.

a) Wie hoch ist die Gesamtrückzahlung?

b) Wieviel % beträgt die tatsächliche Verzinsung ohne und mit Bearbeitungsgebühr?

Lösung zu a)

	Gesamtkaufpreis	2000,— DM
–	10% Anzahlung	200,— DM
	Kreditsumme	1800,— DM

1% Zinsen auf die Kreditsumme von 1800,— DM für 6 Monate ergeben (6 · 18 DM) 108,— DM tatsächlich zu zahlende Zinsen.

0,5% Bearbeitungsgebühr von 1800,— DM = 9,— DM

	Kreditsumme	= 1800,— DM
+	1 % Zinsen je Monat vom Anfangskredit	= 108,— DM
+	0,5% Bearbeitungsgebühr	= 9,— DM
	Gesamtrückzahlung	= 1917,— DM

Lösung zu b)

Tilgung		tatsächliche Zinsen in			echte Zinsen in		
		DM	% je Monat	% je Jahr	DM	% je Monat	% je Jahr
	DM	vom Anfangskredit	von der Restsumme		von der Restsumme		
1. Monat	1800,—						
– Rate	300,—	+ 18,—	1 %	12 %	18,—	1%	12%
2. Monat	1500,—						
– Rate	300,—	+ 18,—	1⅕%	14,4%	15,—	1%	12%
3. Monat	1200,—						
– Rate	300,—	+ 18,—	1½%	18 %	12,—	1%	12%
4. Monat	900,—						
– Rate	300,—	+ 18,—	2 %	24 %	9,—	1%	12%
5. Monat	600,—						
– Rate	300,—	+ 18,—	3 %	36 %	6,—	1%	12%
6. Monat	300,—						
– Rate	300,—	+ 18,—	6 %	72 %	3,—	1%	12%
	0,—	108,—			63,—		

Die **tatsächlichen Zinsen** in DM lassen sich leicht errechnen:

Prozentsatz je Monat vom Anfangskredit mal Laufzeit

1% von 1800,— DM · 6 Monate = 108,— DM

Die **echten Zinsen** in DM ergeben sich aus folgender Formel:

$$x = \frac{(\text{Anfangskredit} + \text{letzte Kapitalrate}) \cdot \text{Jahreszinssatz} \cdot \text{Monate}}{2 \cdot 100 \cdot 12}$$

$$x = \frac{(1800 + 300) \cdot 12 \cdot 6}{2 \cdot 100 \cdot 12} = \underline{\underline{63,\text{— DM}}}$$

Beim Berechnen der Zinsen vom Restkredit ergeben sich 63,— DM „echte Zinsen". Tatsächlich müssen jedoch 108,— DM Zinsen und 9,— DM Bearbeitungsgebühr bezahlt werden.

Der **effektive Zinssatz** beträgt dann:

Zinsen		*Bearbeitungsgebühr*
x% ≙ 108,— DM	+	x% ≙ 9,— DM
63,— DM ≙ 12%		63,— DM ≙ 12%
x = 20,571%	+	x = 1,714% = 22,285%

oder in einer Rechnung:

x% ≙ 117,— DM
63,— DM ≙ 12% = 22,285%

3 Ein Keramikwerk gewährt einem Kunden nach Anzahlung von 10% auf den Kaufpreis von 6000,— DM für die Restzahlung 2 Jahre Kredit. Die Teilzahlung soll in gleichen Monatsraten zu 0,9% Zinsen je Monat auf den Anfangskredit zuzüglich einer einmaligen Bearbeitungsgebühr von 1,2% auf die Kreditsumme erfolgen.

a) Wie hoch ist die Gesamtrückzahlung?

b) Wie hoch sind die Raten? (Die Bearbeitungsgebühr soll mit der 1. Rate zurückgezahlt werden.)

c) Wie hoch sind die tatsächlichen Zinsen in Prozent ohne und mit Bearbeitungsgebühr?

4 Eine Bank gewährt einem Kunden gegen Sicherungsübereignung (Übergabe des Kraftfahrzeugbriefes) für die Neuanschaffung eines Pkw im Wert von 24000,— DM bei einer Eigenzahlung von $12\frac{1}{2}$% einen Autofinanzierungskredit über die Restsumme zu 0,32% monatlichen Zinsen auf den Anfangskredit für die Laufzeit von 42 Monaten. Hinzu kommen 2% Bearbeitungsgebühren.

a) Wie hoch ist die Gesamtrückzahlung?

b) Wieviel Prozent beträgt die effektive Verzinsung ohne und mit Bearbeitungsgebühr?

c) Wie hoch sind die Monatsraten einschließlich Zinsen und Gebühren?

VII. Zinseszinsrechnen

Es werden nicht nur das Kapital, sondern auch die gutgeschriebenen Zinsen verzinst: Zinseszins.

Beispiel 1

Ein Kapital von 5000,— DM wird zu 6% Zinsen (Zinseszins) für 3 Jahre so angelegt, daß die aufgelaufenen Zinsen dem Konto gutgeschrieben und ebenfalls verzinst werden.

Lösung 1

	5000,— DM	Kapital Anfang des 1. Jahres
+	300,— DM	6% Zinsen
	5300,— DM	Kapital Anfang des 2. Jahres
+	318,— DM	6% Zinsen
	5618,— DM	Kapital Anfang des 3. Jahres
+	337,08 DM	6% Zinsen
	5955,08 DM	Kapital Ende des 3. Jahres

Lösung 2

Die Zinseszinsen können auch für 1,— DM Kapital ausgerechnet werden. Multipliziert man mit diesem Ergebnis das eingesetzte Kapital, so kommt man zum selben Ergebnis:

	1,— DM	Kapital Anfang des 1. Jahres
+	0,06 DM	6% Zinsen
	1,06 DM	Kapital Anfang des 2. Jahres
+	0,0636 DM	6% Zinsen
	1,1236 DM	Kapital Anfang des 3. Jahres
+	0,067416 DM	6% Zinsen
	1,191016 DM	Kapital Ende des 3. Jahres

5000,— DM · 1,191016 = 5955,08 DM Endkapital

Die Zahl 1,191016 heißt **Zinseszinsfaktor.**

Endkapital = Einsatzkapital · Zinseszinsfaktor

Die Zinseszinsfaktoren sind in der *Zinseszinstabelle* zusammengefaßt.

Auszug aus der Zinseszinstabelle

Jahre	bei 2%	2½%	3%	3½%	4%	4½%	5%	6%
1	1,02	1,025	1,03	1,035	1,04	1,045	1,05	1,06
2	1,0404	1,050625	1,0609	1,071225	1,0816	1,092025	1,1025	1,1236
3	1,061208	1,076891	1,092727	1,108718	1,124864	1,141166	1,157625	1,191016
4	1,082432	1,103813	1,125509	1,147523	1,169859	1,192519	1,215506	1,262477
5	1,104081	1,131408	1,159274	1,187686	1,216653	1,246182	1,276282	1,338226
6	1,126162	1,159693	1,194052	1,229255	1,265319	1,302260	1,340096	1,418519
7	1,148686	1,188686	1,229874	1,272279	1,315932	1,360862	1,407100	1,503630
8	1,171659	1,218403	1,266770	1,316809	1,368569	1,422101	1,477455	1,593848
9	1,195093	1,248863	1,304773	1,362897	1,423312	1,486095	1,551328	1,689479
10	1,218994	1,280085	1,343916	1,410599	1,480244	1,552969	1,628895	1,790848
11	1,243374	1,312087	1,384234	1,459970	1,539454	1,622853	1,710339	1,898299
12	1,268242	1,344889	1,425761	1,511069	1,601032	1,695881	1,795856	2,012196
13	1,293607	1,378511	1,468543	1,563956	1,665074	1,772196	1,885649	2,132928
14	1,319479	1,412974	1,512590	1,618695	1,731676	1,851945	1,979932	2,260904
15	1,345868	1,448298	1,557967	1,675349	1,800944	1,935282	2,078928	2,396558
16	1,372786	1,484506	1,604706	1,733986	1,872981	2,022370	2,182875	2,540352
17	1,400241	1,521618	1,652848	1,794676	1,947900	2,113377	2,292018	2,692773
18	1,428246	1,559659	1,702433	1,857489	2,025817	2,208479	2,406619	2,854339
19	1,456811	1,598650	1,753506	1,922501	2,106849	2,307860	2,526950	3,025560
20	1,485947	1,638616	1,806111	1,989789	2,181123	2,411714	2,653298	3,207135
21	1,515666	1,679582	1,860295	2,059431	2,278768	2,520241	2,785963	3,399564
22	1,545980	1,721571	1,916103	2,131512	2,369919	2,633652	2,925261	3,603537
23	1,576899	1,764611	1,973587	2,206114	2,464716	2,752166	3,071524	3,819750
24	1,608437	1,808726	2,032794	2,283328	2,563304	2,876014	3,225100	4,048935
25	1,640606	1,853944	2,093778	2,363245	2,665836	3,005434	3,386355	4,291871

Beispiel 2

Wie hoch ist ein Kapital von 1800,— DM nach 10 Jahren bei 5% Zinseszins?

Lösung

Der Zinseszinsfaktor wird für 5% bei 10 Jahren aus der Zinseszinstabelle abgelesen und in die Rechnung eingesetzt.

x = 1800,— DM · 1,628895 = 2932,01 DM Endkapital

Beispiel 3

Ebenso kann mit Hilfe der Zinseszinsfaktoren vom Endkapital auf das Einsatzkapital geschlossen werden.

Für die Ablösung einer nach 15 Jahren fälligen Schuld von 20000,— DM soll eine einmalige Zahlung erfolgen, die zu 6% Zinseszins angelegt werden soll. Wie hoch muß die Einlage sein?

Lösung x = 20000,— DM : 2,396558 = 8345,30 DM Einsatzkapital

Einsatzkapital = Endkapital : Zinseszinsfaktor

1 Stellen Sie das Endkapital fest! Kapital 5000,— DM zu $4\frac{1}{2}$% Zinseszins nach a) 5 Jahren, b) 10 Jahren, c) 20 Jahren.

2 Stellen Sie das Endkapital fest! Kapital 10000,— DM nach 10 Jahren zu a) 3%, b) 4%, c) 5% Zinseszins.

3 Wie lauten die Zinseszinsfaktoren für 1,— DM Kapital für die ersten 3 Jahre bei a) 7%, b) 9%, c) 10% Zinseszins?

4 Ein Industrieunternehmen stiftet der Heimatstadt 100000,— DM mit der Auflage, den Ertrag nach jeweils 5 Jahren an Nachwuchs der bildenden Künste (Literatur, Malerei, Bildhauerei) als Stipendien zu verteilen. Das Kapital wird zu 6% Zinseszins angelegt. Wie hoch ist die jeweils zu verteilende Summe?

5 Wie hoch sind die Einsatzkapitalien?

a) Endkapital 6400,— DM,	Zinseszinssatz $4\frac{1}{2}$%,	Laufzeit 7 Jahre
b) Endkapital 15312,50 DM,	Zinseszinssatz 3 %,	Laufzeit 12 Jahre
c) Endkapital 550,— DM,	Zinseszinssatz 5 %,	Laufzeit 20 Jahre
d) Endkapital 50000,— DM,	Zinseszinssatz 6 %,	Laufzeit 20 Jahre

6 Ein Gewinn in Höhe von 8700,— DM wird für 8 Jahre zu 5% Zinseszins angelegt, um eine Hypothek von 15000,— DM durch einmalige Zahlung abzulösen.

a) Auf wieviel DM ist der Gewinn in den 8 Jahren angewachsen?

b) Wieviel DM müssen noch zugezahlt werden, um die Hypothek abzulösen?

7 Eine Lebensversicherung wird in Höhe von 20000,— DM abgeschlossen. Die Versicherungsprämie wird auf einmal eingezahlt und zu $3\frac{1}{2}$% verzinst (Zinseszins). Die Auszahlung soll nach 20 Jahren erfolgen. Wie hoch ist die Prämie?

8 Zu wieviel % Zinseszins war ein Kapital von 5000,— DM ausgeliehen, das nach 3 Jahren einen Endwert von 5624,32 DM aufwies? (Tabelle)

9 Durch eine einmalige Zahlung von 8328,97 DM sollte bei 4% Zinseszins eine Schuld von 15000,— DM abgelöst werden. In wieviel Jahren ist die Schuld fällig? (Tabelle)

10 Ein Unternehmer schließt eine Erbschaftssteuerversicherung ab. Die einmalige Prämie beträgt 50000,— DM. Auf wieviel DM ist das Kapital nach 25 Jahren unter Berücksichtigung von 5% Zinseszins angewachsen?

VIII. Übungen zum Zinsrechnen

1 3280,20 DM sind zu 8% angelegt. Wieviel Zinsen bringen sie vom 20. April bis 2. Juli?

2 Welches Kapital bringt vom 16.03. bis 26.08. zu 4% 485,60 DM Zinsen?

3 Zu welchem Zinssatz bringen 720,— DM vom 18.01. bis 03.03. 5,40 DM Zinsen?

4 Wie lange wurde ein Kapital von 5000,— DM zu 9% verzinst, wenn es in dieser Zeit 300,— DM Zinsen brachte?

5 Ein Kunde will am 13.07. drei Rechnungen einschließlich $5\frac{1}{2}$% Verzugszinsen, 2,50 DM Mahnkosten und 14% USt auf Mahnkosten ausgleichen:

Rechnung 1	über 2150,50 DM,	fällig seit dem 02.04.
Rechnung 2	über 920,— DM,	fällig seit dem 19.05.
Rechnung 3	über 1745,60 DM,	fällig seit dem 07.06.

Über welchen Betrag lautet die Überweisung?

6 Am 25.11. wird von einer Baustoffgroßhandlung ein Zwischenkredit, der am 13.09. aufgenommen wurde, einschließlich $7\frac{1}{2}$% Zinsen mit 8526,— DM zurückgezahlt. Wie hoch war der Kredit?

7 Ein Beleuchtungskörperwerk nimmt bis zum Eingang einer Kundenzahlung am 23. Juni bei einer Bank am 29. Januar einen Überbrückungskredit auf. Nach Abzug von 5% Zinsen werden 70560,— DM dem Konto des Werkes gutgeschrieben. Wie hoch war die Kreditsumme?

8 Welches Kapital bringt zu $4\frac{1}{2}$% dieselben Zinsen wie ein Kapital von 24400,— DM zu $7\frac{1}{2}$%?

9 Ein kurzfristiges Darlehen von 12500,— DM wird am 08.12. mit 12725,— DM zurückgezahlt. Der Zinssatz betrug 9%. Wann wurde das Darlehen aufgenommen?

10 Lizenzgebühren von jährlich 24000,— DM sollen für $4\frac{1}{2}$ Jahre vorausgezahlt werden. Welcher Betrag wird an den Lizenzgeber ausgezahlt, wenn die Lizenz mit 8% kapitalisiert wird?

11 Ein Bekleidungswerk gleicht nach 14 Tagen eine Liefererrechnung über 3820,— DM unter Abzug von 3% Skonto aus.

a) Wie hoch ist die Überweisung?

b) Wie hoch ist die Verzinsung, wenn das Zahlungsziel 30 Tage beträgt?

12 An einem Kalksteinwerk ist ein stiller Gesellschafter mit 34500,— DM beteiligt. Der Gesellschaftsvertrag sieht eine Einlagenverzinsung von $6\frac{1}{2}$% vor. Bei einem Reingewinn der Unternehmung über 50000,— DM erhält der Gesellschafter zusätzlich einen Bonus von $2\frac{1}{2}$%, bei einem Reingewinn von mehr als 75000,— DM einen Bonus von 3% auf den *jeweiligen* Mehrgewinn.

Reingewinn im 1. Beteiligungsjahr:	39582,— DM
Reingewinn im 2. Beteiligungsjahr:	57320,— DM
Reingewinn im 3. Beteiligungsjahr:	86224,— DM

Wie hoch ist die Durchschnittsrendite in den drei Jahren a) in DM, b) in Prozent?

13 Wir gleichen am 27.09. vier Rechnungen eines Lieferers einschließlich $8\frac{1}{4}$% Verzugszinsen und 7,85 DM Spesen durch Postschecküberweisung aus:

Rechnung 1	über 18520,— DM,	fällig am 03.05.
Rechnung 2	über 25000,— DM,	fällig am 08.06.
Rechnung 3	über 9670,— DM,	fällig am 12.07.
Rechnung 4	über 13660,— DM,	fällig am 15.09.

Wie hoch ist die Überweisung? (14% USt auf Spesen)

14 Unsere Vertriebsgesellschaft erhält am 31.12. eine seit dem 30.09. fällige Rechnung einschließlich 10% Jahresverzugszinsen und 3,10 DM Mahnkosten mit 8859,10 DM bezahlt.

Über welchen Betrag lautete die Rechnung, und wieviel DM betragen die Zinsen?

15 Ein Kapital von 26000,— DM brachte vom 07.10. bis 27.02. 455,— DM Zinsen. Wie hoch ist das Kapital, das vom 20.02. bis 02.05. zum gleichen Zinssatz 1475,— DM Zinsen einbringt?

16 Für den Verkauf eines Unternehmens liegen drei Angebote vor:

Angebot I:	250000,— DM, Zahlung sofort
Angebot II:	150000,— DM sofort; 105000,— DM nach 4 Monaten
Angebot III:	200000,— DM nach 2 Monaten, 40000,— DM nach 6 Monaten und 20000,— DM nach einem Jahr.

Der Inhaber hat vor, den Erlös in 6%igen Kommunalobligationen anzulegen. Welches der drei Angebote wird der Verkäufer annehmen?

17 Drei Liefererrechnungen sollen ausgeglichen werden:

Rechnung 1 über 5 217,30 DM; Zahlung: innerhalb 14 Tagen mit 3% Skonto oder 30 Tage netto;

Rechnung 2 über 18 250,— DM; Zahlung: sofort mit $1\frac{1}{2}$% oder 60 Tage netto;

Rechnung 3 über 2 638,75 DM; Zahlung: sofort mit 1% oder 30 Tage netto.

a) Wie hoch sind die Überweisungen bei Skontoabzug?

b) Lohnt sich das Absetzen von Skonto, wenn hierzu ein Bankkredit zu 12% (einschließlich Spesen usw.) aufgenommen werden muß?

18 Ein Kreditnehmer zahlt an einen Finanzmakler ein Darlehen von 3600,— DM nach 8 Monaten Laufzeit mit 4140,— DM zurück. Wieviel Prozent betrug die Verzinsung?

19 Ein Unternehmen erhält ein Angebot zum Kauf eines vermieteten Lagerhauses, das monatlich 35 000,— DM Mieten einbringt. Das Lagerhaus ist mit einer I. Hypothek von 200 000,— DM zu 7% belastet. Die Reparaturkosten werden mit $4\frac{1}{2}$% der Mieteinnahmen angesetzt. Steuern, Abgaben und sonstige Belastungen betragen jährlich 45 850,— DM.
Errechnen Sie den höchsten Kaufpreis, den die Unternehmung bieten kann, wenn sie eine Kapitalverzinsung von $5\frac{1}{4}$% anstrebt!

20 Eine Teilzahlungsbank gewährt einem Kunden einen Anschaffungskredit von 1800,— DM, der innerhalb eines Jahres in gleichen Monatsraten zurückzuzahlen ist. Berechnet werden monatlich 0,8% Zinsen vom Anfangskredit und insgesamt 1% Bearbeitungsgebühr. Zinsen und Bearbeitungsgebühren werden mit der 1. Rate zurückgezahlt.

a) Wieviel DM muß der Kunde insgesamt zurückzahlen?

b) Wieviel Prozent beträgt die tatsächliche Verzinsung mit und ohne Gebühr?

21 Ein durch Sicherungsübereignung des Rohstofflagers abgesicherter Kredit von 45 800,— DM, der am 12.02. aufgenommen worden ist, wird einschließlich 10% Zinsen mit 48 280,33 DM zurückgezahlt. Wann wird der Kredit zurückgezahlt?

22 Der durchschnittliche Lagerbestand einer Unternehmung beträgt 50 000,— DM, der Lagerumschlag 400 000,— DM. Die Firma rechnet mit 6% Jahreszinsen.

a) Ermitteln Sie die durchschnittliche Lagerdauer!

b) Wie hoch ist der kalkulatorische Lagerzinssatz?
(Jahreszinssatz bezogen auf durchschnittliche Lagerdauer)

23 Ein Bankkredit über 15 000,— DM wird am 25.05. mit 5517,30 DM, am 13.06. mit 3785,— DM und am 02.07. mit dem Rest in Anspruch genommen. Mit welchem Betrag belastet die Bank das Konto des Schuldners am 30.09., wenn sie $5\frac{3}{4}$% Zinsen und 4,20 DM Auslagen berechnet?

24 Zwei Konkurrenten bieten einen Markenartikel mit einem empfohlenen Endverbraucherpreis von 1400,— DM an. Bei Sofortzahlung gewähren Anbieter I 2% Skonto oder 15 Tage Ziel, Anbieter II $2\frac{1}{2}$% Skonto oder 20 Tage Ziel. Welchen Jahreszinssätzen entspricht das?

25 Die Rechnungssumme für eine Rohstofflieferung beträgt 12 740,— DM. Die Rechnung ist zu folgenden Konditionen am 07.08. ausgestellt: Zahlung innerhalb von 14 Tagen mit $2\frac{1}{2}$% Skonto oder innerhalb von 2 Monaten netto; bei Überschreiten des Zahlungszieles $9\frac{1}{2}$% Verzugszinsen.

a) Wie hoch ist der Überweisungsbetrag innerhalb der Skontofrist?

b) Wie hoch ist der Überweisungsbetrag am 29.11.?

c) Prüfen Sie, ob sich die Aufnahme eines Bankkredits zu $6\frac{1}{2}$% in Höhe des Überweisungsbetrages zur Skontoausnutzung lohnt! Wie hoch ist die Differenz zwischen Kreditkosten und Liefererskonto in DM und in Jahresprozent?

26 Die Bruttolohn- und -gehaltssumme eines Werkes beträgt am 30. eines Monats 360 000,— DM. Die einbehaltene Lohnsteuer beträgt 25 % der Bruttopersonalkosten, die einbehaltene Kirchensteuer 9 % der Lohnsteuer. Die Sozialversicherungsabgaben (Arbeitnehmer- und Betriebsanteil) betragen: Krankenkasse 13,4 %, Rentenversicherung 18,5 %, Arbeitslosenversicherung 4,6 % der Bruttopersonalkosten. Der Zahlungstermin für die einbehaltenen Finanzamtsabgaben ist der 10., für die Sozialversicherungsabgaben der 15. des folgenden Monats.

a) Wie hoch sind die einbehaltenen Abgaben?

b) Wieviel DM beträgt der Zinsgewinn dieses Monats für die einbehaltenen Beträge bei einem landesüblichen Zinssatz von 8%?

27 Ein Industrieunternehmen baut ein Wohnheim mit 19 Einzimmerwohnungen für Auszubildende. Die Baukosten betragen 1 600 000,— DM. Neben den Eigenmitteln von 900 000,— DM wird das Haus mit einer I. Hypothek über 300 000,— DM zu 6 % und einer Ib-Hypothek zu $7\frac{1}{2}$ % und einer II. Hypothek der Bundesanstalt für Arbeit über 200 000,— DM zu $2\frac{1}{2}$ % finanziert.

Weiterhin entstehen folgende laufende Kosten: Steuern, Versicherungen und Gebühren 4200,— DM jährlich; 4% Abschreibungen von den Baukosten, Instandsetzung und Instandhaltung $2\frac{1}{2}$% der Baukosten; Treppenreinigung und Flurbeleuchtungskosten 135,— DM wöchentlich. Die Mieteinnahmen je Wohnung betragen monatlich 250,— DM.

Wie hoch verzinst sich das Eigenkapital? (Deuten Sie das Ergebnis!)

Programmierte Übungen

Die Lösungen bitte nur dann ankreuzen, wenn das Buch Ihr Eigentum ist. Im Leihverfahren überlassene Bücher dürfen nicht beschrieben werden.

28 Unser Kunde Martin Sander ist in Zahlungsverzug geraten: Rechnung 14 240,— DM vom 31.01., Zahlungsziel ein Monat. Für die Verzugszeit bis einschließlich 31. Mai werden ihm 5% Verzugszinsen (HGB) und 6,5% Verzugsschäden (selbst in Anspruch genommener Bankkredit) berechnet.

Wieviel DM Zinsen hat Sander zu zahlen?

- a 409,40 DM
- b 178,— DM
- c 231,40 DM
- d 545,87 DM
- e anderes Ergebnis, welches?

29 Mit unserem Lieferanten wird vereinbart, daß unsere Vorauszahlungen an ihn bis zur Lieferung (einschließlich) am 10.11. mit $3\frac{1}{2}$% verzinst werden. Zahlungen: Vertragsabschluß am 15. Mai 30 000,— DM und am 30. Juli 50 000,— DM Vorauszahlung.

Wie hoch wird die Zinsgutschrift am 10.11. sein?

- a 100,43 DM
- b 1004,30 DM
- c 143,47 DM
- d 860,83 DM
- e anderes Ergebnis, welches?

30 Folgende Rechnung soll ausgeglichen werden: Betrag 12 000,— DM, Ausstellungsdatum 20.02., Zahlungsziel 2 Monate, Skonto 3% innerhalb 20 Tage.

Wie hoch ist der Kostenunterschied in DM zwischen Finanzierung durch Lieferanten- und Bankkredit ($12\frac{1}{4}$%), wenn der Skontoabzug in Anspruch genommen werden soll?

- a 122,35 DM
- b 360,— DM
- c 158,43 DM
- d 201,57 DM
- e anderes Ergebnis, welches?

31 Abrechnung über Zahlungsverzug:

Rechnung	22 640,— DM
Verzugszinsen 9 %	452,80 DM
Mahnkosten	18,— DM
USt 14 % von 18,— DM	2,52 DM
Gesamtforderung	23 113,32 DM

Der Lieferant hat versäumt, die Zinstage in die Abrechnung einzutragen; ohne sie kann die Abrechnung nicht geprüft werden.

Für wieviel Zinstage hat der Lieferant Verzugszinsen berechnet?

- a 78 Tage
- b 79 Tage
- c 80 Tage
- d 83 Tage
- e anderes Ergebnis, welches?

32 Für zwei Warenlieferungen erhalten wir eine Verlängerung des Zahlungsziels bis zum 31. Oktober: Rechnung Nr. 304 vom 14. Juni über 6800,— DM, Ziel 1 Monat; Rechnung Nr. 398 vom 28. Juli über 22 620,— DM, Ziel 2 Monate; Zinssatz 8,5%.

Wie hoch ist die Überweisung einschließlich Zinsen?

- a 30 129,71 DM
- b 29 876,04 DM
- c 29 768,04 DM
- d 29 761,08 DM
- e anderes Ergebnis, welches?

33 Ein Gesellschafter entnimmt am 18. Mai eine Sonderzahlung von 12 350,— DM, die am Jahresende mit seinem Gewinn verrechnet werden soll. Für die Entnahme werden 6,5% Zinsen mit den anderen Gesellschaftern vereinbart.

Wie hoch ist der zu verrechnende Betrag einschließlich Zinsen?

a	12 850,— DM
b	12 845,03 DM
c	12 809,03 DM
d	12 944,03 DM
e	anderes Ergebnis, welches?

34 Ein Industriebetrieb zahlt einen kurzfristigen Finanzierungskredit am 18. März nach einer Laufzeit von 269 Tagen einschließlich 1793,33 DM Zinsen (Zinssatz = 8%) und 25,— DM Bearbeitungskosten an die Hausbank zurück.

a) Wann wurde der Kredit aufgenommen?

b) Wie hoch war das Darlehen? (auf volle DM aufrunden)

c) Wieviel DM beträgt die gesamte Rückzahlung?

zu c)

a	31 818,33 DM
b	36 818,33 DM
c	41 818,33 DM
d	49 568,33 DM
e	anderes Ergebnis, welches?

zu a)

a	19.06.
b	18.06.
c	19.12.
d	18.12.
e	anderes Ergebnis, welches?

zu b)

a	47 750,— DM
b	40 000,— DM
c	35 000,— DM
d	30 000,— DM
e	anderes Ergebnis, welches?

35 Zu welchem Zinssatz waren 25 000,— DM vom 26. September bis zum 6. Februar ausgeliehen? Der Schuldner zahlt 677,08 DM Zinsen.

a	7,4%
b	7,5%
c	7,6%
d	7,7%
e	anderes Ergebnis, welches?

36 In wieviel Tagen bringen 11 258,— DM zu 12% 730,54 DM Zinsen?

a	20 Tage
b	59 Tage
c	95 Tage
d	159 Tage
e	anderes Ergebnis, welches?

37 Für eine Steuernachzahlung in Höhe von 48 610,20 DM wird Steuerstundung beim Finanzamt beantragt. Das Finanzamt verlangt vom Tag des Zugangs des Steuerbescheides (3. September — einschließlich) 4% Zinsen. Gezahlt wird die Steuerschuld am 13. Januar des folgenden Jahres.

Wieviel DM Stundungszinsen sind zu zahlen?

a	70,22 DM
b	70,76 DM
c	207,15 DM
d	702,15 DM
e	anderes Ergebnis, welches?

K. Diskontrechnen

I. Diskontieren bei Geschäftsbanken

Die Unternehmung hat vier Verwendungsmöglichkeiten für eingehende Wechsel:

1. Weitergabe als Zahlungsmittel,
2. Aufbewahrung und Vorlage am Verfalltag,
3. Weitergabe zum Inkasso,
4. Diskontieren = Verkaufen an eine Bank.

1. Diskontieren einzelner Wechsel

Die Bank gibt durch den Ankauf von Wechseln vor dem Fälligkeitstag der Unternehmung liquide Mittel. Die Unternehmung erhält dadurch für die Restlaufzeit des Wechsels ein Darlehen (Kredit). Die Bank berechnet dafür **Diskont = Zinsen.**

Für die Höhe des Diskontabzuges bestehen keine Vorschriften. Die Banken orientieren sich aber am Diskontsatz der Deutschen Bundesbank. Sie berechnen in der Regel einen Mindestdiskont von 2,— DM je Wechsel.

Folgende Diskontsätze sind üblich

① für bundesbankfähige Wechsel (= rediskontfähige Wechsel) Diskontsatz + 3%

② für andere Wechsel (vor allem Nebenplatzwechsel)[1] Diskontsatz + 4½%

oder

③ mindestens 2,— DM

Diese Sätze können natürlich höher oder niedriger (gute Kunden, hohe Wechselsummen) sein.

Außerdem können die Banken ihren Kunden Spesen berechnen (z. B. Einzugsspesen für Wechsel, die bei Nichtbankplätzen zahlbar gestellt sind; Auslagen für Auskünfte über die Bonität des Kunden). Unversteuert eingereichte Wechsel werden durch die Bank versteuert. — Wechselsteuer: 0,15 DM je angefangene 100,— DM.

Wechselsumme
– *Diskont*
– *Auslagen* (Spesen)
Barwert am Verkaufstag
– *Wechselsteuer*
Gutschrift am Verkaufstag

1) An diesem Zahlungsort hat die Deutsche Bundesbank keine Zweigstelle.

Beispiel 1

Die Erzhandelsgesellschaft mbH Bremen zieht am 05.04. einen Dreimonatswechsel auf die Eisenwerke Dortmund über 6000,— DM zum Ausgleich einer Lieferung. Am 15.05. wird der unversteuerte Wechsel bei der Bremer Bank AG diskontiert. Die Bank berechnet den Diskontsatz der Deutschen Bundesbank von $3\frac{1}{2}\% + 4\frac{1}{2}\%$ (= 8% Nettodiskont) und 5,— DM Auslagen. Der Wechsel wird von der Bank versteuert.

a) Wie hoch ist die Gutschrift der Bank am 15.05.?

b) Mit welchen Kosten belastet die Erzhandelsgesellschaft den Dortmunder Kunden? Bei der Diskontabrechnung sind 14% USt zu berücksichtigen.

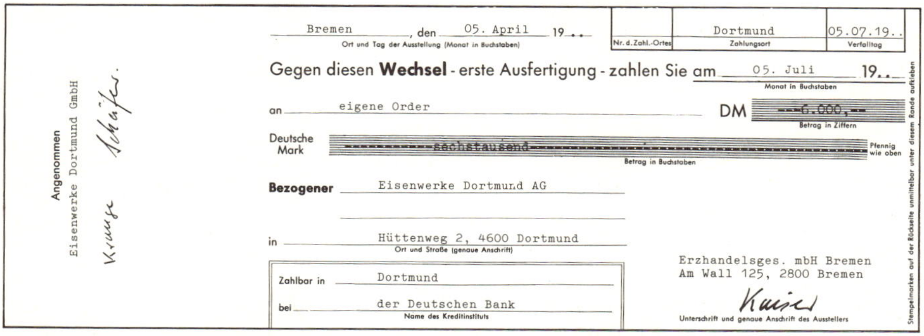

Bremen, den 05. April 19..
Ort und Tag der Ausstellung (Monat in Buchstaben)

Nr. d. Zahl.-Ortes | Dortmund (Zahlungsort) | 05.07.19.. (Verfalltag)

Gegen diesen **Wechsel** - erste Ausfertigung - zahlen Sie am 05. Juli 19..
Monat in Buchstaben

an eigene Order DM ---6.000,--
Betrag in Ziffern

Deutsche Mark ----------sechstausend---------- Pfennig wie oben
Betrag in Buchstaben

Bezogener Eisenwerke Dortmund AG

in Hüttenweg 2, 4600 Dortmund
Ort und Straße (genaue Anschrift)

Zahlbar in Dortmund
bei der Deutschen Bank
Name des Kreditinstituts

Erzhandelsges. mbH Bremen
Am Wall 125, 2800 Bremen
Unterschrift und genaue Anschrift des Ausstellers

Angenommen
Eisenwerke Dortmund GmbH

Stempelmarken auf der Rückseite unmittelbar unter diesem Rande aufkleben

Zwischen den Beteiligten bestehen folgende Geschäftsbeziehungen:

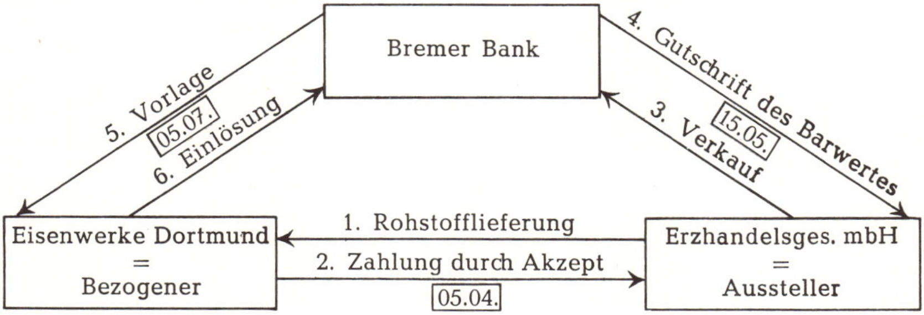

Lösung a)

	6000,— DM	Wechselsumme
–	66,67 DM	Diskont 50/8% (Lies: 50 Tage zu 8%)
–	5,— DM	Auslagen
	5928,33 DM	Barwert am 15.05.
–	9,— DM	Wechselsteuer
	5919,33 DM	Gutschrift am 15.05.

Diskontberechnung:

$$x = \frac{k \cdot p \cdot t}{100 \cdot 360} = \frac{6000 \cdot 8 \cdot 50}{100 \cdot 360} = \underline{\underline{66{,}67 \text{ DM}}}$$

$$x = \frac{\#}{Zt} = \frac{3000}{45}$$

Lösung b)

Diskontabrechnung

Diskont	66,67 DM
Auslagen	5,— DM
Wechselsteuer	9,— DM
verauslagte Diskontspesen	80,67 DM
14% USt	11,29 DM
Forderung	91,96 DM

Merke:

1. **Pfennige werden bei der Errechnung der # gestrichen (z.B. bei 2820,95 DM # von 2820,— DM berechnen).**
2. **Bei Verfall Ende Februar werden 28 Tage (im Schaltjahr 29 Tage) berechnet. Der 31. Tag eines Monats wird nicht berechnet.[1)]**
3. **Fällt der Verfalltag auf einen Samstag, Sonn- oder Feiertag (S), so wird der Diskont bis zum folgenden Werktag berechnet.**
4. **Diskont, Auslagen und Wechselsteuer sind bei Weitergabe an den Kunden umsatzsteuerpflichtig.**

1 Bei der Deutschen Bank werden folgende unversteuerte Wechsel diskontiert:

	Wechselsumme	Verkaufstag	Verfalltag	Diskont	Auslagen
a)	3850,25 DM	07.05.	29.07.	$7\frac{1}{2}$%	2,— DM
b)	2328,— DM	13.09.	18.11.	$4\frac{1}{2}$%	—
c)	8578,75 DM	29.11.	26.12. (S)	6 %	3,50 DM
d)	2836,— DM	27.12.	Ende Febr.	5 %	—
e)	6290,— DM	08.01.	01.03.	4 %	2,75 DM
f)	3920,50 DM	03.01.	Ende Febr. (Schaltj.)	8 %	—

① Welchen Betrag schreibt die Bank gut?

② Stellen Sie dem Vormann die Diskontspesen in Rechnung!

Beispiel 2

Wir diskontieren einen Wechsel über 500,— DM mit einer Restlaufzeit von 15 Tagen bei unserer Hausbank zu 5% Diskont. Auslagen entstehen nicht.

Lösung

Der *errechnete* Diskont beträgt: $x = \frac{\#}{Zt.} = \frac{5 \cdot 15}{72} = \frac{75}{72} = 1{,}04$ DM

In diesem Falle berechnet die Bank den Mindestdiskontsatz von 2,— DM:

	500,— DM	Wechselsumme
–	2,— DM	Diskont
	498,— DM	Barwert am Verkaufstag

Merke:

Für das Berechnen des Diskonts bedeutet das, daß die Mindestzinszahl wenigstens doppelt so hoch sein muß wie der Zinsteiler. Ist sie kleiner, wird der Mindestdiskont von 2,— DM berechnet.

Bei unbequemen Diskontsätzen wird die Mindestzinszahl auf folgende Weise berechnet:

360 : unbequemen Diskontsatz → Ergebnis · 2

oder 720 : unbequemen Diskontsatz

Das Ergebnis wird immer aufgerundet.

1) Für das Errechnen der Diskonttage vgl. S. 90 „Errechnen der Zinstage".

Beispiel 3

Wechselsumme 600,— DM; Restlaufzeit 11 Tage; Diskontsatz 10%.

Lösung Die errechnete # beträgt 66. Die Bank berechnet 2,— DM Mindestdiskont: Mindestzinszahl bei 10% = 72 (720:10) Zinsteiler bei 10% = 36

x = 72:36 = 2,— DM

Beispiel 4

Es ist die Mindestzinszahl für 7% Diskont zu errechnen.

Lösung 360:7 = 51,4...·2 = 102,8.. = # 103 oder
720:7 = 102,8... = # 103

2 Wie hoch sind die Mindestzinszahlen bei folgenden Diskontsätzen?

a) 4%	b) 8 %	c) 9%	d) 6 %	e) $7\frac{1}{2}$%	f) $4\frac{1}{2}$%	g) 12 %
h) 11%	i) $5\frac{1}{2}$%	j) 13%	k) $8\frac{1}{2}$%	l) $6\frac{1}{2}$%	m) $3\frac{1}{2}$%	n) $7\frac{1}{4}$%

3 Die Norddeutsche Kreditbank AG kauft folgende Wechsel an:

	Wechselsumme	Ankaufstag	Verfalltag	Diskont	Auslagen
a)	215,— DM	02.01.	29.01.	8 %	—
b)	26 333,60 DM	13.03.	05.06.	$5\frac{1}{2}$%	3,50 DM
c)	911,90 DM	18.12.	Ende Febr. (Schaltj.)	$6\frac{1}{2}$%	1,50 DM
d)	1 327,25 DM	03.01.	Ende Febr.	$3\frac{1}{2}$%	—
e)	118,— DM	30.11.	15.12.	$7\frac{1}{2}$%	—

Wie hoch ist der jeweilige Barwert?

4 Ein Kunde indossiert an uns zum teilweisen Ausgleich einer Verbindlichkeit in Höhe von 9815,20 DM einen Wechsel über 5620,— DM, fällig am 15.10. Wir geben den Wechsel am 20.07. bei der Bank für Handel und Industrie zum Diskont. Die Bank schreibt uns den Barwert nach Abzug von 6% Diskont und 3,— DM Einzugsspesen gut.

Wie hoch ist die Restschuld unseres Kunden?

5 Wir geben zum teilweisen Ausgleich unserer Verbindlichkeiten in Höhe von 7250,60 DM an die Kettenwerke GmbH Altena (Westf.) ein Akzept über 4500,— DM. Der Lieferer berechnet uns $5\frac{3}{4}$% Diskont und 1,50 DM Bearbeitungsgebühr für 90 Tage. Prüfen Sie die Abrechnung!

Wechselbetrag	4500,— DM
Diskont 90/5,75 %	64,69 DM
Gebühr	1,50 DM
USt 14 % v. 66,19 DM	9,27 DM
Barwert	4575,46 DM
Schuld	7250,60 DM
Restschuld	2675,14 DM

2. Diskontieren mehrerer Wechsel in einer Abrechnung

Beispiel
Das Hörgerätewerk Schurer & Co., Essen, reicht bei der Bank für Gemeinwirtschaft am 20. Juli vier Kundenwechsel zum Diskont ein:

Nr. 1 über 200,— DM, fällig am 30.07.
Nr. 2 über 6505,— DM, fällig am 31.07.
Nr. 3 über 300,25 DM, fällig am 29.08.
Nr. 4 über 2430,75 DM, fällig am 30.09.

Die Bank berechnet 7% Diskont und für den 4. Wechsel 3,— DM Einzugsspesen. Wie hoch ist der Barwert der Wechsel?

Lösung

Diskonttag: 20.07.		Tage	# Mindest-# ≙ 103	Auslagen
200,— DM,	fällig am 30.07.	10	103 (20)	—
6505,— DM,	fällig am 31.07.	10	651	—
300,25 DM,	fällig am 29.08.	39	117	—
2430,75 DM,	fällig am 30.09.	70	1701	3,—
9436,— DM	Wechselsumme		2572	3,—

9436,— DM	Wechselsumme
– 50,01 DM	Diskont 7 %
– 3,— DM	Auslagen
9382,99 DM	Barwert am 20.07.

Diskontberechnung:

2572 : 60 = 42,866 DM ≙ 6%
+ $^1/_6$ = 7,144 DM ≙ 1%
50,01 DM ≙ 7%

Lösungsweg

① Aufstellung machen;
② Tage errechnen;
③ # errechnen — Mindest-# beachten;
④ Diskont berechnen;
⑤ Barwert berechnen.

6 Bei der Sparkasse in Köln werden am 01.07. zwei Wechsel über 509,20 DM, fällig am 30.07., und über 872,30 DM, fällig am 16.09., zu $4^3/_4$% diskontiert. Auf den 2. Wechsel entfallen 3,50 DM Auslagen.
Wie hoch ist der Barwert der Wechsel?

7 Die Ladenbau Carl Otto KG, Lüneburg, diskontiert am 02.08. bei der Volksbank eG zu 8% Diskont vier Wechsel:

Nr. 1: 220,50 DM, fällig am 28.08.
Nr. 2: 917,— DM, fällig am 05.09. (S)
Nr. 3: 1200,— DM, fällig am 18.09.
Nr. 4: 555,75 DM, fällig am 29.09.

Für Wechsel Nr. 2 entstehen 4,50 DM Auskunftskosten und 2,— DM Einzugsspesen. Stellen Sie die Höhe der Bankgutschrift am 02.08. fest!

8 Krüger & Co., Hamburg, verkaufen am 15.02. folgende Wechsel an die Norddeutsche Kreditbank:

Nr. 1: 2500,— DM, fällig am 17.02.
Nr. 2: 980,— DM, fällig Ende Febr.
Nr. 3: 1111,— DM, fällig am 25.03.
Nr. 4: 8302,— DM, fällig am 12.05.

Diskont: $7\frac{1}{2}$%. Je Stück entstehen 1,50 DM Auslagen.
Über welchen Betrag lautet die Gutschrift der Bank?

9 Prüfen Sie folgende Diskontabrechnung:

Diskonttag: 19.03.		Tage	# Mindest-# ≙ 80	Auslagen
3205,— DM,	fällig am 28.03.	9	2884	2,50
518,20 DM,	fällig am 20.04.	30	155	—
2050,— DM,	fällig am 29.04.	40	820	—
1235,— DM,	fällig am 18.06.	89	1099	1,50
7008,20 DM	Wechselsumme		4958	4,—
– 55,09 DM	Diskont $4\frac{1}{2}$%			
– 4,— DM	Auslagen			
6949,11 DM	Barwert am 19.03.			

10 Folgende Wechsel sind zu diskontieren:

	Wechselsumme	
a)	350,70 DM,	fällig am 03.04.
	2100,— DM,	fällig am 25.04.
	622,10 DM,	fällig am 19.05.
	1470,— DM,	fällig am 31.05.
	Diskonttag:	27.02.
	Diskont:	9%
	Auslagen:	4,— DM

	Wechselsumme	
b)	6715,85 DM,	fällig am 14.03.
	3188,15 DM,	fällig am 05.04.
	4500,— DM,	fällig am 18.04.
	5000,— DM,	fällig am 15.05.
	Diskonttag:	19.02.
	Diskont:	$5\frac{1}{2}$%
	Auslagen:	3,— DM

11 Wie hoch ist der Barwert folgender Wechsel?

	Wechselsumme	
a)	45,30 DM,	fällig am 07.10.
	107,85 DM,	fällig am 27.10.
	73,50 DM,	fällig am 13.11.
	90,— DM,	fällig am 02.12.
	Diskonttag:	07.09.
	Diskont:	6%
	Auslagen:	1,50 DM

	Wechselsumme	
b)	2106,30 DM,	fällig am 19.12.
	110,— DM,	fällig am 27.12.
	55,— DM,	fällig am 28.02.
	960,— DM,	fällig am 21.03.
	Diskonttag:	02.11.
	Diskont:	$7\frac{3}{4}$%
	Auslagen:	5,— DM

6,– Mindestdisk.

12 Wir diskontieren bei unserer Hausbank am 02.06. folgende Wechsel:

Nr. 1: 3240,— DM, fällig am 09.06.
Nr. 2: 910,— DM, fällig am 18.06. (S)
Nr. 3: 4090,— DM, fällig am 30.06.
Nr. 4: 6304,90 DM, fällig am 01.07. (S)
Nr. 5: 1206,— DM, fällig am 31.07.
Nr. 6: 1458,— DM, fällig am 25.08.

Diskont: $5\frac{1}{4}$%. Auf Wechsel 3 und 6 entfallen je 2,50 DM Auslagen.
Welcher Betrag wird dem Konto am Verkaufstag gutgeschrieben?

13 Prüfen Sie diese Abrechnung!

Diskonttag: 15.01.		Tage	# Mindest-# ≙ 117	Auslagen
3 050,— DM,	fällig am 31.01.	16	117	3,—
2 105,— DM,	fällig am 16.02.	31	653	2,—
935,— DM,	fällig am 29.02.	44	411	—
6 218,— DM,	fällig am 18.03.	63	342	5,—
608,— DM,	fällig am 30.03.	75	456	3,—
3 525,— DM,	fällig am 07.04.	82	289	2,50
16 441,— DM	Wechselsumme		2318	15,50
– 39,92 DM	Diskont $6\frac{1}{5}\%$			
– 15,50 DM	Auslagen			
16 385,58 DM	Barwert 15.01.			

14 Die Chemischen Werke Düsseldorf AG diskontiert bei der Commerzbank am 10.10. folgende Wechsel:

	fällig am		fällig am
Nr. 1: 2670,— DM	18.10.	Nr. 5: 12 300,— DM	29.11.
Nr. 2: 3755,— DM	27.10. (S)	Nr. 6: 9 050,— DM	15.12.
Nr. 3: 7605,— DM	30.10.	Nr. 7: 670,— DM	25.12. (SS)
Nr. 4: 203,50 DM	31.10.	Nr. 8: 1 080,75 DM	13.01.

Diskontsatz: $7\frac{1}{2}\%$. Auf die Wechsel 1, 4, 7, 8 entfallen 2,— DM Auslagen, auf die übrigen 2,50 DM.

15 Prüfen Sie folgende Diskontabrechnung! (Diskont bei Wechseln bis 7500,— DM = $6\frac{1}{2}\%$, über 7500,— DM = 6%, über 15 000,— DM = $5\frac{1}{2}\%$, über 22 500,— DM = 5%)

Diskonttag: 02.12.	Tage	# f. $6\frac{1}{2}\%$ (111)	# f. 6% (120)	# f. $5\frac{1}{2}\%$ (131)	# f. 5% (144)
9 018,— DM, fällig am 18.12.	16		1443		
13 305,— DM, fällig am 27.12.	25		3326		
24 075,— DM, fällig am 31.12.	28				6741
660,— DM, fällig am 04.01.	32	211			
17 386,— DM, fällig am 20.02.	78			13 561	
20 501,— DM, fällig am 26.02.	84			17 221	
84 945,— DM Wechselsumme		211	4769	30 782	6741
647,20 DM Diskont					
25,60 DM Auslagen					
84 272,20 DM Barwert am 02.12.					

16 Wir diskontieren am 11.04. folgende Wechsel bei der Deutschen Bank:

		Auslagen	Diskont bei Wechseln:
Nr. 1:	4 017,— DM, fällig am 18.04.	1,50 DM	bis 5 000,— DM = $7\frac{1}{2}$%
Nr. 2:	12 320,— DM, fällig am 30.04.	—	bis 10 000,— DM = 7 %
Nr. 3:	25 075,— DM, fällig am 13.05.	2,— DM	über 10 000,— DM = 6 %
Nr. 4:	634,— DM, fällig am 28.05.	1,50 DM	
Nr. 5:	7 305,— DM, fällig am 03.06.	5,— DM	
Nr. 6:	3 426,— DM, fällig am 12.06.	—	
Nr. 7:	14 318,— DM, fällig am 30.06.	—	
Nr. 8:	814,— DM, fällig am 06.07.	—	

Wie hoch ist der Barwert der Wechsel am 11.04.?

17 Die Schiffersatzteile GmbH verkauft am 23.08. an das Bankhaus Kaiser & Co. folgende Wechsel mit der Bitte um Gutschrift:

Nr. 1:	280,75 DM,	fällig am 15.09.;	Auslagen: 1,80 DM
Nr. 2:	3 017,20 DM,	fällig am 17.09.;	Auslagen: 2,— DM
Nr. 3:	6 250,— DM,	fällig am 01.10.;	Auslagen: —
Nr. 4:	8 165,— DM,	fällig am 05.10.;	Auslagen: 1,30 DM
Nr. 5:	15 216,— DM,	fällig am 18.10.;	Auslagen: —
Nr. 6:	4 327,— DM,	fällig am 31.10.;	Auslagen: 4,20 DM
Nr. 7:	765,60 DM,	fällig am 09.11.;	Auslagen: —

Diskont bei Wechseln bis 5 000,— DM = $6\frac{1}{2}$%
über 5 000,— DM = 6 %
über 10 000,— DM = $5\frac{1}{2}$%

Über welchen Betrag lautet die Gutschrift des Bankhauses am 23.08.?

18 Unsere Verbindlichkeiten betragen bei den Norddeutschen Mühlenwerken AG 16 250,— DM. Zum teilweisen Ausgleich unseres Kontos indossieren wir am 18.09. drei Kundenwechsel über 6320,70 DM, fällig am 04.10.; 585,50 DM, fällig am 20.10.; 3100,— DM, fällig am 17.11. Der Lieferer reicht die Wechsel am 19.09. zum Diskont ein. (Diskont 7% und 3,25 DM Auslagen.)

a) Wie hoch ist der Barwert?

b) Mit welchen Diskontspesen werden wir belastet? (14% USt)

c) Wie hoch ist unsere Restschuld?

19 Die Maschinen- und Apparatebau GmbH, Bielefeld, sendet uns zum Ausgleich unserer Rechnung vom 03.05. über 12 160,— DM am 08.05. vier Kundenwechsel über 1260,— DM, fällig am 21.05.; 7807,— DM, fällig am 14.06.; 1200,— DM, fällig am 26.06.; 947,50 DM, fällig am 30.07. Wir diskontieren die Wechsel am 10.05. bei unserer Hausbank zu 9% Diskont.

a) Welcher Barwert wird uns gutgeschrieben?

b) Wie hoch ist unsere Restforderung an den Bielefelder Kunden?

II. Diskontieren bei den Landeszentralbanken (LZB)

Die Geschäftsbanken behalten die von ihren Kunden angekauften Wechsel nur dann, wenn sie über genügend liquide Mittel verfügen. Ist das nicht der Fall, verkaufen sie die Wechsel weiter an die Landeszentralbanken (Filialen der Deutschen Bundesbank); sie *rediskontieren* die Wechsel. Die Landeszentralbanken sind die *Refinanzierungsquellen* der Geschäftsbanken.

Die Wechsel werden durch die Geschäftsbanken zusammen mit einem besonderen Vordruck, auf dem die Wechsel nach Verfalltagen geordnet sind, bei der LZB eingereicht. Von der Wechselsumme wird der reine *Diskontsatz der Deutschen Bundesbank* (*die Bankrate,* eigentlich Rediskontsatz) abgezogen.

Qualität der Wechsel. Um bundesbankfähig zu sein, muß ein Wechsel

1. ein guter Handelswechsel sein,
2. eine Restlaufzeit von höchstens 3 Monaten haben,
3. eine Restlaufzeit von mindestens 7 Tagen haben (ab Ankauf durch LZB),
4. zwei bis drei gute Unterschriften aufweisen,
5. an einem Bankplatz zahlbar gestellt sein.

Gebühren: 2,— DM zusätzlich zum Diskont bei einer Restlaufzeit der Wechsel bis zu 10 Tagen.

Beispiel

Die Landessparkasse zu Oldenburg rediskontiert am 5. Mai bei der Landeszentralbank folgende Wechsel zu 6% Diskont:

Rediskonttag: 05.05.

Wechselsumme in DM	Zahlungsort	Verfalltag	Tage	#	Gebühren in DM
2 000,—	Oldenburg	12.05.	7	140	2,—
700,—	Oldenburg	13.05.	8	56	2,—
5 500,—	Bremen	16.05.	11	605	—
4 800,—	Hannover	19.05.	14	672	—
7 100,—	Oldenburg	20.05.	15	1065	—
3 700,—	Oldenburg	25.05.	20	740	—
23 800,—	Wechselsumme			3278	4,—

23 800,—	Wechselsumme
− 54,63	Diskont 6%
− 4,—	Gebühren
23 741,37	Barwert am 05.05.

Errechnen des Diskonts:

x = 3278 : 60 = 54,63 DM

1 Die Vereinsbank Wiesbaden rediskontiert am 15.07. einen Wechsel über 4830,— DM, fällig am 22.07. Über welchen Betrag lautet die Gutschrift der LZB bei einem Diskontsatz von 4%?

2 Die Deutsche Bank AG, Filiale Dortmund, gibt am 25. Juni 2 Wechsel über 20500,— DM, fällig am 02.07., und über 18740,— DM, fällig am 07.07., zum Rediskont an die Landeszentralbank. Der Diskontsatz beträgt 8%. Über welchen Betrag lautet die Gutschrift?

3 Bei der LZB in Fulda werden am 21. Februar (Schaltjahr) 5 Wechsel rediskontiert: Nr. 1 über 6520,— DM, fällig am 28.02., Nr. 2 über 12270,— DM, fällig am 29.02., Nr. 3 über 9600,— DM, fällig am 01.03., Nr. 4 über 5400,— DM, fällig am 03.03., Nr. 5 über 8260,— DM, fällig am 12.03. — Diskontsatz: $6\frac{1}{2}$%. Wie hoch ist der Barwert der Wechsel?

4 Prüfen Sie folgende Diskontnota der Bremer LZB:

Rediskonttag: 03.04.

Wechselsumme in DM	Zahlungsort	Verfalltag	Tage	#	Gebühren in DM
400,—	Bremen	10.04.	7	28	2,—
6730,—	Bremen	11.04.	8	538	2,—
150,—	Hamburg	13.04.	10	15	2,—
7120,—	Hannover	18.04.	15	1068	2,—
3600,—	Bremen	02.05.	29	1044	2,—
18000,—	Wechselsumme			2693	10,—
– 224,42	Diskont 3%				
– 10,—	Gebühren				
17765,58	Barwert am 03.04.				

III. Ausgleichs- und Prolongationswechsel

Aus den verschiedensten Gründen kann ein Unternehmen vorübergehend in die Lage versetzt werden, fällige Rechnungen nicht begleichen oder fällige Wechsel nicht einlösen zu können. In diesem Fall kann der Schuldner den Gläubiger bitten, für eine fällige Schuld einen später fälligen Wechsel anzunehmen. Hierdurch werden Buchforderungen des Gläubigers in Wechselforderungen bzw. fällige Wechsel in Prolongationswechsel umgewandelt. Für die Umwandlung gibt es zwei Möglichkeiten:

1. Der Wechsel wird über die Schuldsumme ausgestellt. Die Diskontspesen werden gesondert überwiesen. (Dieser Fall erfordert keinen besonderen Rechengang.)
2. **In die Wechselsumme werden neben der Schuldsumme auch die Diskontspesen eingerechnet:**

Schuldsumme + Diskontspesen = Wechselsumme

Beispiel 1

Ein Industrieunternehmen bittet seinen Lieferer, für eine am 10.04. fällige Warenrechnung über 12000,— DM einen Wechsel zu ziehen. Laufzeit 30 Tage. In den Wechsel werden 6% Diskont eingerechnet.

Lösung

Wechsel, fällig am 10.05.,	12060,30 DM	≙	100 %	≠	$^{200}/_{2}$	≙	200	Teile
Diskont 30/6%	60,30 DM	≙	½%	≙	½	≠	1	Teil
Barwert am 10.04.	12000,— DM	≙	99½%	≙			199	Teile
	60,30 DM			≙			1	Teil

Lösungsweg

① Diskontabrechnungsaufstellung; Schuldsumme ist der Barwert;

② Lösung geht vom Barwert aus;

③ die gesuchte Wechselsumme = 100%;

④ Feststellen, wieviel Prozent 6% je Jahr in 30 Tagen betragen:

x % ≙ 30 Tage
360 Tage ≙ 6%

$$x = \frac{30 \cdot 6}{360} = 0{,}5$$

⑤ Prozente in ganze Teile umwandeln: 100% = $^{200}/_{2}$ = 200 Teile;
½% von der Wechselsumme = 1 Teil;

⑥ Errechnen von einem Teil (12000:199 = 60,30);

⑦ Werte einsetzen und Wechselsumme errechnen.

Zu ⑤ Die Wechselsumme kann auch direkt durch Prozentsätze ermittelt werden.
Barwert ≙ 99,5%; 12000:99,5 · 100 = 12060,30 DM.

1 Ein Kunde bittet am 03.05. seinen Lieferer, für eine Schuld von 35000,— DM einen Dreimonatswechsel unter Einrechnung der Diskontspesen auf ihn zu ziehen. Der Diskont beträgt 6%.

2 Ein Lieferer hat folgende Forderungen, für die er am Fälligkeitstag unter Einrechnung der Diskontspesen Wechsel auf seine Kunden zieht:

	Forderung	Wechsel zum Diskont	fällig	Diskont
a)	7850,50 DM	am 02.03.	am 10.05.	7½%
b)	3600,— DM	am 05.07.	am 15.09.	5 %
c)	8260,— DM	am 13.06.	am 13.09.	8 %
d)	980,— DM	am 08.09.	am 23.10.	4½%

Beispiel 2

Ein Kunde hat am 15.06. eine Rechnung über 3110,— DM zu begleichen. Wegen zeitweiliger Liquidationsschwierigkeiten bittet er seinen Lieferer, sein Akzept zum 15.08. anzunehmen. (Diskont: 12 %; die Wechselsteuer, 2,— DM Auslagen und 14 % USt von Diskont bzw. von Wechselsteuer und Auslagen werden in das Akzept mit eingerechnet.) Über wieviel DM lautet das Akzept?

Lösung

①	Wechselsumme f. am 15.08.		3190,49 DM	≙	100	≙	10 000 Teile
	– Diskont 60/12 %		63,81 DM	≙	2	≙	200 Teile
	– 14 % USt. auf Diskont	⑥	8,93 DM	≙ ⑤	0,28	≙	28 Teile
	Barwert am 15.06. einschließlich Wechselsteuer	④	3117,75 DM	≙	97,72	≙	9 772 Teile
	– Wechselsteuer	③	4,80 DM				
	– Auslagen		2,— DM				
	– 14 % USt auf 6,80		0,95 DM				
	Rechnungssumme am 15.06.	②	3110,— DM				

Lösungsweg

① Aufstellung machen

② Lösung geht von der Schuldsumme aus, der die Auslagen zugerechnet werden.

③ Um die Wechselsteuer zu berechnen, muß die Summe des Ausgleichswechsels geschätzt werden. Es ist hier anzunehmen, daß der Wechsel nicht über 3200,— DM lauten wird (0,15 DM je 100,— DM ≙ 4,80 DM).
Wechselsteuer und Auslagen sind umsatzsteuerpflichtig (USt: 14 % v. 6,80 DM ≙ 0,95 DM).

④ Barwert am 15.06. berechnen.

⑤ a) Feststellen, wieviel Prozent 12% je Jahr in 60 Tagen betragen:

x% ≙ 60 Tage
360 Tage ≙ 12%

$$x = \frac{60 \cdot 12}{360} = 2\%$$

b) 14 % MWSt von 2 % errechnen:

x % ≙ 14 %
100 % ≙ 2 %

$$x = \frac{14 \cdot 2}{100} = 0{,}28$$

⑥ a) Die gesuchte Wechselsumme ≙ 100 %; der Barwert am 15.06. ≙ 97,72 %:

x DM ≙ 100 %
97,72 % ≙ 3117,75 DM

$$x = \frac{100 \cdot 3117{,}75}{97{,}72} = 3190{,}49$$

b) Vom Ergebnis Diskont und davon MWSt-Anteil errechnen.

Zu ⑤ Die errechneten Prozente können auch in Teile umgerechnet werden (1 Teil ≙ 0,31905).

3 Ein Stanzwerk zieht auf ihre Kunden zum Forderungsausgleich Wechsel unter Anrechnung von Diskont und Wechselsteuer einschließlich 14 % MWSt und Auslagen:

	Forderung	Wechsel zum Diskont	fällig	Diskont	Auslagen
a)	2620,— DM	am 20.05.	am 20.08.	6 %	1,50 DM
b)	845,— DM	am 02.01.	am 17.02.	7 %	4,— DM
c)	537,— DM	am 24.11.	am 06.02.	10 %	—

4 Eine Forderung über 3114,20 DM war am 31.03. fällig. Zum Ausgleich des Kontos belastet der Gläubiger den Schuldner am 15.06. mit 8 % Verzugszinsen (bis 15.06.) und zieht am gleichen Tag einen Wechsel über die Gesamtforderung zum 31.08. unter Anrechnung von 6 % Diskont und der Wechselsteuer einschließlich 2,— Auslagen und 14 % USt. Über welchen Betrag lautet der Ausgleichswechsel?

5 Lapp & Co., Köln, belasten einen Kunden für eine seit dem 20.02. fällige Schuld von 6890,25 DM am 20.06. mit 6 % Verzugszinsen. Über die Gesamtschuld wird ein Ausgleichswechsel gezogen (Verfall: 31.07.). In den Wechsel werden 4 % Diskont und die Wechselsteuer einschließlich 5,20 DM Auslagen und 14 % MWSt eingerechnet. Wie hoch ist die Wechselsumme?

6 Zum teilweisen Ausgleich einer Verbindlichkeit von 18 900,— sendet ein Schuldner am 01.08. drei Wechsel: Nr. 1 über 6150,—, fällig am 29.08.; Nr. 2 über 3730,50 DM, fällig am 15.10.; Nr. 3 über 5651,— DM, fällig am 01.11. Der Gläubiger diskontiert die Wechsel am gleichen Tag bei der Norddeutschen Kreditbank zu 7 ½ % Diskont und 1,50 DM Spesen auf Wechsel Nr. 2. Über die Restschuld stellt er einen Ausgleichswechsel (Laufzeit 3 Monate) unter Einrechnung von 9 % Diskont und der Wechselsteuer aus; die MWSt von 14 % ist zu berücksichtigen.

Über welche Summe ist der Ausgleichswechsel ausgestellt?

(*Lösungshinweis:* a) Errechnen des Barwertes der drei Wechsel, b) Errechnen der Restschuld, c) Errechnen der Ausgleichswechselsumme.)

7 Folgende Wechsel werden unter Einrechnen von Diskont und Wechselsteuer prolongiert einschließlich 14 % MWSt:

	Alte Wechselsumme	Ausstellungstag (Prolongationswechsel)	Verfalltag	Diskont
a)	3714,— DM	02.08.	02.10.	12 %
b)	420,— DM	18.09.	18.12.	5 %
c)	9695,— DM	09.06.	24.08.	9 %

IV. Programmierte Übungen

Die Lösungen bitte nur dann ankreuzen, wenn das Buch Ihr Eigentum ist. Im Leihverfahren überlassene Bücher dürfen nicht beschrieben werden.

1 Die Bayerische Hypotheken- und Wechselbank kauft unseren Kundenwechsel über 11 240,— DM, fällig am 15.11., am 20.08.

Welchen Barwert schreibt uns die Bank gut bei 6% Diskont und 15,— DM Einzugsspesen?

- a 11 080,77 DM
- b 11 414,23 DM
- c 11 095,77 DM
- d 11 065,77 DM
- e anderes Ergebnis, welches?

2 Wir reichen bei unserer Hausbank am 15.03. folgende Wechsel zum Diskont ein:

Nr. 1 5 000,— DM, fällig am 17.03.
Nr. 2 1 960,— DM, fällig am 28.03.
Nr. 3 2 222,— DM, fällig am 25.04.
Nr. 4 16 604,— DM, fällig am 12.06.

Diskont $7\frac{1}{2}$%, Auslagen je Stück 2,— DM.

Wie hoch ist die Bankgutschrift?

- a 25 451,15 DM
- b 25 459,15 DM
- c 25 786,— DM
- d 15 685,— DM
- e anderes Ergebnis, welches?

3 Zum Ausgleich unserer Forderung über 22 000,— DM erhalten wir zum teilweisen Ausgleich zwei Kundenwechsel über 6700,— DM, fällig am 08.03., 12 315,— DM, fällig am 17.04.

Wir berechnen dem Kunden am 17.01. $8\frac{1}{2}$% Diskont und 15,— DM Einzugsspesen.

a) Wie hoch ist der Diskont?

b) Wie hoch ist die Restforderung? (14 % USt auf Diskont und Spesen)

a)
- a 145,01 DM
- b 190,15 DM
- c 327,38 DM
- d 357,38 DM
- e anderes Ergebnis, welches?

b)
- a 19 015,— DM
- b 18 657,62 DM
- c 2 985,— DM
- d 3 392,41 DM
- e anderes Ergebnis, welches?

4 Eine Weberei bittet ihren Lieferer, für eine am 20.04. fällige Rechnung über 24 000,— DM einen Wechsel zu ziehen, Laufzeit 60 Tage. In die Wechselsumme werden 12% Diskont eingerechnet.

Über welchen Betrag lautet der Ausgleichswechsel?

- a 24 489,80 DM
- b 23 510,20 DM
- c 24 240,60 DM
- d 23 512,— DM
- e anderes Ergebnis, welches?

5 Zur Prolongation der alten Wechselschuld über 9300,— erhält unser Lieferer einen neuen Wechsel einschließlich 8 % Diskont für 3 Monate; MWSt 14 %, Auslagen 5,— DM und Wechselsteuer.

Über welchen Betrag lautet der neue Wechsel?

- a 9 321,92 DM
- b 9 512,63 DM
- c 9 491,66 DM
- d 9 539,62 DM
- e anderes Ergebnis, welches?

L. Terminrechnen

Durch die Terminrechnung wird für mehrere Beträge, die zu unterschiedlichen Zeitpunkten fällig sind, ein gemeinsamer Zahlungstag oder ein gemeinsamer Termin der Wertstellung berechnet. Dieser

Termin ist der mittlere Verfalltag,

an dem weder Gläubiger noch Schuldner Zinsvorteil oder Zinsverlust haben.

I. Terminrechnen mit gleichen Beträgen

Beispiel 1

Ein Darlehen von 5000,— DM ist von einem Schuldner in fünf gleichen Raten zurückzuzahlen, und zwar jeweils 1000,— DM nach 2, 4, 6, 8 und 15 Monaten. Nach wieviel Monaten kann der Schuldner die Rückzahlung in einer Summe ohne Vor- und Nachteile für beide Teile vornehmen?

Lösung (einfaches arithmetisches Mittel) $x = \frac{2+4+6+8+15}{5} = \underline{\underline{7 \text{ Monate}}}$

Beispiel 2

Ein Handelsvertreter kauft am 10.06. einen neuen Pkw für 5200,— DM. Er bezahlt mit vier Wechseln über je 1300,— DM, fällig am 30.06., 15.07., 31.07., 01.09. Auf welchen Verfalltag wäre ein Wechsel über den Gesamtkaufpreis auszustellen?

Lösung **Stichtag für die Berechnung ist grundsätzlich der 1. Verfalltag (30.06.).**

$$x = \frac{0+15+30+61}{4} = \frac{106}{4} = \underline{\underline{26{,}5 \text{ Tage}}}$$

Würde der *Gläubiger* den Verfalltag einsetzen, lautete die Rechnung:
30.06. + 26 Tage = 26.07.

Würde der *Schuldner* den Verfalltag einsetzen, lautete die Rechnung:
30.06. + 27 Tage = 27.07.

Rundungsregel für Tage

1. Der *Gläubiger* rundet nach *unten* („er will das Geld früher zurückhaben"),
2. der *Schuldner* rundet nach *oben* („er will das Geld länger behalten").

1 Ein Schuldner berechnet den mittleren Verfalltag für folgende Zahlungen:

a) 3 Raten zu je 800,— DM, fällig am 09.03., 20.04., 29.04.
b) 7 Raten zu je 1000,— DM, fällig am 11.10., 20.10., 05.11., 25.11., 30.11., 28.12., 05.01.
c) 5 Raten zu je 500,— DM, f.a. 09.04., 20.06., 05.07., 03.09., 17.11.

2 Ein Gläubiger berechnet den mittleren Verfalltag der Forderungsraten:

a) 4 Raten zu je 250,— DM, fällig am 13.07., 29.07., 05.08., 28.08.
b) 5 Raten zu je 900,— DM, fällig am 02.04., 07.07., 09.09., 25.11., 29.11.
c) 5 Raten zu je 2100,— DM, fällig am 25.09., 30.09., 01.10., 25.10., 31.10.

II. Terminrechnen mit ungleichen Beträgen

Sind die Beträge ungleich, müssen auch sie in der Rechnung berücksichtigt werden. Das geschieht über das Errechnen der #. *Stichtag* ist auch hier grundsätzlich der *1. Fälligkeitstag.*

Beispiel

Wann kann ein Schuldner ohne Zinsvor- oder -nachteil vier Rechnungen über 350,— DM, fällig am 20.04.; 200,— DM, fällig am 27.04.; 1300,— DM, fällig am 07.05.; 950,50 DM, fällig am 25.05., in einer Summe ausgleichen?

Lösung

	Stichtag: 20.04.		Tage	#
				②
①	350,— DM,	fällig am 20.04.	—	—
	200,— DM,	fällig am 27.04.	7	14
	1300,— DM,	fällig am 07.05.	17	221
	950,50 DM,	fällig am 25.05.	35	333
	2800,50 DM,	fällig am 11.05.		

③ 568 : 28,005 = 20,2 ... Tage
= 21 Tage, da vom Schuldner berechnet
20.04. + 21 Tage = 11.05.

Lösungsweg

① Aufstellung machen; erster Fälligkeitstag = Stichtag

② Tage und # berechnen (Pfennige mitberücksichtigen[1])

③ Summe der # durch 1% vom Gesamtkapital teilen

1 Ein Gläubiger errechnet den mittleren Verfalltag folgender Forderungen:

a)

930,20 DM,	fällig am 19.03.
1200,— DM,	fällig am 28.03.
250,40 DM,	fällig am 17.04.
817,90 DM,	fällig am 20.04.

b)

2618,— DM,	fällig am 02.12.
7400,— DM,	fällig am 29.12.
3647,— DM,	fällig am 17.01.
4400,— DM,	fällig am 28.02.

2 Ein Schuldner errechnet den mittleren Verfalltag folgender Verbindlichkeiten:

a)

250,— DM,	fällig am 05.01.
680,— DM,	fällig am 19.02.
425,— DM,	fällig am 27.03.
518,— DM,	fällig am 06.04.

b)

4320,— DM,	fällig am 06.07.
5240,— DM,	fällig am 04.08.
3680,— DM,	fällig am 23.09.
6110,— DM,	fällig am 29.09.

1) Die Banken rechnen unterschiedlich ab, mit oder ohne Pfennige.

3 Wir berechnen den mittleren Verfalltag für folgende Kundenrechnungen:

a) 599,— DM,	fällig am 20.06.	b) 3615,60 DM,	fällig am 27.02.
638,75 DM,	fällig am 03.08.	5429,— DM,	fällig am 28.02.
932,30 DM,	fällig am 17.09.	7198,30 DM,	fällig am 01.03.
1317,85 DM,	fällig am 29.09.	273,15 DM,	fällig am 30.06.

4 Ein Seifenwerk verkauft folgende Forderungen zum mittleren Verfalltag an eine Factoring-Bank. Zu welchem Termin erfolgt die Gutschrift?

a) 1215,70 DM,	fällig am 23.08.	b) 6552,— DM,	fällig am 18.03.
2155,— DM,	fällig am 29.08.	2630,— DM,	fällig am 07.05.
920,— DM,	fällig am 19.10.	5443,— DM,	fällig am 04.09.
1719,35 DM,	fällig am 01.11.	3781,— DM,	fällig am 14.11.

5 Die Deutsche Bank, Hannover, schreibt einem Kunden folgende Wechsel zum mittleren Verfalltag gut:

620,— DM,	fällig am 14.09.	1650,— DM,	fällig am 13.11.
360,20 DM,	fällig am 07.10.	940,— DM,	fällig am 20.11.
812,— DM,	fällig am 03.11.	125,— DM,	fällig am 30.11.

Wann kann der Bankkunde über den Gesamtwert der Wechsel verfügen? Wie hoch ist der Wert, wenn die Bank $\frac{1}{2}$% Inkassoprovision berechnet?

6 Ein Kommissionär verkauft Büromaschinen für einen Auftraggeber:

am 07.07. für 8200,— DM, Ziel 2 Monate
am 12.07. für 1300,— DM, gegen bar mit 2% Skonto
am 18.07. für 640,— DM, Ziel 1 Monat
am 29.07. für 2100,— DM, gegen bar mit 3% Skonto

a) Welches ist der mittlere Verfalltag für diese Verkäufe?

b) Welchen Betrag muß der Kommissionär an den Kommittenten überweisen, wenn dem Kommissionär $8\frac{1}{3}$% Provision auf die Rechnungssummen und $2\frac{1}{2}$% Delkredereprovision für Zielgeschäfte zustehen? 92,50 DM Auslagen sind zu berücksichtigen; USt 14% auf Provisionen und Auslagen.

(*Lösungshinweis:* Die Beträge sind nach der tatsächlichen Fälligkeit zu ordnen. Skonto ist vor dem Errechnen der # abzuziehen.)

7 Ein Lieferer hat aus Rohstofflieferungen folgende Forderungen an uns:

Rechnung Nr. 1 über 3715,— DM, fällig am 02.01.
Rechnung Nr. 2 über 285,50 DM, fällig am 17.01.
Rechnung Nr. 3 über 2174,30 DM, fällig am 20.02.
Rechnung Nr. 4 über 1325,— DM, fällig am 01.03.

Zu welchem mittleren Verfalltag werden die Forderungen von uns abgerechnet?

III. Berechnen des Restzahlungstermins

Der Saldo aus Schuld- und Guthabenposten ergibt die Restzahlung. Für sie muß der mittlere Verfalltag ermittelt werden.

Beispiel

Ein Industriebetrieb schuldet einem Lieferer folgende Beträge: 2150,— DM, fällig am 07.03.; 1625,40 DM, fällig am 25.03.; 4820,— DM, fällig am 30.04. Zum teilweisen Rechnungsausgleich wurden überwiesen: 1000,— DM am 15.03. und 760,— DM am 18.03. – Zu welchem Termin kann die Restschuld ausgeglichen werden?

Lösung

Einkäufe			②	① Zahlungen			②
A schuldet		Tage	#	B hat erhalten		Tage	#
2150,— DM	07.03.	—	—	1000,— DM	15.03.	8	80
1625,40 DM	25.03.	18	293	760,— DM	18.03.	11	84
4820,— DM	30.04.	53	2555	**6835,40 DM**	**17.04.**	**40**	**2684** ④
8595,40 DM			2848	8595,40 DM			2848

③

Lösungsweg

① Schulden und Zahlungen werden in Kontenform gegenübergestellt;

② die Tage und Zinszahlen werden ermittelt (Stichtag ist der 1. Fälligkeitstag, gleich auf welcher Seite);

③ die Betrags- und Zinszahlsummen der größeren Seiten werden errechnet, die Summen auf die schwächere Seite übertragen;

④ # und Restzahlung werden saldiert und die Tage errechnet (x = 2684 : 68,354 = 39,2 = 40 Tage).

1 Ein Mineralölhersteller hat an uns 17 510,— DM Forderungen, fällig am 19.09. Wir haben am 25.07. 5120,— DM und am 02.08. 3780,— DM überwiesen. Wann wird die Restschuld fällig?

2 Wir schulden einem Lieferer für zwei Warensendungen 7918,50 DM, fällig am 13.07., und 3733,20 DM, fällig am 25.08. Zum teilweisen Rechnungsausgleich haben wir drei Wechsel über: Nr. 1 1200,— DM, fällig am 12.06.; Nr. 2 800,— DM, fällig am 30.06.; Nr. 3 2500,— DM, fällig am 18.07., geschickt. Wann muß die Restschuld überwiesen werden?

3 Eine OHG nimmt zum 15.03. einen neuen Gesellschafter auf. Er soll seine Einlagen laut Gesellschaftsvertrag folgendermaßen leisten: 5800,— DM zum 01.04., 9200,— DM zum 15.08. und 5000,— DM zum 31.12. Der Gesellschafter zahlt 6500,— DM bei Vertragsbeginn und 3500,— DM am 01.07. Wann ist die Resteinlage in einer Summe fällig?

4 Ein Kommissionär verkauft für eine Weberei Stoffe zu folgenden Preisen:

1. am 29.04. für 5755,— DM, 3 Monate Ziel
2. am 05.05. für 3740,— DM, gegen bar unter Abzug von 2% Skonto
3. am 07.05. für 880,— DM, 2 Monate Ziel
4. am 10.05. für 6225,— DM, gegen Banküberweisung abzüglich 3% Skonto

Der Kommissionär sendet dem Kommittenten einen Kundenwechsel über 1000,— DM, fällig am 31.05., und am 15.05. einen Verrechnungsscheck über 850,— DM.

a) Wann muß die Restzahlung an den Kommittenten erfolgen?

b) Welchen Betrag wird der Kommissionär am mittleren Verfalltag überweisen, wenn er 12 ½% Provision vom Bruttorechnungspreis, 2 ½% Delkredereprovision auf Zielgeschäft und 88,50 DM für Auslagen berechnet? (USt 14% von Provisionen und Auslagen)

IV. Programmierte Übungen

Die Lösungen bitte nur dann ankreuzen, wenn das Buch Ihr Eigentum ist.
Im Leihverfahren überlassene Bücher dürfen nicht beschrieben werden.

1 Ein Schuldner berechnet den mittleren Verfalltag für folgende Zahlungen: 4 Raten zu je 1500,— DM, fällig am 08.03., 25.04., 06.05. und 30.07.

Zu welchem Termin rechnet der Schuldner ab?

- a 02.06.
- b 01.06.
- c 10.05.
- d 09.05.
- e anderes Ergebnis, welches?

2 Ein Fertighaushersteller verkauft folgende Forderungen zum mittleren Verfalltag:

120 000,— DM,	fällig am	20.05.
52 000,— DM,	fällig am	18.06.
86 000,— DM,	fällig am	15.06.
158 000,— DM,	fällig am	13.07.
40 000,— DM,	fällig am	31.07.

Zu welchem Termin rechnet die Factoring-Bank ab? (Tage aufrunden)

- a 22.06.
- b 23.06.
- c 24.06.
- d 25.06.
- e anderes Ergebnis, welches?

3 Ein Schuldner hat folgende Verbindlichkeiten: zum 13.07. 2350,— DM, zum 18.08. 5820,— DM, zum 26.08. 3625,— DM und zum 01.09. 2180,— DM. Zum Rechnungsausgleich hat er am 02.05. eine Anzahlung von 3000,— DM geleistet. Er übersendet weiterhin zwei Wechsel über 550,— DM, fällig am 25.07., und über 2100,— DM, fällig am 25.08.

Wann ist die Restzahlung fällig?

- a 23.08.
- b 22.09.
- c 23.09.
- d 24.09.
- e anderes Ergebnis, welches?

M. Kontokorrentrechnen

Das Kontokorrent ist ein Konto der „laufenden Rechnung" (Saldo kann im Soll oder im Haben erscheinen), auf dem zwischen Banken und Bankkunden oder zwischen Geschäftspartnern gegenseitige Ansprüche (Forderungen, Verbindlichkeiten, Zinsen, Provision und Spesen) verrechnet werden. Da das Konto nicht nach jedem Geschäftsvorfall ausgeglichen wird, ergibt sich jeweils ein Saldo zu Gunsten oder zu Lasten des Kontoinhabers. Das Kontokorrent wird, wenn nichts anderes vereinbart ist, einmal im Jahr abgeschlossen (§ 355 HGB). Banken schließen die Konten meist zum 30. Juni und 31. Dezember ab. Konten mit großem Umsatz werden vierteljährlich oder sogar monatlich abeschlossen.

Banken berechnen im Kontokorrentverkehr

- **Zinsen**
- **Provisionen**
  - Umsatzprovision
  - Überziehungsprovision
  - Kreditprovision
- **Sonstige Kosten**

Nach dem Kontoabschluß erhält der Kunde einen Kontoauszug mit einer Zins-, Provisions- und Spesenabrechnung.

Soll (Lastschrift)	Bankkonto Meiser KG (Gutschrift) Haben
Barabhebungen	Bareinzahlungen
Überweisungen an Gläubiger	Überweisungen durch Schuldner
Daueraufträge	Scheck- und Wechselgutschriften
Scheck- und Wechseleinlösungen	Zinsgutschriften
Zinsbelastungen	
Provisionsbelastungen	
Spesenbelastungen	

Einlagen auf einem Bankkonto sind für die Banken Verbindlichkeiten; die Bank muß sie im Haben buchen. Abhebungen verringern die Verbindlichkeiten der Bank = Sollbuchung. Überzieht der Bankkunde das Konto, hat die Bank Forderungen, also Sollbuchung.

Berechnen von Zinsen. Zinsen werden nach der Staffelmethode (Zinsstaffel) berechnet, und zwar die Zinszahlen jeweils vom neuen Saldo und vom Datum der Wertstellung (nicht der Buchung) an.

Berechnen von sonstigen Kosten

Die Banken können dem Kreditnehmer Spesen und Gebühren berechnen (z. B.: Barauslagen, Schätzungsgebühren, Bearbeitungsgebühren usw.)

I. Provisionsfreie Girokonten

Das normale Girokonto darf nicht ohne besonderen Kontokorrentvertrag überzogen werden. Hier bleibt die Bank immer Schuldner des Kontoinhabers.

Beispiel Die Sparkasse in Bremen schickt dem Karosseriewerk Köhler KG den Kontenabschluß für das 1. Halbjahr zu. Die Bank gewährt ¼% Zinsen und berechnet 2,06 DM Auslagen.

Soll — Kontoauszug zum 30. Juni 19.. — Haben

Buch.-Datum	Text	Wert	DM	Buch.-Datum	Text	Wert	DM
25.01.	Scheck 153	25.01.	2 900,—	02.01.	Saldovortrag	30.12.	12 100,—
13.02.	Überwsg. an K.	13.02.	3 000,—	05.02.	Scheck von S.	06.02.	3 400,—
16.05.	Auszahlung	16.05.	120,—	19.04.	Überweisung	20.04.	1 520,—
26.06.	Wechseleinlösg.	26.06.	2 600,—	30.06.	¼% Zinsen	30.06.	13,18
30.06.	Auslagen	30.06.	2,06				
30.06.	Saldo	30.06.	8 411,12				
			17 033,18				17 033,18

Lösung siehe nächste Seite!

1 Folgendes Konto soll zum 30.06. abgeschlossen werden. Die Bank berechnet ¼% Habenzinsen und 3,50 DM Auslagen:

Soll	07.01.	Überweisung an Klöckner	Wert 07.01.	3 700,— DM
	03.04.	Scheck 918	Wert 03.04.	2 100,— DM
	12.06.	Scheck 919	Wert 12.06.	1 750,— DM
Haben	01.01.	Saldovortrag	Wert 31.12.	15 630,— DM
	15.01.	Überweisung von Weiß	Wert 16.01.	2 640,— DM
	20.03.	Wechseldiskont	Wert 20.03.	800,— DM

2 Kontenabschluß zum 31.12.; Habenzinsen ⅜%; Auslagen 1,25 DM:

Soll	15.08.	Überweisung an Z.	Wert 15.08.	3 700,— DM
	13.11.	Wechseleinlösung	Wert 13.11.	6 000,— DM
	01.12.	Scheck 520	Wert 01.12.	800,— DM
Haben	01.07.	Saldovortrag	Wert 30.06.	7 000,— DM
	25.09.	Überweisung von H.	Wert 26.09.	4 500,— DM
	08.12.	Scheck	Wert 09.12.	3 200,— DM

3 Kontenabschluß zum 31.12.; Habenzinsen ¼%; Auslagen 1,50 DM:

Soll	20.08.	Wechseleinlösung	Wert 20.08.	2 880,— DM
	31.08.	Überweisung an K.	Wert 31.08.	1 570,— DM
	20.10.	Barabhebung	Wert 20.10.	510,— DM
	15.12.	Scheck 073	Wert 15.12.	750,— DM
Haben	01.07.	Saldovortrag	Wert 30.06.	5 920,— DM
	13.09.	Überweisung von S.	Wert 13.09.	660,— DM
	25.11.	Erlös aus Wertpapieren	Wert 25.11.	3 500,— DM
	01.12.	Dividendengutschrift	Wert 02.12.	400,— DM

Lösung

Die Zinsberechnung. Die Zinsen werden nach der Staffelmethode (Zinsstaffel) berechnet. Dabei werden die # Zinszahlen jeweils vom neuen Saldo berechnet. Die Zinsabrechnung geht dem Kunden zusammen mit dem Kontoauszug zu.

Die Sparkasse in Bremen — Mündelsicher — Kto.-Nr. 725

Zinsrechnung per 30. Juni

19.. Wert	S/H	Betrag DM	Tage	Zinszahlen Soll	Zinszahlen Haben
30.12.	H	12.100,–	25		3025
25.1.	S	2.900,–			
	H	9.200,–	11		1012
6.2.	H	3.400,–			
	H	12.600,–	7		882
13.2.	S	3.000,–			
	H	9.600,–	67		6432
20.4.	H	1.520,–			
	H	11.120,–	26		2891
16.5.	S	120,–			
	H	11.000,–	40		4400
26.6.	S	2.600,–			
	H	8.400,–	4		336
			180		18978
30.6.	H	8.400			
	H	13,18	1/4 % Habenzinsen		
	H	8.413,18			
	S	2,06	Spesen und Auslagen		
		8.411,12	Saldo per 30.6.		

Rechenweg für die Zinsabrechnung

① Beträge nach *Fälligkeitsdaten* ordnen (nicht Buchungsdatum!) und mit S- oder H-Zeichen eintragen. Dabei jeweils den Soll- bzw. Habensaldo ziehen.

② Tage von Saldo zu Saldo errechnen (Probe: 30.12. bis 30.06. = 180 Tage).

③ Zinszahlen berechnen und in Soll- bzw. Habenspalte einsetzen.

④ Zinsen berechnen: $x = \frac{\#}{Zt}$; $x = \frac{18\,987}{1440} = 13{,}18$ DM

⑤ Zinsen und Auslagen einsetzen und neuen Saldovortrag errechnen.

4 Stellen Sie nach folgenden Buchungen das Konto auf und schließen Sie es unter Berücksichtigung von $\frac{1}{4}$% Habenzinsen und 3,70 DM Auslagen zum 31.12. ab!

01.07.	Saldovortrag (Haben)	Wert 30.06.	2 518,50 DM
05.07.	Überweisung an T.	Wert 05.07.	1 523,80 DM
26.08.	Überweisung von V.	Wert 26.08.	8 220,— DM
31.08.	Wechseldiskont	Wert 31.08.	5 400,— DM
19.09.	Scheck 713	Wert 19.09.	183,20 DM
27.10.	Überweisung von Z.	Wert 27.10.	2 100,— DM
01.11.	Scheck 714	Wert 28.10.	980,75 DM
05.11.	Wechseleinlösung	Wert 05.11.	1 200,— DM
28.12.	Scheck von K.	Wert 29.12.	650,— DM

5 Stellen Sie das Konto auf und schließen Sie es zum 31.03. unter Berücksichtigung von $\frac{3}{8}$% Habenzinsen und 2,35 DM Auslagen ab!

01.01.	Saldovortrag (Haben)	fällig am 31.12.	7 815,20 DM
18.01.	Überweisung von K.	fällig am 18.01.	2 826,18 DM
02.02.	Scheck 1326	fällig am 02.02.	1 583,13 DM
19.02.	Scheck 1327	fällig am 19.02.	2 810,— DM
25.02.	Scheck von N.	fällig am 26.02.	950,— DM
28.02.	Wechseldiskont	fällig am 28.02.	3 100,— DM
01.03.	Wechseleinlösung	fällig am 01.03.	530,— DM
09.03.	Überweisung an M. & Co.	fällig am 09.03.	2 215,50 DM
21.03.	Scheck 1328	fällig am 21.03.	816,20 DM

6 Rechnen Sie folgende Zinsabrechnung nach, und berichtigen Sie die Fehler!

Firma: Bauer & Co. **Konto-Nr.** 13729

in Rechnung mit: 30. Juni

19.. Monat	Tag	S/H	Staffel DM	Pf	Wert	Tage	Zinszahlen Soll	Zinszahlen Haben
Übertrag:		H	9820	—	30.12.	10		982
Jan.	10.	S	2100	—	10.			
		H	7720	—		6		4632
"	15.	H	200	—	15.			
		H	7920	—		43		3406
Febr.	28.	S	3050	—	28.			
		H	4870	—		12		583
März	12.	S	250	—	12.			
		H	5110	—		1		511
"	13.	H	2000	—	13.			
		H	7110	—		40		2844
Übertrag		H	7110			112		12958

19.. Monat	Tag	S/H	Staffel DM	Pf	Wert	Tage	Zinszahlen Soll	Zinszahlen Haben
Übertrag:		H	7110	—		112		12985
Apr.	22	H	550	—	22			
		H	7660	—		13		996
Mai	5.	S	3720	—	5			
		H	2940	—		55		2167
						180		16121
Juni	30.	H	3940		30.			
		H	67	17			1/4% Habenzinsen	
		H	4007	17				
		S	2	57			Spesen	
		H	4004	60			Wert am 31. Juni	

II. Kontokorrent zwischen Lieferer und Kunden

Wenn Kaufleute laufend in Geschäftsverbindung stehen (z. B. durch Gegenlieferungen oder Abschlagszahlungen), werden Kontokorrente geführt. Ist hierbei die Verzinsung überfälliger Leistungen vereinbart, können die Zinsen nach der Staffelmethode errechnet werden. Die einzelnen Kontokorrentpositionen werden dazu in der Staffel nach ihrer Fälligkeit geordnet.

1 Die Maack KG führt ein Kontokorrent für ihren Kunden; Verzugszinsen 8%. Errechnen Sie die Verzugszinsen und den Saldo zum 31. 12.!

15.08.	Lieferung, Ziel: 14 Tage	9 500,— DM
28.08.	Lieferung, Ziel: 14 Tage	12 400,— DM
29.08.	Überweisung	5 000,— DM
08.09.	Akzeptzahlung	10 000,— DM
10.09.	Diskontspesenbelastung des Kunden	150,— DM
01.10.	Lieferung, Ziel: 14 Tage	7 300,— DM
15.10.	Überweisung	7 300,— DM
25.10.	Lieferung, Ziel: 14 Tage	5 500,— DM
10.11.	Überweisung	5 000,— DM
15.11.	Lieferung, Ziel: 14 Tage	15 000,— DM
05.12.	Akzeptzahlung	7 500,— DM
20.12.	Wechselindossament	4 500,— DM

2 Die Drahtwerke AG steht im Kontokorrentverkehr mit der Lothar Soller KG. Prüfen Sie die Abrechnung! Zinssatz 6%. Die Zinsen werden aus der Differenz zwischen Soll- und Habenzinszahlen ermittelt.

Staffel		Wert	Tage	Soll	Haben
S	4500,—	10.01.	15	675	
S	2000,—	25.01.			
S	6500,—		5	325	
H	8000,—	30.01.			
H	1500,—		—		—
H	5000,—	30.01.			
H	6500,—		5		325
S	6000,—	05.02.			
H	500,—		10		50
S	100,—	15.02.			
H	400,—		16		64
S	7500,—	01.03.			
S	7100,—		14	994	
H	2000,—	15.03.			
S	5100,—		1	51	
H	1000,—	16.03.			
S	4100,—		14	574	
S	3500,—	31.03.			
S	7600,—	31.03.	—	—	
	—		80	2619	439
S	7600,—				
S	36,33	Zinsen (2619 − 439 = 2180 : 60 = 36,33)			
S	7563,67	Saldo am 31. 03.			

III. Provisionspflichtige Bankkonten

Bankkonten, die überzogen werden, sind provisionspflichtig. Das Kontokorrent weist Soll- und Habensalden auf, die unterschiedlich verzinst werden.

1. Provisionsberechnung

a) Umsatzprovision

Sie ist die Vergütung für das Führen des Kontokorrents.

Berechnungsarten

① Ein Prozentsatz vom reinen Umsatz der größeren Seite nach Abzug des hier stehenden provisionsfreien Saldos.

② Ein Jahresprozentsatz auf die Sollzinszahlen.

③ Es können Postenentgelte berechnet werden (z. B. 30 oder 50 Pfennig je Kontokorrentposten).

④ Ein Prozentsatz vom höchsten Sollsaldo eines Quartals oder Monats.

Beispiel

Für folgendes Kontokorrent wird die Umsatzprovision berechnet: a) ¼% von der größeren Seite, b) 1% von den Sollzinszahlen, c) Die Postengebühr beträgt 1,20 DM je Buchung bei 10 Freiposten; der Saldo ist provisionsfrei. (Guthabensaldo: 12 000,— DM; 188 Posten im Abrechnungszeitraum einschließlich Saldo.)

	#	Soll		#	Haben
Summe	72 000	61 500,— —,—	Summe – Saldo	2800	88 200,— 12 000,—
		61 500,—			76 200,—

Lösung zu a) x = ¼% von 76 200,— DM = <u>190,50 DM</u>

Lösung zu b) x = # 72 000 : 360 (Zt. für 1%) = <u>200,— DM</u>

Lösung zu c) x = 177 · 1,20 (188 Buchungen – 11 Freiposten) = <u>212,40 DM</u>

b) Überziehungsprovision

Sie wird neben den Sollzinsen berechnet, wenn ein Kreditnehmer sein Konto ohne ausdrückliche Vereinbarung oder um mehr als den vereinbarten Betrag überzieht oder den Kredit über den vereinbarten Kreditzeitraum hinaus in Anspruch nimmt.

Beispiel

Kontenüberziehung 3000,— DM für 6 Tage, berechnete Überziehungsprovision 1½%.

Lösung x = # 180 : 240 (Zt. für 1½%) = <u>0,75 DM</u>

c) Kreditprovision (Bereitstellungsprovision)

Sie wird im allgemeinen berechnet für *zugesagte* Kredite, die *nicht* beansprucht werden.

Beispiel
Einem Bankkunden wird ein Kredit von 20 000,— DM für 20 Tage eingeräumt. Kreditprovision 3%. Wieviel DM beträgt die Kreditprovision, wenn der Kunde a) den Kredit nicht in Anspruch nimmt; b) den Kredit mit 15 000,— DM in Anspruch nimmt; c) den Kredit voll in Anspruch nimmt; d) den Kredit mit 21 000,— DM in Anspruch nimmt?

Lösung zu a) Nicht beanspruchter Kredit 20 000,— DM für 20 Tage = # 4000
x = 4000 : 120 (≙ Zt. für 3%) = 33,33 DM

Lösung zu b)

		#
# für den zugesagten Kredit von 20 000,— DM für 20 Tage	=	4000
− Soll-# für den beanspruchten Kredit von 15 000,— DM für 20 Tage	=	3000
# für den nicht beanspruchten Kredit	=	1000

x = 1000 : 120 = 8,33 DM

Lösungsweg zu b)
① # für den zugesagten Kredit errechnen;
② Sollzinszahlen (− # der Überziehung) davon abziehen;
③ Kreditprov. von # des nicht beanspruchten Kredits errechnen.

Lösung zu c) Da der Kredit voll in Anspruch genommen wurde, entfällt die Kreditprovision. Es werden nur Sollzinsen berechnet.

Lösung zu d) Die Kreditprov. wird nicht berechnet, da der Kredit voll in Anspruch genommen wurde. Es werden Sollzinsen auf 21 000,— DM und die vereinbarte Überziehungsprov. auf 1000,— DM berechnet.

2. Rechnen mit gleichbleibendem Zinssatz

Beispiel Unsere Bank sendet die Kontokorrentabrechnung zum 30. 06. Bedingungen: 6% Sollzinsen; ¼% Habenzinsen; ⅛% Umsatzprovision von der größeren Seite; vereinbarter Höchstkredit 5000,— DM; 1½% Überziehungsprovision; Spesen 2,71 DM; Kreditprovision 3%.

Soll — Kontoabschluß zum 30. Juni 19 . . — Haben

Buch.-Datum	Text	Wert	DM	Buch.-Datum	Text	Wert	DM
05.01.	Überwsg. an M.	05.01.	5 200,—	02.01.	Saldovortrag	31.12.	2 100,—
30.01.	Scheck 225	30.01.	4 500,—	20.01.	Wertpapierverkauf	20.01.	7 500,—
13.02.	Überwsg. an S.	13.02.	6 200,—				
13.05.	Wertpapierkauf	13.05.	5 000,—	26.02.	Scheckgutschr.	27.02.	3 500,—
05.06.	Überwsg. an U.	05.06.	800,—	15.03.	Überwsg. v. P.	15.03.	4 000,—
30.06.	Sollzinsen	30.06.	57,78	25.04.	Wechseldiskont	25.04.	500,—
30.06.	Umsatzprov.	30.06.	27,13	26.06.	Überwsg. v. K.	26.06.	3 700,—
30.06.	Kreditprov.	30.06.	47,63	30.06.	Habenzinsen	30.06.	0,92
30.06.	Überz.-prov.	30.06.	0,76	30.06.	Saldo	30.06.	535,09
30.06.	Spesen	30.06.	2,71				
			21 836,01				21 836,01

Lösung **Zinsstaffel**

S/H	Staffel DM	Pf	Wert	Tage	Zinszahlen Soll	Zinszahlen Haben
H	2100	–	31/12	5		105
S	5200	–	5/1.			
S	3700	–		15	465	
H	7500	–	20/1.			
H	4400	–		10		440
S	4500	–	30/1.			
S	100	–		13	13	
S	6200	–	13/2			
S	6300	–		14	882	
H	3500	–	27/2			
S	2800	–		18	504	
H	4000	–	15/3			
H	1200	–		40		480
H	500	–	25/4			
H	1700	–		18		306
S	5000	–	13/5			
S	3300	–		22	726	
S	800	–	5/6			
S	4100	–		21	861	
H	3700	–	26/6			
S	400	–		4	16	
	——			180	3467	1331
S	400	–	30/6			
S	57	78		6% Sollzinsen		
S	457	78				
H	0	92		1/4% Habenzinsen		
S	456	86				
S	27	13		1/8% Umsatzprovision		
S	483	99				
S	47	63		3% Kreditprovision		
S	531	62				
S	0	76		1½% Überziehprov.		
S	532	38				
S	2	71		Spesen		
S	535	09		Wert am 30. Juni		

Nebenrechnung

1. 6% *Sollzinsen*
   x = 3467 : 60 = 57,78 DM

2. ¼% *Habenzinsen*
   x = 1331 : 1440 = 0,92 DM

3. ⅛% *Umsatzprovision*

Summe Soll	Summe Haben
21 700,— DM	21 300,— DM
	– 2 100,— DM
21 700,— DM	19 200,— DM

   x ≙ ⅛% von 21 700,— DM = 27,13 DM

4. 1½% *Überziehungsprovision*
   Der zugesicherte Kredit wurde vom 13.02. bis 27.02. um 1300,— DM überzogen.
   x ≙ 1½% von 1300,— DM für 14 Tage # 182 : 240 = 0,76 DM

5. **3% Kreditprovision**
   # vom zugesagten Kredit
   5000,— DM für 180 Tage = 9000
   Sollzinszahlen = 3467
   – Überzieh.-# = 182
   – reine Sollzinszahlen = 3285
   # des nicht beanspr. Kredits = 5715
   x = 5715 : 120 = 47,63 DM

Die Sollzinszahlen müssen bereinigt werden, weil derjenige, der sein Konto über den zugesicherten Kredit hinaus überzieht, durch die höheren Sollzinszahlen weniger Kreditprovision zahlen müßte als jener, der sich an die Absprache mit der Bank hält. Für den überzogenen Betrag sind nämlich nur 1½% p.a. Überziehungsprovision zu zahlen, die eingesparte Kreditprovision beträgt jedoch 3%.

1 Stellen Sie die Zinsstaffel auf, und schließen Sie das Konto zum 30.06. ab unter Berücksichtigung von 5% Sollzinsen, ¼% Habenzinsen, 1% Umsatzprovision von den Sollzinszahlen. 3% Kreditprovision; vereinbarter Höchstkredit: 7500,— DM, Überziehungsprovision 1%, Auslagen 5,10 DM.

Soll

25.02.	Scheck Nr. 815	Wert 25.02.	4 500,— DM
13.03.	Überweisung an K.	Wert 13.03.	750,— DM
25.05.	Wertpapierkauf	Wert 25.05.	7 500,— DM

Haben

02.01.	Saldovortrag	Wert 31.12.	3 000,— DM
20.01.	Überweisung an S.	Wert 20.01.	150,— DM
04.04.	Wechseldiskont	Wert 04.04.	800,— DM
31.05.	Überweisung von Z.	Wert 30.05.	5 000,— DM
02.06.	Scheck von M.	Wert 03.06.	4 100,— DM

2 Kontoabschluß zum 31.12.: Sollzinsen 7%, Habenzinsen ⅜%, Umsatzprovision ¼% von der größeren Seite, Kreditprovision 2%, zugesagter Kredit 4200,— DM, Auslagen 2,85 DM.

Soll

01.07.	Saldovortrag	Wert 30.06.	300,— DM
01.08.	Überweisung an O.	Wert 01.08.	3 160,— DM
25.09.	Wechseleinlösung	Wert 25.09.	580,— DM
29.10.	Barscheck	Wert 29.10.	650,— DM
15.11.	Wertpapierkauf	Wert 20.11.	3 120,— DM

Haben

31.07.	Überweisung von S.	Wert 01.08.	2 550,— DM
05.10.	Scheck von K.	Wert 09.10.	2 000,— DM
18.11.	Scheck von A.	Wert 20.11.	900,— DM
02.12.	Wechseldiskont	Wert 02.12.	550,— DM

3 Kontoabschluß zum 30.06.: Sollzinsen 7½%, Habenzinsen ⅜%, Umsatzprovision 1,50 DM je Posten (Saldovortrag = Freiposten), Kreditprovision 3%, Überziehungsprovision 1½%, Höchstkredit 5000,— DM, Auslagen 3,40 DM.

Soll

05.01.	Scheck 387	Wert 05.01.	500,— DM
18.02.	Überweisung an P.	Wert 18.02.	4 150,— DM
03.03.	Bundesanleihe	Wert 03.03.	2 120,— DM
02.05.	Überweisung an L.	Wert 02.05.	550,— DM

Haben

01.01.	Vortrag	Wert 31.12.	980,— DM
07.03.	Überweisung an W.	Wert 07.03.	920,— DM
13.04.	Dividendengutschrift	Wert 17.04.	150,— DM
18.05.	Scheck von E.	Wert 20.05.	5 500,— DM

4 Kontenabschluß zum 31.12.: Sollzinsen $6\frac{1}{2}\%$, Habenzinsen $\frac{1}{4}\%$, Umsatzprovision 1% von den Sollzinszahlen, Kreditprovision 3%, Überziehungsprovision $1\frac{1}{2}\%$, Höchstkredit 25 000,— DM, Auslagen 4,10 DM.

Soll

03.08.	Scheck 715	Wert 03.08.	8 450,— DM
18.10.	Überweisung an U.	Wert 18.10.	13 560,— DM
22.11.	Aktienkauf	Wert 25.11.	15 000,— DM

Haben

01.07.	Saldovortrag	Wert 30.06.	5 500,— DM
02.08.	Überweisung von T.	Wert 02.08.	1 350,— DM
03.09.	Scheckgutschrift	Wert 11.09.	520,— DM
03.11.	Wechseldiskont	Wert 03.11.	4 520,— DM
04.12.	Wertpapierverkauf	Wert 05.12.	5 400,— DM
28.12.	Scheckgutschrift	Wert 30.12.	3 000,— DM

Prüfen Sie die Abrechnung!

Monat	Tag		Staffel	Wert	Tage	Soll	Haben
07.	01.	H	5 500,—	30.06.	32		176
08.	02.	H	1 350,—	02.08.			
		H	6 850,—		1		69
08.	03.	S	8 450,—	03.08.			
		S	1 600,—		38	608	
09.	03.	H	520,—	11.09.			
		S	1 080,—		37	400	
10.	18.	S	13 560,—	18.10.			
		S	14 640,—		15	2 196	
11.	03.	H	4 520,—	03.11.			
		S	10 120,—		22	2 226	
11.	22.	S	15 000,—	25.11.			
		S	25 120,—		10	2 512	
12.	04.	H	5 400,—	05.12.			
		S	19 720,—		25	4 930	
12.	28.	H	3 000,—	30.12.			
		S	16 720,—	31.12.	—	—	
			—		180	12 872	245
		S	16 720,—				
		H	0,17	$\frac{1}{4}\%$ Zinsen			
		S	16 719,83				
		S	250,29	$6\frac{1}{2}\%$ Zinsen			
		S	35,76	1 % Umsatzprovision			
		S	0,05	$1\frac{1}{2}\%$ Überziehungsprovision			
		S	267,83	3 % Kreditprovision			
		S	4,10	Auslagen			
		S	16 161,80	Saldo 31.12.			

5 Kontenabschluß zum 30.09.:
Sollzinsen 10%, Habenzinsen $^{3}/_{8}$%, Umsatzprovision 0,50 DM je Posten, Überziehungsprovision $1^{1}/_{2}$%, Kreditprovision 1%, Höchstkredit 5000,— DM, Auslagen 0,75 DM.

Soll

01.07.	Saldo (franco)	Wert 30.06.	4000,— DM
05.08.	Überweisung an H.	Wert 05.08.	5850,— DM

Haben

15.07.	Überweisung von Z.	Wert 15.07.	1000,— DM
18.07.	Scheck von L.	Wert 19.07.	3500,— DM
12.08.	Zinsgutschrift	Wert 15.08.	250,— DM
20.08.	Wechseldiskont	Wert 21.08.	1200,— DM
25.09.	Überweisung von S.	Wert 25.09.	4900,— DM

Prüfen Sie die Abrechnung!

Monat	Tag		Staffel	Wert	Tage	Soll	Haben
07.	01.	S	4000,—	30.06.	16	640	
07.	15.	H	1000,—	15.07.			
		S	3000,—		4	120	
07.	18.	H	3500,—	19.07.			
		H	500,—		16		80
08.	05.	S	5850,—	05.08.			
		S	5350,—		10	535	
08.	12.	H	250,—	15.08.			
		S	5100,—		5	26	
08.	20.	H	1200,—	21.08.			
		S	3900,—		34	1326	
09.	25.	H	4900,—	25.09.			
		H	8800,—	30.09.	5		440
			—		90	2647	520
		H	8800,—				
		H	0,54	$^{3}/_{8}$% Zinsen			
		H	8800,54				
		S	73,03	10 % Zinsen			
		S	3,—	Umsatzprovision			
		S	0,17	$1^{1}/_{2}$% Überziehungsprovision			
		S	4,59	1 % Kreditprovision			
		S	0,75	Auslagen			
		H	8718,50	Saldo 30.09.			

6 Kontenabschluß zum 31.03.: Sollzinsen $8\frac{1}{2}$%, Habenzinsen $\frac{1}{4}$%, Umsatzprovision $\frac{1}{4}$% von der größeren Seite, Überziehungsprovision 1%, Kreditprovision 3%, Höchstkredit 25 000,— DM, Auslagen 3,— DM.

Soll	01.01.	Saldo	Wert 31.12.	20 000,— DM
	05.01.	Überweisung an T.	Wert 05.01.	5 500,— DM
	25.02.	Wechseleinlösung	Wert 25.02.	17 300,— DM
	01.03.	Überweisung an T.	Wert 01.03.	13 800,— DM
	25.03.	Überweisung an Q.	Wert 25.03.	5 500,— DM
Haben	17.01.	Wertpapierverkauf	Wert 18.01.	30 600,— DM
	05.03.	Überweisung von Z.	Wert 05.03.	18 400,— DM
	10.03.	Scheck von K.	Wert 11.03.	10 600,— DM

3. Rechnen mit Zinssatzänderung im Abrechnungszeitraum

Der Sollzinssatz der Bank richtet sich nach dem Diskontsatz der Deutschen Bundesbank. Ändert die Bundesbank den Diskontsatz, so ändern sich auch die Bankzinsen; der Abrechnungszeitraum wird geteilt. Zinszahlen und Zinsen sind für jeden Zeitraum gesondert zu berechnen.

Beispiel Kontenabschluß zum 30.06.: Sollzinsen 8%, Habenzinsen $\frac{3}{8}$% bis zum 31.03. Vom 01.04. an Sollzinsen $7\frac{1}{2}$%, Habenzinsen $\frac{1}{4}$%; Umsatzprovision $\frac{1}{5}$% von der größeren Seite, Kreditprovision 3%, Überziehungsprovision $1\frac{1}{2}$%, Auslagen 1,86 DM, Höchstkredit 2000,— DM.

Buch.-Dat.	Vorgang	Wert	Soll	Haben
02.01.	Saldovortrag	31.12.		3 000,—
14.01.	Scheckgutschrift	16.01.		1 500,—
22.01.	Überweisung	22.01.	6 400,—	
15.02.	Überweisung	16.02.		2 000,—
28.02.	Scheck 628	28.02.	1 600,—	
01.03.	Wechseldiskont	05.03.		3 100,—
05.04.	Überweisung	05.04.		1 000,—
09.05.	Scheck 629	10.05.	900,—	
27.05.	hfl-Devisen	27.05.	2 700,—	
19.06.	Wertpapiere	19.06.	1 500,—	
25.06.	Überweisung	26.06.		7 000,—
30.06.	Sollzinsen lt. Abrechnung	30.06.	20,70	
	Habenzinsen lt. Abrechnung			2,22
	Umsatzprovision		29,20	
	Kreditprovision		22,33	
	Überziehungsprovision		0,15	
	Auslagen		1,86	
	Saldovortrag		4 427,98	
			17 602,22	17 602,22

Zinsstaffel

S/H	Staffel DM	Pf	Wert	Tage	Zinszahlen Soll	Zinszahlen Haben
H	3000	–	31./12.	16		480
H	1500	–	16./1.			
H	4500	–		6		270
S	6400	–	22./1.			
S	1900	–		24	456	
H	2000	–	16./2.			
H	100	–		12		12
S	1600	–	28./2.			
S	1500	–		7	105	
H	3100	–	5./3.			
H	1600	–	31./3.	25		400
	—				561	1162
H	1600	–	31./3.	5		80
H	1000	–	5./4.			
H	2600	–		35		910
S	900	–	10./5.			
H	1700	–		17		289
S	2700	–	27./5.			
S	1000	–		22	220	
S	1500	–	19./6.			
S	2500	–		7	175	
H	7000	–	26./6.			
H.	4500	–	30./6.	4		180
	—			180	395	1459
H	4500	–	30./6.			
S	20	70			Sollzinsen	
H	4479	30				
H	2	22			Habenzinsen	
H	4481	52				
S	29	20		1/5%	Umsatzprov.	
H	4452	32				
S	22	33		3%	Kreditprovision	
H	4429	99				
S	0	15		1½%	Überziehprov.	
H	4429	84				
S	1	86			Spesen	
H	4427	98			Wert am 30. Juni	

Nebenrechnung

1. *Sollzinsen*

bis 31.03.: x = 561 : 45 = 12,47 DM
bis 30.06.: x = 395 : 48 = 8,23 DM
20,70 DM

2. *Habenzinsen*

bis 31.03.: x = 1162 : 960 = 1,21 DM
bis 30.06.: x = 1459 : 1440 = 1,01 DM
2,22 DM

3. $\frac{1}{5}$% *Umsatzprovision*

Sollseite	Habenseite
Su. 13 100,— DM	Su. 17 600,— DM
	— 3 000,— DM
13 100,— DM	14 600,— DM

x ≙ $\frac{1}{5}$% v. 14 600,— DM = 29,20 DM

4. 3% *Kreditprovision*

2000,— DM für 180 Tage = # 3600
– Sollzinszahlen = 956
– Überzieh.-# = 35 = # 921
# v. nicht beanspr. Kredit = # 2679
x = 2679 : 120 = 22,33 DM

5. $1\frac{1}{2}$% *Überziehungsprovision*

Vom 19.06. bis 26.06. wurden 500,— DM vom zugesagten Höchstkredit überzogen = 7 Tage.
x = 35 : 240 = 0,15 DM

1 Kontenabschluß zum 31.12.: Sollzinsen 8%, Habenzinsen $^3/_8$% bis 30.09. Vom 01.10. an: Sollzinsen 7%, Habenzinsen $^1/_4$%; Umsatzprov. 1% von den Sollzinszahlen, Kreditprovision 3%, Überziehungsprovision $1^1/_2$%, vereinbarter Höchstkredit 5000,— DM, Auslagen 7,30 DM.

Buch.-Dat.	Vorgang	Wert	Soll	Haben
01.07.	Saldovortrag	30.06.		4550,—
09.07.	Scheck 306	09.07.	3100,—	
23.08.	Überweisung	23.08.	2540,—	
31.08.	Scheckgutschrift	03.09.		980,—
12.09.	Wechseldiskont	12.09.		620,—
08.10.	Wertpapierkauf	08.10.	5000,—	
16.10.	Überweisung	17.10.		350,—
27.11.	Überweisung	27.11.	970,—	
15.12.	Scheckgutschrift	17.12.		3330,—

2 Kontenabschluß zum 30.06.: Sollzinsen 5%, Habenzinsen $^1/_8$% bis 05.04. Vom 06.04. an Sollzinsen $6^1/_2$%, Habenzinsen $^1/_4$%; Umsatzprovision $^1/_4$% von der größeren Seite, Kreditprovision 2%, Überziehungsprovision 1%, Höchstkredit 650,— DM, Auslagen 3,76 DM.

Buch.-Dat.	Vorgang	Wert	Soll	Haben
02.01.	Saldovortrag	31.12.	450,—	
20.02.	Darlehnszinsen	20.02.		40,—
27.02.	Überweisung	27.02.	300,—	
15.03.	Devisenverkauf	16.03.		1000,—
09.04.	Wechseleinlösung	09.04.	440,—	
30.04.	Überweisung	30.04.		440,—
19.05.	Wechseldiskont	19.05.		520,—
01.06.	Dividende	02.06.		70,—

3 Kontenabschluß zum 30.09.: Sollzinsen 8%, Habenzinsen $^3/_8$% bis 30.04. Vom 01.05 an Sollzinsen 6%, Habenzinsen $^1/_4$%, Umsatzprovision 1,80 DM je Posten nach Abzug von 3 Freiposten einschließlich Saldovortrag, Kreditprovision 3%, Höchstkredit 2500,— DM, Auslagen 1,75 DM.

Buch.-Dat.	Vorgang	Wert	Soll	Haben
01.04.	Saldovortrag	31.03.		2400,—
05.04.	Überweisung	05.04.	3140,—	
12.04.	Scheckgutschrift	19.04.		2000,—
28.04.	Wertpapierkauf	28.04.	900,—	
06.05.	Scheckgutschrift	08.05.		2270,—
07.07.	Wechseldiskont	07.07.		1210,—
31.07.	Überweisung	31.07.	2580,—	
25.08.	Scheck 529	25.08.	2510,—	

N. Devisenrechnen

Ausländische Zahlungsmittel sind Sorten (Scheine und Münzen) und Devisen.

Bei Devisen unterscheiden wir

a) **telegrafische und briefliche Auszahlungen**: Eine deutsche Bank erhält Anweisung, einen Betrag in Auslandswährung auszuzahlen oder einziehen zu lassen;

b) **Schecks und Wechsel,** die auf fremde Währung ausgestellt und im Ausland fällig sind.

Devisenforderungen und -verbindlichkeiten entstehen bei Export- und Importgeschäften, bei Inanspruchnahme von ausländischen Dienstleistungen (Transport-, Versicherungs-, Bankleistungen), Kapitalanlagen und -aufnahmen im Ausland (Zins- und Dividendenaufwendungen und -erträge) und bei Auslandsreisen.

Träger des Devisengeschäftes sind die Banken. Sie kaufen *(Geldkurs)* und verkaufen *(Briefkurs)* Devisen zum *Devisenkurs,* der in Deutschland täglich durch amtlich bestellte Kursmakler nach Angebot und Nachfrage ermittelt wird (gleiche Notierungen an den Börsen: Frankfurt, Berlin, Düsseldorf, Hamburg und München). Der Kurs bewegt sich um die vom *Internationalen Währungsfonds* (IWF) festgelegte *Währungsparität* zu den wichtigsten Weltwährungen.*

Die Banken berechnen für ihre Tätigkeit meist *Devisenspesen (Provision, Courtage und Auslagenersatz).* Die Spesensätze sind von Bank zu Bank und von Geschäft zu Geschäft unterschiedlich, da das Kartellgesetz Preisabsprachen verbietet. Aus diesem Grund weichen auch die Sortenkurse der einzelnen Banken geringfügig voneinander ab.

I. Reiseschecks

DM-Reiseschecks sind in Deutschland gebührenfrei. Bei Reiseschecks auf ausländische Währungen berechnen die Banken

im Verkauf	**im Einkauf**
↓	↓
Briefkurs, Provision und Bankgebühren der fremden Bank	Einlösungsprovision und den Geldkurs (evtl. mit Abschlägen)

* Die Wechselkurse für den Kauf und Verkauf fremder Währungen unterliegen ständigen Schwankungen, oft in erheblichem Ausmaß. Entnehmen Sie aktuelle Wechselkurse bitte den Kurstabellen der Geldinstitute oder aus der Tagespresse.

Beispiel 1

Für eine Geschäftsreise nach Schweden werden für 10000,— skr Reiseschecks eingekauft. Die Bank berechnet neben dem Briefkurs von 30,— DM 1% Provision und 2‰ fremde Spesen. Mit wieviel DM wird das Bankkonto belastet?

Lösung

x DM ≙	10000,—	skr
100 skr ≙	30,—	DM
x =	3000,—	DM

Bankabrechnung

	10000,— skr zum Kurs von 30,—	=	3000,— DM
+	1% Provision	=	30,— DM
+	2‰ fremde Spesen	=	6,— DM
	Lastschrift	=	3036,— DM

Beispiel 2

Ein Ausländer löst bei einer deutschen Bank 7000,— nkr Reiseschecks ein. Die Bank bezahlt den Geldkurs – ½ Spanne zum Briefkurs (Geldkurs 34,—, Briefkurs 37,—) und berechnet ½% Einlösungsprovision.

Lösung

Briefkurs	= 37,—	DM
– Geldkurs	= 34,—	„
Spanne	= 3,—	DM
½ Spanne	= 1,50	DM

Geldkurs	= 34,—	DM
– ½ Spanne	= 1,50	„
Rechenkurs	32,50	DM

x DM ≙	7000,—	nkr
100 nkr ≙	32,50	DM
x =	2275,—	DM

Bankabrechnung

	7000,— nkr zum Kurs von 32,50	=	2275,— DM
–	½% Einlösungsprovision	=	11,38 DM
	Auszahlung	=	2263,62 DM

1 Für Auslandsreisen werden bei einer deutschen Bank Sorten und Reiseschecks in fremder Währung gekauft. Wieviel DM müssen an die Bank gezahlt werden? (Sorten ohne Gebühren)

				Kurse			
			fremde	Sorten		Devisen	
Sorten für	Reiseschecks	Provision	Gebühren	Ankauf	Verkauf	Geld	Brief
a) 7500,— sfrs	3 Stück zu 800,— sfrs	1%	5 ‰	115,25	118,—	116,800	117,000
b) 24500,— Esc	7 Stück zu 5000,— Esc	1%	3,5‰	1,65	2,65	2,140	2,160
c) 3250,— hfl	5 Stück zu 50,— hfl	¾%	2,5‰	89,50	91,50	90,295	90,515
d) 250,— £	20 Stück zu 15,— £	½%	1 %	3,80	3,95	3,858	3,872

2 Wieviel DM zahlt eine deutsche Bank für folgende Sorten und Reiseschecks? (Sorten ohne Gebühren; Reiseschecks: Geldkurs –½ Spanne zum Briefkurs; Einlösungsprovision ¾%, mindestens 1,— DM, höchstens 5,— DM je Scheck.)

		Kurse			
		Sorten		Devisen	
Sorten	Reiseschecks	Ankauf	Verkauf	Geld	Brief
a) 50,52 £	2 Stück zu 25,— £	3,70	3,85	3,752	3,774
b) 755,25 US-$	4 Stück zu 1000,— US-$	2,—	2,10	2,042	2,050
c) 3 800,— dkr	3 Stück zu 750,— dkr	26,—	28,—	27,285	27,405
d) 145000,— Lit	3 Stück zu 50000,— Lit	1,60	1,69	1,632	1,644

5132150

II. Briefliche und telegrafische Auszahlungen in fremder Währung

Beispiel 1

Ein Bremer Elektrogerätewerk verkauft 350 Taschen-Transistorradios zu 1000,— Pta je Stück nach Madrid. Der spanische Importeur bezahlt die Rechnung abzüglich 2% Skonto bei der Spanischen Nationalbank zugunsten des Kontos des Bremer Unternehmers bei der Commerzbank in Bremen. Über welchen Betrag lautet die Gutschrift, wenn die Bank zu einem Geldkurs von 1,50 DM rechnet und ¼% Inkassoprovision, ⅛‰ Courtage und 3,— DM Spesen berechnet?

Lösung

	350 Radios zu 1000,— Pta je Stück	=	350 000,— Pta
–	2% Skonto	=	7 000,— Pta
	Zahlung an die Spanische Nationalbank	=	343 000,— Pta
	DM-Gegenwert zum Kurs von 1,50 DM	=	5 145,— DM
–	¼% Inkassoprovision	=	12,86 DM
–	⅛‰ Courtage	=	0,64 DM
–	Spesen	=	3,— DM
	Gutschrift	=	5 128,50 DM

Merke: Exporterlös = DM-Gegenwert – Kosten
(Umrechnung zum Geldkurs)

Beispiel 2

Ein Münchner Silberwaren- und Schmuckhersteller kauft in Kopenhagen als Handelswaren Stahlbestecke im Wert von 22 550,— dkr. Die Zahlung erfolgt telegrafisch über die Hamburger Importbank zum Briefkurs von 26,— DM. Die Bank berechnet ⅙% Provision, ⅕‰ Courtage sowie 12,50 Telegrammgebühren und Spesen. Mit welchem Betrag wird das Konto des Unternehmens belastet?

Lösung

	Rechnungspreis	=	22 550,— dkr
	DM-Gegenwert zum Kurs von 26,—	=	5 863,— DM
+	⅙% Provision	=	9,77 DM
+	⅕‰ Courtage	=	1,17 DM
+	Telegrammgebühren und Spesen	=	12,50 DM
	Lastschrift	=	5 886,44 DM

Merke: Importpreis = DM-Gegenwert + Kosten
(Umrechnung zum Briefkurs)

1 Welche Erlöse werden einem Glühlampenhersteller gutgeschrieben?

	Rechnungspreis	Rabatt	Skonto	Inkasso-provision	Courtage	Spesen	Kurse Geld	Kurse Brief
a)	12 600,— F	16⅔%	2 %	¼%	⅛‰	1,50 DM	31,925	32,085
b)	97 200,— bfr	12½%	3 %	⅕%	⅙‰	4,— DM	4,832	4,852
c)	9 648,— hfl	8⅓%	2½%	⅓%	⅕‰	2,20 DM	89,50	89,52
d)	3 520,— $	20 %	1 %	¼%	⅓‰	5,— DM	2,3404	2,3484

2 Mit welchen Importkosten in DM wird eine Krefelder Seidenweberei für folgende Lieferungen gegen Dokumente belastet?

	Rechnungspreis	Rabatt	Skonto	Provision	Courtage	Spesen	D-Kurse Geld	D-Kurse Brief
a)	6715,25 US-$	20 %	1%	$^1/_4$%	$^1/_4$‰	15,— DM	2,3206	2,3286
b)	5668,46 £	10 %	2%	$^1/_3$%	$^1/_8$‰	3,50 DM	3,936	3,950
c)	19636,72 skr	16$^2/_3$%	3%	$^1/_4$%	$^1/_3$‰	5,— DM	32,75	32,87
d)	880000,— Lit	30 %	—	$^1/_5$%	$^1/_4$‰	2,50 DM	1,616	1,626

III. Schecks und Wechsel

Schecks und Wechsel in Auslandswährung auf ausländische Bankplätze werden von den Banken 4–10 Tage nach Einreichen gutgeschrieben (Versandzeit zum Geschäftssitz der einlösenden Bank). Bei der Umrechnung wird vom Geldkurs meist ein Abschlag vorgenommen.

Beispiel 1

Die Kettenwerke Siegerland & Co. KG reichen ihrer Bank am 13. November einen Kundenscheck über 5100,— sfrs aus Bern ein, der zum 17. November zum Geldkurs von 115,— abzüglich 1% Abschlag unter Berücksichtigung von $^1/_8$% Provision, $^1/_4$‰ Courtage und 1,90 DM Porti und Spesen gutgeschrieben wird.

Lösung

	Schecksumme auf Bern	= 5100,— sfrs
	DM-Gegenwert zum Kurs von 113,85	= 5806,35 DM
–	$^1/_8$% Provision	= 7,26 DM
–	$^1/_4$‰ Courtage	= 1,45 DM
–	Spesen und Porto	= 1,90 DM
	Gutschrift am 17. November	= 5795,74 DM

	Geldkurs:	115,—
–	1% Abschlag:	1,15
	Rechenkurs:	113,85

Beispiel 2

Durch die Maschinenfabrik Frankenthaler OHG wird am 11. Oktober bei der Exportbank Kaiserslautern ein Wechsel über 15000,— F aus Paris, fällig am 15. Dezember, diskontiert. Die Gutschrift erfolgt am 15. Oktober zum Diskontsatz von 4$^1/_2$%. Die Bank berechnet $^1/_4$‰ Courtage und 3,— DM Einzugsspesen. Geldkurs: 30,—.

Lösung

	Wechselsumme, fällig am 15.12., auf Paris	= 15000,— F
	DM-Gegenwert zum Kurs von 30,—	= 4500,— DM
–	Diskont 60/4$^1/_2$%	= 33,75 DM
–	$^1/_4$‰ Courtage	= 1,13 DM
–	Einzugsspesen	= 3,— DM
	Barwert am 15. Oktober	= 4462,12 DM

5132152

1 Wieviel DM werden einem Werk der Fotoindustrie für folgende Schecks gutgeschrieben?

	Schecksumme	Provision	Courtage	Porti u. Spesen	Kurse Geld	Kurse Brief	Kursabschlag
a)	25 350,— bfrs	$\frac{1}{4}$ %	$\frac{1}{4}$ ‰	3,40 DM	4,801	4,821	2 %
b)	5 655,25 dkr	$\frac{1}{5}$ %	$\frac{1}{4}$ ‰	2,— DM	27,206	27,326	$\frac{1}{2}$ %
c)	889 288,— Lit	$\frac{1}{3}$ %	$\frac{3}{4}$ ‰	4,35 DM	1,602	1,646	$\frac{1}{2}$ Spanne zum Briefkurs
d)	546,70 skr	$\frac{1}{4}$ %	$\frac{1}{5}$ ‰	1,25 DM	31,800	31,884	$\frac{1}{4}$ %

2 Ein Werk für elektronische Meßgeräte hat von Kunden in Lyon, New York und Genf folgende Auslandswechsel erhalten:

	a)	b)	c)
Wechselsumme	11 420,— F	976,75 $	7876,95 sfr
fällig am	03.07.	18.09.	24.01.
Gutschrift zum	17.04.	23.07.	18.12.
Diskont	5%	6%	$7\frac{1}{2}$%
Courtage	$\frac{1}{4}$‰	$\frac{1}{8}$‰	$\frac{1}{10}$‰
Porti und Spesen	3,— DM	4,25 DM	1,40 DM
Geldkurs	30,— DM	2,— DM	116,— DM

Wie hoch ist der Barwert?

3 Karl Gosel, Hersteller von Chemikalien, Säuren und Drogen, Neuss, reicht seiner Hausbank am 03.06. einen Wechsel über 8500,— nkr, fällig am 20.08., und einen Scheck auf Oslo über 10 000,— nkr ein. Die Gutschrift erfolgt zum 08.06. Die Bank berechnet für den Scheck $\frac{1}{8}$% Provision, für den Wechsel 6% Diskont. Die Courtage beträgt $\frac{1}{4}$‰. Für Wechsel und Scheck entstehen zusammen 5,35 DM Porti und Spesen. Prüfen Sie die Bankabrechnung!

Bankabrechnung

WS	8 500,— nkr	
Gegenwert (Kurs 32,50 DM)	2 762,50 DM	
– Diskont 72/6 %	33,15 DM	2 729,35 DM
Scheck	10 000,— nkr	
Gegenwert (Kurs 32,50 DM)	3 250,— DM	
– $\frac{1}{8}$% Provision	4,06 DM	3 245,94 DM
		5 975,29 DM
– $\frac{1}{4}$‰ Courtage		1,49 DM
– Spesen		5,35 DM
Gutschrift am 08.06.		5 968,45 DM

IV. Programmierte Übungen

Die Lösungen bitte nur dann ankreuzen, wenn das Buch Ihr Eigentum ist. Im Leihverfahren überlassene Bücher dürfen nicht beschrieben werden.

1 Für eine Geschäftsreise in die USA werden Sorten für 5450,— \$ und 25 Reiseschecks zu je 25,— \$ gekauft. Für die Reiseschecks berechnet die Bank 1% Provision und 7,5‰ fremde Gebühren.

Wie hoch ist die Lastschrift?

Sortenkurs: Geld 2,—; Brief 2,10.
Devisenkurs: Geld 2,0506; Brief 2,0598.

a	12 754,91 DM
b	11 455,— DM
c	1 301,22 DM
d	1 287,38 DM
e	anderes Ergebnis, welches?

2 Der Listenangebotspreis beträgt 360,13 £. Der Kunde erhält 25% Rabatt und $1\frac{1}{2}$% Skonto. Die Inkassoprovision der Bank beträgt $\frac{1}{4}$%, die Courtage $\frac{1}{8}$‰, Spesen 4,75 DM.

Kurse: Geld 3,70; Brief 3,90.

Über welchen Betrag lautet die Bankgutschrift?

a	266,05 DM
b	270,10 DM
c	984,39 DM
d	991,72 DM
e	anderes Ergebnis, welches?

3 Wie hoch sind die Bankkosten für die Bezahlung eines Rohstoffimports gegen Dokumente aus Portugal?

Rechnungspreis 24 820,— Esc, Exportrabatt 25%, Skonto 3%; Bankprovision $\frac{1}{4}$%, Courtage $\frac{1}{5}$‰, Dokumentenspesen 7,30 DM.

Kurse: Geld 1,85 Brief 1,87.

a	18 056,55 DM
b	345,87 DM
c	8,14 DM
d	8,21 DM
e	anderes Ergebnis, welches?

4 Wieviel DM werden uns für den Scheck über 1324,89 hfl gutgeschrieben?

Die Bank berechnet $\frac{1}{6}$% Provision, $\frac{1}{4}$‰ Courtage. Portokosten: 2,— DM. Der Kursabschlag beträgt $\frac{1}{2}$%. (Kurs: 2 Kommastellen)

Kurse: Geld 92,50; Brief 95,—.

a	1215,10 DM
b	1217,40 DM
c	1219,43 DM
d	1324,89 DM
e	anderes Ergebnis, welches?

O. Effektenrechnen

Es handelt sich um den börsenmäßigen An- und Verkauf von Wertpapieren* (Effekten = börsenmäßig gehandelte Wertpapiere).

Effektenarten
(nach Gewinn)

festverzinsliche Wertpapiere
(gleichbleibender Ertrag)
1. Pfandbriefe
2. Anleihen
3. Obligationen

Dividendenpapiere
(schwankender Ertrag)
1. Aktien
2. Kuxe
3. Investmentzertifikate

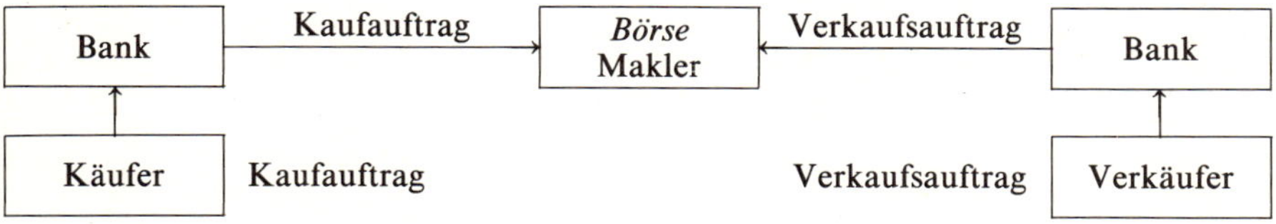

I. An- und Verkauf von Wertpapieren

1. Wertberechnungen

Der Wert eines Papieres wird durch folgende Faktoren bestimmt:

1. Vermögenshöhe des Unternehmens
2. Gewinnhöhe des Unternehmens
3. Angebot und Nachfrage
4. Entwicklung der Volks- und Weltwirtschaft
5. wirtschaftliche Entwicklung des Geschäftszweiges
6. wirtschaftliche Entwicklung des Unternehmens
7. politische Ereignisse
8. Rückzahlungstermin bei festverzinslichen Wertpapieren

Nennwert (NW) ist der auf dem Papier aufgedruckte Wert.

Kurs ist der Preis, der für ein Wertpapier an der Börse notiert wird. Er wird bei den meisten Papieren in DM je Stück ausgedrückt — **Stückkurs** (50,— bzw. 100,— DM NW je Stück). Nur bei wenigen Papieren wird der Kurs in Prozenten des Nennwertes notiert — **Prozentkurs.**

Kurswert (KW) ist der Preis, den man in DM für ein Wertpapier zu zahlen hat (ohne Kaufkosten).

Kurszettel. Die Kurse werden täglich an den Börsen festgestellt und im amtlichen Kurszettel veröffentlicht (siehe Abbildung und Tageszeitung).

* Die Kurse für den Kauf und Verkauf von Wertpapieren unterliegen ständigen Schwankungen, oft in erheblichem Ausmaß. Entnehmen Sie aktuelle Werte bitte den Kurstabellen der Geldinstitute oder aus der Tagespresse.

Kurszettel (Auszug)

Die Kurse werden an den Börsen täglich festgestellt und veröffentlicht.

Frankfurter Börse

Inländische Aktien

	30.11.	29.11.
AEG	38,79	37,40
BASF	141,10	140,90
Badenwerk	126,00	128,50
Bayer	127,70	127,30
BMW	169,00	171,00
Bekula	109,80	100,20
BBC	288,50	294,30
Chemieverw.	284,50	288,00
Conti Gummi	46,00	45,60
Daimler	247,50	248,50
Degussa	229,00	231,00
Dt. Babcock	250,50	250,00
dgl. Vorz.	245,00	245,00
Dt. Conti Gas	251,00	253,90
DLW	223,00	222,00
Didier-Werke	108,00	108,50
Dyckerhoff	145,00	150,00
dgl. Vorz.	113,00	112,80
Goldschmidt	116,50	117,70
GHH	199,50	200,50
Harpener	158,00	159,00
Heidelb. Zement	324,50	310,00
Hoechst	123,50	124,00
Hoesch	37,60	38,30
Holzmann	358,50	358,50
Horten	124,00	126,00
IWK	57,50	58,00
Kali-Chemie	213,00	210,00
Karstadt	247,00	250,00
Kaufhof	186,00	190,00
KHD	206,50	209,00
Klöckner	67,80	68,70
KSB	137,00	134,00
dgl. Vorz.	125,00	125,00
Linde	298,00	299,00
Lufthansa	79,00	81,50
dgl. Vorz.	78,00	80,50
MAN	185,00	187,00
dgl. Vorz.	178,00	179,00
Mannesmann	134,80	136,50
Mercedes Hold	226,00	227,00
Metallges.	249,00	249,00
Neckermann	134,00	135,00
PWA	70,00	70,00
Preußag	159,50	160,00
RWE	188,00	187,20
dgl. Vorz.	183,00	183,30
Rütgerswerke	228,00	228,00
Salamander	155,00	154,70

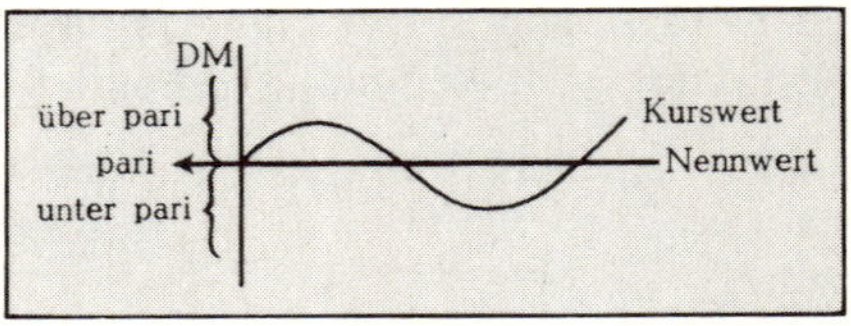

	30.11.	29.11.
SEL	203,20	203,00
Schering	212,00	213,00
Siemens	258,50	258,70
Südzucker	251,00	251,00
Thyssen AG	83,50	83,20
Varta	163,00	161,50
VEBA	142,70	143,10
VEW	139,00	139,00
VW	189,20	190,50
WMF	164,00	165,00
dgl. Vorz.	161,00	161,00
Commerzbank	191,00	191,50
Deutsche Bank	257,00	258,50
Dresdner Bank	196,50	197,00
Aachen-Münch.	445,00	439,00
Allianz Vers.	485,00	475,00

Ausländische Aktien

	30.11.	29.11.
AAC o. St.	17,50	16,50
Exxon	100,00	100,00
Alcan Alum	68,50	68,30
Ford Motor	52,50	53,00
General Motors	—,—	—,—
IBM	109,00	112,00
ITT	45,00	44,70
Litton	65,50	67,10
Sperry Rand	83,50	84,80
Xerox	108,50	109,30
Philips	19,20	19,20
Robeco	145,00	145,00
Royal Dutch	136,00	136,70
Unilever	101,00	102,00

Inl. Investment-Anteile

	am 29.11.	
	Ausg.	Rückn.
Investa	34,20	32,50
Intervest	48,20	45,90
Inrenta	67,00	65,30
Interrenta	34,30	33,20
Re-Inrenta	85,90	83,70
Grundbes. Inv.	63,30	60,20
Adifonds	30,14	28,70
Adirenta	21,25	20,63
Fondak	30,00	28,57
Fondra	65,06	61,96

Öffentliche Anleihen

Bundesrepublik Deutschland		D	F
Zins %	Laufzeit	04.12.	04.12.
5,75 v. 78	90	85.50b	85.50b
6 v. 78 III	84	93.20G	93.20b
8 v. 79 II	89	102.05b	102.00b
7,5 v. 79 II	1989	97.65bG	97.55b
Bundesbahn			
8,26 v. 76	84 (84)	101.80bG	101.80b
7 v. 77	87 (87)	95.80bG	95.80b
6,5 v. 79	85 (85)	94.70bG	94.70G
8 v. 79	1989	102.15bG	102.20b
Bundespost			
9,5 v. 74	83 (83)	103.05b	103.50b
9 v. 75	83 (83)	102.20G	102.30b
10 v. 73 III	81 (81)	102.80b	102.80b
9,5 v. 73	82 (82)	103.30bG	103.30G

Zins %	Laufzeit	04.12.
Baden-Württemberg (S)		
6,25 v. 78	86 (86)	91.50G
Bayern (M)		
7,5 v. 76	84 (84)	98.00G
6 v. 78	88	88.50bG
Berlin (B)		
6,5 v. 78	(88)	92.40b
Bremen (Br)		
8,5 v. 75	83 (83)	101.00bG
Hamburg (H)		
6,25 v. 77	92 (92)	90.25b
Hessen (F)		
6,25 v. 78	88 (88)	89.50b
Nordrhein-Westfalen (D)		
8 v. 76 II	81 (81)	99.50bG
Rheinland-Pfalz (F)		
8 v. 71	77/86 (82)*	100.15b
Saarland (F)		
7 v. 72	78/87 (82)	96.40b
6 dgl. 78	88 (88)	88.25b
Schleswig-Holstein (H)		
8,5 v. 73	81/85 (85)	101.00b

Pfandbriefe und Kommunaloblig.

Zins %	Laufzeit	04.12.
DG-Bank (F)		
5,5 R 7	85/85	89.25b
Dt. Girozentr. (F)		
6 v. 55/II	89	87.70G
Dt. Pfandbrief (F)		
7 R 195	02 (77)	91.00G
10 R 222	82 (82)	104.50G
6,25 Ausg. 77	88	89.50G
Südboden (M)		
Pfandbriefe		
6,5 R 92	98	85.00G
Komm.-Obl.		
7 K 31	81	98.50bG
8,5 K 60	79/88 (83)	100.25G

Anleihen der Industrie

Zins %		Laufzeit	04.12.
7,5	Karstadt 71 (D)	77/86(77)	98.00G
6	Lufth. o.O. 67 (D)	73/82(73)	97.50bG
5	Veba 59 (D)	65/84(65)	93.50G

Wandel- und Optionsanleihen (F)

		am 29.11. 1979
6	Deutsche Bank Anl. v. 1976 + Erw.	96,00
8,5	Hoechst Anl. v. 1975	116,00
8,5	BASF Opt. Anl. v. 1974 + Opt.	132,00

Tendenz: Die freundliche Aktientendenz am Wochenbeginn, ausgelöst durch Prime-Rate-Senkung in den USA sowie eine verstärkte Auslandsnachfrage, schwächte sich nach Gewinnmitnahmen des Berufshandels zum Ultimo ab.

Erläuterung zu Aktien: Die Kurs- und Dividendenangaben verstehen sich in DM pro Stück, wenn keine anderen Angaben gemacht worden sind. Die bei deutschen Aktien niedrigsten Stück-Einheiten von 50 DM sind nicht gesondert gekennzeichnet. Höhere Stück-Einheiten und Auslandwährung sind in Klammern angegeben. Die Aktien, die noch in Prozent des Nennwertes notiert werden, sind mit einem %-Zeichen gekennzeichnet. Freiverkehrswerte erscheinen in Kursivschrift. Die Dividendenangaben beziehen sich auf die zuletzt gezahlten Jahres- bzw. Zwischendividenden. Vor den Notierungen stehen Kürzel der Börsen, an denen der jeweilige Kurs festgestellt wurde: B = Berlin, Br = Bremen, D = Düsseldorf, F = Frankfurt, H = Hamburg, Hn = Hannover, M = München, S = Stuttgart. Bei Übertragungsausfall oder bei geschlossener Börse bleibt entsprechender Raum frei. Kursangaben ohne Gewähr für Übermittlungsfehler.

2. Wertberechnungen von Dividendenpapieren

a) Stückkurs

Der Kurswert der Aktie wird je Stück in DM ausgedrückt. Die bis zum Kauf- oder Verkaufstag aufgelaufene Dividende wird nicht gesondert erfaßt; sie ist bereits im Kurs enthalten. Beweis: Am Tage nach der Dividendenausschüttung sinken die Kurse meistens entsprechend der gezahlten Dividende.

Beispiel

Wie hoch ist der Kurswert für 6 Aktien zu 95,40 DM KW je Stück?

Lösung 6 Aktien zu 95,40 DM je Stück = 572,40 DM Kurswert insgesamt

Kurswert = Stückzahl · Kurs

1 Berechnen Sie den Kurswert folgender Wertpapiere:

	Wertpapiere	Stückelung	NW/Stück	Kurs
a)	Hoesch	50,— DM	240 Stück	71,— DM
b)	VW	50,— DM	500 Stück	266,— DM
c)	Beiersdorf	50,— DM	24 000,—	276,25 DM
d)	Kompnagel	1000,— DM	16 Stück	1260,— DM
e)	Fondis	—	5 Stück	45,30 DM
f)	Canagros	—	25 Stück	12,12 $ zu 2,20 DM je $
g)	Thesaurus	—	18 Stück	47,90 DM
h)	Burbach-Kali	—	7 Stück	260,— DM

b) Prozentkurs[1)]

Der Kurswert wird in Prozent vom Nennwert der Aktie ausgedrückt.

Beispiel 1

Wie hoch ist der Kurswert für 1 Aktie zu 50,— DM NW zu einem Kurse von 495 (Prozent)?

Lösung

Dreisatz	Kettensatz
100% ≙ 50,— DM	x DM ≙ 495%
495% ≙ x DM	100% ≙ 50,— DM

$$x = \frac{50 \cdot 495}{100} = \underline{\underline{247{,}50 \text{ DM KW}}} = \frac{495 \cdot 50}{100} = x$$

$$\textbf{Kurswert} = \frac{\textbf{Nennwert} \cdot \textbf{Kurs}}{\textbf{100}}$$

Beispiel 2

Wie hoch ist der Kurswert für 150 Aktien zu je 50,— DM NW zu einem Kurse von 859 (Prozent)?

Lösung 150 Aktien zu 50,— DM NW je Aktie = 7500,— DM NW

$$\text{Kurswert} = \frac{7500 \cdot 859}{100} = \underline{\underline{64\,425{,}\text{— DM}}}$$

1) Seit 1969 gibt es nur noch wenige Aktien mit Prozentkurs. Siehe auch S. 157: Erläuterungen zu Aktien.

3. Wertberechnungen von festverzinslichen Papieren

a) Feststellen des Kurswertes

Die Kursschwankungen bei festverzinslichen Wertpapieren sind sehr gering, weil die Papiere später meist zum Kurse von 100% eingelöst werden. Anleihen werden zum großen Teil unter pari (unter 100% DM) ausgegeben, um einen Kaufanreiz zu schaffen.

Beispiel 1

Wie hoch ist der Kurswert einer $5\frac{1}{2}$%-Bundespostanleihe zu 1000,— DM NW? Kurs $95\frac{1}{2}$ (%).

Lösung *Dreisatz*

100 % ≙ 1000,— DM
95,5% ≙ x DM

Kettensatz

x DM ≙ 95,5%
100% ≙ 1000,— DM

$$x = \frac{1000 \cdot 95{,}5}{100} = \underline{\underline{955{,}\text{— DM KW}}} = \frac{95{,}5 \cdot 1000}{100} = x$$

$$\textbf{Kurswert} = \frac{\textbf{Nennwert} \cdot \textbf{Kurs}}{\textbf{100}}$$

Beispiel 2

Wie hoch ist der Kurswert für vierzig 5%-Pfandbriefe der Staatlichen Kreditbank Oldenburg-Bremen zu 100,— DM NW bei einem Kurse von 101?

Lösung 40 Pfandbriefe zu 100,— DM NW je Stück = 4000,— DM NW

$$\text{Kurswert} = \frac{4000 \cdot 101}{100} = \underline{\underline{4040{,}\text{— DM}}}$$

2 Berechnen Sie den Kurswert folgender Wertpapiere nach den angegebenen Kursen!

	Wertpapiere	Stückelung	NW/Stück	Kurs
a)	5,75% Bundespostanleihe 62	—	1 700,— DM	98
b)	6 % Bundesanleihe 62 I	—	5 000,— DM	$99\frac{3}{4}$
c)	5 % Pfandbr. Dt. Hypotheken-Bank Bremen	100,— DM	15 Stück	118
d)	$5\frac{1}{2}$ % Esso-Obligationen 58	—	6 000,— DM	$97\frac{1}{8}$
e)	7 % AEG-Wandelanleihe 58	1000,— DM	4 Stück	310
f)	8 % Klöckner-Humboldt-Deutz-Obligationen 56	—	10 000,— DM	$101\frac{1}{2}$
g)	5 % Bayerische Hypotheken-Bank Pfandbriefe	100,— DM	16 Stück	117
h)	5,5 % Bosch-Obligationen 59	—	15 000,— DM	98
i)	6,5 % Osaka-Anleihe 63	100,— DM	28 Stück	$101\frac{1}{2}$
j)	5 % Mannesmann-Obligat. 59	—	26 000,— DM	$91\frac{7}{8}$

c) Feststellen des Kaufwertes (des „ausmachenden Betrages")

Die laufenden Zinszahlungen beeinflussen den Wert – nicht Kurs – der festverzinslichen Wertpapiere. Deshalb müssen die bis zum Kauf- bzw. Verkaufstag aufgelaufenen Zinsen bei der Wertfeststellung berücksichtigt werden = *Kaufwert.* Sie können jährlich oder halbjährlich gezahlt werden; **die Zinsen werden immer vom Nennwert berechnet.**

Beispiele	J/J -Zinsen werden zum 1. Januar und 1. Juli	gezahlt
	A/O-Zinsen werden zum 1. April und 1. Oktober	gezahlt
	J/D -Zinsen werden zum 1. Juni und 1. Dezember	gezahlt

Bei jährlicher Zahlung wird der Zahltag angegeben (z. B.: 1. März).

Die Stückzinsen stehen dem Verkäufer bis einschließlich des Kalendertages **vor der Valutierung (Erfüllung) zu.**

Verkauf mit laufendem Zinsschein

Beispiel Wie hoch ist der Kaufwert $7\frac{1}{2}$%-Siemens-Obligationen zu 99,5 in NW zu 3000,— DM, Zinstermine J/J, Verkauf am 20. Juni mit laufendem Zinsschein?

Lösung

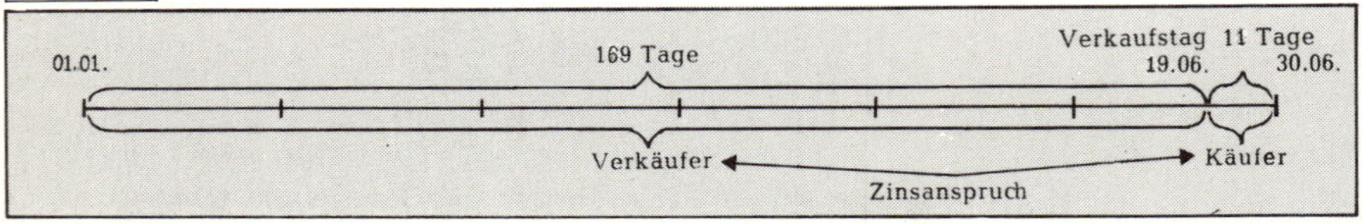

Der Käufer erhält den laufenden Zinsschein und damit den aufgelaufenen Zinsanteil des Verkäufers (der Zinsschein kann nicht geteilt werden). Um diesen Zinsanteil erhöht sich der Wert des Papieres.

	3000,— DM $7\frac{1}{2}$%-Siemens-Obligationen zu 99,5	= 2985,— DM KW
+	Zinsen $7\frac{1}{2}$% für 169 Tage (für 3000,— DM)	= 105,63 DM
	Kaufwert	= 3090,63 DM

Verkauf ohne laufenden Zinsschein[1)]

Beispiel wie oben

Der Verkäufer behält den laufenden Zinsschein und erhält damit den Zinsanteil des Käufers. Um diesen Zinsanteil vermindert sich der Wert des Papiers.

Lösung

	3000,— DM $7\frac{1}{2}$%-Siemens-Obligationen zu 99,5	= 2985,— DM
–	Zinsen $7\frac{1}{2}$% für 11 Tage (für 3000,— DM)	= 6,88 DM
	Kaufwert	= 2978,12 DM

Kurswert
+ bzw. – Zinsen für laufenden Zinsschein
= Kaufwert

1) Dieser Fall tritt meistens dann ein, wenn die Bank die Zinsscheine der deponierten Papiere einige Tage vor Fälligkeit abtrennt, um sie an die Einlösungsstelle zu schicken.

Bei Dividendenpapieren ist der Kaufwert der Kurswert, weil die aufgelaufene Dividende im Kurs enthalten ist. Beim Kauf und Verkauf von ausländischen Wertpapieren wird der Tageskurs der betreffenden Währung für die Berechnung des Kurswertes/des ausmachenden Betrages zugrunde gelegt.

3 Stellen Sie den Kaufwert fest!

	Wertpapier		Kauftag Verkaufstag	Stückelung	NW Stück	Kurs	Zinstermin	mit/ohne Zinsschein
a)	Anleihe	8 %	V. 15.03.	100,—	5	102	A/O	ohne
b)	Anleihe	6 %	K. 18.07.	—	3100,—	$99\frac{1}{2}$	J/J	mit
c)	Anleihe	$5\frac{1}{2}$ %	V. 11.12.	100,—	12	98	1. Juli	mit
d)	Anleihe	7 %	K. 08.02.	—	4500,—	$103\frac{1}{4}$	1. Okt.	mit
e)	Pfandbr.	8 %	V. 31.10.	—	800,—	104	J/J	mit
f)	Pfandbr.	$7\frac{1}{2}$ %	K. 15.12.	100,—	7	$102\frac{1}{5}$	A/O	ohne
g)	Pfandbr.	6 %	V. 28.02.	—	1100,—	100	1. April	ohne
h)	Obligat.	6 %	K. 09.05.	1000,—	6	$99\frac{1}{2}$	1. Jan.	mit
i)	Obligat.	7 %	V. 29.02.	—	12500,—	101	M/S	ohne

4. Berechnen des Endbetrages

Beim Kauf und Verkauf der Wertpapiere entstehen Kosten. Sie erhöhen den Preis der gekauften und vermindern den Erlös der verkauften Papiere.

Bank	Staat	Börse		Staat	Bank
Provision u.a. Kosten	Börsenumsatzsteuer	Maklergebühr	Maklergebühr-	Börsenumsatzsteuer	Provision u.a. Kosten
Kosten des *Käufers*			Kosten des *Verkäufers*		

Provision wird berechnet

vom Kurswert: bei Aktien, Kuxen, Bezugsrechten
vom Kurswert – mindestens jedoch vom Nennwert: bei festverzinslichen Wertpapieren

Sätze: 1,0% bei Aktien, Kuxen, Bezugsrechten
0,5% bei festverzinslichen Wertpapieren

Die Banken berechnen (unterschiedlich) eine Mindestprovision, z.B. 10,— DM je Geschäft. – Die Provision wird überlicherweise auf volle 10 Pf aufgerundet.

Maklergebühr (Courtage) wird berechnet

vom Kurswert: bei Aktien, Kuxen, Bezugsrechten
vom Nennwert: bei festverzinslichen Wertpapieren

Sätze:

0,8 ‰ bei Aktien, Kuxen, Bezugsrechten – Mindestgebühr 0,50 DM
0,75 ‰ bei festverzinsl. Wertpapieren bis 50000,— DM NW – Mindestgebühr 0,50 DM
0,5 ‰ „ „ von 50000,— bis 100000,— DM NW – „ 37,50 DM
0,375‰ „ „ über 100000,— DM NW – „ 50,— DM

Die Maklergebühr wird üblicherweise auf volle 5 Pf aufgerundet.

Börsenumsatzsteuer (BUSt) wird vom Kurswert berechnet.

Sätze: 2,5‰ bei Aktien, Kuxen, Bezugsrechten, Industrieobligationen
1 ‰ bei festverzinslichen Wertpapieren (ohne Industrieobligationen)

Die Steuer wird pfenniggenau berechnet.

Investmentpapiere

Der Kunde kauft von der Bank zum (höheren) Ausgabepreis und verkauft an die Bank zum (niedrigeren) Rücknahmepreis. Bei inländischen Papieren werden 2‰ BUSt, bei ausländischen Papieren 2,5‰ BUSt erhoben.

Beispiel 1 – Kauf
Eine Bank kauft für ihren Kunden am 20. März 600 Aktien zu je 64,— DM KW. Wie hoch ist der Kaufpreis?

Lösung

	600 Aktien zu je 64,— DM KW		38400,— DM
	Kosten		
	Provision 1% (KW)	384,— DM	
+	Maklergebühr 0,8‰ (KW)	30,75 DM	
	BUSt 2½‰ (KW)	96,— DM	
	Spesen (Bank)	3,— DM	513,75 DM
		Kaufpreis	38913,75 DM

Beispiel 2 – Verkauf
Ein Kunde gibt seiner Bank den Auftrag, am 30.04. 40 Stück 6% Pfandbriefe der Deutschen Hypothekenbank Bremen mit Zinsschein zu verkaufen. Kurs: 99; Zinstermine: J/J. NW je Stück 100,— DM.

Lösung

	4000,— DM NW 6% Pfandbriefe zu 99		= 3960,— DM KW
	+ aufgelaufene Zinsen 120 Tage, 6%		= 80,— DM
	= Kaufwert		= 4040,— DM
	Kosten		
	Provision 0,5% (NW)	20,— DM	
–	Maklergebühr ¾‰ (NW)	3,— DM	
	BUSt 1‰ (KW)	3,96 DM	
	Spesen (Bank)	1,— DM	27,96 DM
		Verkaufserl.	4012,04 DM

4 Stellen Sie den Kaufpreis bzw. den Verkaufserlös fest. Berücksichtigen Sie dabei die Kauf- bzw. Verkaufskosten! (Kunde kauft bzw. verkauft)

		Wertpapier	Stückelung	Stück	Kurs
a)	K.	Karstadt	50,— DM	240	402,50 DM
b)	V.	Dt. Eisenhütte	100,— DM	60	182,— DM
c)	K.	Dt. Linoleum	50,— DM	75	435,— DM
d)	V.	Aschaff. Zellstoff	50,— DM	100	78,— DM
e)	K.	Harpener Bergbau	100,— DM	35	358,— DM
f)	V.	Burbach Kali	50,— DM	30	130,— DM
g)	K.	Allianz Leben	—	7	2525,— DM
h)	V.	Dresdner Bank	50,— DM	440	268,50 DM
i)	K.	Fondak (bankeig. Papier)	—	35	42,30 DM
j)	V.	Uscafonds (fremdes Papier)	—	18	119,60 DM
k)	K.	Canagros, Kurs: 2,20 DM	—	10	12,41 $
l)	V.	Robeco, Kurs: 100,— DM	—	25	232,10 hfl
m)	K.	Universal, Kurs: 118,— DM	—	62	121,07 sfrs

5 Stellen Sie den Kaufpreis bzw. den Verkaufserlös fest, wobei die Kauf- bzw. Verkaufskosten zu berücksichtigen sind!

Kauftag Verkaufstag	Wertpapier	Zinssatz	Zinstermin	Stückelung	NW Stück	mit/ohne Zinssch.	Kurs
a) V. 22.08.	Bundesanleihe	6 %	J/J	100,—	20	mit	100 ½
b) K. 03.12.	Bundespostanl.	6 %	A/O	—	3500,—	mit	100
c) V. 01.06.	Dt. Pfandbrief	6 %	M/S	100,—	21	ohne	99 ½
d) K. 30.08.	Rütgersw. Obl.	6 %	1. Jan.	—	8000,—	ohne	99 ⅛
e) V. 28.02.	Karstadt Obl.	7,5 %	1. Okt.	500,—	15	mit	101 ¾
f) V. 28.02.	Karstadt Obl.	7,5 %	1. Okt.	500,—	15	ohne	101 ¾

6 Als Anerkennung für die bestandene Kaufmannsgehilfenprüfung schenkt der Inhaber einem seiner Auszubildenden 10 Brauereifonds-Zertifikate. Wie hoch ist der Kaufpreis, wenn die Kaufkosten berücksichtigt werden? Kurs: 49,50 DM.

7 Die in Aktien kurzfristig angelegten liquiden Mittel werden für Steuerzahlungen gebraucht. Deshalb werden verkauft: 50 Aktien zu je 100,— DM NW, Kurs 499,— DM; 150 Aktien zu je 50,— DM NW, Kurs 431,50 DM. Wie hoch ist der Erlös, wenn 5,— DM Bankspesen und die üblichen Verkaufskosten berechnet werden? Prüfen Sie die Abrechnung!

	Kurswert		24950,— DM
	Kurswert		64725,— DM
	Kurswert		89675,— DM
+	Provision	896,80 DM	
+	Courtage	71,75 DM	
+	BUSt	224,19 DM	
+	Spesen	5,— DM	1197,74 DM
	Verkaufserlös		90872,74 DM

II. Ertragsberechnen

1. Effektive Verzinsung

Dividenden (Aktien) und Zinsen (Investmentpapiere) sind grundsätzlich **in DM** angegeben. Zinssätze (festverzinsliche Papiere) und Dividendensätze (bei Prozentkurs) beziehen sich jedoch auf den Nennwert der Wertpapiere. Soll die tatsächliche **(effektive) Verzinsung** des Kapitals festgestellt werden, so ist der Ertrag in DM zum Kaufpreis des Wertpapiers ins Verhältnis zu setzen.

Beispiel 1 – ohne Kaufkosten
Eine Aktiengesellschaft schüttet für das vergangene Geschäftsjahr 16,— DM Dividende aus. Unser Kaufkurs betrug 400,— DM. Wie hoch ist die effektive Verzinsung?

Lösung Auf eine Aktie werden 16,— DM Dividende gezahlt. Kurswert der Aktie: 400,— DM.

Dreisatz

400,— DM ≙ 100%
16,— DM ≙ x %

Kettensatz

x % ≙ 16,— DM
400,— DM ≙ 100%

$$x = \frac{100 \cdot 16}{400} = \underline{\underline{\text{Effektive Verzinsung } 4\%}} = \frac{16 \cdot 100}{400} = x$$

Beispiel 2 – mit Kaufkosten
Wie hoch ist die effektive Verzinsung einer 6%-Anleihe bei einem Kaufkurs von 97%? NW 10000,— DM.

Lösung Zinsen 600,— DM
10000,— DM NW 6%-Anleihe zu 97% .... 9700,— DM KW

Kosten

	Provision 0,5% (NW)	50,— DM	
+	Maklergebühr $^3/_4$‰ (NW)	7,50 DM	
	BUSt 1‰ (KW)	9,70 DM	67,20 DM
		Kaufpreis	9767,20 DM

x % ≙ 600,— DM
9767,20 DM ≙ 100%

$$x = \frac{600 \cdot 100}{9767{,}20} = \underline{\underline{6{,}14\% \text{ effektive Verzinsung}}}$$

$$\textbf{Effektive Verzinsung} = \frac{\textbf{Zinsen/Dividende} \cdot 100}{\textbf{Kaufpreis}}$$

 5132164

1 Stellen Sie die effektive und nominelle Verzinsung folgender Brauereipapiere zum 13.11. fest! (1 Dezimalstelle)

Vergleichskurse in DM pro Stück	13.11...	Jahres- hoch	tief	Dividende in DM	Stückelung in DM
Bavaria	227,—	236,—	195,—	6,—	50,—
DUB-Schultheiss	170,—	183,—	128,50	4,—	50,—
Elbschloß	300,—	325,—	265,—	5,50	50,—
Haake-Beck	300,—	440,—	300,—	8,—	100,—
Holsten	201,—	211,—	165,—	8,—	50,—
Lindener Gilde	498,—	795,—	470,—	16,—	100,—

2 Stellen Sie die effektive Verzinsung der BASF-Aktien fest! Kurs 254,50 DM, Dividende 18%, NW 50,— DM, 20 Stück.

a) Ohne Kaufkosten,

b) mit Kaufkosten.

3 Wie hoch ist die effektive Verzinsung? Kurs $54\frac{1}{4}$%, Vorzugsdividende 4%, 100 Stück zu 50,— DM je Stück.

a) Ohne Kaufkosten,

b) mit Kaufkosten.

4 Wie hoch ist die effektive Verzinsung? $5\frac{3}{4}$% Bundespostanleihe, Kaufkurs $97\frac{5}{8}$, NW 1000,— DM.

a) Ohne Kaufkosten,

b) mit Kaufkosten.

5 Wie hoch ist die effektive Verzinsung? Industria Investmentzertifikate, Kaufkurs 71,90 DM, Zinsen 6,11 DM.

6 Für 156085,— DM Aktienbesitz zum Kaufpreis wurden 1472,50 DM Dividende gezahlt. Nennwert der Aktie 50,— DM, 190 Stück.

a) Wie hoch ist die Nominalverzinsung?

b) Wie hoch ist die effektive Verzinsung?

7 Welches Wertpapier hat den höheren effektiven Zinssatz?

Bavaria	Kurs 265,— DM	Dividende 15 %	NW 50,— DM
Bemberg	Kurs 150,50 DM	Dividende 8,75 %	NW 50,— DM

8 Ein Bankkunde will Geld in Aktien anlegen. Zu welchem Kurs darf er höchstens kaufen, wenn sich sein Kapital zu 8% effektiv verzinsen soll und die Nominalverzinsung der Aktiengesellschaft 14% beträgt?

2. Rentabilitätsberechnungen

Entscheidend für die Ertragshöhe eines Wertpapieres ist nicht allein die Verzinsung, sondern auch der Kurs, zu dem das Papier gekauft und verkauft wird (einschließlich Kosten). Zu beachten ist, daß die auszuschüttende Dividende um 25% Kapitalertragsteuer gekürzt wird (sie wird bei der Einkommensteuer verrechnet). Andere Wertpapiere sind teilweise steuerfrei, so daß sich hieraus eine unterschiedliche Nettoverzinsung ergeben kann. In den Aufgaben bleibt dieser Tatbestand jedoch unberücksichtigt.

Beispiel 1

Es wurden 50 Aktien zu einem Kurs von 380,— DM gekauft. Nach zwei Jahren verkaufte der Aktionär diese Aktien zu 410,— DM. An Dividenden wurden ausgeschüttet: 1. Jahr 12%, 2. Jahr 14%. NW 50,— DM.

a) Wie hoch war die Gesamtrentabilität in DM und Prozent?

b) Wie hoch war die durchschnittliche Jahresrentabilität?

Lösung zu a)

Kauf Aktien 50 Stück zu 380,— DM .... 19000,— DM KW

Kosten

+	Provision 1% (KW)	190,— DM	
+	Maklergebühr 0,8‰ (KW)	15,20 DM	
+	BUSt 2½‰ (KW)	47,50 DM	252,70 DM
		Kaufpreis	19252,70 DM

Verkauf Aktien 50 Stück zu 410,— DM .... 20500,— DM KW

Kosten

−	Provision 1%	205,— DM	
−	Maklergebühr 0,8‰	16,40 DM	
−	BUSt 2½‰	51,25 DM	272,65 DM
		Verkaufserlös	20227,35 DM

Kursgewinn – korrigiert um die Kosten

Verkaufserlös	20227,35 DM
Kaufpreis	19252,70 DM
Kursgewinn	974,65 DM

Gesamtertrag

Kursgewinn	974,65 DM	
1. Jahr 12% Dividende	300,— DM	(12% von 2500,— DM NW)
2. Jahr 14% Dividende	350,— DM	(14% von 2500,— DM NW)
Gesamtertrag	1624,65 DM	

Auf das eingesetzte Kapital von 19252,70 DM entfielen an Gesamtertrag 1624,65 DM.

Gesamtgewinn(-rendite) für 2 Jahre

x % ≙ 1624,65 DM
19252,70 DM ≙ 100%

$$x = \frac{1624{,}65 \cdot 100}{19252{,}70} = \underline{\underline{8{,}44\%}}$$

Das heißt, daß sich das eingesetzte Kapital in zwei Jahren zu 8,44% insgesamt verzinst hat.

Lösung zu b)

Jahresverzinsung(-rendite) 4,22% [8,44% : 2 (Jahre) = 4,22%]

Die effektive Verzinsung betrug:

1. Jahr bei 12% Dividende = 1,58%[1] effektive Verzinsung (Dividende bezogen
2. Jahr bei 14% Dividende = 1,84%[2] effektive Verzinsung auf Kaufkurs)

Infolge der Kurssteigerung (unter Berücksichtigung von Kauf- und Verkaufskosten) hat sich die Jahresverzinsung(-rendite) auf 4,22% erhöht. Ebenso können Kursverluste (auch Kauf- und Verkaufskosten) den Zinsertrag beeinflussen: vermindern, ganz aufzehren oder gar einen Verlust bewirken.

Beispiel 2

Wie Beispiel 1. Sind keine Kauf- und Verkaufskosten zu berücksichtigen, kann man die Rendite wie folgt ermitteln:

Kaufkurs	380,— DM
Verkaufskurs	410,— DM
Kursgewinn	30,— DM
Dividende 1. Jahr	6,— DM
Dividende 2. Jahr	7,— DM
Gesamtgewinn	43,— DM

Gesamtgewinn in Prozent

x % ≙ 43,— DM
380,— DM ≙ 100%

$$x = \frac{43 \cdot 100}{380} = \underline{\underline{11{,}32\%\ \text{Gesamtgewinn}}}$$

Jahresrendite 5,66%

9 Der Kaufpreis betrug 2985,— DM, der Verkaufserlös 3170,— DM. An Dividenden wurden ausgeschüttet: 1. Jahr 15%, 2. Jahr 14%. NW 1000,— DM.

a) Wie hoch war der Gesamtertrag in DM und Prozent?

b) Wie hoch war die Jahresverzinsung(-rendite) in DM und Prozent?

10 80 Aktien im NW von 50,— DM je Stück wurden zu 312,— DM je Stück gekauft und zu 337,— DM verkauft. Die Dividenden betrugen: 1. Jahr 8%, 2. Jahr 9%.

a) Wie hoch ist die Jahresrendite in Prozent unter Berücksichtigung der Kauf- und Verkaufskosten?

b) Wie hoch ist die effektive Verzinsung der beiden Dividendenjahre?

11 Stellen Sie die Jahresrendite in DM und Prozent fest!

120 Aktien zu 192,— DM Kaufkurs, Verkaufskurs 183,— DM, Dividende: 1. Jahr 8%, 2. Jahr 4%, 3. Jahr 0%. NW 50,— DM.

1) 1. Jahr: $\frac{300 \cdot 100}{19000}$ oder $\frac{100 \cdot 6}{380} = 1{,}58\%$

2) 2. Jahr: $\frac{350 \cdot 100}{19000}$ oder $\frac{100 \cdot 7}{380} = 1{,}84\%$

12 Eine 6%-Anleihe wurde zum Ausgabekurs von 98 erworben. Nach fünf Jahren erhielt der Inhaber die Papiere zu 100 eingelöst. Wie hoch war die Jahresrendite (ohne Kaufkosten)?

13 Welches Wertpapier hat die höhere Rendite?

	Aktien	Anleihe
NW	1000,— DM	500,— DM
Kaufkurs	2240,— DM	99
Verkaufskurs	2420,— DM	101
Kaufkosten	1,75%	0,65% (v. NW)
Verkaufskosten	1,75%	0,65% (v. KW, aufger.)
Dividende/Zinsen	1. Jahr 16%	$6\frac{1}{2}$%
	2. Jahr 18%	zweijähriger Besitz
Kapitalertragsteuer (v. Dividende)	25%	steuerfrei

14 Für den Erwerb von Aktien wurden 20618,22 DM angelegt. Der Verkaufserlös betrug 23412,75 DM. An Dividenden wurden in zwei Jahren 1970,— DM ausgeschüttet. Wie hoch ist die Jahresrendite in DM und %?

15 100 Aktien zu 50,— DM NW wurden zu 511,— gekauft und zu 420,— DM verkauft. An Dividenden wurden gezahlt: 1. Jahr 5%, 2. und 3. Jahr ohne Dividende. Wie hoch war der Verlust insgesamt und je Jahr in DM und %?

16 15 Investmentzertifikate wurden zu 67,80 DM je Stück erworben und zu 73,10 DM je Stück veräußert. An Dividenden zahlte die Gesellschaft: 1. Jahr 3,95 DM, 2. Jahr 5,10 DM, 3. Jahr 5,30 DM je Stück. Berücksichtigung von Kauf- und Verkaufskosten.

a) Wie hoch war der Gesamtertrag in DM und Prozent?

b) Wie hoch war die Jahresrendite in DM und Prozent?

17 Eine Erbschaft von 35000,— DM soll in Aktien angelegt werden: Kurs 405,— DM, Kaufkosten nach Tabelle. Wieviel Aktien zu 50,— DM je Stück NW können gekauft werden, und wie hoch ist der Restbetrag der Erbschaft?

18 Stellen Sie für folgende Wertpapiere die Jahresrendite nach 3 Jahren fest:

	a) Aktie	b) Investment	c) Anleihe
Stück	100	30	5
NW	50,— DM	—	100,— DM
Kaufkurs	470,— DM	84,20 DM	98
Kaufkosten	Seite 161/162	Seite 161/162	Seite 161/162
Verkaufskurs	450,— DM	83,10 DM	101
Verkaufskosten	Seite 161/162	Seite 161/162	Seite 161/162
Dividende/Zinsen			6%, A/O
1. Jahr	10%	7,35 DM	Kauf 30.05.
2. Jahr	6,— DM je Aktie	6,50 DM	Verk. 04.11. (nach ca. $2\frac{1}{2}$ J.)
3. Jahr	8,— DM je Aktie	5,90 DM	mit Zinsscheinen

5132168

III. Bezugsrecht

Erhöht eine Gesellschaft ihr Aktienkapital, so haben die Aktionäre ein Recht auf Bezug der neuen (jungen) Aktien. Der Kurs der neuen Aktien ist niedriger als der Kurs der alten Aktien. Der Aktionär kann von dem Recht auf Bezug der kursgünstigen neuen Aktien Gebrauch machen; er kann das Bezugsrecht aber auch verkaufen.

1. Der rechnerische Wert des Bezugsrechts

Der Wert des Bezugsrechts ergibt sich aus dem Verhältnis von altem Kapital und dem Umfang der Kapitalerhöhung. Dabei werden der Kurs der alten Aktien und der Ausgabekurs der neuen Aktien berücksichtigt. Rechnerisch ergibt sich der Wert des Bezugsrechts als Differenz zwischen dem Kurs der alten Aktien und dem gesunkenen Durchschnittskurs nach Ausgabe der neuen Aktien.

Beispiel

Ein Unternehmen benötigt für die Aufnahme der Kunststoffverarbeitung neues Kapital. Die Hauptversammlung beschließt eine Kapitalerhöhung von 3 auf 4,5 Mio. DM durch Ausgabe neuer Aktien. Der Kurs der alten Aktien beträgt 360,— DM, der Vorzugskurs der neuen Aktien 300,— DM.

Wie hoch ist der rechnerische Wert des Bezugsrechts?

Lösung 1

1. Feststellung des Bezugsverhältnisses

altes Kapital 3 000 000,— DM
neues Kapital 1 500 000,— DM

$$\frac{\text{altes Kapital}}{\text{neues Kapital}} = \frac{3\,000\,000}{1\,500\,000} = 2 \text{ alte Aktien zu 1 neue Aktie}$$

2. Feststellen des Bezugswertes

2 alte Aktien zu 360,— DM	= 720,— DM	Kurswert
1 neue Aktie zu 300,— DM	= 300,— DM	Kurswert
3 Aktien nach Kapitalerhöhung	= 1020,— DM	Kurswert (: 3)
1 Aktie nach Kapitalerhöhung	= 340,— DM	Kurswert
Durchschnittskurs aller Aktien	= 340,— DM	
Kurs der alten Aktien	= 360,— DM	
– Durchschnittskurs	= 340,— DM	
rechnerischer Wert des Bezugsrechts je alte Aktie	= 20,— DM	

Der Wert des Bezugsrechts entspricht dem Kursverlust der alten Aktien nach Zustandekommen des Durchschnittskurses. Auf Grund des neuen Durchschnittskurses für alte und neue Aktien gleichen sich Kursverlust der alten Aktien und Kursgewinn der neuen Aktien aus:

Kursverlust der alten Aktien . . . . 40,— DM
– 2 alte Aktien mit je 20,— DM Verlust —
alter Kurs 360,— DM, neuer Kurs 340,— DM
Kursgewinn der neuen Aktie . . . . 40,— DM
– Ausgabekurs 300,— DM, neuer Kurs 340,— DM —

Lösung 2

Kapital/Nennwert	Kurs	Gesamtwert/Kurswert
3 Mio. DM altes Kapital zu	360,— DM	= 10,8 Mio. DM
1,5 Mio. DM neues Kapital zu	300,— DM	= 4,5 Mio. DM
4,5 Mio. DM Gesamtkapital zu	340,— DM	= 15,3 Mio. DM

$$\text{Durchschnittskurs} = \frac{15{,}3 \cdot 100}{4{,}5} = \underline{\underline{340{,}\text{— DM}}}$$

$$\textbf{Durchschnittskurs} = \frac{\text{Kurswert des neuen Gesamtkapitals} \cdot 100}{\text{Nennwert des neuen Gesamtkapitals}}$$

Um eine neue Aktie beziehen zu können, muß das Bezugsrecht von 15 alten Aktien eingesetzt werden: **15 · 20,— DM = 300,— DM.**

Ermitteln Sie den Wert des Bezugsrechts!

	altes Kapital	Kurs	Kapitalerhöhung	Kurs
1.	20 000 000,— DM	210,— DM	5 000 000,— DM	130,— DM
2.	1 000 000,— DM	190,— DM	100 000,— DM	115,— DM
3.	30 000 000,— DM	520,— DM	10 000 000,— DM	260,— DM
4.	1 800 000,— DM	330,— DM	300 000,— DM	220,— DM
5.	700 000,— DM	150%	100 000,— DM	100%

2. Kauf und Verkauf von Bezugsrechten

Will der Aktionär vom Recht auf Bezug der neuen Aktien keinen Gebrauch machen, dann kann er das Bezugsrecht an der Börse verkaufen. Es werden Provision, Maklergebühr und Börsenumsatzsteuer berechnet. Der Kurs des Bezugsrechts richtet sich nicht allein nach dem ermittelten rechnerischen Wert, sondern auch nach Angebot und Nachfrage.

IV. Lombardieren von Wertpapieren

Unter Lombardieren versteht man das Beleihen von Werten zum Zwecke der Kreditbeschaffung — *Lombardkredit.* Als Pfand können dienen börsengängige Wertpapiere, Wechsel, Forderungen, Waren u. a.

Wegen des Kursrisikos werden Wertpapiere nur bis zu 75% des Kurswertes beliehen, Wechsel bis zu 90%, Forderungen und Waren bis $^2/_3$ ihres Wertes. Sinkt der Wert des Pfandes über ein bestimmtes Ausmaß hinaus, so verlangt der Kreditgeber weitere Werte als Sicherheit.

Der Lombardzinssatz der Banken liegt im allgemeinen 1% über dem Wechseldiskontsatz der Landeszentralbank.

Beispiel 1 — Errechnen des Kredites

Ein Kunststoffwerk besitzt Aktien im Nennwert von 80 000,— DM. An der Börse wird die Aktie zum Tageskurs von 250,— DM notiert.

a) Wie hoch ist die Kreditreserve des Unternehmens? Beleihungssatz: 70%

b) Das Werk nimmt diese Kreditmöglichkeit in Anspruch. Welche Kreditkosten entstehen, und welcher Gesamtbetrag muß an die Bank gezahlt werden? Kreditkosten: 6% Zinsen vom 10. 05. bis 30. 07., Provision $^1/_5$% vom Kredit.

Lösung a) **Höhe des Kredites — Beleihungswertes**

80 000,— DM NW zu 250,— Kurs	= 200 000,— DM	Kurswert
Beleihungssatz 70% vom Kurswert	= 140 000,— DM	Beleihungswert Kredithöhe

$$\text{Beleihungswert} = \frac{200\,000 \cdot 70}{100} = 140\,000,\text{— DM}$$

$$\textbf{Beleihungswert} = \frac{\text{Kurswert} \cdot \text{Beleihungssatz}}{100}$$

b) **Kreditkosten und Rückzahlung**

Kredit		140 000,— DM
+ Kosten		
Zinsen 80 Tage/6%	1 866,67 DM	
Provision $^1/_5$%	280,— DM	2 146,67 DM
Rückzahlung		142 146,67 DM

1 Ermitteln Sie die Höhe des Kredites (auf volle 100,— DM abrunden) und der Rückzahlung.

NW/Stück	Kurs	B'satz	Kreditzeit	Zinsen	Prov.
a) 150 Stück	320,— DM	65%	4 Monate	8,5%	$^3/_8$%
b) 300 Stück	45,60 DM	60%	20.01.–10.09.	12 %	$^8/_9$%
c) 500 Stück	98,— DM	75%	—	—	—
d) 420 Stück	550,— DM	70%	—	—	—
e) 160000,— DM	Waren	55%	—	—	—
f) 18220,— DM	Wechsel	85%	—	—	—

2 Zur Beschaffung eines Kredites stellt ein Unternehmer Wertpapiere aus seinem Privatvermögen zur Verfügung: 1100 Stück, Tageskurs 390,— DM; Beleihungssatz 70%.

a) Wie hoch ist der zu erwartende Kredit?

b) Der Kurs steigt auf 450,— DM.
Wie hoch ist der zusätzliche Kredit, der sich aus der Kurserhöhung ergibt?

3 Ein Lebensmittelhersteller verpfändet Beteiligungspapiere an einer Lebensmittel-Supermarktkette im Bilanzwert von 640000,— DM.

a) Wie hoch ist der Kredit, den die Bank bei einem Beleihungssatz von 65% einräumen wird?

b) Der Bilanzwert der Beteiligungspapiere sinkt auf 520000,— DM. Die Bank verlangt weitere Wertpapiere zur Sicherung des Kredites. Es werden Aktien zum Tageskurs von 330,— DM angeboten. In welchem Nennwert müssen weitere Wertpapiere der Bank übergeben werden, wenn der gewährte Kredit voll abgesichert sein muß?

c) Wie b.
Welcher Kreditteilbetrag muß an die Bank zurückgezahlt werden für den Fall, daß keine weiteren Sicherheiten angeboten werden können?

Beispiel 2 – Errechnen des Pfandwertes

Zur Restfinanzierung eines Warenimports benötigt ein Unternehmen 75000,— DM. Der Hausbank werden zur Kreditsicherung Bundesbahnanleihe als Pfand geboten, Tageskurs 96,— DM.

Wieviel Stück müssen der Bank als Sicherheit übergeben werden? NW 50,— DM, Beleihungssatz 75%.

Lösung 96,— DM Kurswert je Stück
Beleihungssatz 75% = 72,— DM Beleihungswert je Stück

$$\text{Sicherheitsstückzahl} = \frac{75000}{72} = 1042 \text{ Stück (\textbf{auf}runden)}$$

$$\textbf{Sicherheitsstückzahl} = \frac{\text{Kredit}}{\text{Beleihungswert je Stück}}$$

Sicherheitswert = Stück · KW = 1042 · 96,— DM = 100032,— DM

4 Ermitteln Sie die Anzahl der Pfandstücke (auf volle Stück aufrunden) und den Sicherheitswert.

Kredit	Kurs	Beleihungssatz
a) 100000,— DM	310,— DM	70%
b) 25000,— DM	65,— DM	65%
c) 1500000,— DM	808,— DM	60%
d) 8000,— DM	75,— DM	75%
e) 60000,— DM	9,— DM/kg	55%

5 Eine Stahlbau GmbH ist in Liquiditätsschwierigkeiten geraten. Die Hausbank verlangt eine Sicherheit für den in Anspruch genommenen Kontokorrentkredit in Höhe von 82000,— DM. Die GmbH bietet Aktien zur Sicherung des Kredites an: NW 50,— DM, Tageskurs 220,— DM. Wegen der Bonität werden die Aktien zu 80% beliehen.

Wieviel Aktien sind zur Sicherung des Kredites erforderlich, und welchen Sicherheitswert stellen sie dar?

P. Kosten- und Preisrechnung

Eine ausgebaute Kostenrechnung ist erforderlich, um den Ertrag der betrieblichen Leistungen zu ermitteln. Die Kostenrechnung hat insbesondere die Kontrolle der Betriebsgebarung und die Ermittlung und Kontrolle des Preises zum Ziel.

Wir unterscheiden folgende Hauptarten der Kostenrechnung:

1. **Abschnittskostenrechnen**
   a) Kostenartenrechnen
   b) Kostenstellenrechnen
   c) Kostenträgerrechnung
2. **Stückkostenrechnung**
   a) Vorkalkulation
   b) Nachkalkulation
   c) Zwischenkalkulation
   (z. B. Bewertung zum Bilanzstichtag)

Mit der Kostenrechnung wird das Entstehen der Kosten kontrolliert:

wodurch sie entstehen (**Kostenarten:** z.B. Stoffkosten, Fertigungslöhne, Energie, Abschreibungen)

wo sie entstehen (**Kostenstellen:** z.B. Material, Fertigung, Verwaltung, Vertrieb)

wofür sie entstehen (**Kostenträger:** Erzeugnisse und Leistungen)

Mit der Kosten- und Preisrechnung werden die Selbstkosten und der Angebotspreis ermittelt. Obwohl die Preise weitgehend durch die Marktverhältnisse bestimmt werden, wird mit der *Vorkalkulation* ein Angebotspreis errechnet, der die Kosten decken und einen auskömmlichen Gewinn ermöglichen soll. Die Preiskontrolle dient der Ermittlung der tragbaren Preisuntergrenze, der günstigsten Sortimentierung und der Bestimmung der preisgünstigsten Artikel.

Ein weiteres Ziel der Kostenrechnung ist die *Ergänzung der Erfolgsrechnung.* Mit ihr ist es möglich, den Beitrag der Artikelgruppen bzw. einzelner Artikel am Gesamterfolg des Betriebes festzustellen *(Nachkalkulation).*

Außerdem dient die Kostenrechnung der *Bewertung von Waren (Zwischenkalkulation),* um Inventurwerte zu ermitteln und Ansprüche festzustellen, z.B. bei Schadensfällen.

Im modern geführten Industriebetrieb ist die Kostenrechnung ein Instrument der Betriebsführung.

In der Betriebsrechnung wird neben dem Kostenbegriff auch der Begriff Aufwendungen verwandt.

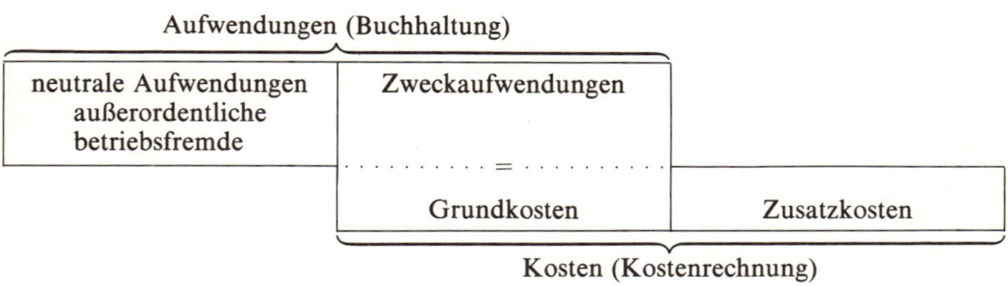

Kosten sind der wertmäßige betriebsbedingte Verbrauch an Gütern und Leistungen zur Erfüllung der eigentlichen Betriebsaufgaben (z. B. Verbrauch von Arbeitszeit, Strom, Abnutzung von Anlagen, Material).

Aufwendungen sind der Güter- und Dienstleistungsverbrauch (-verkehr), der sowohl im betrieblichen als auch im neutralen Leistungsbereich eintritt.

Die Aufwendungen zur Erfüllung des Betriebszweckes heißen *Grundkosten.* Gehen die Kosten über die entsprechenden Aufwendungen für den Betriebszweck hinaus, so wird der hinausgehende Betrag als *Zusatzkosten* bezeichnet.

Bei den *Zusatzkosten* unterscheidet man zwei Gruppen:

a) die Kosten weichen in der Höhe von den entsprechenden Aufwendungen ab (z.B. höhere kalkulatorische Abschreibungen);

b) die Kosten haben keine entsprechenden Aufwendungen (z.B. kalkulatorischer Unternehmerlohn, Eigenkapitalverzinsung).

Ausgaben sind Geldausgänge. So *können Ausgaben* Kosten sein, z.B. Lohnzahlung; oft sind sie keine Kosten, z.B. Bezahlung von Schulden, Barkauf einer Maschine (nur Abschreibungen sind Kosten).

I. Kostenartenrechnen

Die Einteilung der Kostenarten hängt von der Betrachtungsweise ab.

Danach unterscheidet man folgende Kostenarten:

1. **nach ihrer Verwendung oder Entstehungsursache**
   a) Materialkosten — Stoffverbrauch
   b) Lohnkosten
   c) Abschreibungen
   usw.
2. **nach dem Ort der Entstehung — Kostenstellen**
   a) Materialkosten
   b) Fertigungskosten
   c) Verwaltungskosten
   d) Vertriebskosten
3. **nach ihrer Zurechnung — Erfassung und Verrechnung**
   a) Einzelkosten — direkte Kosten
   b) Gemeinkosten — indirekte Kosten
   c) Sonderkosten
4. **nach ihrer Veränderlichkeit**
   (Zusammenhang: Beschäftigungsgrad und Kosten)
   a) fixe Kosten
   b) variable Kosten

1. Materialkosten

Sie setzen sich zusammen:

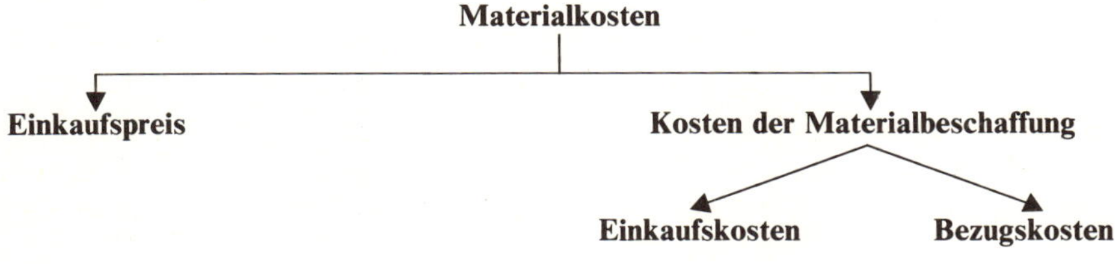

a) Errechnen des Einkaufspreises

Um den Einkaufspreis (Preis, den der Kunde ab Werk oder Lager des Lieferers zu zahlen hat) festzustellen, müssen Gewichts- und Wertabzüge sowie Wertzuschläge berücksichtigt werden.

Gewichtsabzüge vermindern das Bruttogewicht.

1. **Verpackungsgewicht = Tara**
   a) **effektive Tara:** Das tatsächliche Verpackungsgewicht wird durch Wiegen der Verpackung von Fall zu Fall festgestellt.
   b) **handelsübliche Tara (Uso-Tara):** Das Verpackungsgewicht entspricht dem Durchschnittsgewicht dieser Verpackungsart und -größe (allgemein anerkannt). *Stücktara,* z.B. je Sack 1 kg; *Prozenttara,* Tara beträgt z.B. 4% des Gesamtgewichtes.
   c) **Zolltara:** Bei Gewichtszoll wird die vom Zoll festgelegte Tara abgerechnet (Durchschnittsgewicht).
   d) **brutto für netto** (b/n oder b.f.n.): Bei dieser Lieferungsbedingung wird die Tara wie Ware behandelt (also auch wie Ware bezahlt).
2. **Gutgewicht**
   Für Gewichtsverluste (Schwund, Leckage u.ä.) gewährt der Lieferer eine Gewichtsvergütung. Sie wird vom Nettogewicht berechnet (Bruttogewicht — Tara). Ebenso können für bruchanfällige Verpackung (Gläser, Flaschen etwa) Bruchgutmengen auf das Nettogewicht gewährt werden.

Schema zur Ermittlung des Reingewichts

	Bruttogewicht
–	Verpackungsgewicht (Tara)
	Nettogewicht
–	Gutgewicht
	Reingewicht

Das Reingewicht wird der Berechnung des Kaufpreises zugrunde gelegt.

Beispiel 1 — Feststellen des Reingewichts

Eine Rösterei bezieht 50 Sack Kaffee. Das Bruttogewicht beträgt 40 kg je Sack, die Tara 1 kg je Sack. Für Transportverluste wurden 2% Gutgewicht vereinbart.

Wieviel kg beträgt das Reingewicht?

Lösung

	Bruttogewicht 50 Sack zu je 40 kg .	= 2000 kg
–	Tara 50 Sack zu je 1 kg	= 50 kg
	Nettogewicht	= 1950 kg
–	Gutgewicht 2% (vom Nettogewicht)	= 39 kg
	Reingewicht	= 1911 kg

1 Stellen Sie das Rein- bzw. Nettogewicht fest! (3 Dezimalen)

	Bruttogewicht/-menge	*Tara*	Gutgewicht/-menge
a)	900 kg	9 kg	1%
b)	15000 kg	4%	1,5%
c)	420 kg	14 kg	5 kg
d)	8000 l	—	50 l
e)	18,6 t	9%	3%
f)	2000 Flaschen	—	2%

Wertabzüge vermindern den Einkaufspreis.

1. **Rabatt:** Er wird z.B. als Mengen-, Sonder-, Treue- oder Wiederverkäuferrabatt gewährt.

   Eine besondere Art des Rabattes ist der Naturalrabatt:

   a) **Draufgabe:** Der Käufer erhält zusätzlich zu seiner Bestellung kostenlos Ware.

Beispiel		
	Bestellung	2000 Stück
	Lieferung	2200 Stück
	Berechnung	2000 Stück
	Draufgabe	200 Stück

   b) **Dreingabe:** Ein Teil der bestellten und gelieferten Menge wird nicht berechnet.

Beispiel		
	Bestellung	2000 Stück
	Lieferung	2000 Stück
	Berechnung	1800 Stück
	Dreingabe	200 Stück

2. **Skonto:** Es ist ein Abzug vom Zieleinkaufspreis bei vorzeitiger Zahlung. (Z.B. 3% Skonto bei Zahlung innerhalb von 10 Tagen, danach Zahlung ohne Skontoabzug.)

3. **Sonstige Vergütungen:** z.B. Frachtvergütung, wenn im Angebotspreis die Transportkosten bereits enthalten sind (frei Lager), der Käufer aber mit eigenem Fahrzeug die Ware vom Lieferer abholt.

Schema zur Ermittlung des Einkaufspreises

	Listeneinkaufspreis
–	Rabatt (vom Listeneinkaufspreis)
	Zieleinkaufspreis
–	Skonto (vom Zieleinkaufspreis)
	Bareinkaufspreis

Beispiel 2 — Feststellen des Bareinkaufspreises

Ein Möbelhersteller bezieht 500 Glühlampen für Regalleuchten, 60 Watt, zu 1,90 DM je Stück (empfohlener Verbraucherpreis). Vereinbart sind: Wiederverkäuferrabatt 60%, Skonto bei Sofortzahlung 3%, bei Ausnutzung des Zahlungsziels von 30 Tagen ohne Skontoabzug.

Wieviel DM beträgt der Bareinkaufspreis?

Lösung

	Listeneinkaufspreis 500 Stück zu 1,90 DM	= 950,— DM
–	Wiederverkäuferrabatt 60% (vom Listenpreis)	= 570,— DM
	Zieleinkaufspreis	380,— DM
–	Skonto 3% (vom Zielpreis)	11,40 DM
	Bareinkaufspreis	368,60 DM

Beispiel 3 — Reingewicht und Bareinkaufspreis

Eine Konservenfabrik bezieht 4000 kg Preiselbeeren zu 3,— DM je kg. Mit dem Lieferer sind vereinbart: 4% Tara, 5% Gutgewicht, 10% Mengenrabatt und 2% Skonto.

Wie hoch ist der Bareinkaufspreis für 1 kg?

Lösungsschema

	Bruttogewicht				
–	Tara				
	Nettogewicht				
–	Gutgewicht				
	Reingewicht zu ... DM je kg	=	Listeneinkaufspreis	..... DM	
		–	Rabatt	..... DM	(v. Listenpr.)
			Zieleinkaufspreis	..... DM	
		–	Skonto	..... DM	(v. Zielpreis)
			Bareinkaufspreis	..... DM	

Lösung

	Bruttogewicht	4000 kg				
–	Tara 4%	160 kg				
	Nettogewicht	3840 kg				
–	Gutgewicht 5%	192 kg				
	Reingewicht	3648 kg	zu 3,— DM je kg		Listeneinkaufspreis	= 10944,— DM
				–	10% Rabatt	= 1094,40 DM
					Zieleinkaufspreis	= 9849,60 DM
				–	2% Skonto	= 196,99 DM
			für 3648 kg		Bareinkaufspreis	= 9652,61 DM
			für 1 kg		Bareinkaufspreis	= 2,65 DM

Tritt der Wiederverkäuferrabatt mit einem anderen Rabatt gemeinsam auf, so ist erst der Wiederverkäuferrabatt und dann vom verminderten Betrag der andere Rabatt abzuziehen (z. B. Mengenrabatt).

2 Stellen Sie den Einkaufspreis insgesamt und je Mengeneinheit fest!

	Bestellung Bruttogewicht/ -menge	Tara	Gut-gewicht	Listenpreis	Rabatt	Skonto
a)	1500 kg	—	—	3,60 je kg	4%	3%
b)	500 Dosen	—	—	8,10 je Dose	1%	2%
c)	250 Stück	—	—	0,80 je St.	5%	1%
d)	3400 m	—	—	15,50 je m	25%	—
e)	40 Dosen	—	—	1,25 je Dose	—	3%
f)	30 kg	1 kg	250 g	10,10 je kg	—	—
g)	6000 Fl.	—	—	2,20 je Fl.	Draufg. 300 Fl.	1%
h)	1100 Stück	—	—	6,20 je St.	Dreing. 100 St.	4%
i)	2500 kg	4 %	2%	3,50 je kg	5%	1%
j)	10,6 t	200 kg	100 kg	810,— je t	1%	5%
k)	800 kg	2,5%	½%	25,— je kg	—	2%
l)	350 kg	30 kg	4%	0,90 je kg	8%	—
m)	8000 kg	—	—	650,— je 100 kg	—	—

3 Ein Fertigmenü-Hersteller bezieht 2000 Kartons Bananen zu 42,20 DM für 50 kg rein netto. Ein Karton wiegt 15 kg brutto, die Verpackung 0,75 kg. Außerdem sind 2% als Gewichtsverlust zu berücksichtigen. An Mengenrabatt werden 4%, an Skonto 1% gewährt.

Wie hoch ist der Bareinkaufspreis insgesamt, je Karton und je kg?

Umsatzsteuer im Einkauf

Umsatzsteuer und Rechnungsstellung

Die Umsatzsteuer (Mehrwertsteuer) wird bei Leistungen gegen Entgelt erhoben. Die Angebotspreise sind *grundsätzlich* Netto-Rechnungspreise, d.h. sie enthalten keine Umsatzsteuer. In der Rechnung wird die Umsatzsteuer gesondert ausgewiesen.

Die Rechnungen enthalten:

- **Netto-Rechnungspreise** (Listen-, Ziel- bzw. Barpreis)
- **Brutto-Rechnungspreise** (Netto-Rechnungspreis + **USt**)

Bei Kreditgeschäften weiß der Verkäufer nicht im voraus, ob der Käufer die Rechnung vorzeitig mit Skontoabzug oder erst mit Ablauf der Kreditzeit (Ziel) ohne Abzug von Skonto begleichen wird. Deshalb wird die Umsatzsteuer grundsätzlich vom Zielpreis berechnet.

Beispiel 4 – Rechnung und Mehrwertsteuer

Eine Maschinenfabrik bezieht 4000 Bolzen M 100 zu 0,60 DM je Stück. Vereinbart wurden 5 % Mengenrabatt und 3 % Skonto. Die Umsatzsteuer beträgt 14 %.

a) Für die Lieferung ist die Rechnung auszustellen.

b) Welchen Betrag überweist der Käufer bei Inanspruchnahme des Ziels?

c) Welchen Betrag überweist der Käufer bei vorzeitigem Rechnungsausgleich mit Abzug von 3% Skonto? Wie hoch ist die Mehrwertsteuer?

Lösung a) Rechnung

Anzahl	Artikel	Preise je Einheit	Preise insgesamt
4000	Bolzen M 100	0,60	2400,—
	Rabatt 5%		120,—
	Netto-Rechnungspreis (Zielpreis netto)		2280,—
	USt 14 %		319,20
	Brutto-Rechnungspreis (Zielpreis brutto)		2599,20

Lösung b) Überweisungsbetrag 2 599,20

Lösung c) **Lösungsweg 1** (Nettomethode)

Zieleinkaufspreis (Netto-Rechnungspreis)	2280,— DM
– Skonto 3 %	68,40 DM
Bareinkaufspreis netto (Netto-Rechnungspreis)	2211,60 DM
+ USt 14 %	309,62 DM
Bareinkaufspreis brutto (Brutto-Rechnungspreis) = Überweisung	2521,22 DM

Lösungsweg 2 (Bruttomethode)

Zieleinkaufspreis brutto (Brutto-Rechnungspreis)	2599,20 DM
– Skonto 3 %	77,98 DM
Bareinkaufspreis brutto (Brutto-Rechnungspreis) = Überweisung	2521,22 DM

Der Vorteil des Lösungsweges 1 liegt darin, daß die Vorsteuerbelastung abgelesen werden kann, nämlich 309,62 DM. Bei der Bruttomethode müssen aus dem Bareinkaufspreis brutto (≙ 114 %) und dem Skontoabzug brutto (≙ 114 %) die Umsatzsteueranteile für die Buchung herausgerechnet werden.

Bei Einfuhren wird die **Einfuhr-Umsatzsteuer** (EUSt) erhoben. Für sie gelten die Steuersätze und die Berechnungsverfahren sowie der Grundsatz der Erfolgsneutralität der Mehrwertsteuer.

Mehrwertsteuer und Kostenrechnen

In der Kostenrechnung (Kalkulation) bleibt die Umsatzsteuer unberücksichtigt; sie ist kostenneutral. Das ergibt sich aus der Buchung beim Materialbezug:

Rohstoffe 2280,— DM (Netto-Rechnungspreis)
Vorsteuer 319,20 DM (Mehrwertsteuer)
an Verbindlichkeiten 2599,20 DM (Brutto-Rechnungspreis)

In der Kostenrechnung werden nur die Netto-Rechnungspreise berücksichtigt, hier: 2280,— DM Zieleinkaufspreis bzw. 2211,60 DM Bareinkaufspreis. **Die an den Lieferer zu zahlende Mehrwertsteuer bleibt unberücksichtigt,** hier: 319,20 DM bei Zieleinkauf bzw. 309,62 DM bei Bareinkauf.

Beispiel 5 — Umsatzsteuer und Kostenrechnung
Welcher Wert wird für 1 Bolzen in der Kostenrechnung berücksichtigt, wenn
a) nach Zielablauf, b) unter Abzug von Skonto gezahlt wird?

Zahlen aus Beispiel 4.

Lösung a) für 4000 Bolzen Zieleinkaufspreis (netto) . . . . 2280,— DM
für 1 Bolzen Kostenwert . . . . 0,57 DM

Lösung b) für 4000 Bolzen Bareinkaufspreis (netto) . . . . 2211,60 DM
für 1 Bolzen Kostenwert . . . . 0,55 DM

4 1. Stellen Sie den Bareinkaufspreis insgesamt und je Einheit fest!
2. Wie hoch ist der Brutto-Rechnungspreis?
3. Wie hoch ist der Überweisungsbetrag an den Lieferer bei Skontoabzug?
4. Welcher Wert für 1 Einheit wird in der Kostenrechnung berücksichtigt, wenn 1. nach Zielablauf,
2. unter Abzug von Skonto gezahlt wird?

brutto	Tara	Gutgew.	Preis in DM	Rabatt	Skonto	MWSt
a) 900 kg	4%	1%	3,62 je kg	12½%	3%	14%
b) 1250 Stück	—	—	4,22 je Stück	4 %	2%	14%
c) 18,6 t	9%	3%	315,— je 100 kg	—	3%	14%
d) 26300 l	—	300 l	1,34 je l	15 %	—	7%

5 Wie hoch ist der Bareinkaufspreis für 1 kg? Brutto 800 kg, Tara 2%, Gutgewicht 1%, 1,88 DM je kg, Rabatt 8⅓%, Skonto 3%.

6 50 Kartons zu je 40 kg brutto, Tara ½ kg je Karton, Gutgewicht ½ %, 2,60 DM je kg, Rabatt 8 %, Skonto 2 %, MWSt 7 %.

a) Ermitteln Sie den Bareinkaufspreis insgesamt und je Einheit!

b) Wie hoch ist der Brutto-Rechnungspreis?

c) Wie hoch ist der Überweisungsbetrag an den Lieferer bei Skontoabzug?

d) Welcher Wert für 1 kg wird in der Kostenrechnung berücksichtigt, wenn

1. nach Zielablauf,
2. unter Abzug von Skonto gezahlt wird?

7 Welcher Wert für 1 l wird in der Kostenrechnung berücksichtigt, wenn

1. nach Zielablauf,
2. unter Abzug von Skonto gezahlt wird?

25 Kanister zu je 30 l, Leckage 1%, 3,72 DM je l, Skonto 3%.

8 Stellen Sie den Bareinkaufspreis für 100 kg Häute fest! 320 cwts brutto, Tara 4%, Gutgewicht 2%, 25,70 £ je cwt, Skonto 1%, 1 cwt = 50,8 kg, Kurs: 1 £ = 4,— DM.

9 Lieferung 10 500 Dosen Schmierfett (500 Dosen als Draufgabe), 87,20 DM je 100 Dosen, Skonto 3 %, MWSt 14 %.

a) Ermitteln Sie den Bareinkaufspreis insgesamt und je Dose!

b) Wie hoch ist der Brutto-Rechnungspreis?

c) Wie hoch ist der Überweisungsbetrag an den Lieferer bei Skontoabzug?

d) Welcher Wert für 1 Dose wird in der Kostenrechnung berücksichtigt, wenn

1. nach Zielablauf,
2. unter Abzug von Skonto gezahlt wird?

10 Wie hoch ist der Bareinkaufspreis für eine Literflasche Pokalwein? Bestellt werden 1850 Flaschen zu 2,85 DM je Flasche, Gutschrift für Bruch 2% (in DM von 1850 Flaschen), Dreingabe 100 Flaschen, Skonto 3%, tatsächlicher Bruch 50 Flaschen.

11 Welcher Wert für 1 Paket wird in der Kostenrechnung berücksichtigt, wenn 1. nach Zielablauf,
2. unter Abzug von Skonto gezahlt wird?
385 Pakete Schrauben zu 2,15 DM je Paket, Dreingabe 15 Pakete, Skonto 2%.

12 Wie hoch ist der Einkaufspreis für 1 t Erz? Lieferung 8000 t zu 330,— DM je t bei 60% Feingehalt, Feingehalt der Lieferung 63%.

13 Eine Käserei bezieht Sauermilchquark. Vereinbart wurden 310,— DM für 100 kg mit 32% Trockenmasse, Skonto 3%. Lieferung 10 Einwegbeutel 312 kg; festgestellte Trockenmasse 31% (Abrechnungsgewicht auf volle kg runden).

a) Ermitteln Sie den Bareinkaufspreis insgesamt und je kg!

b) Wie hoch ist der Brutto-Rechnungspreis? USt 7%.

c) Wie hoch ist der Überweisungsbetrag an den Lieferer bei Skontoabzug?

d) Welcher Wert für 1 kg wird in der Kostenrechnung berücksichtigt, wenn 1. nach Zielablauf,
2. unter Abzug von Skonto gezahlt wird?

b) Errechnen des Bezugspreises

Der Bezugspreis setzt sich zusammen aus dem Einkaufspreis, den Einkaufskosten und den Kosten, die durch den Warenbezug entstehen.

Einkaufskosten:[1]

a) Provision und Kommission (grundsätzlich vom Zieleinkaufspreis berechnet)[2]
b) Bankspesen, Zinsen, Wechselsteuer

Bezugskosten:[1]

a) Fracht (Berechnen vom Bruttogewicht)
b) Rollgeld
c) Verpackungskosten (bei Rückgabe teilweise Gutschrift)
d) Lagerkosten
e) Umschlagskosten (Be- und Entladekosten, z.B. Kran-, Staukosten)
f) Versicherungskosten
g) Zoll (Import)

zu f): Versicherungswert = Warenpreis einschließlich Fracht, evtl. zuzüglich zu erwartender (imaginärer) Gewinn.

zu g): *Wertzoll:* Berechnungsgrundlage ist der Wert der Ware, zu dem sie die Zollgrenze überschreitet, also zuzüglich Bezugskosten bis Zollgrenze.
Gewichtszoll: Berechnungsgrundlage ist das Zollreingewicht (brutto — Zolltara); nur noch bei wenigen Produkten erhoben, wie Gewürze, Kakao, Tee, Kaffee.

---

1) Die Einkaufs- und Bezugskosten sind bereits um die USt gekürzt.
2) Provision und Kommission können lt. Vereinbarung auch vom Bareinkaufspreis (tatsächlich gezahlten Preis) berechnet werden. Der Handelsvertreter erhält Provision, der Kommissionär Kommission.

Beim Import wird Einfuhr-Umsatzsteuer (EUSt) erhoben (wie MWSt). Sie ist wie die Mehrwertsteuer kostenneutral. Berechnungsgrundlage ist der Wert frei deutsche Grenze einschließlich Umschlagskosten + Zoll.

Die auf die Einkaufs- und Bezugskosten entfallende Mehrwertsteuer wird in der Kostenrechnung nicht berücksichtigt (kostenneutral). Soweit Einkaufs- und Bezugskosten nicht als Netto-Rechnungspreise ausgewiesen sind, werden sie um die Mehrwertsteuer gekürzt.

Lösungsschema

Listeneinkaufspreis		...... DM
– Rabatt		...... DM
Zieleinkaufspreis		...... DM
– Skonto		...... DM
Bareinkaufspreis		...... DM
+ Einkaufskosten		
Provision	...... DM	
Bankspesen	...... DM	...... DM
+ Bezugskosten		
Fracht	...... DM	
Rollgeld	...... DM	
Transportversicherung	...... DM	
u.a.	...... DM	...... DM
Bezugspreis		...... DM

b1) Einfache Bezugskosten

Ein Erzeugnis wird bezogen, das mit allen entstandenen Kosten belastet wird.

Beispiel 1

Ein Industrieunternehmen bezieht Rohstoffe: Listenpreis 18000,— DM, Rabatt 5%, Skonto 3%; Kommission 4% (vom Zielpreis), Bankspesen 30,— DM; Fracht 950,— DM, Rollgeld 110,— DM, Versicherung 36,— DM.

Wie hoch ist der Bezugspreis?

Lösung

Listeneinkaufspreis		18000,— DM
Rabatt 5%		900,— DM
Zieleinkaufspreis		17100,— DM
Skonto 3%		513,— DM
Bareinkaufspreis		16587,— DM
Einkaufskosten		
Kommission 4% (v. Zielpreis)	684,— DM	
Bankspesen	30,— DM	714,— DM
Bezugskosten		
Fracht	950,— DM	
Rollgeld	110,— DM	
Versicherung	36,— DM	1096,— DM
Bezugspreis		18397,— DM

Beispiel 2 — Import

Eine Reismühle bezieht 2500 t kalifornischen Rundkornreis zu 180,— $ je t fob amerikanischen Hafen; Fracht 10,— $ je t, Versicherung 2‰ (vom Wert einschließlich Fracht), Hafenumschlagskosten (Freihafen) 1,70 DM je t, Zoll 15%, EUSt 7 %.

a) Wie hoch ist der Bezugspreis/Wareneinsatz für 1 t? Kurs*: 1 $ = 1,80 DM.

b) Wieviel DM EUSt entfallen auf die Sendung?

Lösung a)

Einkaufspreis 2500 t zu 180,— $ je t	450 000,— $
Fracht 2500 t zu 10,— $ je t	25 000,— $
Dollar-Wert (Bezugspreis I)	475 000,— $
DM-Wert, Kurs 1,80 DM je 1 $	855 000,— DM
Versicherung 2‰ von 855 000,— DM	1 710,— DM
cif-Wert Importhafen (Bezugspreis II)	856 710,— DM
Umschlagskosten 2500 t zu 1,70 DM je t	4 250,— DM
cif-Wert einschl. Umschlagskosten (Bezugspreis III)	860 960,— DM
Zoll 15% vom cif-Wert einschl. Umschlag	129 144,— DM
cif-Wert Importhafen verzollt (Bezugspreis IV)	990 104,— DM
= Bezugspreis Importhafen verzollt 2500 t	
Bezugspreis für 1 t =	396,04 DM

b) 69 307,28 DM EUSt (7 % von 990 104,— DM)

1 Stellen Sie den Bezugspreis je Mengeneinheit fest!

	a)	b)	c)	d)	e)
Liefermenge	2600 Stück	840 t	7100 l	40 Kart.	125 Rollen
Listenpreis	2,95 DM/St.	172,— DM/t	0,91 DM/l	122,— DM/K.	12,80 je R.
Rabatt	12,5%	2½%	—	25%	60%
Skonto	3 %	2%	3%	4%	1%
Provision	8 %	6%	—	—	4%
Bankspesen	10,50 DM	75,10 DM	—	—	—
Verpackung	260,— DM	2220,— DM	355,— DM	—	—
Fracht	795,— DM	19,10 DM/t	430,— DM	295,— DM	—
Rollgeld	84,50 DM	1243,50 DM	95,20 DM	42,90 DM	30,20 DM
Versicherg.	1½‰	2‰	210,40 DM	—	—

Die Versicherung ist vom Wert einschließlich Rollgeld zu berechnen (Versicherungswert auf volle 100,— DM aufrunden).

2 Wie hoch sind die Mindestbezugspreise je Mengeneinheit?

	a) 2600 Stück	b) 840 t	c) 7100 l
Listenpreis	2,95 DM je Stück	172,— DM je t	0,91 DM je l
Rabatt	12,5 %	2 ½ %	—
Skonto	3 %	2 %	3 %
Provision	8 %	6 %	9 %
Bezugskosten	321,35 DM	19,10 DM je t	267,40 DM

* Die Wechselkurse für den Kauf und Verkauf fremder Währungen unterliegen ständigen Schwankungen, oft in erheblichem Ausmaß. Entnehmen Sie aktuelle Wechselkurse bitte den Kurstabellen der Geldinstitute oder aus der Tagespresse.

3 Eine Maschinenfabrik bezieht ab Werk 15 000 Bolzen zu 45,— DM je 100 Stück. Vereinbart wurden: Rabatt 2%, Skonto 3%. An Bezugskosten sind angefallen: Verpackung 3 Kisten zu 7,10 DM je Kiste, Fracht 435,25 DM, Rollgeld 61,40 DM.

Wie hoch ist der Bezugspreis für einen Bolzen?

4 Stellen Sie die Bezugspreise fest!

	a)	b)	c)	d)
Angebotsart	frei Lager dort	frei Versand-bahnhof	ab Lager	frachtfrei
Menge	200 Stück	350 m^3	8,4 t	2500 m
Listeneinkaufspr.	20,50 DM/Stck.	115,— DM/m^3	75,— DM/t	7,32 DM/m
Rabatt	4%	5%	—	15%
Skonto	3%	2%	1	3%
Provision	10%	$1\frac{1}{2}$%	—	—
Verpackungsk.	0,85 DM/Stck.	Leihverpackg.	10,30 DM je angef. t	9,20 DM je 100 m
(sie werden dem Käufer gesondert berechnet)				
Fracht	398,— DM	8,10 DM/m^3	Lkw: 225 km 0,18 DM t/km	2,20 DM/10 m
Abrollgeld	72,— DM	315,— DM	—	0,15 DM/m
Versicherung	1,5‰ v. Zielpreis	—	1‰ v. Barpreis u. Verp.	—

5 Welches ist das preisgünstigere der beiden Angebote?

a) Rührtrommel 22 500,— DM ab Fabrik, Skonto 3%, Fracht 45,20 DM je t (angefangene t voll), Bruttogewicht 18,2 t, Verpackung 360,— DM, Gutschrift für zurückgesandte Verpackung $\frac{1}{4}$; Betonierkosten und Montage 3900,— DM.

b) Rührtrommel 50 600,— nkr cif Hamburg; Zoll 10%, Umlade- und Frachtkosten bis Werk 610,— DM; Montagekosten 1 720,— DM, Betonierkosten fallen wegen der besonderen Konstruktion der Maschine fort. Kurs: 32,50 DM für 100 nkr.

6 Wie hoch ist der Bezugspreis für 1 kg Lack? Brutto 350 kg, Tara 4%, Gutgewicht 2%, 6,25 DM je kg, Rabatt $1\frac{1}{2}$%, Skonto 3%; Bezugskosten: Verpackung 125,— DM, Fracht 264,30 DM, Rollgeld 31,10 DM, dazu Versicherungsprämie $\frac{1}{2}$% vom Listenpreis.

7 Wir erhalten drei Hygrometer zu 305,— DM je Stück unfrei als Postpaket. Zu berücksichtigen sind Skonto 3 %, Verpackung 6,30 DM, Paketgebühren 18,90 DM, Zustellgebühr 2,20 DM. Wie hoch ist der Bezugspreis für einen Hygrometer?

8 Über Buenos Aires bezieht ein Lederwarenhersteller 1000 Rinderhäute zum fob-Preis von 0,90 $ je lb; Durchschnittsgewicht 70 lbs je Haut. Bezugskosten: Einkaufsprovision 2 %, Seefracht 1,— $ je 100 lb, Versicherung 540,— DM zuzüglich 5 % Versicherungssteuer von der Versicherungsprämie, Hafenumschlagskosten in Hamburg 20,— DM je t, Fracht Hamburg–Offenbach 4,20 DM je angefangene 100 kg. Kurs: 1 $ = 2,— DM; 1 lb = 0,4536 kg. EUSt 14 %.

a) Wie hoch ist der Bezugspreis insgesamt und je kg?

b) Wieviel DM EUSt entfallen auf diese Sendung?

9 Ein Gelsenkirchener Industrieunternehmen bezieht über Rotterdam 1500 t Granit zu 61,10 $ je t fob Absenderhafen. Bezugskosten: Fracht bis Rotterdam 15,20 hfl je t, Umschlagskosten in Rotterdam 0,95 hfl je t, Rheinfracht bis Gelsenkirchen 1,25 hfl je t; Versicherung $^3/_4$ ‰ vom Wert bis Gelsenkirchen einschließlich 10 % für imaginären Gewinn (vom Warenwert); Umschlagskosten im Werkshafen: 96,— DM je Kranstunde bei einer Stundenkapazität von 150 t, Werkbahn 2,5 km 0,21 DM je Tonnenkilometer, Abladekosten 0,27 DM je t. Kurse: 2,— für 1 $, 94,— für 100,— hfl. Wie hoch ist der Bezugspreis?

10 Eine Keksfabrik bezieht 500 Kanister Gewürzextrakt fob Punta Arenas zum Preis von 124,50 $ je 100 lbs netto; Gewicht je Kanister 60 lbs netto, 63 lbs brutto; Seefracht 1,85 $ je 100 lbs, Seeversicherungsprämie 1 % vom cif-Wert zuzüglich 10 % imaginärer Gewinn; Zoll 36 %; Bankspesen 36,75 $; Kaiumschlag 128,70 DM, Rollgeld 143,— DM, Aufnahme auf Lager 107,25 DM. Wie hoch ist der Bezugspreis für 100 kg? Kurs 1 $ = 2,— DM. (1 lb = 0,4536 kg).

11 Der Listenpreis für eine Zylinderschleifmaschine wird mit 28 900,— skr angegeben. Wie hoch ist der Bezugspreis? Bruttogewicht 1670 kg, Maße 250 x 150 x 130 cm. Exportrabatt 10 %, Skonto 2 %, Vertreterprovision 5 % vom Exportzielpreis; Verpackung 192,— skr, Bahnfracht bis Göteborg 308,72 skr, Kaiumschlagsgebühren 39,20 skr, Seefracht Göteborg–Bremen 45,— DM je t oder je m^3 (nach Reeders Wahl: nach dem für den Reeder günstigeren Wert). Seeversicherungsprämie vom cif-Wert 1 %, Umschlagsgebühren in Bremen 245,90 DM, Zoll 10 %, Fracht bis zum Bestimmungsort 16,40 DM je 100 kg (auch angefangene), Rollgeld 198,40 DM. Kurs: 100,— skr = 30,— DM.

b2) Globale Zurechnung der Bezugskosten

Die in einem Rechnungszeitraum angefallenen Bezugskosten können den Einkaufspreisen auch prozentual zugeschlagen werden. Diese Zurechnung wird dann gewählt, wenn die Beschaffungskosten bei allen oder fast allen Materialien gleich hoch sind, wenn die Beschaffungskosten gering sind oder die direkte Zurechnung unwirtschaftlich ist.

Der Wert des bezogenen Materials und die auf dem Konto Bezugskosten gesammelten Beträge eines Zeitraumes bilden die Grundlage für die Ermittlung des Zuschlagssatzes. Von dem Gesamteinkaufspreis ist der Lieferantenskonto abzusetzen.

Beispiel 1

Am Jahresende enthalten die Konten Rohstoffe und Bezugskosten folgende Summen:

S	Rohstoffe		H
EB	220000,—	SB	240000,—
Liefg.	3030000,—	Stoffk.	3103000,—
Bez'k.	93000,—		
	3343000,—		3343000,—

S	Bezugskosten		H
Gesamt	93000,—	Rohst.	93000,—

S	Lieferantenskonti		H
NEK	30000,—	Gesamt	30000,—

a) Wie hoch ist der Zuschlagssatz für Bezugskosten?
b) Wie hoch sind die Bezugskosten je Kombizange?
Lieferung 50 Kombizangen zu 3,50 DM je Stück.

Lösung zu a) **Feststellen des Bareinkaufswertes**

Gesamtwert der Lieferungen	3030000,— DM
Lieferantenskonti	30000,— DM
Bareinkaufswert	3000000,— DM

Feststellen des Zuschlagssatzes

x% ≙ 93000,— DM
3000000,— DM ≙ 100%

$$\textbf{Zuschlagssatz} = \frac{93000 \cdot 100}{3000000} = 3{,}1\%$$

Lösung zu b)

Einkaufspreis je Stück	3,50 DM
+ Bezugskosten 3,1%	0,11 DM
Bezugspreis je Stück	3,61 DM

Beim Zuschlag der Bezugskosten kann auch unterschieden werden in

1. Lieferungen ohne gesonderte Bezugskosten, d.h., daß die Bezugskosten bereits im Preis enthalten sind, z.B. bei Lieferungen frei Haus, Lager;
2. Lieferungen mit gesonderten Bezugskosten.

Beispiel 2

Die Materialeinkäufe werden nach Einkäufen mit und ohne Bezugskosten getrennt ausgewiesen:

S	Rohstoffe		H
EB	220000,—	SB	240000,—
Lieferung mit Bezugskosten	2020000,—	Rohstoffkosten	3103000,—
Lieferg. ohne Bezugskosten	1010000,—		
Bezugskosten	93000,—		
	3343000,—		3343000,—

Von den 30000,— DM Lieferantenskonti entfallen auf die Lieferungen mit Bezugskosten 20000,— DM.

a) Wie hoch ist der Zuschlagssatz, wenn die Bezugskosten nur den Stoffen zugerechnet werden, die sie auch verursacht haben?

b) Wie hoch ist der Bezugspreis für eine Kombizange?

Lösung zu a) **Feststellen des Bareinkaufswertes**

	Gesamtwert der Lieferungen mit Bezugskosten	2020000,— DM
–	Lieferantenskonti (anteilig)	20000,— DM
	Bareinkaufswert	2000000,— DM

Feststellen des Zuschlagssatzes

$$\left.\begin{array}{rcl} x\% & \mathrel{\hat{=}} & 93000,\text{— DM} \\ 2000000,\text{— DM} & \mathrel{\hat{=}} & 100\% \end{array}\right\} = \underline{\underline{4{,}7\%}}$$

Lösung zu b)

	Warenkosten/Einkaufspreis je Stück	3,50 DM
+	Bezugskosten 4,7%	0,16 DM
	Bezugspreis je Stück	3,66 DM

Bei unterschiedlich hohen Bezugskosten je Stoffgruppe können die Bezugskosten je Stoffgruppe erfaßt und verrechnet werden. Es ergibt sich dann für jede Stoffgruppe ein gesonderter Zuschlagssatz für Bezugskosten.

Beispiel 3

Folgende Konten werden je Stoffart für Einkauf und Bezugskosten geführt:

S	Rohstoff I	H
EB	100000,—	
Lieferg.	2000000,—	

S	Bezugskosten I	H
Gesamt	100000,—	

S	Rohstoff II	H
EB	400000,—	
Lieferg.	6000000,—	

S	Bezugskosten II	H
Gesamt	150000,—	

S	Rohstoff III	H
EB	150000,—	
Lieferg.	1200000,—	

ohne gesonderte Bezugskosten

a) Wie hoch sind die Zuschlagssätze für die Stoffgruppen I und II?

b) Wie hoch wäre ein gemeinsamer Zuschlagssatz für alle Stoffgruppen?

Lösung zu a) Gruppe I:

x% ≙ 100 000 DM

2 000 000 DM ≙ 100%

$$x = \frac{100\,000 \cdot 100}{2\,000\,000} = \underline{\underline{5{,}0\%}}$$

Gruppe II:

x% ≙ 150 000 DM

6 000 000 DM ≙ 100%

$$x = \frac{150\,000 \cdot 100}{6\,000\,000} = \underline{\underline{2{,}5\%}}$$

Lösung zu b)

x% ≙ 250 000 DM

9 200 000 DM ≙ 100%

$$x = \frac{250\,000 \cdot 100}{9\,200\,000} = \underline{\underline{2{,}7\%}}$$

Bei einem gemeinsamen Zuschlagssatz werden die Materialgruppen nicht mit ihren tatsächlichen Bezugskosten belastet: Gruppe I zu niedrige, Gruppe II zu hohe Bezugskosten; Gruppe III wird mit Bezugskosten belastet, obwohl sie keine verursacht hat.

1 Stellen Sie die Zuschlagssätze für Bezugskosten und den Bezugspreis fest! (Sätze: 1 Dezimalstelle)

	Rohstoff-gruppe I	Rohstoff-gruppe II	Rohstoff-gruppe III
a) Lieferungen	820 000,—	2 450 000,—	6 500 000,—
Skonti	20 000,—	50 000,—	100 000,—
Bezugskosten	8 000,—	96 000,—	96 000,—
Einkaufspreis	120,—	5,20	1,10
Bezugspreis	?	?	?
b) Lieferungen	1 510 000,—	990 000,—	2 630 000,—
Skonti	60 000,—	40 000,—	30 000,—
Bezugskosten	20 000,—	10 000,—	20 000,—
Einkaufspreis	3,60	50,10	0,80
Bezugspreis	?	?	?
c) Lieferungen	155 000,—	620 000,—	870 000,—
Skonti	5 000,—	20 000,—	10 000,—
Bezugskosten	7 500,—	10 000,—	40 000,—
Zuschlag je Gruppe	?	?	?
Zuschlag gemeinsam	?	?	?
Einkaufspreis	1,50	18,20	35,—
Bezugspreis	?	?	?
d) Lieferungen	235 000,—	95 000,—	370 000,—
Skonti	5 000,—	3 000,—	2 000,—
Bezugskosten	2 000,—	5 000,—	10 000,—
Einkaufspreis	64,—	22,—	18,40
Bezugspreis	?	?	?
e) Lieferungen	2 500 000,—	420 000,—	630 000,—
Skonti	40 000,—	10 000,—	10 000,—
Bezugskosten	200 000,—	20 000,—	—
Einkaufspreis	5,50	0,95	3,60
Bezugspreis	?	?	?

b3) Zusammengesetzte Bezugskosten

Werden mehrere Rohstoffe gemeinsam bezogen, dann fallen auch die Bezugskosten gemeinsam an. Die Bezugskosten müssen dann auf die einzelnen Positionen entsprechend ihren Kostenanteilen verteilt werden.

Bezugskostenverteilung

Gewichtsabhängige Kosten (Gewichtsspesen)	**Wertabhängige Kosten** (Wertspesen)
Fracht	Versicherungsprämie
Rollgeld	Wertzoll
Umschlagskosten	Provision
Lagerkosten	Umsatzausgleichsteuer
Wiegegebühren u. a.	Bankspesen u. a.

Bruttogewicht ← Berechnungsgrundlage → Zielpreis

Beispiel

Es werden bezogen: Rohstoff I brutto 700 kg zu 600,— DM je 100 kg netto, Tara 50 kg; Rohstoff II brutto 500 kg zu 5,— DM je kg netto, Tara 4%.

a) Wie hoch sind die anteiligen Bezugskosten? Gewichtsspesen 720,— DM, Wertspesen 693,— DM.

b) Wie hoch ist der Bezugspreis je Rohstoff insgesamt und je kg?

Lösung zu a)

	Gewichtsspesenverteilung			Wertspesenverteilung		
Rohstoff I	700 kg	≙	7 Teile = 420,— DM	3900,— DM	≙	13 Teile = 429,— DM
Rohstoff II	500 kg	≙	5 Teile = 300,— DM	2400,— DM	≙	8 Teile = 264,— DM
	1200 kg	≙	12 Teile = 720,— DM	6300,— DM	≙	21 Teile = 693,— DM
			1 Teil = 60,— DM			1 Teil = 33,— DM

Lösung zu b)

	Rohstoff I	Rohstoff II
Einkaufspreis	3900,— DM	2400,— DM
Gewichtsspesen	420,— DM	300,— DM
Wertspesen	429,— DM	264,— DM
Bezugspreis insgesamt	4749,— DM	2964,— DM
Bezugspreis je kg	7,31 DM	6,18 DM

2 Wie hoch sind die anteiligen Bezugskosten und die Bezugspreise insgesamt und je Mengeneinheit?

	Rohstoff I	Rohstoff II
Menge	1 100 t brutto	2 200 t brutto
Preis	120,— DM je t netto	160,— DM je t netto
Tara	100 t	200 t

Gewichtsspesen 51 150,— DM; Wertspesen 59 180,— DM

3 Errechnen Sie die anteiligen Bezugskosten und die Bezugspreise insgesamt und je Längeneinheit!

	Rohstoff I		Rohstoff II
Menge	6000 m		10000 m
Preis	12,50 DM je m		6,30 DM je m
Gewichtsspesen	2840,— DM	Wertspesen	8556,— DM

4 Wie hoch ist der Bezugspreis für 1 kg?

	Rohstoff I		Rohstoff II
Preis	9,80 DM je kg netto		4,— DM je kg netto
brutto	4000 kg		6000 kg
Tara	5%		2%
Rabatt	4%		5%
Skonto	3%		2%
Gewichtsspesen	1200,— DM	Wertspesen	11618,88 DM

Die Wertspesen sind auf Grund der Zieleinkaufspreise zu verteilen.

5 Stellen Sie den Bezugspreis für 1 l fest!

	Rohstoff I	Rohstoff II	Rohstoff III
Preis	1,— DM je l	3,— DM je l	6,— DM je l
Menge	18000 l	4000 l	5000 l
Rabatt	10%	—	5%
Skonto	2%	3%	3%

Spesen: Fracht 3250,— DM, Rollgeld 750,— DM, Umschlagskosten 1000,— DM, Lagerkosten 400,— DM, Zoll 5000,— DM, Bankspesen 505,— DM, Versicherung 500,— DM, Prov. 2500,— DM. (Wertspesen auf den Zielpreis verteilen.)

c) Errechnen der Materialeinsatzkosten

c1) Errechnen der Materialeinsatzpreise

Grundsätzlich wird der Bezugspreis der Roh-, Hilfs- und Betriebsstoffe in die Kalkulation als Materialkosten eingesetzt — **ohne Mehrwertsteuer**.

Bezugspreis als Materialeinsatzkosten. Sie werden mit Hilfe der Bezugspreisrechnung festgestellt. Auf den Materialentnahmescheinen oder den Materialabrechnungsscheinen setzt man den Bezugspreis als Materialkosten je l, Stück, kg usw. ein und ermittelt so die Materialkosten je Auftrag und je Rechnungszeitraum.

Durchschnittlicher Bezugspreis als Materialeinsatzkosten. Dem Betrieb ist es nicht immer möglich, die bezogenen Stoffe mit den jeweiligen Bezugspreisen zu kennzeichnen (Bezugspreise veränderlich) und lagermäßig auseinanderzuhalten. Deshalb ermittelt man den Durchschnittspreis aller Bezugspreise, der der Materialkostenberechnung zugrunde gelegt wird.

Beispiel
Eine Pumpenfabrik bezieht am 1. April 600 Maschinenschrauben zu 0,80 DM je Stück, am 6. Mai 200 Stück zu je 0,81 DM und am 9. Juni 500 Stück zu je 0,78 DM. Errechnen Sie die durchschnittlichen Materialeinsatzkosten je Stück!

Lösung Lieferungen zum

01.04.	600 Stück zu 0,80 DM je Stück =	480,—	DM
06.05.	200 Stück zu 0,81 DM je Stück =	162,—	DM
09.06.	500 Stück zu 0,78 DM je Stück =	390,—	DM
	1300 Stück zu insgesamt	1032,—	DM
	1 Stück zu	0,794	DM

6 Stellen Sie die durchschnittlichen Materialeinsatzkosten fest! (1-Pf-Dezimale)

01.01.	Bestand 700 l zu 1,20 DM je l	04.05.	Zugang 500 l zu 1,21 DM je l
04.02.	Zugang 400 l zu 1,18 DM je l	30.06.	Zugang 300 l zu 1,19 DM je l

7 Errechnen Sie nach jedem Zugang den durchschnittlichen Bezugspreis! (3 Dezimalstellen)

01.01.	Bestand	1210 kg zu 2,90 DM je kg
20.02.	Zugang	310 kg zu 2,92 DM je kg
01.04.	Zugang	520 kg zu 2,87 DM je kg
01.06.	Zugang	200 kg zu 2,91 DM je kg
30.06.	Zugang	130 kg zu 2,89 DM je kg

8 Ermitteln Sie nach jeder Bestandsveränderung die Materialkosten der in die Produktion gegangenen Einzelteile!

01.01.	Bestand	1900 Stück zu 5,77 DM je Stück
15.01.	in Produktion gegangen	600 Stück
10.02.	Zugang	2000 Stück zu 5,82 DM je Stück
20.02.	Zugang	500 Stück zu 5,85 DM je Stück
25.02.	in Produktion gegangen	1600 Stück
10.03.	in Produktion gegangen	800 Stück
20.03.	Zugang	2200 Stück zu 5,75 DM je Stück
31.03.	in Produktion gegangen	700 Stück

Materialeinsatzkosten zum Verrechnungspreis. Um den Arbeitsaufwand für die wiederkehrende Ermittlung des durchschnittlichen Bezugspreises zu vermeiden, wird der ungefähre durchschnittliche Bezugspreis der Vergangenheit als Materialeinsatzkosten eingesetzt, z.B. durchschnittlicher Bezugspreis 1,90 DM je m. Alle Materialeinsätze werden zu diesem Preis verrechnet (Verrechnungspreis) ohne Rücksicht darauf, ob das Material später zu 1,85 DM oder 1,95 DM eingekauft wird. Selbstverständlich wird der Verrechnungspreis bei ständigen Preiserhöhungen bzw. -senkungen entsprechend korrigiert werden müssen.

Beispiel Materialeinsatz 125 m zu 1,90 DM je m Verrechnungspreis
=237,50 DM Verrechnungspreis als Materialkosten

c2) Errechnen der Materialeinsatzkosten bei Abfallverwertung

Bei der Be- und Verarbeitung von Rohstoffen fallen Abfälle an, die voll oder teilweise verwertet werden können, und zwar als Materialeinsatz oder als verkaufsfähiger Abfall. Dadurch verringern sich die Materialeinsatzkosten:

	Brutto-Materialeinsatzkosten
–	Abfallverwertung
	Netto-Materialeinsatzkosten

Beispiel

	Brutto-Materialeinsatz	800 kg zu 12,10 DM je kg =	9680,— DM
–	verwertbarer Abfall	60 kg zu 12,10 DM je kg =	726,— DM
	Netto-Materialeinsatzkosten	740 kg	8954,— DM

9 Wie hoch sind die Netto-Materialeinsatzkosten? Brutto-Materialeinsatz 6,7 t zu 650,— DM je 100 kg; verwertbarer Abfall (voll als Rohstoff) 440 kg zum vollen Wert.

10 Wie hoch sind die Netto-Materialeinsatzkosten? Brutto-Materialeinsatz 87 kg zu 1710,— DM je kg, Fertigprodukt 79,5 kg, vom Abfall sind 95% zum vollen Wert als Rohstoff verwertbar.

11 Wie hoch sind die Netto-Materialeinsatzkosten dieser Mischung?

200 kg zu 18,15 DM je kg
30 kg zu 66,50 DM je kg
9 kg zu 7,90 DM je kg — Verwertbarer Abfall 22 kg zu 20,50 DM je kg

12 Wie hoch sind die Netto-Materialeinsatzkosten für einen Auftrag über 320 t? Erforderlich sind 400 t Rohstoffeinsatz. Vom Abfall können 80% als Rohstoff zu 90% der Materialeinsatzkosten verwendet werden; Rohstoffkosten: 122,— DM je 100 kg.

13 Eine Gießerei erhält einen Auftrag über 600 Kranlaufräder in Sphäroguß zu 250 kg je Kranrad. An Rohstoffen werden eingesetzt: 20% Roteisen zu 367,— DM je t, 40% Blechpakete zu 178,— DM je t, 36% Kreislaufmaterial zu 203,— DM je t, 4% Zuschläge (FeSi, Vorlegierung u.a.) zu 0,41 DM je kg. Der Bruttoeinsatz beträgt bei dieser Gußstückgröße 200 t. Vom Verarbeitungsverlust können 90% als Kreislaufmaterial zu 180,— DM je t wieder eingesetzt werden.

a) Wie hoch ist der wertmäßige Rohstoffeinsatz für diesen Auftrag?

b) Wieviel DM kosten 100 kg Fertigguß?

c) Wie hoch sind die Materialkosten für ein Kranrad?

c3) Errechnen des Materialverbrauchs

In vielen Branchen ergeben sich bei der Be- und Verarbeitung von Material Verluste. Dadurch sind besondere Berechnungen erforderlich, um den Materialverbrauch (= Materialkosten) festzustellen.

Ausbringung	≙	Fertigmenge in kg, m u. a. vom Einsatz
Ausbeute	≙	Fertigmenge in % vom Einsatz

Beispiel

Für einen Auftrag werden 400 kg Roheisen zu 0,31 DM je kg eingesetzt. Die Ausbringung beträgt 340 kg fertige Gußteile. Ermitteln Sie den Be- und Verarbeitungsverlust in kg und Prozent, den Prozentsatz der Ausbeute und den Materialverbrauch je kg Fertigprodukt!

Lösung

Materialeinsatz	= 400 kg Roheisen
Ausbringung	= 340 kg fertige Gußteile
Be- und Verarbeitungsverlust	= 60 kg = 15% verwertbarer bzw. nicht verwertbarer Abfall und sonstiger Verlust, z. B. Staub
Ausbeute	= 85% (340 : 400 · 100 = Ausbringung : Materialeinsatz · 100)
Materialverbrauch je kg Fertigprodukt	= 1,176 kg (400 : 340 = Materialeinsatz : Ausbringung)

Materialeinsatzkosten für 1 kg Fertigprodukt = 1,176 kg zu 0,31 DM = 0,365 DM

14 Materialeinsatz 120 kg zu 41,20 DM je kg, Verarbeitungsverlust 10%.

Wie hoch sind

a) der wertmäßige Materialeinsatz?
b) die Ausbringung?
c) die Ausbeute?
d) der mengen- und wertmäßige Materialeinsatz je kg Fertigprodukt?

15 Ausbringung 50 kg, Bearbeitungsverlust $16\frac{2}{3}$%, Materialpreis je kg 38,40 DM.

Wie hoch sind

a) der mengenmäßige Materialeinsatz?
b) der wertmäßige Materialeinsatz?
c) die Ausbeute?
d) der Verarbeitungsverlust in kg?

16 Materialeinsatz 220 kg zu 7,40 DM je kg, Verarbeitungsverlust $12\frac{1}{2}$%.

Wie hoch sind

a) der wertmäßige Materialeinsatz?
b) die Ausbringung?
c) die Ausbeute?
d) der mengenmäßige Materialeinsatz für einen Auftrag über 350 kg?
e) der wertmäßige Materialeinsatz für diesen Auftrag?

17 Materialeinsatz: Rohstoff A 200 l zu 8,40 DM je l
Rohstoff B 170 l zu 12,75 DM je l
Rohstoff C 40 l zu 6,10 DM je l

Verarbeitungsverlust 20%

Wie hoch sind

a) der mengenmäßige Materialeinsatz?
b) der wertmäßige Bruttomaterialeinsatz?
c) der Verarbeitungsverlust in l?
d) der wertmäßige Nettomaterialeinsatz, wenn das Verlustmaterial zu 50% zum vollen Materialwert wieder eingesetzt werden kann? Der Rest geht endgültig verloren.
e) die Ausbringung?
f) die Ausbeute?
g) der mengenmäßige Materialeinsatz für 100 l Fertigprodukt?
h) der wertmäßige Materialeinsatz für 100 l Fertigprodukt? Berücksichtigen Sie den Erlös aus Abfallverwertung!

18 Materialeinsatz 750 m^3 zu 422,40 DM je m^3.
Bearbeitungsverlust: Produktionsstufe I 15% des Einsatzes
Produktionsstufe II 6% der Einsatzmenge dieser Produktionsstufe
Produktionsstufe III 2% der Einsatzmenge dieser Produktionsstufe

Wie hoch sind

a) der wertmäßige Materialeinsatz?
b) die Ausbringung?
c) die Ausbeute?
d) der Bearbeitungsverlust in m^3 und Prozent insgesamt?
e) der mengenmäßige Materialeinsatz für einen Auftrag über 180 m^3 Fertigprodukt?

19 Materialeinsatz: Rohstoff I 35 000 kg zu 95,— DM je t
Rohstoff II 16 000 kg zu 69,— DM je t
Zuschläge 3 000 kg zu 24,— DM je t

Wie hoch sind

a) der wertmäßige Materialeinsatz?
b) die Ausbeute bei einer Ausbringung von 9200 kg?
c) der Verlust in Prozent?
d) der wertmäßige Materialeinsatz bei einer Tagesproduktion von 460 t?
e) Wie hoch sind die Nettomaterialkosten für 54 000 kg Materialeinsatz und 9200 kg Ausbringung, wenn 19 000 kg Abfallprodukt gewonnen werden, das zu 1,80 DM je 100 kg an ein Kunststeinwerk verkauft wird?

Programmierte Übungen

> Die Lösungen bitte nur dann ankreuzen, wenn das Buch Ihr Eigentum ist. Im Leihverfahren überlassene Bücher dürfen nicht beschrieben werden.

1 Wir beziehen frei Haus 1800 kg Hilfsstoffe zum Preise von 725,— DM je 100 kg netto. Die Tara beträgt 5 %, das Gutgewicht 30 kg. Vereinbart wurden 6 % Mengenrabatt und 2 % Skonto bei Zahlung innerhalb 10 Tage. MWSt 14 %.

a) Wie hoch ist der Brutto-Rechnungspreis?

b) Welcher Wert für 1 kg geht in die Kostenrechnung ein, wenn vorzeitig gezahlt wird?

a)
- [a] 12 454,44 DM
- [b] 11 105,72 DM
- [c] 11 449,20 DM
- [d] 13 052,09 DM
- [e] anderes Ergebnis, welches ?

b)
- [a] 6,68 DM
- [b] 6,82 DM
- [c] 7,56 DM
- [d] 7,41 DM
- [e] anderes Ergebnis, welches?

2 Eine Glashütte bezieht Rohstoffe zu 32 000,—DM Listenpreis; Rabatt 5 %, Skonto 3 %; Kommission 4 % vom Zielpreis, Bankspesen 55,— DM. An Bezugskosten entstehen: Fracht 1720,— DM, Abrollgeld 125,— DM, Versicherung 1,5 ‰ vom Zieleinkaufspreis.
Wie hoch ist der Bezugspreis?

- [a] 26 326,40 DM
- [b] 29 488,— DM
- [c] 30 400,— DM
- [d] 32 649,60 DM
- [e] anderes Ergebnis, welches?

3 Der Bestand an Spindelmessern betrug am 1. April 2000 Stück zum Durchschnittspreis von 22,— DM je Stück. Neulieferung am 10. April 10 000 Stück zu 21,50 DM je Stück. Bezugskosten 5 %.
Mit welchem durchschnittlichen Stückpreis gehen sie am 14. April in die Produktion?

- [a] 21,50 DM
- [b] 21,75 DM
- [c] 22,29 DM
- [d] 22,48 DM
- [e] anderes Ergebnis, welches?

4 Wie hoch sind die Netto-Materialeinsatzkosten für einen Auftrag über 500 t? Erforderlich sind 620 t Stoffeinsatz zu 80,— DM je 100 kg. Vom Abfall können 75% der Menge wieder eingesetzt werden.

- [a] 496 000,— DM
- [b] 472 000,— DM
- [c] 450 000,— DM
- [d] 422 000,— DM
- [e] anderes Ergebnis, welches?

5 Für die tägliche Hochofenleistung von 1100 t Roheisen werden je t Roheisen eingesetzt: 1865,6 t Fe-Erz zu 355,— DM je t, 236,5 t Kalkzuschlag zu 104,— DM je t, 902 t Koks zu 472,50 DM je t.

a) Wie hoch ist der wertmäßige Rohstoffeinsatz je t Roheisen?

b) Wie hoch ist die Ausbeute?

a)
- [a] 1011,89 DM
- [b] 1186,30 DM
- [c] 1105,30 DM
- [d] 370,52 DM
- [e] anderes Ergebnis, welches ?

b)
- [a] 26,63%
- [b] 36,62%
- [c] 62,63%
- [d] 63,26%
- [e] anderes Ergebnis, welches?

2. Personalkosten

Die Kosten für das Personal eines Unternehmens setzen sich zusammen aus den

- Bruttogehältern und -löhnen,
- gesetzlichen Sozialleistungen (Arbeitgeberanteil),
- tariflichen Sozialleistungen,
- freiwilligen Sozialleistungen.

Die Personalkosten werden in der Buchhaltung als Aufwendungen erfaßt und für die Kalkulation aufbereitet.

a) Entlohnungsarten

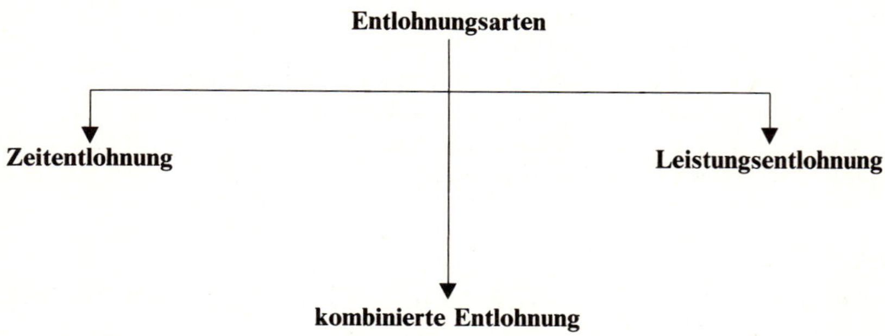

Die Festsetzung des Gehalts bzw. Lohnes hängt von der vereinbarten Entlohnungsart ab.

Gehalt und Zeitlohn

Das **Gehalt** wird lt. Einzel- oder Tarifvertrag je Monat vereinbart. Über- und Unterschreitungen der allgemeinen Arbeitszeit und die Leistungen des Angestellten bleiben grundsätzlich ohne Einfluß auf die Höhe des Gehalts.

Der **Zeitlohn** (Stunden-, Wochen-, Monatslohn) wird für die im Betrieb verbrachte Zeit ohne Rücksicht auf die tatsächliche Leistung der Lohnermittlung zugrunde gelegt.

Beispiele **Stundenlohn**

176 Arbeitsstunden im Monat zu 15,— DM je Std.
= 2640,— DM Bruttolohn im Monat

Wochenlohn

$4\frac{1}{2}$ Wochen im Monat zu 520,— DM je Woche
= 2340,— DM Bruttolohn im Monat

Monatslohn

2800,— DM im Monat

Leistungslohn. Hier unterscheiden wir Stückgeldlohn, Stückzeitlohn und Prämienlohn.

Stückgeldlohn (Stückakkord). Für die Einzelleistung wird ein bestimmter Betrag — *Stückgeld* — gezahlt, z. B. 0,56 DM je Stück.

Ermitteln des Stückgeldes

$$\text{Stückgeld} = \frac{\text{Stundentariflohn + Akkordzuschlag}}{\text{durchschnittliche Stundenleistung}}$$

$$x = \frac{14{,}\text{— DM} + 10\%}{27{,}5 \text{ Stück}} = \underline{\underline{0{,}56 \text{ DM je Stück}}}$$

Beispiel
Ein Arbeiter dreht in der Woche 900 Bohrbuchsen zu 0,56 DM je Stück. Wochenlohn = 900 · 0,56 DM = 504,— DM

Stückzeitlohn (Zeitakkord). Für eine bestimmte Leistung wird die Bearbeitungszeit vorgegeben. Für jede vorgegebene Minute erhält man einen bestimmten Betrag — den *Minutenfaktor*.

Ermitteln des Minutenfaktors

$$\text{Minutenfaktor} = \frac{\text{Stundentariflohn + Akkordzuschlag}}{60 \text{ Minuten}}$$

$$x = \frac{14{,}\text{—} + 1{,}40 \text{ DM}}{60 \text{ Min.}} = \underline{\underline{0{,}26 \text{ DM Minutenfaktor}}}$$

Beispiel — Leistungslohn (Minutenfaktor)
Für das Abdrehen eines Werkstückes erhält ein Dreher 35 Minuten als Vorgabezeit, Minutenfaktor 0,26 DM.
Verdienst: 35 · 0,26 DM = 9,10 DM

Um den Wochenlohn zu ermitteln, werden die Vorgabezeiten für die erhaltenen Arbeiten der Woche addiert und mit dem Minutenfaktor multipliziert.

In vielen Betrieben arbeitet man mit der *Dezimalstunde:* 1 Stunde = 100 Dezimalminuten. Dadurch entfällt der Minutenfaktor, weil für die Lohnberechnung der Akkordstundenlohn eingesetzt werden kann.

Beispiel – Leistungslohn (Dezimalminuten)
Ein Schlosser bekam in der Woche 4500 Dezimalminuten für geleistete Arbeiten gutgeschrieben, Akkordstundenlohn 14,50 DM.
Wochenlohn = 40 (Std.) · 14,50 DM = 580,— DM

Prämienlohn (reiner). Für eine bestimmte Leistung (Erfolg) wird als Entlohnung eine Prämie gezahlt:

Beispiele
a) für 42 Abonnenten 30,— DM je Abonnent = 1260,— DM Prämie

b) 5% Provision vom Monatsumsatz 68000,— DM = 3400,— DM Provision

Prämien werden auch als *Zusatzlohn* gewährt, z. B. für Materialersparnis, Vermeidung von Versäumnissen, für Ausbringung, Qualität u. a.

Lohnzuschläge. Zum Zeit- und Leistungslohn können Überstunden-, Familien-, Schmutz-, Lärm-, Treue- und andere Zuschläge gewährt werden.

Sonstige Leistungen: Urlaubsgeld, Weihnachtsgeld, Gewinnbeteiligung, Fahrtkostenersatz u. a. Die gesamten Sozialleistungen in der Bundesrepublik Deutschland betragen 50 – 70% der Bruttopersonalkosten!

b) Feststellen der Lohn- und Gehaltsabzüge

Sozialversicherungen (ab 01.01.1987)

Krankenversicherung etwa	13 %
Rentenversicherung	18,7%
Arbeitslosenversicherung	4,3%

Von den angegebenen Sätzen tragen Arbeitgeber und Arbeitnehmer je die Hälfte.

Beitragsbemessungsgrenzen	Krankenversicherung	4275,— DM[1]
	Rentenversicherung	5700,— DM
	Arbeitslosenversicherung	5700,— DM

Steuern

Lohnsteuer – sie richtet sich nach der Lohnhöhe, dem Familienstand, der Kinderzahl und den Freibeträgen.

Kirchensteuer – je nach Bundesland 9 bzw. 8% von der Lohnsteuer

Beiträge

Kammern, Zusatzversicherungen u.a.

1) 75% der Beitragsbemessungsgrenze der Rentenversicherung

c) Feststellen des auszuzahlenden Lohnes

Bruttolohn/-gehalt
– Sozialversicherungsbeiträge
– Steuern
– sonstige Abzüge
Nettolohn/-gehalt
– Abschlagszahlungen
– Lohnvorschüsse
– Lohnpfändungen
Auszahlung

1 Wie hoch ist der Wochenlohn?

a) Stunden laut Stempelkarte: 5 Tage zu 9 Stunden abzüglich eine Stunde je Tag für unbezahlte Pausen.

Stundenlohn: 16,20 DM; für 22 Stunden Schmutzzulage 0,10 DM je Stunde, Kinderzuschläge für zwei Kinder 0,08 DM je Kind und Stunde.

b) Wochenlohn 680,— DM, Treuezuschlag 0,40 DM je Stunde, wöchentliche Arbeitszeit: 40 Stunden.

c) 624 Stück zu 0,58 DM je Stück, Leistungsprämie 0,03 DM je Stück über 520 Stück Normleistung.

d) 2652 Minuten, Minutenfaktor 0,304 Materialersparnisprämie 1,25 m^2 zu 8,40 DM je m^2.

e) 4437 Dezimalminuten, Stundenakkordlohn 16,95 DM, Prämie wegen Ausschußunterschreitung um 37 Stück zu 0,48 DM je Stück.

2 Wie hoch sind die tatsächlichen Personalkosten des Unternehmens einschließlich Sozialleistungen für einen Arbeitnehmer? Monatslohn brutto 2500,— DM; Zahlen des letzten Rechnungszeitraumes: Bruttolohnsumme 80 500 000,— DM; Sozialleistungen insgesamt 49 910 000,— DM.

3 Wie hoch ist der Bruttomonatslohn?

a) Stunden laut Stempelkarte: 4 Wochen zu je 40 Stunden, 2 Tage zu je 8 Stunden; Stundenlohn 16,65 DM, Prämie für Einhalten des Termins 16,70 DM; Ausstoßprämie: Produktion 6200 t, Prämie 0,005 DM je t.

b) Monatslohn 1960,— DM, Kinderzuschlag für ein Kind 0,20 DM je Stunde bei 185 Arbeitsstunden. Trennungszuschlag 60,— DM, Meisterakkordprämie für 984 m^3 zu 0,16 DM je m^3.

c) Monatsfixum 1300,— DM, 7% Provision von 42640,— DM.

d) 10526 Leistungsminuten, Stundenlohn 16,20 DM, Akkordzuschlag 10%. Ermitteln Sie zusätzlich den Minutenfaktor!

e) Dezimalminuten: 1. Woche 4285, 2. Woche 4408, 3. Woche 4526, 4. Woche 4416, Restwoche 1678; Akkordstundenlohn 15,54 DM; Produktionsprämie 0,08 DM je t für Leistungen über 3500 t, Monatsproduktion 3820 t.

f) Auftrag

Auftrag	Nr. 0184	78,24 DM	Nr. 0209	35,60 DM
	Nr. 0258	106,40 DM	Nr. 0302	1029,37 DM
	Nr. 0341	111,42 DM	Nr. 0412	68,24 DM
	Nr. 0449	122,92 DM	Nr. 0552	498,31 DM

$4\frac{1}{2}$ Wartestunden zu 15,30 DM je Stunde, Wegegeld 36,— DM.

4 Wie hoch ist der auszuzahlende Lohn?

1. Woche:	48 Stunden,	4 Überstunden	mit	25% Überstundenzuschlag
		Restüberstunden	mit	40% Überstundenzuschlag
2. Woche:	44 Stunden,	Überstunden	mit	25% Überstundenzuschlag
3. Woche:	48,5 Stunden,	Überstunden	mit	50% Überstundenzuschlag
4. Woche:	46 Stunden,	1 Überstunde	mit	25% Überstundenzuschlag
		Rest	mit	100% Überstundenzuschlag
Restwoche:	17 Stunden			

Lohnwoche 40 Stunden, Arbeitstag 8 Stunden, Stundenlohn 15,60 DM, Lohnzuschlag 0,12 DM je Arbeitsstunde (nur volle) als freiwillige soziale Leistung.

Abzüge: Lohnsteuer 702,— DM, Kirchensteuer 9%, Sozialversicherung 504,— DM, Abschlag 600,— DM.

5 Wie hoch sind die Monatsgehälter der Reisenden?

a) Max Krüger

Fixum 1000,— DM

Provision:	Umsätze bis	50000,— DM	$2\frac{1}{2}$%	vom Gesamtumsatz
	Umsätze bis	70000,— DM	3 %	vom Gesamtumsatz
	Umsätze über	70000,— DM	$3\frac{1}{2}$%	vom Gesamtumsatz

1. Januar 65000,— DM Umsatz
2. Februar 48000,— DM Umsatz (davon 3000,— DM als Sonder-
3. März 74000,— DM Umsatz angebot mit 1% Provision)

b) Franz Stangl

Fixum 1200,— DM

Provision: Grundprovision 8%

für Mehrumsatz von 20–25 000,— DM . . 9% Provision

für Mehrumsatz darüber . . . . 10% Provision

1. April 18 500,— DM Umsatz
2. Mai 21 000,— DM Umsatz
3. Juni 26 500,— DM Umsatz

6 Ein Reisender erhält lt. Vertrag im Urlaubsmonat August das Fixum von 1800,— DM und als Provision die monatliche Durchschnittsprovision des letzten Jahres. (Der Urlaubsmonat bleibt unberücksichtigt.)

Provisionen des letzten Jahres:

Sept. 2200,— DM	Jan. 1960,— DM	Mai 2140,— DM
Okt. 2440,— DM	Febr. 2320,— DM	Juni 2380,— DM
Nov. 2680,— DM	März 2020,— DM	Juli 2260,— DM
Dez. 2080,— DM	April 2260,— DM	

Wie hoch ist das Bruttogehalt im Urlaubsmonat?

7 Wie hoch sind die Auszahlungen?

	a) DM	b) DM	c) DM	d) DM
Bruttogehalt/-lohn	2376,—	2200,—	2350,—	2010,—
Abzüge				
Steuern				
Lohnsteuer	402,70	219,80	249,60	181,30
Kirchensteuer	36,24	19,78	22,46	16,31
Steuern insges.	?	?	?	?
Versicherungen				
Krankenversicherung	139,—	128,70	137,48	117,59
Rentenversicherung	213,84	198,—	211,50	180,90
Arbeitslosenversicherung	35,65	33,—	35,25	30,15
Zusatzversicherung	—	—	31,—	—
Versicherungen insges.	?	?	?	?
Steuern und Versicherungen insges.	?	?	?	?
Abschlag	—	750,—	—	600,—
Vorschüsse	100,—	—	—	—
Lohnpfändungen	—	150,—	—	—
Abzüge insgesamt	?	?	?	?
Auszahlung	?	?	?	?

8 Wie hoch sind die Auszahlungen?

	a)	b)	c)
Bruttogehalt	2650,— DM	2400,— DM	2150,— DM
Lohnsteuer	662,50 DM	480,— DM	310,20 DM
Kirchensteuer	9 %	9 %	9 %
Krankenkasse	5,85 %	5,85 %	5,85 %
Rentenversicherung	9,25 %	9,25 %	9,25 %
Arbeitslosenversicherung	2,3 %	2,3 %	2,3 %
Beiträge	23,50 DM	26,20 DM	—
Abschlag	400,— DM	—	—
Vorschuß	—	200,— DM	—
Pfändung	—	—	150,— DM

9 Ein Fernfahrer erhält für September einen Monatslohn von 2700,— DM, zusätzlich eine Treueprämie von 5,— DM je Jahr der Betriebszugehörigkeit (22 Jahre) und eine Prämie von je 8 Pf je gefahrene 100 t/km. Insgesamt wurden 252 000 t/km gefahren (gefahrene km × Ladegewicht in t). Wie hoch ist der Bruttomonatslohn?

10 Ein Möbelhersteller führt zur Senkung der Reklamationen ein Prämiensystem ein. Von dem ausgelieferten Warenwert wird 0,1% als Prämie an das Auslieferungs-, Lager- und Werkstattpersonal gezahlt. Je Reklamation werden 100,— DM von der Prämie abgezogen. Im Abrechnungsmonat Februar wurden Möbel im Wert von 2 500 000,— DM verkauft. Es sind 6 Reklamationen angefallen. Die Prämie ist auf 20 Personen zu verteilen.

a) Wie hoch ist der Prämienanteil jedes Beschäftigten ohne Abzug für Reklamationen?

b) Wie hoch ist die tatsächliche Prämie eines jeden Beschäftigten?

c) Wie hoch ist der Prämienanteil von Erwin Kramer, wenn für 4 Fehltage $\frac{1}{24}$ je Fehltag von der Prämie abgezogen werden?

Steuertabelle/Monatslöhne — Beitragstabelle/Sozialversicherung (Auszüge)

Monatsarbeitslohn bis DM	Kranken-, Renten-, Arbeitslosenversicherung DM	davon ½ DM	Steuer: in Steuerklasse	Steuer DM	Steuer: in Steuerklasse	Kinder 0 DM	1 DM	2 DM	3 DM	4 DM	5 DM
1724,49	550,62	275,31	I	224,90	II	209,50	164,40	158,90	155,—	155,—	155,—
			V	456,60	III	128,60	128,60	128,60	128,60	128,60	128,60
			VI	504,—	IV	224,90	222,10	219,40	216,60	213,90	211,10
1726,99	560,28	280,14	I	225,40	II	210,—	164,90	159,40	155,50	155,50	155,50
			V	458,—	III	128,60	128,60	128,60	128,60	128,60	128,60
			VI	505,30	IV	225,40	222,60	219,90	217,10	214,40	211,60
1729,49	560,28	280,14	I	226,—	II	210,50	165,50	160,—	156,10	156,10	156,10
			V	459,30	III	129,60	129,60	129,60	129,60	129,60	129,60
			VI	506,80	IV	226,—	223,20	220,50	217,70	215,—	212,20
2294,49	734,16	367,08	I	375,50	II	353,40	285,—	278,20	271,70	265,20	260,20
			V	800,30	III	238,60	233,10	230,80	230,80	230,80	230,80
			VI	854,—	IV	375,50	363,50	358,—	354,10	350,30	346,40
2296,99	743,82	371,91	I	376,40	II	354,10	285,60	278,90	272,30	265,90	260,80
			V	802,—	III	238,60	233,10	232,—	232,—	232,—	232,—
			VI	855,60	IV	376,40	364,40	358,90	355,—	351,—	347,10
2299,49	743,82	371,91	I	377,20	II	355,—	286,30	279,50	273,—	266,50	261,50
			V	803,60	III	239,60	234,10	232,—	232,—	232,—	232,—
			VI	857,10	IV	377,20	365,10	359,60	355,70	351,80	348,—
2601,99	840,42	420,21	I	481,60	II	456,40	370,—	359,60	351,80	344,10	336,50
			V	995,10	III	300,10	294,60	289,10	287,—	287,—	287,—
			VI	1049,—	IV	481,60	468,—	454,50	447,50	443,—	438,70
2604,49	840,42	420,21	I	482,50	II	457,20	370,70	360,40	352,50	344,90	337,20
			V	996,60	III	300,10	294,60	289,10	287,—	287,—	287,—
			VI	1050,50	IV	482,50	468,90	455,50	448,40	444,—	439,50
2606,99	840,42	420,21	I	483,50	II	458,10	371,50	361,20	353,40	345,60	338,—
			V	998,10	III	301,30	295,80	290,30	288,10	288,10	288,10
			VI	1052,10	IV	483,50	469,80	456,40	449,20	444,80	440,50
3001,99	966,—	483,—	I	636,90	II	608,50	509,40	483,50	474,40	465,30	456,40
			V	1247,30	III	379,30	373,80	368,30	362,80	358,50	358,50
			VI	1300,30	IV	636,90	621,60	606,50	591,50	578,60	573,70
3004,49	966,—	483,—	I	637,90	II	609,50	510,30	484,40	475,20	466,20	457,20
			V	1248,80	III	380,50	375,—	369,50	364,—	359,60	359,60
			VI	1302,—	IV	637,90	622,60	607,50	592,50	579,60	574,70
3006,99	966,—	483,—	I	638,90	II	610,50	511,30	485,30	476,10	467,10	458,10
			V	1250,50	III	380,50	375,—	369,50	364,—	359,60	359,60
			VI	1303,30	IV	638,90	623,60	608,50	593,50	580,60	575,70
3501,99	1089,90	544,95	I	850,80	II	819,80	709,60	678,10	651,20	641,—	630,80
			V	1555,30	III	480,30	474,50	468,80	463,10	457,50	452,—
			VI	1607,10	IV	850,80	834,10	817,60	801,10	784,80	768,50
3504,49	1089,90	544,95	I	851,90	II	821,—	710,70	679,20	652,20	642,—	631,80
			V	1557,—	III	481,50	475,60	470,—	464,30	458,60	453,10
			VI	1608,60	IV	851,90	835,30	818,70	802,20	785,90	769,50
3506,99	1089,90	544,95	I	853,—	II	822,—	711,80	680,20	653,30	643,—	632,80
			V	1558,50	III	481,50	475,60	470,—	464,30	458,60	453,10
			VI	1610,10	IV	853,—	836,40	819,80	803,40	787,—	770,60

Steuerklassen

I *Alleinstehende* (ledig, geschieden, verwitwet)

II *Alleinstehende* mit Kindern

III *Verheiratete* nur 1 Ehegatte ist berufstätig

IV *Verheiratete* beide Ehegatten sind berufstätig

V tritt für einen der Ehegatten an die Stelle der Steuerklasse IV, wenn der andere Ehegatte in Klasse III ist

VI ist auf der 2. oder weiteren Lohnsteuerkarte zu bescheinigen (Arbeitslohn von mehreren Arbeitgebern)

11 Bestimmen Sie die Lohnsteuerklassen folgender Arbeitnehmer:

Familienstand	Alter	Familienstand	Alter
a) Alleinstehende	49	d) Alleinstehender	25
b) Verh., 2 Kinder; beide Partner berufstätig	52/48	e) Alleinstehender, 2 Kinder	32
c) Verh., 3 Kinder; Partner nicht berufstätig	56	f) Verh., 1 Kind; Partner nicht berufstätig; 2 Arbeitsverhältnisse: Haupt- und Nebenverd.	28

12 Errechnen Sie die Nettogehälter; die Kirchensteuer beträgt 9%[1].

(Lösungshinweise: Auf der Lohnsteuerkarte eingetragene Freibeträge werden zum Ermitteln des steuerpflichtigen Gehalts vom Bruttogehalt abgezogen; die Sozialversicherungsbeiträge werden vom Bruttogehalt ermittelt.)

	Name	Alter	Familienstand	Freibetrag	Bruttogehalt
a)	Herbert Kurz	36	verh., 4 Kinder, Ehepartner nicht berufstätig	500,—	3500,—
b)	Hella Schwarz	22	ledig	—	1725,—
c)	Karin Lautberg	45	verh., 1 Kind, Ehepartner berufstätig	400,—	3000,—
d)	Kurt Witsch	60	verwitwet	900,—	3500,—
e)	Lothar Weiß	31	geschieden, 2 Kinder	600,—	4105,—[2]
f)	Franz Müller	63	verh., 3 Kinder, Ehepartner nicht berufstätig	305,—	2600,—

13 Stellen Sie die Gehaltsliste auf! Ermitteln Sie dabei die Summen der Bruttogehälter, der einbehaltenen Steuern und Sozialabgaben und die Nettogehälter nach folgendem Schema (Kirchensteuersatz 10%[1]):

Name	Steuerklasse	Bruttogehalt	Freibetrag	steuerpfl. Gehalt	Lohnsteuer	Kirchensteuer	Soz.-Vers.-	Ges.-Abz.	Nettogehalt

Der Betrieb beschäftigt folgende Arbeitnehmer:

		St'klasse	Monatsfreibetrag	Bruttogehalt
a)	Abel	III, 1	570,— DM	2295,— DM
	Fürst	IV, 0	—	1725,— DM
	Garber	I	—	1725,— DM
	Hanke	II, 0	310,— DM	2605,— DM
	Wetzlar	III, 4	—	2299,— DM
b)	Barbel	II, 1	305,— DM	2600,— DM
	Krager	III, 5	—	3000,— DM
	Peiter	III, 0	—	2600,— DM
	Tellow	IV, 1	500,— DM	3505,— DM
	Zacharias	VI	—	1727,50 DM
c)	Cismar	II, 3	—	3500,— DM
	Deiker	V	—	1724,— DM
	Droste	III, 2	900,— DM	3505,— DM
	Keller	I	—	2605,— DM

1) Auf volle 10 Pfennige runden. 2) Sozialversicherungsanteil: 640,38 DM

3. Abschreibungen

Abschreibungen haben den Zweck, Wertminderungen des Betriebsvermögens zu erfassen, um den richtigen Wert des Vermögens am Schluß des Geschäftsjahres in der Bilanz ausweisen zu können. Wertminderungen können bei den Posten des Anlage- und des Umlaufvermögens eintreten. Abschreibungen sind Bestandteil der Gesamtaufwendungen (Erfolgsrechnung) und Bestandteil der Gesamtkosten (Kalkulation) und des Verkaufserlöses.

Bei Vermögenswerten mit vorauszusehender Wertminderung wird ein Abschreibungsplan aufgestellt. Dieser Plan enthält Abschreibungsgründe, Abschreibungswert, Nutzungsdauer, Abschreibungsmethode, Abschreibungssatz und -betrag.

a) Abschreibungsgründe

Wertminderungen können eintreten durch Gebrauch, Risiken (z. B. technische und wirtschaftliche Überholung), Sinken des Marktwertes, Ablauf eines Rechts (z. B. Patent), außergewöhnliche Ereignisse (z. B. Beschädigung, Vernichtung) und ruhenden Verschleiß.

b) Abschreibungsgrundlagen

Anschaffungswert

Beim Anlagevermögen setzt er sich zusammen aus dem Einkaufspreis, den Einkaufskosten, Bezugskosten, Montagekosten und den Kosten der Inbetriebnahme. Ist eine Anlage verbraucht, wird sie zum Schrottwert verkauft. Man kann diesen künftigen Schrottwert von vornherein berücksichtigen: Er wird vom Anschaffungswert abgesetzt.

Beispiel 1 — Anlagevermögen

Ein Sägewerk kauft ein Sägegatter zu 42 000,— DM. An Nebenkosten fallen an 1800,— DM für den Bezug und 700,— DM für die Inbetriebnahme. Der Schrottwert wird auf 800,— DM geschätzt. Wie hoch ist der Abschreibungswert?

Lösung

Einkaufspreis (ohne USt) . . .	42 000,— DM
+ Bezugskosten (ohne USt)	1 800,— DM
+ Kosten der Inbetriebnahme . .	700,— DM
= Anschaffungswert	44 500,— DM
– Schrottwert (ohne USt)	800,— DM
Abschreibungswert	43 700,— DM

Dabei ist zu berücksichtigen, daß sich der voraussichtliche Erlös aus dem Schrottverkauf um die voraussichtlichen Demontagekosten vermindert.

Beim Umlaufvermögen setzt sich der Anschaffungswert aus dem Einkaufspreis, den Einkaufs- und Bezugskosten zusammen.

Beispiel 2 — Umlaufvermögen

Ein Stahlwerk bezieht 3 t Wolframlegierung zum Börsenpreis von 20 790,— DM. An Bezugs- und Einkaufskosten (Fracht, Lager- und Umschlagskosten, Provision, Bankspesen und Zoll) entstehen 5320,— DM. Wie hoch ist der Abschreibungswert für den Fall eines Sinkens des Börsenpreises?

Lösung

Einkaufspreis	20 790,— DM
+ Einkaufs- und Bezugskosten . .	5 320,— DM
= Abschreibungswert	26 110,— DM

Aus kalkulatorischen Gründen kann auch von einem erhöhten Wiederbeschaffungswert abgeschrieben werden. Die Abschreibung vom Wiederbeschaffungswert wird der Forderung gerecht, daß die über den Verkaufserlös zurückgeflossenen Abschreibungsbeträge die Ersatzbeschaffung zum erhöhten Preis sichern müssen.

Beispiel 3 — erhöhter Wiederbeschaffungswert

Ein Auslieferungswagen kostet 25 000,— DM. Mit einer Wiederbeschaffung wird in 4 Jahren gerechnet. An Preissteigerung werden 12% angenommen. Wie hoch ist der kalkulatorische Abschreibungswert?

Lösung

Anschaffungswert	25 000,— DM
+ Zuschlag für erhöhte Wiederbeschaffung 12%	3 000,— DM
= kalkulatorischer Abschreibungswert	28 000,— DM

Nutzungsdauer

Beim Anlagevermögen hängt sie von der betrieblichen Inanspruchnahme (z.B. normaler Verschleiß eines Lkw im Nahverkehr zu Geschäftszeiten oder im Fernverkehr in Tag- und Nachtfahrt) ab. Gemeint ist die wirtschaftliche Nutzungsdauer und nicht die technische, d.h. die Lebensdauer eines Gegenstandes.

Bei geringwertigen Wirtschaftsgütern des Anlagevermögens werden die Anschaffungskosten nicht auf die Nutzungsdauer verteilt. **Wirtschaftsgüter bis 800,— DM Anschaffungswert können im Jahre der Anschaffung voll abgeschrieben werden.**

Beispiel 4 — Abschreibungen auf geringwertige Wirtschaftsgüter

Für den Sachbearbeiter Anton Stegler wird ein Diktiergerät gekauft. Die Anschaffungskosten betragen 790,— DM.

Lösung Anschaffungskosten 790,— DM = Abschreibungswert. Der Wert von 790,— DM kann im Jahr der Anschaffung voll abgeschrieben werden.

Neben der Planabschreibung gibt es die **Sonderabschreibung,** z.B. bei Totalschaden eines Fahrzeuges.

Beim Umlaufvermögen ist die Wertminderung im allgemeinen nicht vorauszusehen. Sie wird im festgestellten Umfange am Tage der Wertminderung (z.B. Vernichtung von Ware durch Hochwasser) oder am Schluß des Geschäftsjahres vom Bilanzwert abgeschrieben (z.B. Kursverlust bei Wertpapieren, Konkurs bzw. Vergleich eines Kunden).

Der Abschreibungssatz ist der Prozentsatz der jährlichen Abschreibungen.

Der Abschreibungsbetrag ist die Summe der jährlichen Abschreibungen.

Restwert/Buchwert. Nach Verminderung des Anschaffungswertes um die jährliche Abschreibung erhalten wir den Rest- oder Buchwert (= neuer Bilanzwert).

Beispiel 5 — Planabschreibung beim Anlagevermögen

Der Preis für die Kühlaggregate eines Kühlhauses beträgt 60 000,— DM. An Bezugskosten fallen 800,— DM, an Montagekosten 3200,— DM an. Der Erlös aus dem Schrottverkauf wird mit 3600,— DM, die Demontagekosten mit 600,— DM angenommen. Die betriebliche Nutzungsdauer ist auf 10 Jahre festgelegt. Es soll der Abschreibungsplan aufgestellt werden.

Lösung

Einkaufspreis		60 000,— DM
+ Bezugskosten		800,— DM
+ Montagekosten		3 200,— DM
= Anschaffungswert		64 000,— DM
– Schrotterlös		
Schrottwert	3600,— DM	
– Demontagekosten	600,— DM	3 000,— DM
= Abschreibungswert		61 000,— DM

Nutzungsdauer: 10 Jahre
Abschreibungssatz: 100% : 10 Nutzungsjahre = **10%**
Abschreibungsbetrag: 10% von 61000,— DM = 6100,— DM

Abschreibungsplan

Abschreibungswert	61 000,— DM
1. Jahr: Abschreibung 10%	6 100,— DM
Rest-/Buchwert	54 900,— DM
2. Jahr: Abschreibung 10%	6 100,— DM
Rest-/Buchwert	48 800,— DM
3. Jahr: Abschreibung 10%	6 100,— DM
Rest-/Buchwert	42 700,— DM
4. Jahr: Abschreibung 10%	6 100,— DM
Rest-/Buchwert	36 600,— DM

usw.

Wird ein Vermögensgegenstand über die Abschreibungsdauer hinaus genutzt, dann wird er in der Bilanz mit 1,— DM ausgewiesen (Erinnerungswert).

Beispiel 6 — Sonderabschreibung beim Anlagevermögen

Ein Lieferwagen mit einem Buchwert von 4600,— DM erleidet Totalschaden. Für das Wrack zahlt ein Schrotthändler 400,— DM. Wie hoch ist die Sonderabschreibung?

Lösung

Buchwert des Lieferwagens	4 600,— DM
Erlös aus Schrottverkauf	400,— DM
Sonderabschreibung (total)	4 200,— DM

Beispiel 7 — Abschreibung beim Umlaufvermögen

Ein Kunde, an den wir Forderungen in Höhe von 16 000,— DM haben, meldet Vergleich an. Als Vergleichsquote bietet er 40% an. Wie hoch ist die Abschreibung?

Lösung

Forderung	16 000,— DM
Vergleichsquote 40%	6 400,— DM
Abschreibung/Verlust (60%)	9 600,— DM

Beispiel 8 — Abschreibung vom Wiederbeschaffungswert[1)]

Die Einrichtung der Ausstellungshalle eines Möbelwerkes hat 50 000,— DM gekostet. Es wird damit gerechnet, daß die Halle nach 5 Jahren modernisiert werden muß. Bis zum Zeitpunkt der Ersatzbeschaffung wird eine 40prozentige Erhöhung der Ausstattungskosten erwartet (8% je Jahr). Wie hoch sind der Abschreibungswert und die jährlichen Abschreibungsquoten bei einer Abschreibung von 20% je Jahr auf den erhöhten Anschaffungswert?

Lösung

Abschreibungswert 50 000,— DM + 40%	= 70 000,— DM
1. Jahr: Abschreibung 20%	= 14 000,— DM
Buchwert/Restwert	= 56 000,— DM
usw.	

c) Abschreibungsmethoden — Anlagevermögen

Nach dem Verlauf der Wertminderung unterscheidet man folgende Verfahren:

1) Die zusätzlichen Abschreibungsbeträge (Zusatzkosten) werden steuerrechtlich nicht als Geschäftsausgaben anerkannt. Sie gelten als Gewinn und werden besteuert. Um die Ersatzbeschaffung finanziell zu sichern, müßten die Zusatzabschreibungen entsprechend dem Steuersatz erhöht werden. So müßte z. B. bei einem Gewinnsteuersatz von 50% in der Lösung die Zusatzabschreibung auf insgesamt 40 000,— DM erhöht werden.

c) Abschreibungsmethoden – Anlagevermögen

Nach dem Verlauf der Wertminderung unterscheidet man folgende Verfahren:

Abschreibung nach

Zeit | **Leistung** | **Substanzverringerung**

Abschreibung nach Zeit

Bei der Abschreibung nach Zeit sind steuerlich das lineare und degressive Abschreibungsverfahren zulässig.[1]

Lineare Abschreibung – gleichbleibende. Man geht davon aus, daß die Wertminderung über die Nutzungsdauer gleichmäßig verläuft. So werden je Jahr gleichhohe Beträge abgeschrieben (wie Beispiel 1). Die Abschreibung ist ein Prozentsatz vom *Anschaffungswert* (bzw. Abschreibungswert).

Geometrisch verlaufende degressive Abschreibung – stark fallende. Man geht davon aus, daß in den ersten Jahren der Nutzungsdauer eine stärkere Wertminderung eintritt als in den späteren. Deshalb erhöht man den Abschreibungssatz um das 2- bis $2\frac{1}{2}$fache und schreibt vom *Restwert* (Buchwert) ab. Da man im letzten Nutzungsjahr nicht auf 0 DM oder den Schrottwert kommt, schreibt man im letzten Jahr den Rest ab.

Schematischer Vergleich der Abschreibungsmethoden

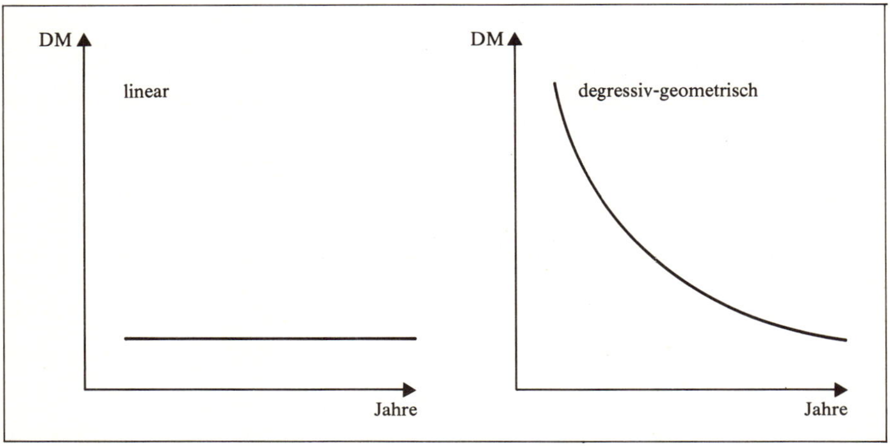

[1] Andere Abschreibungsverfahren (z.B. digitale Abschreibung) sind durch das Steuerbereinigungsgesetz 1985 ersatzlos gestrichen.

Abschreibung nach Leistung

Zunächst stellt man die mögliche Gesamtleistung fest (in t, Stunden, km u. a.), errechnet die Abschreibungssumme je Leistungseinheit und schreibt entsprechend der jährlichen Leistung ab.

Beispiel 9

Anschaffungswert 40 000,— DM

Für einen Lkw wird eine Gesamtleistung von 250 000 km angenommen. Wie hoch ist die Abschreibung je km und der Buchwert nach dem ersten Nutzungsjahr? Fahrleistung 72 500 km.

Lösung		
	Abschreibung je km:	40 000 : 250 000 = <u>16 Pf/km</u>
	Anschaffungswert	40 000,— DM
	1. Jahr: Abschreibung (72 500 · 16)	11 600,— DM
	Buchwert	28 400,— DM
	usw.	

Beispiel 10

Anschaffungswert 110 000,— DM, Nutzungsdauer 10 Jahre, linear 10 %, degressiv 25 % Abschreibung, Gesamtleistung 20 000 Stunden.

		linear 10%	insgesamt	degressiv 25%	insges.	Leistung je Std. 5,50		insges.
1. Jahr	Abschreib.-wert	110 000,—		110 000,—		Std.	110 000,—	
	1. Abscheibung	11 000,—	11 000,—	27 500,—	27 500,—	3000	16 500,—	16 500,—
	Restbuchwert	99 000,—		82 500,—			93 500,—	
2. Jahr	2. Abschreibung	11 000,—	22 000,—	20 625,—	48 125,—	2400	13 200,—	29 700,—
	Restbuchwert	88 000,—		61 875,—			80 300,—	
3. Jahr	3. Abschreibung	11 000,—	33 000,—	15 469,—	63 594,—	2800	15 400,—	45 100,—
	Restbuchwert	77 000,—		46 406,—			64 900,—	
4. Jahr	4. Abschreibung	11 000,—	44 000,—	11 602,—	75 196,—	3200	17 600,—	62 700,—
	Restbuchwert	66 000,—		34 804,—			47 300,—	
5. Jahr	5. Abschreibung	11 000,—	55 000,—	8 701,—	83 897,—	2000	11 000,—	73 700,—
	Restbuchwert	55 000,—		26 103,—			36 300,—	
6. Jahr	6. Abschreibung	11 000,—	66 000,—	6 526,—	90 423,—	1400	7 700,—	81 400,—
	Restbuchwert	44 000,—		19 577,—			28 600,—	
7. Jahr	7. Abschreibung	11 000,—	77 000,—	4 894,—	95 317,—	1600	8 800,—	90 200,—
	Restbuchwert	33 000,—		14 683,—			19 800,—	
8. Jahr	8. Abschreibung	11 000,—	88 000,—	3 671,—	98 988,—	1800	9 900,—	100 000,—
	Restbuchwert	22 000,—		11 012,—			9 900,—	
9. Jahr	9. Abschreibung	11 000,—	99 000,—	2 753,—	101 741,—	Rest	9 900,—	110 000,—
	Restbuchwert	11 000,—		8 259,—			0,—	
10. Jahr	10. Abschreibung	11 000,—	110 000,—	8 259,—	110 000,—			
		0,—		0,—				

Abschreibung nach Substanzverringerung

Es wird vom Anschaffungswert entsprechend der Substanzverringerung abgeschrieben.

Beispiel 11

Der Kaufpreis einer Kiesgrube beträgt 320 000,— DM. Es wird eine Kiesmenge (Substanz) von 800 000 m^3 vermutet. Wie hoch ist die Abschreibung je m^3 Kies und der Buchwert nach dem ersten Abschreibungsjahr? Fördermenge 120 000 m^3.

Lösung		
	Anschaffungswert/Substanzwert	320 000,— DM
	1. Jahr: Abschreibung/Substanzverringerung 120 000 · 0,40 DM	48 000,— DM
	Buchwert	272 000,— DM
	usw.	
	Abschreibungsbetrag je m^3: 320 000 : 800 000 =	0,40 DM/m^3

1 Stellen Sie die Abschreibungspläne auf!

Einkaufs-preis	Bezugs-kosten	Montage u. ä.	Nutzungs-dauer	Abschr.' art	Abschr.' satz
a) 11 000,—	400,—	600,—	5 Jahre	linear	?
b) 59 000,—	1000,—	—	10 Jahre	degr.	20%
c) 4 000,—	—	—	8 Jahre	linear	?
d) 1 200,—	80,—	—	4 Jahre	linear	?
e) 23 000,—	1000,—	—	3 Jahre	degr.	50%

2 Stellen Sie den Abschreibungsplan für die Regaleinrichtung eines Lagers auf (lineare und degressive Abschreibung)!

Einkaufspreis 172 000,— DM, Bezugskosten 3000,— DM, Montagekosten 5000,— DM, Nutzungsdauer 8 Jahre, 30% degressiver Abschreibungssatz, Abschreibungen auf volle DM *auf*runden.

3 Vergleichen Sie die Gesamtabschreibung nach dem dritten Abschreibungsjahr bei linearer und degressiver Abschreibungsmethode!

Anschaffungswert 156 000,— DM, Nutzungsdauer 12 Jahre, degressive Abschreibung 20%.

Welche Folgerungen ergeben sich aus diesem Vergleich (Aufwendungen, Kosten, Angebotspreis, Steuern, Anlagerisiko)?

4 Stellen Sie die jährliche Leistungsabschreibung für eine Anlage fest!

Einkaufspreis 132 000,— DM, Bezugskosten 3000,— DM, Montagekosten 2000,— DM, geschätzter Schrotterlös 4000,— DM, geschätzte Demontagekosten 2000,— DM, Leistungserwartung 450 000 Stück, Leistungen der 7 Abschreibungsjahre: 18 000, 67 000, 85 000, 93 000, 91 000, 74 000 Stück, 7. Jahr Restabschreibung.

5 Eine Gießerei-Ofenanlage kostet 380 000,— DM. Die Nutzungsdauer wird bei einer Tagesproduktion von etwa 300 t und 232 Einsatztagen je Jahr auf 8 Nutzungsjahre geschätzt.

a) Wie hoch ist der Abschreibungsanteil je t? (4 Dezimalstellen)

b) Wie hoch ist der Buchwert nach dem 3. Nutzungsjahr? Gesamtproduktion bis dahin 212 460 t.

6 Die Forderungsausfälle eines Unternehmens betrugen in den letzten drei Jahren:

1. Jahr 18 420,— DM bei 825 900,— DM Umsatz zu Selbstkosten
2. Jahr 27 690,— DM bei 1 060 100,— DM Umsatz zu Selbstkosten
3. Jahr 25 110,— DM bei 1 190 600,— DM Umsatz zu Selbstkosten

a) Wie hoch ist der durchschnittliche Jahresforderungsausfall in DM?

b) Wie hoch ist der durchschnittliche Abschreibungssatz für Forderungsausfälle?

c) Wie hoch sind die einzurechnenden Abschreibungskosten für Forderungen bei einem Kundenauftrag über 9265,80 DM Selbstkosten?

7 Ein Taschendiktiergerät kostet 750,— DM. Als Nutzungsdauer können 5 Jahre angenommen werden.

Wie hoch ist die Abschreibung im Jahr der Anschaffung?

8 Ein Firmenwagen mit Automatik, Klimaanlage und Telefon wird zu 46 400,— DM frei Haus geliefert. Wegen des Modellrisikos wird der Wagen degressiv mit 50% über 5 Jahre abgeschrieben.

a) Wie hoch ist die Abschreibung im 5. Nutzungsjahr, wenn der Buchwert bis auf 1,— DM Erinnerungswert abgeschrieben werden soll?

b) Nach 2 Nutzungsjahren tritt ein Modellwechsel ein. Der alte Wagen wird zu 12 200,— DM in Zahlung gegeben.

Wie hoch ist der Buchwert nach dem 2. Nutzungsjahr, und wieviel DM beträgt die Über- bzw. Minderabschreibung?

c) Zu Anfang des 3. Nutzungsjahres tritt ein Totalschaden ein.

Der Schrotterlös beträgt 2500,— DM.

Wie hoch ist die Sonderabschreibung?

9 Ein Werk für Betonfertigteile hat 55 t Baustahlmatten zu einem durchschnittlichen Anschaffungspreis von 840,— DM je t auf Lager. Die Baustahlpreise sinken; sie betragen am Bilanzstichtag nur noch 760,— DM.

Wie hoch sind die Abschreibung und der Bilanzwert der Baustahlmatten?

10 Ein Werk für Baukeramik läßt die Buchungsdaten außer Haus verarbeiten. Am 1. Dezember wird ein Datenerfassungsgerät (mit maschinenlesbarer Schrift) zu 3900,— DM angeschafft. Nach dem Steuerrecht kann für das laufende Geschäftsjahr noch die halbe Jahresabschreibung in Anspruch genommen werden. Die Nutzungsdauer wird aus organisatorischen Gründen auf 3 Jahre geschätzt (Lineare Abschreibung).

Stellen Sie den Plan für die steuerliche Abschreibung auf!

11 Ein Pritschenwagen kostet 48 000,— DM. Er soll über 6 Jahre linear abgeschrieben werden. Nach dem dritten Abschreibungsjahr erhält der Wagen einen Kastenaufbau (Kosten 9600,— DM).

Stellen Sie den Abschreibungsplan für die restliche Nutzungsdauer unter Berücksichtigung des werterhöhenden Umbaus auf!

12 Eine Eisengießerei beschafft für das Freilager eine Krananlage: Anschaffungswert 125 000,— DM, betriebsgewöhnliche Nutzungsdauer 25 Jahre. Außer den Abschreibungen soll die Verzinsung des investierten Kapitals berücksichtigt werden: 8% vom halben Anschaffungswert. (Warum vom halben Anschaffungswert?)

Wie hoch sind die Jahres- und Monatskosten der Krananlage?

13 Ein Bodenbelag-Hersteller schafft einen Gabelstapler zu 24 000,— DM an. Nutzungsdauer: 6 Jahre. Es soll vom geschätzten Wiederbeschaffungswert linear abgeschrieben werden.

Wie hoch ist der jährliche kalkulatorische Abschreibungsbetrag, wenn mit einem 20% höheren Wiederbeschaffungswert gerechnet wird?

4. Weitere Kostenarten

Die Kontenklasse 5 enthält neben den Personenkosten und den Abschreibungen eine Reihe weiterer Kostenarten:

> Raum- und Sachkosten, Werbekosten, Rechts- und Beratungskosten, Repräsentationskosten, Reisekosten, Steuern und Abgaben, Finanznebenkosten, Kosten des Fuhrparks, Postkosten und Allgemeine Verwaltungskosten (AVK).

Rechnungen, Quittungen und andere Belege dienen der Erfassung dieser Kosten. Bei einem Teil der Kosten ist darauf zu achten, daß die enthaltene Umsatzsteuer vor dem Buchen herausgerechnet wird. Die Umsatzsteuer ist kein Kostenbestandteil.

1 Die Reisenden und Vertreter eines Geschenkartikelherstellers werden zu einer Informationstagung eingeladen, auf der auch der Verkaufstrainer eines Beratungsunternehmens über neue Vertriebsmethoden sprechen soll. Die Tagung findet in einem bekannten Tagungsrestaurant im Landkreis statt. Die Bewirtungskosten für zweites Frühstück, Mittagessen und Kaffee mit Kuchen betragen 314,90 DM. In diesem Preis ist die Mehrwertsteuer mit 14% enthalten. Der Referent erhält 550,— DM Honorar (mehrwertsteuerfrei).

Wie hoch sind die auf dem Konto „Bewirtung u.ä." zu buchenden Kosten?

2 Unser Einkäufer reist zu einer Besprechung in die Zentrale der freiwilligen Kette, der wir angeschlossen sind. Die Reisekosten werden, außer Fahrkosten, pauschal abgerechnet: Bundesbahn 1. Klasse 95,40 DM, Taxi 9,70 DM und 10,30 DM; Übernachtungsgeld 28,— DM, Tagesspesenpauschalen 30,— DM. Der erste Reisetag ist voll, der zweite mit $^8/_{10}$ des Tagessatzes abzurechnen.

Über welchen Betrag lautet die Reisekostenabrechnung?

3 Wegen Umbau des Freilagers wurde vorübergehend ein Teil des angrenzenden Verkehrsübungsplatzes gemietet: 2840 m^2 zu 4 Pf je Tag und m^2 einschließlich Umsatzsteuer. Nach 17 Tagen ist das Ausweichlager geräumt und gereinigt.

Wie hoch sind die Mietrechnung und der Mehrwertsteueranteil (14%)?

4 Die Auszubildende Julia Zimmer hat am 1. November die Portokasse übernommen. Der Briefmarkenbestand hat einen Wert von 23,60 DM, an Bargeld sind 22,10 DM vorhanden.

Anfang November werden 300,— DM in die Portokasse eingezahlt. Am Postschalter kauft Julia Zimmer folgende Mengen Briefmarken (aus Werbegründen Sondermarken):

220	Marken zu	80 Pf
140	Marken zu	50 Pf
90	Marken zu	10 Pf
10	Marken zu	100 Pf
50	Marken zu	60 Pf

An Postsendungen sind ausgegangen:

132 Sendungen zu 80 Pf	25 Sendungen zu 50 Pf
30 Sendungen zu 60 Pf	4 Sendungen zu 190 Pf
20 Sendungen zu 130 Pf	2 Sendungen zu 300 Pf
	2 Sendungen zu 200 Pf

Wie hoch ist der Bestand an Briefmarken (in DM) und an Bargeld am 30. November?

5 Zur Auslieferung von Möbeln wird vor den Festtagen ein Lastentaxi gemietet, um alle Bestellungen pünktlich zuzustellen. Mit dem Taxiunternehmen wurden vereinbart:

Fahrzeug je Std. 12,— DM (Benzinkosten extra);
Fahrer je Std. 16,— DM; Beifahrer je Std. 14,— DM
Benzinkosten 10,50 DM je 100 km (Verrechnungspreis ohne USt)

Eingesetzt wurde das Fahrzeug: 1. Tag 6,5 Std.; 2. Tag 9 Std.

Gefahren wurden insgesamt 310 km.

Wie hoch ist der Rechnungsbetrag, wenn zusätzlich 14% Umsatzsteuer berechnet werden?

6 Die Angestellte Ruth Fink erhält die Kostenunterlagen des Betriebsausfluges zur Prüfung.

Fahrkosten: Mit dem Busunternehmen wurde ein km-Preis von 1,40 DM vereinbart. Die km-Stände beider Fahrzeuge wurden zu Beginn und am Ende der Fahrt überprüft. Fahrstrecke: je Bus 192 km.

Bewirtungskosten: Um die Abrechnung mit dem Wirt zu vereinfachen, wurden Verzehrkarten ausgegeben. Jeder Teilnehmer erhielt eine Karte mit 1 Bon für Mittagessen, 1 Bon für Kaffee und Kuchen, 1 Bon für Abendessen, je 10 Getränkekarten zu 0,50 DM und 1,— DM. Abgerechnet wurden: 82 Bons für Mittagessen zu 14,50 DM je Essen, 77 Bons für Kaffee und Kuchen zu 4,60 DM je Gedeck, 81 Bons für Abendessen zu 9,10 DM je Essen, 804 Getränkebons zu 0,50 DM und 827 zu 1,— DM. — Einmann-Kapelle: 330,— DM.

Tombola: Die Gewinne für die Tombola wurden vom Unternehmen gestiftet, Wert 764,— DM.

a) Wie hoch sind die Gesamtausgaben für den Betriebsausflug?

b) Im Gesamtbetrag sind 14% MWSt enthalten. Wie hoch sind die Kosten des Betriebsausfluges und die MWSt?

c) Durch die Wahl eines preiswerteren und näher gelegenen Ausflugslokals sind die Ausgaben um 5,4% niedriger als im Vorjahr? Wieviel DM betrugen die Ausgaben im letzten Jahr?

5. Kalkulatorische Kosten

a) Kalkulatorische Zinsen

Verzinsung des Betriebskapitals

Die kalkulatorischen Zinsen sind die Verzinsung des betriebsnotwendigen Kapitals zum üblichen Marktzins. Die Kostenrechnung enthält als Aufwand *nur* die für das Fremdkapital *gezahlten* Zinsen. Weil auch ein Anspruch auf Verzinsung des Eigenkapitals besteht, *können* Zinsen für das Eigenkapital in die Kostenrechnung einbezogen werden. Für die Ermittlung der kalkulatorischen Zinsen muß das im betrieblichen Leistungsprozeß eingesetzte Eigen- und Fremdkapital festgestellt werden. Dazu ist die Ermittlung des *betriebsnotwendigen Vermögens* erforderlich (= laufend dem Betriebszweck dienendes Vermögen). Wird vom betriebsnotwendigen Vermögen das dem Unternehmen zinslos zur Verfügung stehende Kapital abgezogen (z. B. Kundenanzahlungen), so erhält man das *betriebsnotwendige Kapital.*

Beispiel 1 — kalkulatorische Zinsen

Ein Unternehmen hat folgende Vermögens- und Kapitalaufstellung:

	DM	DM
betriebsnotwendiges Anlagevermögen		
Grundstück und Gebäude	4 000 000,—	
Maschinen und Werkzeuge	8 000 000,—	
Ausstattung	2 000 000,—	14 000 000,—
betriebsnotwendiges Umlaufvermögen		
Vorräte	12 000 000,—	
Forderungen	4 000 000,—	
Zahlungsmittel	100 000,—	16 100 000,—
betriebsnotwendiges Vermögen		30 100 000,—
– zinsfreies Kapital		100 000,—
betriebsnotwendiges Kapital		30 000 000,—

Wie hoch sind die kalkulatorischen Zinsen je Jahr und Monat bei einem Bankzinssatz von 10%?

Lösung

$$\text{Jahreszinsen} = \frac{30\,000\,000 \cdot 10}{100} = \underline{\underline{3\,000\,000,\text{— DM}}}$$

$$\text{Monatszinsen} = \frac{3\,000\,000}{12} = \underline{\underline{250\,000,\text{— DM}}}$$

Je höher der *Kapitalumschlag* ist, um so geringer sind die Zinskosten je DM Umsatz.

Beispiel 2 — Kapitalumschlag

Ein Unternehmen hat einen Jahresumsatz von 15 600 000,— DM zu Selbstkosten. Das betriebsnotwendige Kapital wird mit 2 400 000,— DM ausgewiesen.

Wie hoch ist der Kapitalumschlag in diesem Geschäftsjahr?

Lösung **Kapitalumschlag** $= \frac{15\,600\,000}{2\,400\,000} = \underline{\underline{6{,}5}}$ (mal im Jahr)

$$\textbf{Kapitalumschlag} = \frac{\textbf{Umsatz zu Selbstkosten}}{\textbf{betriebsnotwendiges Kapital}}$$

Aus den kalkulatorischen Zinsen, dem Jahresumsatz zu Selbstkosten und dem Kapitalumschlag wird der Zuschlagssatz für kalkulatorische Zinsen ermittelt.

Beispiel 3 — Zuschlagssatz für kalkulatorische Zinsen

Ein Unternehmen hat einen Jahresumsatz von 15 600 000,— DM zu Selbstkosten. Das betriebsnotwendige Kapital wird mit 2 400 000,— DM ausgewiesen. Bankzinssatz: 13%.

Wie hoch ist der kalkulatorische Zinszuschlagssatz?

a) Errechnung mit kalkulatorischen Zinsen.

b) Errechnung mit Kapitalumschlag.

Lösung zu a) **Feststellen der kalkulatorischen Zinsen**

13% von 2 400 000,— DM Kapital = $\underline{\underline{\text{312 000,— DM kalk. Zinsen}}}$

Feststellen des Zuschlagssatzes für kalkulatorische Zinsen

Umsatz zu Selbstkosten ≙ 100%
kalkulatorische Zinsen ≙ x %

Zuschlagssatz $= \frac{312\,000 \cdot 100}{15\,600\,000} = \underline{\underline{2\%}}$

$$\textbf{Zuschlagssatz} = \frac{\textbf{kalkulatorische Zinsen} \cdot \textbf{100}}{\textbf{Umsatz zu Selbstkosten}}$$

Lösung zu b) **Feststellen des Kapitalumschlags**

Kapitalumschlag $= \frac{15\,600\,000}{2\,400\,000} = \underline{\underline{6{,}5}}$

Feststellen des Zuschlagssatzes für kalkulatorische Zinsen

Bankzinssatz 13 %
Kapitalumschlag 6,5

Zuschlagssatz $= \frac{13}{6{,}5} = \underline{\underline{2\%}}$

$$\textbf{Zuschlagssatz} = \frac{\textbf{Bankzinssatz}}{\textbf{Kapitalumschlag}}$$

Beispiel 4 — Anwendung

Eine Partie importiertes Speiseöl wird zu 42 800,— DM Selbstkosten kalkuliert. Der Zuschlagssatz für kalkulatorische Zinsen beträgt 2%.
Wie hoch sind die Selbstkosten dieser Partie einschließlich kalkulatorische Zinsen?

Lösung

	Selbstkosten	42 800,— DM
+	kalkulatorische Zinsen 2%	856,— DM
=	Selbstkosten einschließlich kalkulatorische Zinsen	43 656,— DM

1 Stellen Sie das betriebsnotwendige Kapital und die kalkulatorischen Zinsen fest!

	a)	b)	c)	d)
Grundstücke	80 000,—	600 000,—	40 000,—	—
darin enthalten Reservegrundstücke	10 000,—	50 000,—	5 000,—	—
Gebäude	900 000,—	2 300 000,—	210 000,—	—
Ausstattung	1 000 000,—	1 470 000,—	90 000,—	80 000,—
Vorräte	800 000,—	1 700 000,—	80 000,—	60 000,—
darin enthalten Kommissionsware	—	160 000,—	—	—
Forderungen	400 000,—	250 000,—	20 000,—	20 000,—
Zahlungsmittel	20 000,—	140 000,—	10 000,—	8 000,—
darin enthalten Kundenanzahlungen	2 000,—	10 000,—	1 000,—	—
Wertpapiere	50 000,—	30 000,—	4 000,—	—
davon Liquiditätsanlage	—	30 000,—	4 000,—	—
Zinsfreies Kapital	10 000,—	20 000,—	—	—
Zinssatz	12%	10%	14%	9%

2 Stellen Sie die mit Fragezeichen gekennzeichneten Werte fest! (1 Dezimale)

	betriebsnotw. Kapital	Umsatz zu Selbstkosten	Kapitalumschlag	kalkulat. Zinsen	kalkulatorischer Zinss.	kalkulatorischer Zinszuschlagss.
a)	4 000 000,—	21 000 000,—	?	?	7 %	—
b)	200 000,—	1 700 000,—	?	?	8,5%	—
c)	60 000,—	585 000,—	?	?	10 %	—
d)	—	20 000 000,—	—	300 000,—	—	?
e)	—	400 000,—	—	1 000,—	—	?
f)	—	1 800 000,—	—	44 000,—	—	?
g)	—	—	4,5	—	12,6%	?
h)	—	—	8	—	11 %	?
i)	—	—	11,5	—	8 %	?
j)	500 000,—	3 250 000,—	?	?	10 %	?
k)	1 200 000,—	3 000 000,—	?	?	13 %	?

3 Kostenstellen:	Material	Fertigung	Verwaltung	Vertrieb
Anlagevermögen	200 000,—	400 000,—	150 000,—	80 000,—
Umlaufvermögen	800 000,—	100 000,—	50 000,—	20 000,—
Zinssatz 7%				

b) Kalkulatorische Wagnisse[1)]

Es handelt sich um Wagnisse der Produktion (z. B. Kosten der Mängelbeseitigung während der Garantiezeit) und des Absatzes (z. B. Zahlungseingang, Währungsrisiken), soweit sie nicht bereits in den kalkulatorischen Abschreibungen enthalten sind.

Berechnungsgrundlage sind für Produktionswagnisse die Herstellkosten oder Selbstkosten, für Absatzwagnisse die Selbstkosten.

Beispiel 1 — Ermitteln des Wagniszuschlagssatzes

Die Buchhaltung hat die eingetretenen Absatzwagnisse der letzten vier Geschäftsjahre zusammengestellt.

Wie hoch ist der durchschnittliche Wagniszuschlagssatz?

	eingetretene Wagnisse	Selbstkosten	Wagnisse in %
1. Jahr	21 000,— DM	700 000,— DM	(= 3%)
2. Jahr	8 000,— DM	800 000,— DM	(= 1%)
3. Jahr	36 000,— DM	900 000,— DM	(= 4%)
4. Jahr	16 000,— DM	800 000,— DM	(= 2%)
4 Jahre	81 000,— DM	3 200 000,— DM	(10% : 4)
1 Jahr *im Durchschnitt*	20 250,— DM	800 000,— DM	(= 2,5%)

Lösung

x % ≙ 81 000,— DM
3 200 000,— DM ≙ 100%

$$\textbf{Wagniszuschlagssatz} = \frac{81\,000 \cdot 100}{3\,200\,000} = 2{,}5\%$$

$$\textbf{Wagniszuschlagssatz} = \frac{\text{Summe der eingetretenen Wagnisse} \cdot 100}{\text{Summe der Selbstkosten}}$$

Beispiel 2 — Anwendung des Wagniszuschlagssatzes

Eine Gießerei kalkuliert einen Auftrag Kleinguß mit 52 800,— DM Selbstkosten. Der Wagniszuschlag für Kleinguß beträgt 2,5%. Wie hoch sind die Selbstkosten einschließlich Wagnisse?

Lösung

Selbstkosten	52 800,— DM
+ Wagniszuschlag 2,5%	1 320,— DM
= Selbstkosten einschließlich kalkulatorischer Wagnisse	54 120,— DM

1) Kalkulatorische Wagnisse sind meist Bestandteil der Selbstkosten. Kapitalwagnisse werden auch in den Gewinnzuschlag einbezogen.

1 Stellen Sie fest

a) das jährliche eingetretene Wagnis in Prozent;

b) den Wagniszuschlag für das 6. Geschäftsjahr auf Grund der eingetretenen Wagnisse der letzten 5 Jahre!

	eingetretene Risiken	Selbstkosten
1. Jahr	40 000,— DM	6 000 000,— DM
2. Jahr	35 000,— DM	5 800 000,— DM
3. Jahr	46 000,— DM	6 200 000,— DM
4. Jahr	47 000,— DM	6 500 000,— DM
5. Jahr	55 000,— DM	7 000 000,— DM

2 Ein Unternehmen stellt wegen des größeren Risikos für das Exportgeschäft gesondert die Wagnisse fest.

Mit welchem Wagniszuschlagssatz muß das Unternehmen auf Grund der eingetretenen Wagnisse der letzten vier Jahre kalkulieren?

	eingetretene Risiken	Exportumsatz zu Selbstkosten
1. Jahr	12 000,— DM	300 000,— DM
2. Jahr	50 000,— DM	350 000,— DM
3. Jahr	15 000,— DM	400 000,— DM
4. Jahr	17 000,— DM	430 000,— DM

3 Ein Unternehmen kalkuliert die Angebotspreise nach Kunden mit Sofortzahlung und Kreditgeschäften. Das Forderungsrisiko wird nur in die Preise der Kreditgeschäfte einkalkuliert.

a) Wie hoch ist der Wagniszuschlagssatz auf Grund der Forderungsausfälle der letzten sieben Jahre?

b) Stellen Sie den Risikozuschlagssatz nach jedem Jahr unter Berücksichtigung der vorhergehenden Jahresausfälle erneut fest! (1 Dezimalstelle)

	Forderungen	Forderungsausfälle
1. Jahr	940 000,— DM	36 000,— DM
2. Jahr	1 630 000,— DM	45 000,— DM
3. Jahr	1 250 000,— DM	80 000,— DM
4. Jahr	1 010 000,— DM	38 000,— DM
5. Jahr	980 000,— DM	32 000,— DM
6. Jahr	990 000,— DM	40 000,— DM
7. Jahr	880 000,— DM	30 000,— DM

4 Wie hoch sind die Selbstkosten einschließlich kalkulatorischer Wagniszuschläge? (1 Dezimalstelle)

	Selbstkosten der letzten 3 Jahre	eingetr. Risiken der letzten 3 Jahre	Wagniszuschlagssatz	Selbstkosten	Selbstkosten einschließlich Wagnisse
a)	10 000 000,—	1 250 000,—	?	6 200,—	?
b)	2 550 000,—	80 000,—	?	4,50	?
c)	820 000,—	5 000,—	?	12,10	?

c) Kalkulatorischer Unternehmerlohn

Der kalkulatorische Unternehmerlohn ist das Entgelt für die geleistete Arbeit des Unternehmers. Die Höhe des kalkulierten Entgelts entspricht dem Gehalt eines Angestellten in gleicher Position (Vorstand, Geschäftsführer).

Der Unternehmerlohn kann entweder mit den Personalkosten oder als Teil des kalkulatorischen Gewinnzuschlages verrechnet werden.

Beispiel 1 — Zuschlagssatz für Unternehmerlohn

Das Stanzwerk Theo Dorsch & Co. hat einen Komplementär, der die alleinige Geschäftsführung und -vertretung hat, und einen Kommanditisten. Für die Geschäftsführung erhält Dorsch ein Jahresgehalt in Höhe von 60 000,— DM, das nach seinen Aufgabengebieten und dem Umfang des Unternehmens bemessen wurde (Anzahl der Beschäftigten und Umsatz).

Wie hoch ist der Zuschlagssatz für Unternehmerlohn bei einem Umsatz zu Selbstkosten in Höhe von 4 000 000,— DM?

Lösung

$$x\% \mathrel{\hat{=}} 60\,000,\text{— DM}$$
$$4\,000\,000,\text{— DM} \mathrel{\hat{=}} 100\%$$
$$\textbf{Zuschlagssatz} = \frac{60\,000 \cdot 100}{4\,000\,000} = 1{,}5\%$$

Beispiel 2 — Anwendung

Ein Gerätewerk stellt Blinkgeber für die Automobilindustrie her. Die Selbstkosten je Stück betragen 18,50 DM.

Wie hoch sind die Selbstkosten einschließlich kalkulatorischer Unternehmerlohn? Unternehmerzuschlagssatz: 1,5%

Lösung

Selbstkosten	18,50 DM
+ Unternehmerlohn 1,5%	0,28 DM
Selbstkosten einschließlich Unternehmerlohn	18,78 DM

1 Ermitteln Sie den Zuschlagssatz für den kalkulatorischen Unternehmerlohn und die Selbstkosten einschließlich Unternehmerlohn!

	Selbstkosten	Unternehmerlohn	Zuschlagssatz für Unternehmerlohn	Selbstkosten	Selbstkosten einschließlich Unternehmerlohn
a)	28 000 000,—	84 000,—	?	8950,—	?
b)	3 600 000,—	72 000,—	?	120,—	?
c)	12 000 000,—	60 000,— 72 000,—	?	3,60	?
d)	900 000,—	36 000,—	?	15,80	?

d) Kalkulatorischer Gewinn

Der kalkulatorische Gewinn als Bestandteil des kalkulatorischen Angebotspreises besteht aus dem Unternehmerlohn und der Eigenkapitalverzinsung — soweit sie nicht in den Selbstkosten verrechnet worden sind — und der Risikoprämie.

Die Kapitalverzinsung ist die Verzinsung des Eigenkapitals zum geschäftsüblichen Zinssatz. Wird die Eigenkapitalverzinsung in den kalkulatorischen Zinsen *nicht* mit verrechnet, dann ist auch sie Bestandteil des Gewinnzuschlages.

Die Risikoprämie bezieht sich auf das Eigenkapital, das bei der Anlage in einem Unternehmen einem größeren Risiko ausgesetzt ist als in Form eines Bankguthabens, von Pfandbriefen, Hypotheken u. a. Die Höhe des Kapitalrisikos hängt von der Branche und von der Art der Geschäfte ab. Berechnungsgrundlage für die Risikoprämie ist grundsätzlich das Eigenkapital.

Der Unternehmerlohn ist das Entgelt für die persönliche Arbeitsleistung des Unternehmers. Wird der Unternehmerlohn nicht in den kalkulatorischen Kosten verrechnet, dann ist er Bestandteil des Gewinnzuschlages.

Der kalkulatorische Gewinn wird in der Kalkulation als Zuschlag eingesetzt. Berechnungsgrundlage für den Gewinnzuschlag sind die gesamten Selbstkosten des Rechnungszeitraumes.

Beispiel 1 — Ermitteln des kalkulatorischen Gewinnzuschlagssatzes

Eine Schlosserei hat ein Eigenkapital von 600 000,— DM, das zu 8% verzinst werden soll. Als Risikoprämie werden 2%, als Unternehmerlohn 72 000,— DM (im Jahr) verrechnet. Die Selbstkosten des letzten Geschäftsjahres betrugen 2 640 000,— DM. — Wie hoch ist der Gewinnzuschlagssatz?

Lösung

Feststellen des Gesamtgewinnes in DM

Eigenkapitalverzinsung	8% von 600 000,— DM	48 000,— DM
Risikoprämie	2% von 600 000,— DM	12 000,— DM
Unternehmerlohn		72 000,— DM
	kalkulatorischer Gesamtgewinn	132 000,— DM

Feststellen des Gewinnzuschlagssatzes

Selbstkosten des Geschäftsjahres . .	2 640 000,— DM
Kalkulatorischer Gewinn im Jahr . .	132 000,— DM
Gewinnzuschlagssatz	x %

$x\ \% \hat{=} 132\,000{,}\text{— DM}$
$2\,640\,000{,}\text{— DM} \hat{=} 100\ \%$

$$x = \frac{132\,000 \cdot 100}{2\,640\,000} = 5\%\ \text{Gewinnzuschlag}$$

Beispiel 2 — Feststellen des kalkulatorischen Angebotspreises
Die Selbstkosten der Stahlkonstruktion für ein Glasdach betragen 854,— DM, der Gewinnzuschlag 5%. Wie hoch ist der Angebotspreis?

Lösung

Selbstkosten	854,— DM
+ kalkulatorischer Gewinn 5% . . .	42,70 DM
= Kalkulatorischer Angebotspreis . .	896,70 DM

Ob der kalkulatorische Angebotspreis und damit der kalkulatorische Gewinn zustande kommt, ist eine Frage der Marktverhältnisse. Läßt es der Markt zu, wird ein höherer Preis genommen; im anderen Falle wird der kalkulierte Preis heruntergesetzt und teilweise bzw. ganz auf den Gewinn bei diesem Artikel verzichtet. Es kann auch vorkommen, daß durch den Verkaufserlös nicht einmal die Selbstkosten gedeckt sind.

1 Stellen Sie den Zuschlagssatz für den kalkulatorischen Gewinn fest!

	Eigenkapital	Kapitalzinssatz	Risikoprämie	Unternehmerlohn	kalkulat. Gewinn in DM	kalkulat. Gewinn in %	Selbstkosten
a)	2 000 000,—	10	1,5	120 000,—	?	?	16 000 000,—
b)	1 200 000,—	16	2	96 000,—	?	?	5 000 000,—
c)	750 000,—	12	1	48 000,—	?	?	8 000 000,—
				36 000,—			
d)	30 000,—	15	0,5	42 000,—	?	?	2 500 000,—

2 Errechnen Sie die kalkulatorischen Angebotspreise!

	Selbstkosten	Kalkulatorischer Gewinn in % Unter-nehmer-lohn	Kapital-verzins.	Risiko-prämie	insges.	Angebots-preise
a)	10 600,—	0,5	0,3	0,1	?	?
b)	4,50	1,1	0,8	0,2	?	?
c)	22,30	0,75	0,1	0,05	?	?
d)	110,10	1,5	1,1	0,1	?	?
e)	0,80	0,9	0,2	0,04	?	?

3 Stellen Sie die kalkulatorischen Gewinnzuschläge fest!

a) Eigenkapital 120 000,— DM, Zinssatz 15%, Risikoprämie 1% vom Eigenkapital, Unternehmerlohn 24 000,— DM im Jahr, Selbstkosten des Rechnungszeitraumes 420 000,— DM.

b) Eigenkapital 1 425 000,— DM, Zinssatz 6 %, Risikoprämie 1 ½ %. Unternehmerlohn: Gesellschafter K 24 000,— DM, D 36 000,— DM, Selbstkosten 4 108 500,— DM.

c) Eigenkapital 715 000,— DM, Zinssatz 14 %, Risikoprämie 2 ½ %, Komplementär V 30 000,— DM Jahresgehalt, Kommanditist Z kein Gehalt, Selbstkosten 825 400,— DM.

d) Eigenkapital 20 750 000,— DM, Zinssatz 17%, Risikoprämie 1¼%, Selbstkosten 48 106 000,— DM, Unternehmerlohn 4000,— DM monatlich. Wie hoch ist der Eigenkapitalumschlag?

e) Eigenkapital 700 000,— DM, Zinssatz 16%, zweimaliger Kapitalumschlag.

f) Eigenkapital 400 000,— DM, Zinsen 48 000,— DM, viermaliger Kapitalumschlag.

g) Eigenkapital 150 000,— DM, Unternehmerlohn 60 000,— DM, Zinssatz 22%, Risikoprämie 2% von den Selbstkosten, viermaliger Kapitalumschlag, Selbstkosten 600 000,— DM.

6. Programmierte Übungen (2.–5.)

Die Lösungen bitte nur dann ankreuzen, wenn das Buch Ihr Eigentum ist.
Im Leihverfahren überlassene Bücher dürfen nicht beschrieben werden.

1 Für den Aushilfsarbeiter Stegmann ist die Lohnabrechnung für die Zeit vom 22.–27. Oktober aufzustellen. Arbeitszeiten: 22.10. 8 Std., 23.10. 10 Std., 24.10. 10 Std., 25.10. 10 Std., 26.10. 12 Std., und 27.10. 4 Std. Der Stundenlohn beträgt 10,— DM. An Überstundenzuschlägen werden gezahlt: 10 Std. mit 25%, 2 Std. mit 30% und 2 Std. mit 35%. Die vermögenswirksame Leistung des Betriebes beträgt 26,— DM, der Freibetrag (Lohnsteuerkarte) 30,— DM. Abzüge: Lohnsteuer 71,— DM, Kirchensteuer 5,68 DM, Sozialversicherung 89,86 DM, Überweisung der vermögenswirksamen Leistung 26,— DM.

a) Wie hoch ist der steuerpflichtige Lohn?

b) Wie hoch ist die Auszahlung?

a)
- [a] 540,— DM
- [b] 574,— DM
- [c] 578,— DM
- [d] 604,— DM
- [e] anderes Ergebnis, welches?

b)
- [a] 497,32 DM
- [b] 407,46 DM
- [c] 381,46 DM
- [d] 318,46 DM
- [e] anderes Ergebnis, welches?

2 Der Einkaufspreis einer Presse für Industrieabfälle beträgt 9500,— DM. An Bezugskosten werden 300,— DM gezahlt, die Montage kostet 200,— DM. Die Nutzungsdauer wird auf 10 Jahre geschätzt. Als Abschreibungssatz wird das Doppelte des Satzes bei linearer Abschreibung angesetzt. Wie hoch ist der Restwert nach 3 Abschreibungsjahren?

- [a] 4880,— DM
- [b] 5120,— DM
- [c] 6400,— DM
- [d] 4000,— DM
- [e] anderes Ergebnis, welches?

3 Das Eigenkapital einer Unternehmung beträgt 4,8 Mio. DM, das zu 7,5% verzinst werden soll. Als Risikoprämie werden 1,5% und als Unternehmerlohn 96000,— DM verrechnet. Selbstkosten des letzten Geschäftsjahres: 12 Mio. DM.

Wie hoch ist der Gewinnzuschlagssatz?

- [a] 4,4%
- [b] 3,1%
- [c] 2,3%
- [d] 7,4%
- [e] anderes Ergebnis, welches?

4 Wie hoch ist der kalkulatorische Zinszuschlagssatz? Betriebsnotwendiges Kapital 1200000,— DM, Umsatz zu Selbstkosten 3000000,— DM, Zinssatz 13%.

- [a] 2,5%
- [b] 3,1%
- [c] 4,7%
- [d] 5,2%
- [e] anderes Ergebnis, welches?

II. Kalkulation — Kostenträgerrechnung

Durch die Kalkulation werden die für eine betriebliche Leistung anfallenden Kosten erfaßt und verrechnet. Das gilt sowohl für die einzelne Leistung als auch für eine Rechnungsperiode (Stück- und Zeitrechnung).

Kalkulationsarten

Vorkalkulation	**Nachkalkulation**	**Zwischenkalkulation**
(Angebotskalkulation) Feststellen des zu fordernden Preises bzw. der Preisuntergrenze. Vorausrechnung mit ungef. Werten.	Feststellen der tatsächlich angefallenen Kosten. Vergleich der Ergebnisse der Vor- und Nachkalkulation.	Feststellen des Wertes von Leistungen, die sich noch in der Produktion befinden, z.B. Bewertung zum Bilanzstichtag.

Die Kalkulationsmethoden sind weitgehend abhängig von den Fertigungsverfahren:

Fertigungsverfahren		**Kalkulationsmethoden**
Mehrfachfertigung	=	**Divisionskalkulation**
Einfache Massenfertigung (ein einheitliches Produkt)	=	*Einfache Divisionskalkulation*
a) einstufige Massenfertigung (Zwischenerzeugnisse nicht verkaufsfähig)	=	a) einstufige Divisionskalkulation
b) mehrstufige Massenfertigung (Zwischenerzeugn. verkaufsfähig)	=	b) mehrstufige Divisionskalkulation
Mehrfache Massenfertigung	=	*Verfeinerte Divisionskalkulation*
a) Sortenfertigung (ein- oder mehrstufig)	=	a) verfeinerte oder Divisionskalkulation mit Äquivalenzziffern ein- oder mehrstufig
b) Serienfertigung (ein- oder mehrstufig)	=	b) verfeinerte oder Divisionskalkulation mit Äquivalenzziffern, Zuschlagskalkulation
Einzelfertigung	=	**Zuschlagskalkulation**

Bei der mehrstufigen Mehrfachfertigung werden die einzelnen Produktionsstufen als Kostenstellen behandelt, so daß eine Kostenerfassung je Stufe möglich ist.

1. Divisionskalkulation

a) Einfache Divisionskalkulation

a1) Ermitteln des Verkaufspreises

Ermitteln der Kosten

Bei einheitlicher Massenfertigung werden die Kosten des Rechnungszeitraumes den Leistungen des Rechnungszeitraumes zugerechnet. Dabei können die Kosten entweder nach Kostenarten oder nach Kostenstellen erfaßt sein.

$$\textbf{Kosten je Einheit} = \frac{\textbf{Kosten des Rechnungszeitraumes}}{\textbf{Leistungen des Rechnungszeitraumes}}$$

Beispiel 1 — Kostenerfassung nach Kostenarten

Ein Betrieb stellt eine Sorte Kunstharzfolie her. Im vergangenen Rechnungszeitraum wurden 200000 m Folie zu den angegebenen Kosten hergestellt.

Wie hoch sind die Selbstkosten für 1 m Folie?

Lösung

		in %	je m
Materialkosten	140000,— DM	38,9	0,70 DM
Personalkosten	120000,— DM	33,3	0,60 DM
Instandhaltung und Instandsetzung	8000,— DM	2,2	0,04 DM
Abschreibungen	20000,— DM	5,6	0,10 DM
Steuern, Versicherungen	18000,— DM	5	0,09 DM
Sonstige Kosten	54000,— DM	15	0,27 DM
Gesamtkosten/Selbstkosten	360000,— DM	100	1,80 DM
Selbstkosten für 1 m Folie	1,80 DM		

Die gesamten Selbstkosten werden durch die Herstellungsmenge *dividiert.*

Beispiel 2 — Kostenerfassung nach Kostenstellen

Wie hoch sind die Kosten für 1 kg Dünger bei einer Produktion von 800000 kg?

Lösung

Kostenstelle Material	600000,— DM		
Kostenstelle Fertigung	200000,— DM		
Herstellungskosten	800000,— DM		
Kostenstelle Verwaltung	80000,— DM		
Kostenstelle Vertrieb	110000,— DM		
Selbstkosten	990000,— DM	für	800000 kg
Selbstkosten	1,24 DM	für	1 kg

Beispiel 3 — Kostenerfassung unter Berücksichtigung von Bestandsveränderungen

Selbstkosten des Rechnungszeitraumes 360000,— DM, Bestandsminderung an unfertigen Erzeugnissen 20000,— DM.

Lösung Bei Bestandsveränderungen an unfertigen Erzeugnissen müssen wir die Selbstkosten des Rechnungszeitraumes entsprechend korrigieren.

Bestandsminderungen bei unfertigen Erzeugnissen sind den Selbstkosten der Fertigerzeugnisse zuzurechnen,
Bestandsmehrungen bei unfertigen Erzeugnissen sind von den Selbstkosten der Fertigerzeugnisse abzuziehen.

	Selbstkosten des Rechnungszeitraumes		360000,— DM
+	Bestandsminderung		20000,— DM
	Selbstkosten der Fertigerzeugnisse dieses Rechnungszeitraumes	200000 m	380000,— DM
	(380000 DM : 200000)	1 m	1,90 DM

Ermitteln des Verkaufspreises

Neben den Selbstkosten enthält der Verkaufspreis Gewinn, Verkaufsskonto und Verkaufsrabatt.

Die Mehrwertsteuer ist kein Kostenbestandteil. Sie wird daher in der Kalkulation grundsätzlich nicht berücksichtigt.

Merke: Die Mehrwertsteuer ist kalkulationsneutral.
Sie verlangt die Netto-Preisrechnung.

Beim Verkauf wird die Mehrwertsteuer in der Rechnung gesondert als Zuschlag auf den Angebotspreis ausgewiesen.[1)]

Beispiel 4

Die Selbstkosten für Kunstharzfolie betragen 360000,— DM (vgl. Beispiel 1). Daneben sind zu berücksichtigen: 10% Gewinn, 2% Skonto, $12\frac{1}{2}$% Rabatt. Produktion: 200000 m Folie.

a) Wie hoch ist der Angebotspreis insgesamt und für 1 m Folie?
b) Über welchen Betrag lautet die Rechnung bei 14 % Mehrwertsteuer? Lieferung 1000 m.
c) Wie hoch ist die Überweisung des Kunden bei Skontoabzug? Wieviel DM beträgt die Mehrwertsteuer?
d) Wie hoch ist die Überweisung des Kunden ohne Skontoabzug?
e) Wie hoch wären der Angebotspreis und die Mehrwertsteuer, wenn dem Kunden als Kleinabnehmer kein Rabatt gewährt wird?
f) Wie hoch ist der Angebotspreis an den Letztverbraucher, wenn die MWSt von 14 % in den Preis einbezogen wird? (ohne Rabattgewährung)

1) Mehrwertsteuersätze vom Brutto-Verkaufspreis

bei 14 % MWSt sind das 14 % von 114 $= \frac{14 \cdot 100}{114} = 12{,}28$ %

bei 7 % MWSt sind das 7 % von 107 $= \frac{7 \cdot 100}{107} = 6{,}54$ %

Lösung zu a) — Listenangebotspreis insgesamt und für 1 m

					je m
	Selbstkostenpreis	360000,— DM	**100** %		1,80 DM
+	Gewinn 10% (v. H.) . . .	36000,— DM	**10** %		0,18 DM
	Barverkaufspreis	396000,— DM	**110** %	**98%**	1,98 DM
+	Skonto 2% (i. H.)	8081,63 DM		**2%**	0,04 DM
	Zielverkaufspreis	404081,63 DM	**87½%**	**100%**	2,02 DM
+	Rabatt 12½%	57725,95 DM	**12½%**		0,29 DM
	Listenverkaufspreis . . .	461807,58 DM	**100** %		
	Verkaufspreis für 1 m Folie	2,31 DM			2,31 DM

Lösung zu b) — Brutto-Rechnungsbetrag

Rechnung

Anzahl	Artikel	Preise je m	Preise insgesamt
1000	Kunstharzfolie R 8 Rabatt 12½%	2,31	2310,— 288,75
	Netto-Rechnungspreis MWSt 14%		2021,25 282,98
	Brutto-Rechnungspreis		2304,23

Lösung zu c) — Kundenüberweisung mit Skontoabzug und MWSt

Zielverkaufspreis — netto	2021,25 DM
– Skonto 2%	40,43 DM
Barverkaufspreis — netto	1980,82 DM
+ MWSt 14%	277,31 DM
Barverkaufspreis/Überweisung — brutto	2258,13 DM

Lösung zu d) — Kundenüberweisung ohne Skontoabzug

Überweisung des Brutto-Rechnungsbetrages 2304,23 DM

Lösung zu e) — Angebotspreis und MWSt ohne Rabattgewährung

Ziel-Angebotspreis je m	2,31 DM
MWSt 14%	0,32 DM

Lösung zu f) — Angebotspreis an Letztverbraucher ohne Rabattgewährung und einschließlich Mehrwertsteuer

Ziel-Angebotspreis	2,31 DM
+ MWSt 14%	0,32 DM
Brutto-Angebotspreis	2,63 DM

Kalkulationsschema

	Summe der Kostenarten bzw. Summe der Kostenstellen	**DM**
	Selbstkosten des Rechnungszeitraumes	
–	**Bestandsmehrungen an unfertigen Erzeugnissen**	**DM**
+	**Bestandsminderungen an unfertigen Erzeugnissen**	**DM**
	Selbstkosten der im Rechnungszeitraum fertigen Erzeugnisse	
+	**Gewinn (v. H.)**	**DM**
	Barverkaufspreis	
+	**Skonto (i. H.)**	**DM**
	Zielverkaufspreis	
+	**Rabatt (i. H.)**	**DM**
	Listenverkaufspreis	**DM**

Je nach Angebotspreis wird die MWSt vom Barverkaufspreis, Zielverkaufspreis oder Listenverkaufspreis berechnet.

Mehrwertsteuer und empfohlener Verkaufspreis

Es soll der für den Händler empfohlene Weiterverkaufspreis festgestellt werden.

Beispiel 5

Der Ziel-Angebotspreis für das Klein-Klimagerät F 12 beträgt 300,— DM, an Wiederverkäuferrabatt sind 40% einzurechnen.

a) Wie hoch ist der empfohlene Wiederverkäuferpreis einschließlich 14 % MWSt des Händlers?

b) Wieviel Prozent beträgt der Wiederverkäuferrabatt, wenn die Mehrwertsteuer des Händlers in den Rabatt einbezogen wird?

Lösung zu a)

Zielangebotspreis	300,— DM
+ Wiederverkäuferrabatt 40 % (i. H.)	200,— DM
Listenangebotspreis	500,— DM
MWSt des Händlers 14 %	70,— DM
empfohlener Wiederverkäuferpreis	570,— DM

Dem Händler wird das Gerät zu einem Listenpreis von 500,— DM mit der Empfehlung abgegeben, es für 570,— DM weiter zu verkaufen.

Lösung zu b)

x % ≙ 270,— DM
570,— DM ≙ 100 %

$$x = \frac{270 \cdot 100}{570} = 47{,}4\ \%\ \text{Brutto-Wiederverkäuferrabatt}$$

1

	Selbstkosten	Gewinn	Skonto	Rabatt	USt	Produktion
a)	903 684,25 DM	8 %	2%	—	14%	33 510 Stück
b)	71 033,40 DM	4,5 %	3%	—	14%	6 095 l
c)	712 111,91 DM	$12\frac{1}{2}$ %	1%	25%	7%	927 t
d)	103 807,28 DM	9,25%	3%	30%	14%	105 270 m
e)	58 640,09 DM	$16\frac{2}{3}$ %	2%	—	7%	6 255 kg

Bestandsmehrung: 6890,— DM bei e).

1. Wie hoch ist der Angebotspreis insgesamt und für 1 Einheit?
2. Über welchen Betrag lautet die Rechnung bei Lieferung von 50 Einheiten?
3. Wie hoch ist die Überweisung des Kunden bei Skontoabzug? Wieviel DM beträgt die Mehrwertsteuer?
4. Wie hoch ist die Überweisung des Kunden bei Inanspruchnahme des eingeräumten Ziels?
5. Wie hoch wären der Angebotspreis für 1 Einheit und die Mehrwertsteuer, wenn dem Kunden als Kleinabnehmer kein Rabatt gewährt wird? (Aufgaben c) und d))
6. Wie hoch ist der Angebotspreis für 1 Einheit an den Letztverbraucher, wenn die MWSt von 14% in den Preis einbezogen wird? (ohne Rabattgewährung)

2 Bei der Herstellung einer Kunststoffplatte sind an Kosten im vergangenen Rechnungszeitraum angefallen:

Materialbereich .	308 988,70 DM	Verwaltungsbereich	39 084,60 DM
Fertigungsbereich	94 107,10 DM	Vertriebsbereich .	81 305,20 DM

Hergestellt wurden 49 750 m^2.

a) Wie hoch sind die Herstellungskosten insgesamt und je m^2?

b) Wie hoch sind die Selbstkosten insgesamt und je m^2?

c) Wie hoch ist der prozentuale Anteil der einzelnen Kostenstellen an den Gesamtkosten?

d) Wie hoch ist der Listenverkaufspreis insgesamt und je m^2?
Gewinn $12\frac{1}{2}$%, Skonto 2%, Rabatt $33\frac{1}{3}$%.

e) Wie hoch sind die Selbstkosten der fertigen Produktion, wenn eine Bestandsminderung an unfertigen Erzeugnissen von 40 500,— DM zu berücksichtigen ist (insgesamt und je m^2)?

3 Ein Steinbruch gewinnt 79 800 m^3 Schottersteine zu folgenden Kosten:

Personalkosten .	178 000,— DM	Abschreibungen .	13 100,— DM
Hilfs- und Betriebsstoffe . .	18 200,— DM	Pacht	10 000,— DM
Energiekosten . .	11 600,— DM	Steuer und Versicherung . . .	12 300,— DM
Instandhaltung und Instandsetzung .	7 500,— DM	Sonstige Kosten .	25 200,— DM

Gewinn $8\frac{1}{3}$ %, Skonto 3 %, MWSt 14 %

a) Wie hoch sind die Selbstkosten insgesamt und je m^3?

b) Wie hoch ist der Zielverkaufspreis insgesamt und je m^3?

c) Über welchen Betrag lautet die Rechnung bei Lieferung von 2000 m^3?

d) Wie hoch ist die Überweisung des Kunden bei Skontoabzug? Wieviel DM beträgt die Mehrwertsteuer?

e) Wie hoch ist die Überweisung des Kunden bei Inanspruchnahme des eingeräumten Ziels?

f) Wie hoch ist der Angebotspreis je m^3 für die Gemeinde (Letztverbraucher), wenn die MWSt von 14 % in den Preis einbezogen wird?

4 Eine Ziegelei stellte im vergangenen Rechnungszeitraum 12 240 000 Verblendsteine zu 2 970 800,— DM Selbstkosten her.

Gewinn 5 %, Skonto 2 %, MWSt 14 %

a) Wie hoch ist der Selbstkostenpreis für 1000 Steine?

b) Wie hoch ist der Zielangebotspreis für 1000 Steine?

c) Über welchen Betrag lautet die Rechnung bei Lieferung von 80 000 Steinen? Bei Bestellung ab 50 000 Steinen wird ein Mengenrabatt von 2% auf den Zielpreis gewährt.

d) Wie hoch ist die Überweisung des Kunden bei Skontoabzug? Wieviel DM beträgt die Mehrwertsteuer?

e) Wie hoch ist die Überweisung des Kunden bei Inanspruchnahme des eingeräumten Ziels?

f) Wie hoch ist der Angebotspreis an Private für 1000 Steine, wenn die MWSt von 14 % in den Preis einbezogen wird?

5 Ein Kraftwerk stellte im Monat 825 640 kWh zu folgenden Kosten her:

Dampfkosten 26 940,— DM; Wasserkosten 1115,— DM; Maschinistenlöhne insgesamt 840 Std. zu je 19,40 DM; Lohnzuschläge: 100% für 105 Sonn- und Feiertagsstunden, 20% für 320 Nachtstunden; kalkulatorische Sozialkosten auf Lohn 3400,— DM und auf Gehälter 2840,— DM; Hilfs- und Betriebsstoffe 120,— DM; Instandsetzung und -haltung: 140 Schlosserstunden zu 20,40 DM je Std., 210 Elektrikerstunden zu je 19,60 DM, Reparaturmaterial 780,— DM, Fremdreparaturen 400,— DM; verschiedene Kosten 2100,— DM; kalkulatorische Abschreibungen 4000,— DM, kalkulatorische Zinsen 2500,— DM, anteilige Raumkosten 2375,— DM, anteilige Verteilungskosten 4400,— DM.

a) Wie hoch sind die Selbstkosten des Rechnungszeitraumes?

b) Wie hoch sind die Selbstkosten je kWh?

6 Eine Zementfabrik stellte im letzten Monat 24 920 t Zement zu folgenden Kosten her:

Steinbruch	124 000,— DM	Lager und Versand .	98 200,— DM
Bahnanlage	36 400,— DM	Energiekosten	188 600,— DM
Rohmühle	165 700,— DM	Sonstige	
Presse	142 100,— DM	Betriebskosten . . .	31 500,— DM
Zementöfen	316 500,— DM	Verwaltungs- und	
Zementmühle	152 400,— DM	Vertriebskosten . . .	107 900,— DM

Gewinn 8%, Skonto 2%.

a) Wie hoch ist der Verkaufspreis je t?

b) Wie hoch ist der Verkaufspreis je 50-kg-Sack?

7 Ein Hafermarkwerk bietet sein Erzeugnis in 250-g-Paketen an. Im vergangenen Monat sind an Kosten angefallen: Materialeinsatz 350 t zu 440,— DM je t, Ausbeute 55%. Erlös aus dem Abfallverkauf: 4,10 DM je 100 kg (vom Materialeinsatz abzusetzen), Fertigungskosten 82 600,— DM, Verwaltungskosten 27 800,— DM, Vertriebskosten 56 200,— DM.

a) Wie hoch sind die Herstellungs- und Selbstkosten?

b) Wie hoch ist der Anteil der Material-, Fertigungs-, Herstellungs-, Verwaltungs-, Vertriebskosten an den Selbstkosten in DM und Prozent für das 250-g-Paket? (3 Dezimalstellen)

c) Wie hoch ist der Listenverkaufspreis für das Paket? (3 Dezimalstellen) Gewinn 9%, Skonto 3%, Wiederverkäuferrabatt 50%.

8 Bei der Herstellung eines Spezialriegels für Feuersicherungstüren (Produktionsmenge 4650 Stück) fielen folgende Kosten an:

Materialkosten: Flach- und Stabeisen, Federn u. a. 148 625,— DM.

Fertigungskosten: Fertigungslöhne 161 921,— DM, Hilfslöhne 21 318,— DM, Meistergehalt 15 667,— DM, Sozialkosten 18 926,— DM, Hilfs- und Betriebsstoffkosten 6230,— DM, Strom, Gas, Wasser 11 063,— DM, Abschreibungen 12 980,— DM, Instandhaltung und -setzung 3525,— DM, sonstige Kosten 13 114,— DM.

Verwaltungskosten: Gehälter 26 723,— DM, Sozialkosten 3150,— DM, Büromaterial 1682,— DM, Abschreibungen 700,— DM, sonstige Kosten 3810,— DM.

Vertriebskosten: Werbung 1690,— DM, Steuern, Beiträge, Versicherung 23 480,— DM, Abschreibungen 1915,— DM, Fracht und Verpackung 6309,— DM, sonstige Kosten 4100,— DM.

An Gewinn sind 52 800,— DM einzurechnen.

a) Wie hoch sind die Selbstkosten insgesamt und je Stück?

b) Wie hoch ist der endgültige Verkaufspreis insgesamt und je Stück?

c) Wie hoch sind die Anteile der Material-, Fertigungs-, Verwaltungs- und Vertriebskosten und des Gewinnes in % des Verkaufspreises?

9 Ein Hüttenwerk hat eine monatliche Produktion von 49 700 t Roheisen. An Kosten entstehen:

Materialkosten . .	5 480 570,— DM	Verwaltungskosten .	694 260,— DM
Fertigungskosten .	6 025 315,— DM	Vertriebskosten . . .	937 822,— DM

a) Wie hoch sind die Selbstkosten insgesamt und je t Roheisen?

b) Wie hoch ist der Zielverkaufspreis insgesamt und je t Roheisen? Gewinn $6\frac{2}{3}$%, Skonto 3%.

10 Eine Autoreparaturwerkstatt hatte im Rechnungszeitraum — ohne Einzelmaterial — bei 5630 Arbeitsstunden 255 600,— DM Selbstkosten.

a) Wie hoch sind die Selbstkosten je Arbeitsstunde?

b) Wie hoch wird eine Reparaturstunde berechnet? Gewinn 15%.

c) Auf welchen Betrag lautet die Reparaturrechnung? Einzelmaterial 315,10 DM, $12\frac{1}{2}$ Arbeitsstunden, MWSt 14%.

11 Für die Herstellung der Papiersorte F/18 wurde an Rohstoffen eingesetzt: 1000 t Zellstoff zu 900,— DM je t, 3400 t Holzschliff zu 480,— DM je t, 400 t Füllstoffe zu 200,— DM je t, 0,4 t Farben zu 30,— DM je 100 kg.

Fertigungskosten .	1 219 860,— DM	Vertriebskosten . . .	591 237,— DM
Verwaltungskosten	466 152,— DM	Gewinn 12½%, Skonto 3%	

Wie hoch ist der Zielverkaufspreis je 100 kg F/18 bei einer Materialausbeute von 91%?

12 Eine Saline bietet ein rieselfähiges Spezialkochsalz in 250- und 500-g-Packungen an. Im vergangenen Monat wurden je Packungsart 1750 t hergestellt. An Kosten sind entstanden:

	insgesamt	250-g-Packung		500-g-Packung	
		insges.	je Paket	insges.	je Paket
Roh-, Hilfs- und Betriebsstoffe	420 000,—				
Fertigungskosten					
Siederei und Mahlgang	640 000,—				
Packerei	315 000,—				
Verwaltungskosten . .	220 000,—				
Vertriebskosten	695 000,—				

Die Kosten der Packerei sind im Verhältnis 2:1, die Vertriebskosten 11:9, die anderen Kosten 1:1 auf die 250-g- und 500-g-Packung zu verteilen.

a) Wie hoch sind die Herstellungskosten je Packungsart und je Packung?

b) Wie hoch sind die Selbstkosten je Packungsart und je Packung?

c) Wie hoch ist der Listenverkaufspreis je Packungsart und Packung? Gewinn 16⅔%, Skonto 2%, Wiederverkäuferrabatt 40%.

13 Für den Arbeitsplatz H Dr/6 wurden folgende Kosten ermittelt: Dreher-Stundenlohn 14,70 DM, Sozialkosten: gesetzliche 2,94 DM, tarifliche 0,12 DM, freiwillige 0,15 DM je Std., Abschreibungen je Woche 360,— DM, allgemeine Maschinenkosten je Woche 216,— DM, Hilfs- und Betriebsstoffe 42,60 DM je Woche, sonstige Kosten 20,40 DM je Woche.

a) Wie hoch ist der Kostenstundensatz dieses Arbeitsplatzes?

b) Wie hoch ist der Kostenzuschlag in % auf den Dreherlohn?

14 Eine Schiffswerft überprüft die Stundenkosten ihrer Kostenstellen, um die Kostensätze neu festzulegen.

Wie hoch sind die Stundenkosten für die Kostenstelle Dreherei? Für 3300 Fertigungsstunden ergibt die Überprüfung folgende Kosten:

Löhne:

Fertigungslohn: 17 Dreher mit insges. 3300 Stunden zu 15,60 DM je Stunde

Zusatzkosten für Akkordarbeit: 3300 Std. zu 1,— DM je Fertigungsstunde

sonstiger Hilfslohn: Putzen 24 Stunden zu 15,— DM je Stunde
Hilfskraft 160 Stunden zu 14,70 DM je Stunde

Rüstlohn für 220 Stunden zu 15,— DM je Stunde

Werkzeuge und Geräte:

Drehlinge, Reibahlen, Schruppstahl u. a. 0,09 DM je Fertigungsstunde

Hilfs- und Betriebsstoffe:

Schmier- und Bohröl 0,25 DM je Fertigungsstunde
Stellschrauben, Keilstahl, Schmirgelleinen u. a. 25,— DM
Putzlappen, -wolle, Besen, Pinsel, Handwaschpaste u. a. 48,— DM

Innerbetriebliche Leistungen und Reparaturen:

Reparaturabteilung 40 Stunden zu 15,80 DM je Stunde
Material und Ersatzteile 105,— DM

Kalkulatorische Kosten:

kalkulatorische Abschreibungen 768,— DM

kalkulatorische Zinsen 408,— DM

kalkulatorische Sozialkosten für Fertigungs-, Hilfs- und Rüstlohn zu 14,— DM je Stunde

kalkulatorische Raumkosten 240 m^2 zu 7,— DM je m^2

kalkulatorische Stromkosten 4500 kWh zu 0,18 DM je kWh

kalkulatorische Transportkosten 231,— DM

kalkulatorische Leitungsanteile 1221,— DM

15 Ein Sternschlagmesser soll als Ersatzteil angeboten werden. An Kosten werden für 100 Stück kalkuliert: Selbstkosten 65,— DM, Gewinn 117,— DM, Garantiezuschlag 2% auf die Selbstkosten, Skonto 3%, Rabatt $66\frac{2}{3}$%.

a) Wie hoch sind die Selbstkosten und der Wiederverkäuferpreis insgesamt und je Stück?

b) Ermitteln Sie den Prozentsatz für den Gewinnzuschlag!

a2) Ermitteln des Gewinnes (Gewinn- oder Differenzkalkulation)

Bei einem (z. B. durch die Konkurrenz) gegebenen Verkaufspreis werden zunächst die Selbstkosten ermittelt. Vom festen Verkaufspreis werden Rabatt, Skonto und evtl. Provision abgezogen. So ergibt sich der Barverkaufspreis. Aus dem Vergleich von Selbstkosten und Barverkaufspreis läßt sich das Betriebsergebnis ersehen: *Gewinn* oder *Verlust*. Dieses Ergebnis bildet die Grundlage für betriebliche Dispositionen, z. B. Rationalisierungsmaßnahmen, Preispolitik u. a.

Schon vor der Produktionsaufnahme kann also festgestellt werden, ob sich die Herstellung bei festen Verkaufspreisen lohnen wird (Plankosten).

Beispiel
Die Selbstkosten für 12000 Gliederarmbänder betragen 72000,— DM. Der empfohlene Wiederverkäuferpreis wird wegen der Konkurrenz auf 15,— DM je Stück festgesetzt. Wie hoch ist der Gewinn insgesamt und je Stück in DM und Prozent?
Rabatt 40%, Skonto 3%.

Lösung

	Selbstkosten ①	72 000,— DM	⑤	100 %		Gew. je St.
	Gewinn 45,5 %	32 760,— DM		x %		= 2,73 DM
②	Barverkaufspreis	**104 760,— DM**	↑		97 %	
	Skonto 3 %	3 240,— DM	④		3 %	
	Zielverkaufspreis	**108 000,— DM**		60 %	100 %	
	Rabatt 40 %	72 000,— DM		40 %		
↓	Wiederverkäuferpreis	180 000,— DM		100 %		

——————③——————→

Lösungsweg

① Einsetzen der Selbstkosten,
② Entwickeln des Kalkulationsschemas bis zum endgültigen Preis,
③ Einsetzen des endgültigen Preises,
④ Rückwärts rechnen bis zum Barverkaufspreis,
⑤ Ermitteln des Gewinnes (Verlustes) in DM und Prozent (insges. und je Einheit).

1 Die Selbstkosten für 60000 Flaschen einer Möbelpolitur betragen 62400,— DM. Wie hoch ist der Gewinn in DM und Prozent insgesamt und je Flasche, wenn die Politur zu 2,80 DM verkauft wird? Skonto 2%, Wiederverkäuferrabatt 50%.

2 Ein Röhrenwerk stellte 35200 Röhren zu 144672,— DM Selbstkosten her. Einzurechnen sind $8\frac{1}{3}$% Gewinn, 2% Skonto.

a) Wie hoch ist der Verkaufspreis der Produktion und je Stück?

b) Der Verkaufspreis wird aus Konkurrenzgründen auf 1. 4,50 DM, 2. 4,20 DM je Stück festgesetzt. Wie hoch ist der Gewinn bzw. der Verlust in DM und Prozent je Stück? (Auf 3 Dezimalstellen rechnen.)

3 Eine Säurefabrik stellt 3500 t Säure zu folgenden Kosten her: Rohstoffe 162115,— DM, Hilfs- und Betriebsstoffe 49876,— DM, Fertigungskosten 112294,— DM, Verwaltungs- und Vertriebskosten 51300,— DM.

a) Wie hoch sind die Herstellungskosten insgesamt und je t?

b) Wie hoch sind die Selbstkosten insgesamt und je t?

c) Wie hoch ist der Gewinn in DM und Prozent insgesamt und je t, wenn 1 t Säure zu 122,— DM angeboten wird? Skonto 3%.

4 Ein Kosmetika-Hersteller bietet ein Schönheitsmittel an. Monatlich fallen folgende Kosten an:

Roh-, Hilfs- und Betriebsstoffe 34000,— DM bei 3885 kg Einsatz, Fertigungskosten 19100,— DM, Verwaltungskosten 5900,— DM, Vertriebskosten: allgemein 12000,— DM, Werbung 120000,— DM, Vertreterprovision 172000,— DM.

a) Wieviel Tuben können hergestellt werden? Inhalt je Tube 70 g.

b) Wie hoch ist der Selbstkostenpreis (einschließlich Provision), der Angebotspreis insgesamt und je Tube? An kalkulatorischem Gewinn sind zu berücksichtigen 96000,— DM.

c) Wie hoch ist der empfohlene Wiederverkaufspreis je Tube, wenn der Einzelhändler einen Wiederverkäuferrabatt von 40% erhält?

d) Wie hoch ist der Gewinn in DM und Prozent, wenn das Unternehmen den Preis seines Erzeugnisses auf den Verbraucherpreis der Konkurrenz von 14,80 DM je Tube festsetzt? Gewinn bezogen auf Selbstkosten ohne Provision von 200000,— DM.

5 Unsere kalkulierten Verkaufspreise betragen:

5000 Stück = 4000,— DM	20000 Stück = 13000,— DM
10000 Stück = 7000,— DM	50000 Stück = 31000,— DM

Wie hoch sind die Mengenrabatte für die einzelnen Druckauflagen, wenn wir 1000 Stück zu 800,— DM anbieten?

6 Ein Unternehmen plant die Produktionsaufnahme eines zweiten Erzeugnisses auf derselben Rohstoffbasis. Um festzustellen, ob man preislich mit anderen Anbietern konkurrieren kann, sollen die voraussichtlichen Kosten und der voraussichtliche Verkaufspreis ermittelt werden.

Kosten für 100 kg Fertigprodukt: Material 648,— DM, Fertigung 217,60 DM, Verwaltung 10% der Herstellungskosten, Vertrieb $16\frac{2}{3}$% der Herstellungskosten, Skonto 3%.

a) Wie hoch sind die Selbstkosten insges. und für eine $\frac{1}{4}$-kg-Packung?

b) Wie hoch ist der Verkaufspreis je Packung ohne Gewinn?

c) Wie hoch ist der Gewinn in DM und Prozent bei einem Verkaufspreis von 4,20 DM je Packung, wenn die Produktion aufgenommen wird?

7 Eine Molkerei will Sahne-Joghurt anbieten und richtet sich nach der Preisangabe der Konkurrenz. Die Konkurrenz bietet den Becher zu 0,50 DM Listenverkäuferpreis an. Branchenüblich sind 30% Wiederverkäuferrabatt und 3% Skonto. Das Sollgewicht — Inhalt — ist mit 180 g angegeben. Es ist mit einer Pfennigdezimale zu rechnen.

a) Wie hoch ist der Barverkaufspreis je Becher?

b) Wie hoch sind die Selbstkosten je Becher? Kosten (Betriebsvergleich): Materialeinsatz (Milch, Sahne, Bakterienkultur) 12,1 Pf, Fertigungskosten 5,9 Pf, Verpackung (Becher und Deckel) 2,1 Pf, Verwaltungs- und Vertriebskosten $33^1/_3$% auf Herstellkosten einschl. Verpackung.

c) Wie hoch ist der Durchschnittsgewinn in der Branche für einen Becher in Prozent?

d) Die Molkerei ermittelt die eigenen Kosten für die Joghurt-Herstellung, die wegen Fehlens moderner Anlagen mit 1,5 Pf über den Selbstkosten der Konkurrenz liegen. Wie hoch wird der voraussichtliche Gewinn je Tag der Molkerei bei einem geschätzten Tagesverkauf von 2000 Stück sein?

e) Wieviel Prozent beträgt der Gewinn?

8 Ein Spirituosenhändler verwertet die Brennrückstände (Vor- und Nachlauf) zur Herstellung eines Magenbitters. Für die Tagesproduktion von 200 l werden eingesetzt: Essenz (aus Süßholz, Johannisbrot, Curacaoschale, Aloe, Baldrian, Wermut, Anis, Nelken, Zimt, Fruchtsäfte, sonstige Kräuter und Wasser und Brennrückstände) 80 l zu 55,50 DM je l, Alkohol 45 l zu 30,— DM je l, Zuckercouleur 10 l zu 1,35 DM je l, Dessertwein 15 % der Tagesproduktion zu 4,95 DM je l, Rest Wasser; Fertigungskosten 1620,— DM, Verwaltungs- und Vertriebskosten 101 % auf Material- und Fertigungskosten.

a) Wie hoch sind die Selbstkosten für 1 Flasche mit 20 cm^3 Inhalt?

b) Wie hoch ist der Gewinn je Flasche bei einem Verkaufspreis von 1,75 DM je Flasche (in DM und Prozent)? Skonto 3 %.

c) Wie hoch ist der Gewinn in % bei einer Dreier-Packung zu 5,— DM?

d) Wie hoch ist der Alkoholgehalt des Magenbitters?
Essenz 60 %, Alkohol 96 %, Dessertwein (aufgespritet) 23 %.

b) Mehrstufige Divisionskalkulation

Sie wird dort angewandt, wo unfertige Erzeugnisse auf Zwischenlager genommen werden oder verkaufsfähige Zwischenerzeugnisse den Produktionsprozeß an irgendeiner Stelle verlassen oder zugekaufte Einzelteile an irgendeiner Stelle in den Produktionsprozeß einfließen. Der Produktionsgang wird in Produktionsstufen und diesen entsprechend in Kostenstufen (Kostenstellen) eingeteilt. Die Stufenkosten werden durch die Stufenleistung dividiert.

$$\textbf{Kosten je Einheit} = \frac{\textbf{Gesamtkosten je Produktionsstufe}}{\textbf{Gesamtleistung je Produktionsstufe}}$$

Beispiel

Kosten der Produktionsstufe I 360000,— DM, II 150000,— DM. Die Leistung der Produktionsstufe I beträgt 3000 t. Davon werden als Zwischenprodukt 1000 t verkauft; der Rest geht zur Weiterverarbeitung in Produktionsstufe II ein.

Wie hoch sind die Selbstkosten je t Zwischen- und Endprodukt?

Lösung		Kosten Stufe I	Kosten Stufe II	Selbstkosten insgesamt	Selbstkosten je t
Endprodukt	2000 t	240000,—	150000,—	390000,—	195,—
Zwischenprodukt	1000 t	120000,—		120000,—	120,—
		360000,—	150000,—	510000,—	

1 Wie hoch sind die Selbstkosten des Fertig- und Zwischenproduktes?

Fertigprodukt 34000 Stück, Zwischenprodukt 6000 Stück. Kosten der Produktionsstufe I 226840,— DM, II 795200,— DM.

2 Eine Weberei verkauft Rohgewebe, halb und voll ausgerüstetes Gewebe. Kosten der Produktionsstufen: I 990000,— DM, II 90000,— DM, III 52700,— DM.

Leistungen der Produktionsstufen: I 66000 m, Verkauf von 36000 m Rohgewebe; Stufe II 30000 m, Verkauf von 18000 m halb ausgerüstetem Gewebe; Stufe II Verkauf von 12000 m Fertigprodukt.

a) Wie hoch sind die Selbstkosten je Gewebe insgesamt und je Meter?

b) Wie hoch sind die Verkaufspreise insgesamt und je m?

Rohgewebe:	Gewinn $2\frac{1}{2}$%,	Skonto 3%
Fertiggewebe:	Gewinn 25 %,	Skonto 3%
Halbgewebe:	Gewinn $8\frac{1}{3}$%,	Skonto 3%

3 Ein Schaltgerätewerk stellt Schaltanlagen her. Eine Kapazitätsausweitung in Produktionsstufe I ist vorerst nicht möglich; deshalb werden Einzelteile zugekauft und in Produktionsstufe II fertiggestellt.

Kosten: Stufe I 241 400,— DM, II 108 500,— DM;
Leistung: Stufe I 12 300 Stück, II Zukauf von 3200 St. zu 20,50 DM.

a) Wie hoch sind die Selbstkosten insgesamt und je Stück ohne und mit Zukauf?

b) Wie hoch sind die durchschnittlichen Selbstkosten je Stück?

4 Bei der Herstellung eines Fensterventilators sind folgende Kosten zu berücksichtigen:

Gehäusebau 80 600,— DM bei 4500 Stück
Motorenbau 220 000,— DM bei 5500 Stück
(von den 220 000,— DM entfallen 180 000,— DM auf Ventilatormotoren und 40 000,— DM auf Verkaufsmotoren)

1000 Motoren werden nach Stufe I verkauft.

a) Wie hoch sind die Selbstkosten je Ventilator?

b) Wie hoch sind die Selbstkosten für einen verkauften Motor?

c) Wie hoch sind die Verkaufspreise je Stück?

Ventilator:	Gewinn 12½%	Skonto 2½%
Motor:	Gewinn 1½%	

d) Wie hoch ist der Gesamtgewinn in DM?

e) Warum werden mehr Motoren hergestellt als benötigt werden?

5 Ein Zementwerk hat folgendes Produktions- und Kostenbild:

Rohmaterialförderung 584 000,— DM bei 89 310 t, Rohmaterialaufbereitung 792 840,— DM bei 80 000 t, Klinker-Brennen 3 680 400,— DM bei 75 800 t, Zementmahlen 770 200,— DM bei 58 000 t, Packen und Verladen 393 680,— DM bei 60 900 t. Allgemeine Verwaltungskosten 3,5 % der Herstellkosten, allgemeine Vertriebskosten 5 % der Herstellkosten, Verpakkungskosten (Säcke) 10,20 je t, Provision 2 % von 120,— DM.

Verkaufspreis 120,— DM je t.

a) Wie hoch sind die Herstellkosten je t?

b) Wie hoch sind die Selbstkosten je t?

c) Der Umsatz des Abrechnungszeitraumes beträgt 60 900 t.
Wie hoch ist der Gewinn insgesamt und je t in DM und Prozent?

c) Divisionskalkulation mit Äquivalenzziffern

Sie wird angewandt bei Massenfertigung nicht einheitlicher, aber ähnlicher Leistungen, z. B. mehrerer Sorten Bier, Ziegelsteine, Bleche, Spanplatten u. a., wenn in einem Abrechnungszeitraum mehrere Sorten hergestellt wurden und die insgesamt angefallenen Selbstkosten den einzelnen Sorten und der einzelnen Mengeneinheit nicht direkt zugerechnet werden. Infolge der Unterschiede zwischen den Sorten (z. B. verschiedenes Gewicht, unterschiedliche Brenndauer, unterschiedliche Materialstärke der Erzeugnisse) haben die hergestellten verschiedenen Sorten unterschiedlich hohe Stückkosten verursacht. — Die gesamten Selbstkosten dürfen deshalb nicht nach der einfachen Divisionskalkulation auf die Gesamt- und Stückleistung verteilt werden. — Um die angefallenen Selbstkosten den einzelnen Sorten verursachungsgetreu zurechnen zu können, werden Wertungsziffern, Äquivalenzziffern, verwandt, die das Stückkostenverhältnis der einzelnen Sorten zueinander widerspiegeln.

Beispiel 1 — Ermitteln der Äquivalenzziffern aus Maßen

Ein Spanplattenbetrieb stellte in einem Abrechnungszeitraum auf der gleichen Anlage drei Sorten Spanplatten her, die sich lediglich durch die Plattenstärke voneinander unterscheiden:

Sorte I — 6 mm Plattenstärke	= Äquivalenzziffer 1
Sorte II — 12 mm Plattenstärke	= Äquivalenzziffer 2
Sorte III — 24 mm Plattenstärke	= Äquivalenzziffer 4

Da wir annehmen können, daß die Stückkosten hier überwiegend von der Menge des eingesetzten Materials und damit von der Plattenstärke abhängen, gehen wir von einer Sorte als Basis aus (hier Sorte I) und drücken die Kostenabweichungen der anderen Sorten zu dieser Grundsorte im Verhältnis der Plattenstärken aus = Äquivalenzziffern. Das heißt, daß die Kosten unter Berücksichtigung der hergestellten Mengen je Sorte im Verhältnis 1:2:4 zu verteilen sind. Um zum richtigen Kostenverhältnis der Sorten zu kommen, werden die Produktionsmengen mit den Äquivalenzziffern multipliziert = rechnerische Einheiten (RE).

Beispiel 2 — Ermitteln der Äquivalenzziffern nach Stückkosten

Ein Fliesenwerk stellt drei Sorten Fliesen her. Auf Grund einer Kostenanalyse wurden für die einzelnen Sorten festgestellt:

Kosten	Sorte I	für 1 Stück:	2,40 DM → 1	Äquivalenzziffer
Kosten	Sorte II	für 1 Stück:	3,— DM → 1,25	Äquivalenzziffer
Kosten	Sorte III	für 1 Stück:	4,20 DM → 1,75	Äquivalenzziffer

Wie in Beispiel 1 wird auch hier von einer Sorte als Grundsorte (hier Sorte I) ausgegangen. Im Gegensatz zu Beispiel 1 werden hier die bereits ermittelten Kosten der anderen Sorten ins Verhältnis zu den Kosten der Grundsorte gebracht und die Unterschiede in Äquivalenzziffern ausgedrückt: Sorte I 1, Sorte II 1,25, Sorte III 1,75. Die Produktionsmengen werden mit den Äquivalenzziffern multipliziert und danach die Selbstkosten auf die Sorten verteilt.

Beispiel 3 — Kostenverteilung mit Äquivalenzziffern (Beispiel 1)

Ein Spanplattenbetrieb stellte im Abrechnungszeitraum 2500 Platten der Sorte I her, 6000 Platten der Sorte II, 4000 Platten der Sorte III. Äquivalenzziffern: Sorte I: 1, Sorte II: 2, Sorte III: 4. Die Selbstkosten betrugen 335 500,— DM und sollen entsprechend den Äquivalenzziffern verteilt werden.

Wie hoch sind die Selbstkosten je Sorte und je Stück?

Lösung

		Äquivalenzziffer	RE	Selbstkosten je Sorte	Selbstkosten je Stück
Sorte I	2500 Stück	1	2 500	27 500,— DM	11,— DM
Sorte II	6000 Stück	2	12 000	132 000,— DM	22,— DM
Sorte III	4000 Stück	4	16 000	176 000,— DM	44,— DM
			30 500	≙ 335 500,— DM	
			1	≙ 11,— DM	

Lösungsweg

① RE (rechnerische Einheiten) = hergestellte Menge · Äquivalenzziffer

② Die Summe der rechnerischen Einheiten entspricht den Gesamtselbstkosten. Über die Selbstkosten für eine Rechnungseinheit kommen wir zu den Selbstkostenanteilen der beteiligten Sorten: **z.B. Sorte II:**
Selbstkosten je Rechnungseinheit = 11,— DM; Sorte II = 12 000 RE : Selbstkostenanteil Sorte II = 12 000 · 11,— DM = 132 000,— DM.

③ Von den Selbstkosten je Sorte läßt sich auf die Selbstkosten je Stück der verschiedenen Sorten schließen, z. B. Sorte III:
Selbstkosten Sorte III = 176 000,— DM bei einer Menge von 4000 Stück; Selbstkosten je Stück der Sorte III: 176 000,— : 4000 = 44,— DM.

④ Sollen lediglich die Selbstkosten je Stück ermittelt werden, so kann dies direkt mit Hilfe der Äquivalenzziffern geschehen:

Selbstkosten je RE	Sorte	Äquivalenzziffer	Selbstkosten je Stück
11,— DM	I	1	11,— DM (1 · 11,— DM)
11,— DM	II	2	22,— DM (2 · 11,— DM)
11,— DM	III	4	44,— DM (4 · 11,— DM)

Beispiel 4 — Ermitteln des Verkaufspreises (Werte aus Beispiel 3)

Wie hoch ist der Verkaufspreis je Stück? Gewinn 10%, Verkaufsskonto 2%.

Lösung

	Sorte I	Sorte II	Sorte III
Selbstkosten je Stück	11,— DM	22,— DM	44,— DM
Gewinn 10%	1,10 DM	2,20 DM	4,40 DM
Barverkaufspreis	12,10 DM	24,20 DM	48,40 DM
Skonto 2%	0,25 DM	0,49 DM	0,99 DM
Zielverkaufspreis	12,35 DM	24,69 DM	49,39 DM

1 Ermitteln Sie die Äquivalenzziffern!

a)	Sorte I	Materialeinsatz für 1 Stück	60 kg
	Sorte II	Materialeinsatz für 1 Stück	72 kg
	Sorte III	Materialeinsatz für 1 Stück	90 kg
b)	Sorte I	Kosten für 1000 Stück	800,— DM
	Sorte II	Kosten für 1000 Stück	960,— DM
	Sorte III	Kosten für 1000 Stück	1040,— DM
	Sorte IV	Kosten für 1000 Stück	1520,— DM
c)	Sorte I	Arbeitsstunden 210000 t	für 700 t
	Sorte II	Arbeitsstunden 184500 t	für 410 t
	Sorte III	Arbeitsstunden 117000 t	für 195 t

Vergleich auf der Basis von 1 t

2 Ein Fliesenwerk stellte drei Sorten Fliesen zu 3060000,— DM Selbstkosten her: Sorte I 600000 Stück, II 400000 Stück, III 100000 Stück. Die Kosten sind entsprechend den Wertungsziffern zu verteilen: Sorte I 1; II 1,25; III 1,75.

Wie hoch sind die Selbstkosten je Sorte und für 1 Stück?

3 Eine Brauerei stellte im Monat drei Sorten Bier zu 10086000,— DM Selbstkosten her:

Starkbier	20000 hl	Äquivalenzziffer 1,2
Einfachbier	50000 hl	Äquivalenzziffer 1
Malzbier	10000 hl	Äquivalenzziffer 0,8

Wie hoch sind die Selbstkosten je Sorte und hl?

4 Ein Walzwerk walzte vier Profile mit 4380000,— DM Selbstkosten aus:

		Äquivalenzziffer			Äquivalenzziffer
Profil A	4000 t	0,9	Profil C	1000 t	1,1
Profil B	2000 t	1	Profil D	500 t	1,2

Stellen Sie die Selbstkosten je Profil und t fest!

5 Ein Steinbruch gewinnt zu 780000,— DM Selbstkosten folgende Steinsorten: I Randsteine 800 m^3, II Pflastersteine 2000 m^3, III Splitt 1000 m^3. Die Selbstkosten sind nach der aufgewandten Arbeitszeit je m^3 zu verteilen.

a) Stellen Sie die Äquivalenzziffern fest!

Sorte I	Arbeitszeit je m^3	10 Stunden
Sorte II	Arbeitszeit je m^3	8 Stunden
Sorte III	Arbeitszeit je m^3	2 Stunden

b) Wie hoch sind die Selbstkosten je Sorte und je m^3?

c) Wie hoch ist der Verkaufspreis je Sorte und je m^3?
Zu berücksichtigen sind: Gewinn $12\frac{1}{2}$%, Skonto 2%, Rabatt 5%.

6 Ein Werk stellt Kühlschränke in drei Größen zu 684000,— DM Selbstkosten her:

80 l	800 Stück	Äquivalenzziffer 1
120 l	1400 Stück	Äquivalenzziffer 1,2
150 l	1600 Stück	Äquivalenzziffer 1,3

a) Wie hoch sind die Selbstkosten je Modell und Stück?

b) Stellen Sie die kalkulierten Verkaufspreise je Stück fest! Gewinn: 15% für 120- und 150-l-Modell, $8\frac{1}{3}$% für 80-l-Modell, Skonto 3%.

7 Eine Glashütte stellte folgende Flaschensorten zu 169260,— DM Selbstkosten her:

0,3 l	Kronenverschluß	180000 Stück	Äquivalenzziffer 0,9
0,5 l	Kronenverschluß	600000 Stück	Äquivalenzziffer 1
0,5 l	Patentverschluß	40000 Stück	Äquivalenzziffer 1,1

a) Wie hoch sind die Selbstkosten je Sorte und je 1000 Stück?

b) Wie hoch ist der Verkaufspreis je 1000 Stück?
Gewinn $6\frac{2}{3}$%, Skonto 2%.

8 Ein Unternehmen verkauft ein Gerät in Standard- und Luxusausführung. An Selbstkosten sind 76500000,— DM angefallen, hergestellt wurden:

Standard	1000 Stück	Äquivalenzziffer 3
Luxus	3500 Stück	Äquivalenzziffer 4

a) Wie hoch sind die Selbstkosten je Modell und je Stück?

b) Wie hoch ist der jeweilige Verkaufspreis? Gewinn: Luxus 10%, Standard 5%; Skonto $2\frac{1}{2}$%.

9 Eine Papierfabrik stellt im Rechnungszeitraum 5000 t Papier zu 2024000,— DM Selbstkosten her. Es wurden hergestellt: Sorte I 3500 t, II 950 t, III Rest. Äquivalenzziffern: 0,9 : 1,2 : 1,4.

a) Wie hoch sind die Selbstkosten je Sorte und je 100 kg?

b) Wie hoch sind die Verkaufspreise für 100 kg? Gewinn $8\frac{1}{3}$%, Skonto 1%.

10 Eine Weberei stellte 40000 m Jersey in drei Qualitäten zu 510420,— DM Selbstkosten her. Auf Qualität S entfallen 60%, M 25%, G der Rest. Äquivalenzziffern: S 1, M 0,8, G 0,7.

a) Wie hoch sind die Selbstkosten je Qualität und m?

b) Wie hoch sind die Verkaufspreise je m? Gewinn: Qualität S $16\frac{2}{3}$%, M $8\frac{1}{3}$%, G ohne Gewinn; Skonto 3%.

11 Ein Werk stellt drei Herdtypen her. An Einzelkosten sind angefallen:

Type I:	180000,— DM bei	1200 Stück
Type II:	201000,— DM bei	600 Stück
Type III:	80000,— DM bei	400 Stück

Die Gemeinkosten in Höhe von 588000,— DM sind entsprechend den Wertungsziffern zu verteilen:

Type I:	Äquivalenzziffer 10
Type II:	Äquivalenzziffer 8
Type III:	Äquivalenzziffer 7

a) Wie hoch sind die Selbstkosten je Type und je Stück?

b) Wie hoch ist der Verkaufspreis je Type?

	Gewinn	Skonto	Wiederverkäuferrabatt
I:	$6\frac{2}{3}$%	3%	25 %
II:	$8\frac{1}{3}$%	3%	30 %
III:	$12\frac{1}{2}$%	3%	$33\frac{1}{3}$%

12 Eine Suppenwürze wird in Normal- und Großflasche angeboten. Die Material- und Fertigungskosten sind zu verteilen: 20000 Großflaschen mit Äquivalenzziffer 24, 40000 Normalflaschen mit Äquivalenzziffer 1. Die Kosten der Packerei, der Verwaltung und des Vertriebs sind zu verteilen: Großflasche Äquivalenzziffer 3, Normalflasche Äquivalenzziffer 1, Material- und Fertigungskosten 156000,— DM, Packerei, Verwaltung und Vertrieb 50000,— DM.

a) Wie hoch sind die Selbstkosten je Flasche?

b) Wie hoch ist der Gewinn je Flasche in DM und Prozent?

Großflasche:	Listenpreis 15,— DM,	Rabatt $33\frac{1}{3}$%,	Skonto 3 %
Kleinflasche:	Listenpreis 1,20 DM,	Rabatt 20 %,	Skonto $2\frac{1}{2}$%

d) Divisionskalkulation bei Kuppelprodukten

Bei der Herstellung eines Erzeugnisses können zwangsläufig Nebenprodukte anfallen, z. B. bei der Koksherstellung: Hauptprodukt Koks, Nebenprodukte — *Kuppelprodukte* — Gas, Benzol, Teer, Ammoniak u. a. In der Kalkulation können die Kosten wie folgt verrechnet werden:

1. **Restwertrechnung.** Von den gesamten Selbstkosten werden die Erlöse aus dem Verkauf der Kuppelprodukte abgezogen. Die restlichen Selbstkosten sind die Selbstkosten des Hauptprodukts.
2. **Äquivalenzziffernmethode.** Die gesamten Selbstkosten werden auf Haupt- und Kuppelprodukte nach Äquivalenzziffern verteilt.
3. **Kombinierte Restwert-Äquivalenzziffernmethode.** Die Erlöse einiger Kuppelprodukte werden von den gesamten Selbstkosten abgesetzt, die restlichen Selbstkosten auf Haupt- und Kuppelprodukte nach Äquivalenzziffern verteilt.

1 Eine Kokerei hat folgende Kosten und Erlöse aus dem Verkauf von Kuppelprodukten:

Kohlenkosten	1 860 000,— DM
Fertigungs-, Verwaltungs- und Vertriebskosten . .	520 000,— DM
Erlöse aus dem Verkauf der Kuppelprodukte . . .	800 000,— DM

a) Wie hoch sind die gesamten Selbstkosten?

b) Wie hoch sind die Selbstkosten für Koks?

c) Wie hoch sind die Selbstkosten je t Koks? Produktion: 4600 t.

2 Zur Gewinnung von 5000 t Roheisen wurden eingesetzt:

Rohstoffe (Erze, Koks, Zuschläge)	2 220 530,— DM
Fertigungs-, Verwaltungs- und Vertriebskosten . .	2 736 215,— DM
Verkaufserlös aus Kuppelprodukten	304 107,— DM

a) Stellen Sie die Selbstkosten für das Hauptprodukt fest!

b) Wieviel DM kostet 1 t Roheisen?

3 Die monatlichen Selbstkosten eines Betriebes betragen 413 100,— DM. Sie sind nach den festgestellten Äquivalenzziffern zu verteilen: Hauptprodukt 80 000 kg Äquivalenzziffer 6, Kuppelprodukt 20 000 kg Äquivalenzziffer 1,5.

a) Wie hoch sind die Selbstkosten insgesamt und je kg für Haupt- und Kuppelprodukt?

b) Wie hoch sind die Verkaufspreise insgesamt und je kg?

Hauptprodukt:	Gewinn $6\frac{2}{3}$%,	Skonto 2%
Kuppelprodukt:	Gewinn —,	Skonto 2%

4 Stellen Sie die Selbstkosten insgesamt und je kg für das Haupt- und das Kuppelprodukt fest!

Material- und Fertigungskosten 350 000,— DM: Hauptprodukt 160 000 kg Äquivalenzziffer 1, Kuppelprodukt 40 000 kg Äquivalenzziffer 1; Verwaltungs- und Vertriebskosten 102 000,— DM: Hauptprodukt Äquivalenzziffer 4, Kuppelprodukt Äquivalenzziffer 1.

5 Ein Betrieb stellt ein Hauptprodukt her; daneben fallen zwei Nebenprodukte an. Wie hoch sind die Selbstkosten für das Hauptprodukt und das Nebenprodukt F/1?

Die gesamten Selbstkosten betragen 880 000,— DM; der Erlös aus dem Verkauf von Kuppelprodukt F/2 beläuft sich auf 82 000,— DM. Die restlichen Selbstkosten sind zu verteilen: Hauptprodukt 18 200 l Äquivalenzziffer 2, Kuppelprodukt F/1 1600 l Äquivalenzziffer 1.

6 Eine Kokerei zeigt im Juni folgendes Produktionsbild- und Kostenbild:

Großkoks . . .	52000 t	Nebenprodukte:	Rohteer	3500000 kg
Koks 40/60 . .	1200 t		Ammonsulfat . .	620000 kg
Koks 20/40 . .	1000 t		Rohbenzol	930000 kg
Koks 10/20 . .	1600 t		Bassinlösch . . .	570000 kg
Kokslösch . . .	2400 t		Abwasserphenol .	52000 kg

I. Einsatzkosten:
Versch. Kohlensorten einschl. Kohlenanlieferung 75500 t . . . . 4620000,— DM

II. Gaswirtschaft:
Erlös aus Gasverkauf 23 Mio. m^3 zu . . . . 1217500,— DM
Kosten der Gasstation . . . . 99600,— DM

III. Kosten- und Verkaufserlöse der Nebenprodukte:
Erlös aus Rohteerverkauf . . . . 260000,— DM
Kosten der Teergewinnung . . . . 62000,— DM
Erlös aus Ammonsulfatverkauf . . . . 69000,— DM
Kosten der Sulfatgewinnung . . . . 83000,— DM
Erlös aus Rohbenzolverkauf . . . . 186000,— DM
Kosten der Rohbenzolgewinnung . . . . 169000,— DM
Erlös aus Bassinlöschgutverkauf . . . . 40000,— DM
Erlös aus Abwasserphenolverkauf . . . . 13000,— DM
Kosten für Entphenolung . . . . 21000,— DM

IV. Verarbeitungskosten:

Kohlenaufbereitung . .	241000,— DM	Kokssieberei	60000,— DM
Koksbatterien	1320000,— DM	Labor	11000,— DM

V. Erlöse aus Verkauf von Kleinkoks:

Koks 40/60	121000,— DM	Koks 10/20	124000,— DM
Koks 20/40	86000,— DM	Kokslösch	168000,— DM

a) Wie hoch sind die Herstellungskosten für Großkoks insgesamt/je t?

b) Wie hoch ist der Gewinn insgesamt und je t Großkoks in DM/%? Verwaltungs- und Vertriebskosten $8\frac{1}{3}$%, Sommerrabatt 2%, Verkaufspreis 98,— DM je t.

Die Herstellungskosten können auf die einzelnen Kokssorten auch nach Äquivalenzziffern verteilt werden.

7 Eine Hütte stellt Thomas-Roheisen her. Die Ausbringung beträgt 42,5% (= 39537 t) des Möllereinsatzes. Kosten für eine Monatsproduktion:

I. Erze:	Menge in t	Preis je t in DM
Thomas-Sintergut	57606	42,60
Kalkerz	20520	21,—
Kieselerz	3795	26,70
Summe der Erze	?	?
II. Zuschläge:		
Konverterauswurf, fremd	356	19,75
Konverterauswurf, eigen	1107	19,75
Gießgrubenschlacke	514	30,—
Walzenschlacke	632	71,80
Pfannenschlacke	677	41,60
Phosphoreisen	316	195,—
Summe der Zuschläge	?	?

	Menge in t	Preis je t in DM
III. Pfannenschalen und Bären:		
Separationseisen	2253	94,50
Pfannenschalen	277	94,50
Stahlbären	672	94,50
Summe Pfannenschalen und Bären	?	?
IV. Schrott und Späne:		
Paketschrott, fremd	2530	90,—
Späne, fremd	1780	110,—
Summe Schrott und Späne	?	?
I–IV = Möllerkosten	?	?
V. Einsatznebenkosten:		
Rohstoffanfuhr	35425	1,40
Lagerbewegung	33055	3,10
Hochofensilos	27840	0,20
Brechen und Sieben	25862	0,75
Soda	42660	2,10
Summe der Nebenkosten	?	?
VI. Verkaufserlös der Nebenprodukte:		
Gichtstaub	3480	18,10
Schlackensand	28071	4,25
Rohschlacke	11663	4,—
Summe der Verkaufserlöse	?	?
VII. Brennstoffkosten und -erlöse:		
Großkoks	25700	110,—
Koks 40/60	4350	95,75
Koks 20/40	2965	90,—
Gichtgas-Verkaufserlös	82843	10,85
Kosten für Gasreinigung und Gichtgasbehälter	82843	2,—
Summe der Brennstoffkosten	?	?
VIII. Verarbeitungskosten:		
Möllerung	128180	1,20
Schrottverladung	4310	3,50
Elektrohängebahn	128180	1,05
Winderhitzer	33014	24,30
Ofenbetrieb	1910	265,—
Roheisenabfuhr	39537	1,10
Kläranlage für Schlackensand . .	28071	0,35
Schlackensandabfuhr	28071	1,50
Rohschlackenabfuhr	11663	4,—
Summe der Verarbeitungskosten	?	?

a) Wie hoch sind die Netto-Möllerkosten insgesamt und je t?

b) Wie hoch sind die Brutto-Möllerkosten insgesamt und je t (einschließlich Einsatznebenkosten)?

c) Wie hoch sind die Netto-Brennstoffkosten?

d) Wie hoch sind die Herstellungskosten der Gesamtproduktion und je t?

Programmierte Übungen

Die Lösungen bitte nur dann ankreuzen, wenn das Buch Ihr Eigentum ist. Im Leihverfahren überlassene Bücher dürfen nicht beschrieben werden.

1 Aus der Buchhaltung ergeben sich folgende Kosten: Stoffkosten 220000,— DM, Personalkosten 260000,— DM, Abschreibungen 60000,— DM, Steuern, Versicherungen 30000,— DM, sonstige Kosten 70000,— DM. Kalkuliert werden 5% Gewinn, 2% Skonto und 4% Mengenrabatt.

Wie hoch ist der Listenangebotspreis für eine 10er Packung Sägeblätter? Produktion 250000 Stück.

- a 28,57 DM
- b 285,71 DM
- c 2,86 DM
- d 274,29 DM
- e anderes Ergebnis, welches?

2 Ein Werk, das Türblätter herstellt, hat folgende Herstellungskosten: Kostenstelle Material 540000,— DM, Fertigung 430000,— DM. In den Kostenstellen Verwaltung sind 125000,— DM und Vertrieb 165000,— DM entstanden. Der Bestand an unfertigen Türblättern hat sich von 50000,— DM auf 70000,— DM erhöht. Kalkuliert werden 4,5% Gewinn, 1% Skonto.

Wie hoch ist der Angebotspreis für 1 Türblatt? Monatsproduktion 9500 Stück.

- a 412,22 DM
- b 371,78 DM
- c 137,78 DM
- d 142,22 DM
- e anderes Ergebnis, welches

3 Die Selbstkosten eines m^2 Bodenfliesen betragen 32,84 DM. Aus Konkurrenzgründen wird der Listenangebotspreis auf 36,40 DM herabgesetzt. Kalkuliert werden 3% Skonto und 6,5% Palettenrabatt.

Wieviel % beträgt der Gewinn bzw. Verlust?

- a 0,52% V.
- b 0,52% G.
- c 0,17% V.
- d 0,17% G.
- e anderes Ergebnis, welches?

4 Wie hoch sind die Selbstkosten je lfd. m der eloxierten Aluminium-Abdeckleisten?

Selbstkosten 392000,— DM; Produktion: nicht eloxierte Leisten 12500 m, eloxierte Leisten 2500 m; Äquivalenzziffern: nicht eloxierte Leisten 1, eloxierte Leisten 1,4.

- a 26,13 DM
- b 24,50 DM
- c 36,59 DM
- d 34,30 DM
- e anderes Ergebnis, welches?

5 Eine Töpferei erhält von einer Kaffeerösterei die Anfrage, ob sie 200000 Keramikleuchter für ein Vorspannangebot zu 4,45 DM je Stück liefern kann. Kalkulation für 1000 Stück: Material 550,— DM, Fertigungslohn 1650,— DM; Gemeinkosten 101% auf Einzelkosten.

Wie hoch ist der Gewinn des Gesamtauftrages in DM und %? (2 Dezimalstellen)

- a 5600,— DM ≙ 6,33 %
- b 5600,— DM ≙ 0,63 %
- c 560,— DM ≙ 6,33 %
- d 560,— DM ≙ 0,63 %
- e anderes Ergebnis, welches?

2. Zuschlagskalkulation

Sie wird von Betrieben angewandt, die verschiedene, kostenmäßig voneinander abweichende Erzeugnisse (Einzel- und Serienfertigung) herstellen. Wegen der verschieden hohen Kostenanteile der Aufträge reicht die Divisionskalkulation nicht mehr aus, um die Selbstkosten je Auftrag festzustellen. Kein Problem ist hierbei die Ermittlung der *Einzelkosten,* die exakt erfaßbar sind und dem jeweiligen Auftrag direkt zugerechnet werden können.

Einzelkosten = direkt zurechenbare Kosten

Materialkosten(verbrauch)

Der Verbrauch an Einzelteilen und Rohstoffen wird im Rahmen der Auftragsvorbereitung ermittelt und kann somit für den Einzelauftrag erfaßt werden (Materialentnahmeschein).

Fertigungslöhne

Die erforderliche Arbeitszeit je Auftrag oder Arbeitsgang, die gleichfalls von der Arbeitsvorbereitung festgestellt wird.

Vertriebskosten

Skonto, Provision sowie Fracht und Verpackung sind für jeden einzelnen Auftrag erfaßbar und können ihm jeweils zugerechnet werden (Sondereinzelkosten des Vertriebs).

Neben den Einzelkosten entstehen Kosten, die für alle Aufträge gemeinsam anfallen = *Gemeinkosten.* Gemeinkosten können dem Einzelauftrag nicht direkt zugerechnet werden. Sie werden vielmehr auf die einzelnen Kostenstellen verteilt (aufgeschlüsselt), durch die sie verursacht werden.

Gemeinkosten = nicht direkt zurechenbare Kosten

Materialgemeinkosten	entstehen z. B. für Lagerräume, Lagerverwaltung und Versicherung;
Fertigungsgemeinkosten	entstehen z. B. als Stromkosten einer Werkstatt, Hilfsarbeiterlöhne, Hilfs- und Betriebsstoffe;
Verwaltungsgemeinkosten	entstehen als Kosten der Verwaltung für alle Aufträge eines Rechnungszeitraumes;
Vertriebsgemeinkosten	entstehen z. B. als Kosten für Werbung, Fuhrpark, Versand usw.

Je nach Inanspruchnahme der einzelnen Kostenstellen durch den einzelnen Auftrag werden die Gemeinkosten anteilig dem Einzelauftrag in einem Zuschlagssatz zugerechnet. In kleineren Betrieben genügt häufig der Zuschlag der Gemeinkosten in *einem* Zuschlagssatz auf die Einzelkosten.

a) Vorkalkulation — Angebotskalkulation

Mit Hilfe der Vorkalkulation werden die Selbstkosten und vor allem der Angebotspreis ermittelt, zu dem die Leistung angeboten werden kann. Der Angebotspreis wird festgestellt auf Grund der durch die Auftrags- und Arbeitsvorbereitung ermittelten Einzelkosten — Materialverbrauch und Fertigungslöhne — und der Gemeinkostenzuschläge. Ganz genau läßt sich die Vorkalkulation nicht durchführen; sie arbeitet mit Durchschnittswerten. Erst nach Abrechnung des Auftrages auf Grund der tatsächlich angefallenen Kosten stellt man fest, ob zuviel oder zuwenig Kosten berechnet wurden (Nachkalkulation).

a1) Summarische Zuschlagskalkulation

Sie wird dort eingesetzt, wo man mit *einem* Gemeinkostenzuschlag auskommt: Handwerksbetriebe und Industriebetriebe bis zu mittlerer Größe mit einheitlicher Rohstoffbasis, wie Gießereien u. ä. Zuschlagsgrundlage für die Gemeinkosten können sein:

a) die Werkstoffkosten allein,
b) die Fertigungslöhne allein (evtl. getrennt in Zuschlag für Hand- und Maschinenarbeit),
c) die Werkstoff- und Fertigungslöhne gemeinsam,
d) die Werkstoff- und Fertigungslöhne mit getrenntem Zuschlag.

Zuschlagsgrundlage für die Gemeinkosten ist die Kostenart, von der die Gemeinkosten überwiegend abhängig sind.

Beispiel 1 — Errechnen des Zuschlagssatzes
Wie hoch sind der Gemeinkostenzuschlagssatz und die Selbstkosten?
Werkstoffkosten 24000,— DM, Fertigungslöhne 62000,— DM, Gemeinkosten 93000,— DM, Bezugsbasis für den Gemeinkostenzuschlag sind die Fertigungslöhne.

Lösung

Werkstoffkosten	24000,— DM
Fertigungslöhne	62000,— DM
Einzelkosten	86000,— DM
Gemeinkosten	93000,— DM
Selbstkosten	179000,— DM

Zuschlagssatz:

x % ≙ 93000,— DM		oder		62000,— DM ≙ 100%
62000,— DM ≙ 100%				93000,— DM ≙ x %

$$x = \frac{93000 \cdot 100}{62000} = \underline{\underline{150\% \text{ Gemeinkostenzuschlag}}}$$

Beispiel 2 - Anwendung

Für eine Elektroinstallation sind erforderlich: 36,25 Arbeitsstunden zu 19,20 DM je Stunde, Material 320,— DM.

a) Wie hoch sind die Selbstkosten für diesen Auftrag? Gemeinkostenzuschlagssatz 150% auf die Fertigungslöhne.

b) Wie hoch ist der Angebotspreis? 12½% Gewinn, 2% Skonto.

Lösung zu a)

Materialkosten	320,— DM
Fertigungslöhne	696,— DM
Einzelkosten	1016,— DM
Gemeinkosten 150% a. Lohn	1044,— DM
Selbstkosten	2060,— DM

Lösung zu b)

Selbstkosten	2060,— DM
Gewinn 12½%	257,50 DM
Barverkaufspreis	2317,50 DM
Skonto 2%	47,30 DM
Zielangebotspreis	2364,80 DM

Es ist möglich, daß Gemeinkosten, Gewinn und Skonto in einem Satz zugeschlagen werden.

Beispiel 3

Ein Betrieb, der medizinische Instrumente herstellt, weist folgende Kosten auf: Materialkosten 60000,— DM, Fertigungslöhne: Maschinenlöhne 90000,— DM, Handarbeitslöhne 130000,— DM; von den Gemeinkosten entfallen auf Maschinenlöhne 126000,— DM, auf Handarbeitslöhne 78000,— DM.

a) Wie hoch sind die Gemeinkostenzuschlagssätze?

b) Wie hoch sind die Selbstkosten für einen Auftrag über 400 Verstellklammern? Materialkosten 240,— DM, Maschinenlöhne 190,— DM, Handarbeitslöhne 310,— DM.

Lösung zu a)

Maschinen-Gemeinkostenzuschlag	140%	(126000: 900)
Handarbeits-Gemeinkostenzuschlag	60%	(78000:1300)

Lösung zu b)

1. Materialkosten		240,— DM
2. Fertigungskosten		
a) Maschinenkosten		
Maschinenarbeitslohn	190,— DM	
Maschinengemeinkosten 140%	266,— DM	456,— DM
b) Handarbeitskosten		
Handarbeitslohn	310,— DM	
Handarbeitsgemeinkosten 60%	186,— DM	496,— DM
3. Selbstkosten für 400 Stück		1192,— DM

1 Wie hoch sind die Gemeinkosten-Zuschlagssätze (eine Dezimale)?

	Materialkosten	Fertigungslohn		Gemeinkosten	bezogen auf
a)	80 200,— DM		120 600,— DM	72 360,— DM	Fertiglohn
b)	173 800,— DM		105 100,— DM	147 730,— DM	Material
c)	92 200,— DM		78 700,— DM	95 704,— DM	Mat. u. Lohn
d)	65 400,— DM		91 600,— DM	4 578,— DM	Material
				84 272,— DM	Lohn
e)	56 000,— DM	Masch.	80 000,— DM	120 000,— DM	Maschinenlohn
		Hand	120 000,— DM	60 000,— DM	Handarb.-Lohn

2 Wie hoch sind die Selbstkosten und die Angebotspreise (eine Dezimale)?

	Materialkosten	Fertigungslohn	Gemeinkosten	Gewinn	Skonto
a)	420,— DM	910,— DM	185% auf Lohn	$8\frac{1}{3}$%	3%
b)	710,— DM	340,— DM	135% auf Material	25 %	2%
c)	1780,— DM	1550,— DM	92% auf Mat. u. Lohn	$6\frac{2}{3}$%	1%
d)	830,— DM	1260,— DM	8% auf Material	$16\frac{2}{3}$%	
			120% auf Lohn		
e)	18,60 DM	33,10 DM	147% auf Mat. u. Lohn (einschl. Gewinn und Skonto)		

3 Die Monatszahlen aus den Konten ergeben:

Fertigungsmaterial	25 600,— DM
Fertigungslöhne	41 000,— DM
Hilfslöhne	3 300,— DM
Gehälter	8 000,— DM
Sozialkosten	5 900,— DM
Instandhaltung und Instandsetzung	3 900,— DM
Werkzeugverbrauch	1 100,— DM
Energiekosten	2 800,— DM
Steuern, Versicherung, Gebühren	4 200,— DM
Verschiedene Kosten	3 900,— DM
Abschreibungen	3 800,— DM
Sondereinzelkosten des Vertriebs (Skonto, Provision)	14 600,— DM

a) Wie hoch ist der Gemeinkostenzuschlagssatz (ohne Sondereinzelkosten des Vertriebs)? Zuschlagsgrundlage: Material und Fertigungslöhne.

b) Wie hoch ist der Gewinnzuschlagssatz? Gewinn 6210,— DM.

c) Wie hoch ist der Zuschlagssatz, wenn die Sondereinzelkosten des Vertriebs und der Gewinn mit zu berücksichtigen sind?

4 In einer Maschinenfabrik entstehen folgende Kosten:

Material 72 000,— DM, Maschinenlöhne 270 000,— DM, Handarbeitslöhne 380 000,— DM. Von den Gemeinkosten entfallen auf Material 6000,— DM, auf Maschinenlöhne 320 000,— DM und auf Handarbeitslöhne 230 000,— DM. Wie hoch sind die Gemeinkostenzuschlagssätze?

5 Eine Gießerei erhält eine Anfrage, zu welchem Preis sie 2800 Stück Flanschen-Durchgangsventile NW 100 aus Rotguß liefern kann. Wie hoch ist der Angebotspreis?

Ventilgewicht 3,5 kg, Materialkosten für 1 kg 0,36 DM, Fertigungslohn für 100 Stück 395,— DM, Gemeinkostenzuschlag 141% auf Material und Fertigungslohn; Gewinn 10%, Skonto 2%.

6 Die bereinigte Gewinn- und Verlustrechnung eines Unternehmens enthält folgende Posten:

Aufwand	Gewinn und	Verlust	Ertrag
Materialkosten . . .	50000,— DM	Verkaufserlöse . . .	1080000,— DM
Fertigungslöhne . .	350000,— DM		
Gemeinkosten . . .	420000,— DM		
Sondereinzelkosten des Vertriebs	182000,— DM		
Gewinn	78000,— DM		
	1080000,— DM		1080000,— DM

Wie hoch sind

a) der Gemeinkostenzuschlag, bezogen auf die Fertigungslöhne?

b) der Gemeinkostenzuschlag, bezogen auf Material u. Fertigungslöhne?

c) die Selbstkosten (ohne Sondereinzelkosten des Vertriebs)?

d) der Zuschlagssatz des Gewinns auf die Selbstkosten?

e) der Zuschlagssatz für die Sondereinzelkosten des Vertriebs auf den Barverkaufspreis?

f) der Zuschlagssatz der Gemeinkosten einschließlich Gewinn und Sondereinzelkosten des Vertriebs (auf Einzelkosten)?

7 Wie hoch ist der Angebotspreis einer Eisenvergitterung?

Material: Stabeisen 2100,— DM, Profileisen 1540,— DM, sonstiges Material 1260,— DM, Farben 220,— DM; Fertigungslöhne: Sägerei 650,— DM, Schlosserei 1240,— DM, Dreherei 980,— DM, Montage 1010,— DM, Sonstiges 640,— DM; Gemeinkostenzuschlag auf Materialverbrauch und Fertigungslöhne auf Grund der Zahlen des Vorjahres; Gewinn $12\frac{1}{2}$%, Skonto 3%.

Zahlen des Vorjahres: Materialverbrauch 400000,— DM, Fertigungslöhne 500000,— DM, Gemeinkosten 459000,— DM.

8 Wie hoch ist der Verkaufspreis für ein Schloß?

Materialkosten 42,50 DM, Maschinenlöhne 64,30 DM, Handarbeitslöhne 32,10 DM; Gemeinkostenzuschläge: Maschinenarbeit 120%, Handarbeit 60%; einzurechnen sind Gewinn 20%, Skonto 3%.

9 Wieviel DM kostet die Ausstellungsvitrine?

Holzverbrauch 1770,— DM, sonstiges Material 468,— DM, Fertigungslöhne 1640,— DM, Gemeinkostenzuschlag auf Grund der Vorjahreszahlen: Materialverbrauch 359 600,— DM, Fertigungslohn 520 000,— DM, Gemeinkosten (lohnabhängig) 364 000,— DM (1 Dezimale); Gewinn $6^2/_3$%.

10 Eine kleine Kleiderfabrik, die auch als Zwischenmeister arbeitet, erhält eine Anfrage, zu welchem Preis zwei Modelle hergestellt werden können. Für beide Modelle werden Stoff und Zutaten geliefert. Modell Derby wird zugeschnitten und eingerichtet übergeben; für Modell Royal werden das Material in Ballen und der Modellschnitt in den verlangten Größen geliefert. Folgende Kosten werden angesetzt:

	Modell Derby	Modell Royal
Zuschnitt:	—	$^3/_4$ Stunden zu 18,80 DM je Std.
Nähen:	3 $^1/_4$ Stunden zu 17,60 DM je Std.	4,875 Std. zu 17,60 DM je Std.

Gemeinkostenzuschlag: auf Löhne auf Grund der Zahlen des Vorjahres: Näh- und Zuschneidelöhne 200 000,— DM, Gemeinkosten 80 000,— DM, Gewinn 6%.

a) Wie hoch sind die Angebotspreise für beide Modelle?

b) Wie hoch ist der Gesamtgewinn? Modell Derby 168 Stück, Royal 105 Stück.

c) Wie hoch ist der tatsächliche Gewinn? Bei Royal ergibt sich durch günstigeres Zuschneiden ein Gutschnitt von 9,8 m zu 15,70 DM je m.

11 Eine Elektroinstallation zeigt folgendes Kostenbild für einen Monat:

Materialverbrauch 18 900,— DM
300 Arbeitsstunden zu 21,20 DM je Stunde
Gemeinkosten 5088,— DM

Gewinn: Unternehmerlohn je Monat 3000,— DM, Kapitalverzinsung im Jahr 12% von 50 000,— DM Kapital; Risikoprämie im Jahr $2^1/_2$% vom Umsatz der Selbstkosten, Jahresumsatz zu Selbstkosten 384 000,— DM

Wie hoch sind bzw. ist

a) die Zuschlagssätze für Gemeinkosten (bezogen auf Lohnkosten) und Gewinn?

b) der Angebotspreis einer Arbeitsstunde?

c) der Zuschlagssatz auf den Lohn, wenn darin die Gemeinkosten und der Gewinn enthalten sein sollen?

d) der Brutto-Rechnungspreis für folgenden Auftrag? 31,5 Arbeitsstunden, Material 1215,— DM (einschl. Gewinn, Risikoprämie), MWSt 14%.

a2) Differenzierte Zuschlagskalkulation (Zuschläge nach Kostenstellen)

Sie wird bei Betrieben mit differenzierter Herstellung angewandt. Die einzelnen Aufträge durchlaufen unterschiedlich den Betrieb und belasten verschieden stark die einzelnen Betriebsbereiche mit Gemeinkosten. Deshalb bildet man für die Hauptbetriebsbereiche, entsprechend der betrieblichen Funktionen, Kostenstellen: *Material — Herstellung — Verwaltung — Vertrieb.* Die Gemeinkosten werden auf die einzelnen Kostenstellen verteilt, und für jede Kostenstelle wird ein Gemeinkostenzuschlagssatz ermittelt. Erforderlich ist, daß in der Buchführung die Einzel- und Gemeinkosten getrennt erfaßt werden und daß zuverlässige Schlüssel für die Verteilung der Gemeinkosten vorhanden sind (z.B. Zwischenzähler für Stromkosten, m^3 für Heizungskosten, Inventarlisten für Abschreibungen). Die Gemeinkostenarten werden im Betriebsabrechnungsbogen *(BAB)* gesammelt und auf die einzelnen Kostenstellen verteilt. Die Kostenstellen sind gleichzeitig organisatorisch betriebliche Verantwortungsbereiche.

a2a) Einstufige differenzierte Zuschlagskalkulation

Bei der einstufigen Zuschlagskalkulation begnügt man sich mit der Verteilung der Gemeinkosten auf die vier Hauptkostenstellen Material, Herstellung, Verwaltung, Vertrieb. Für diese vier Kostenstellen werden mit Hilfe des BAB gesondert Gemeinkostenzuschlagssätze ermittelt.

Kostenstellenrechnen und Kalkulation

Aufstellen eines einstufigen BAB:

1. Übernahme der Gemeinkostenarten aus der Buchführung;
2. Verteilen der Gemeinkosten auf die Kostenstellen nach einem festgelegten Verteilungsschlüssel;
3. Feststellen der Gemeinkosten, die für jede Kostenstelle insgesamt angefallen sind;
4. Feststellen und Einsetzen der Zuschlagsgrundlagen:
   a) für Materialgemeinkosten die Rohstoffkosten,
   b) für Fertigungsgemeinkosten die Fertigungslöhne,
   c) für Verwaltungsgemeinkosten die Herstellkosten der verkauften Erzeugnisse (des Umsatzes),
   d) für Vertriebsgemeinkosten die Herstellkosten des Umsatzes;
5. Ermitteln der Zuschlagssätze.

Die Herstellkosten des Zeitraumes sind um die Bestandsveränderungen an unfertigen und fertigen Erzeugnissen zu korrigieren, weil Vertriebskosten und zum großen Teil auch Verwaltungskosten durch den Absatz der Erzeugnisse verursacht werden (vgl. auch Konto Bestandsveränderungen).

Betriebsabrechnungsbogen (BAB) nach GKR

Kostenarten (Gemeinkosten)	Zahlen der Buchführg.	Verteilungsschlüssel	Kostenstellen Material	Fertigung	Verwaltg.	Vertrieb
Gemeinkostenmaterial	102000,-	Entnahmescheine	2000,-	95000,-	-,-	5000,-
Strom, Gas, Wasser	7000,-	Zähler-Verbrauch	900,-	5200,-	400,-	500,-
Hilfslöhne	218000,-	Lohnscheine	20100,-	181500,-	7200,-	9200,-
Gehälter	174000,-	Gehaltslisten	7000,-	51000,-	70000,-	46000,-
Sozialkosten	121000,-	Lohn- und Gehaltslisten	6000,-	72000,-	25000,-	18000,-
Instandhaltungen	19000,-	Auftragsscheine	2000,-	14300,-	1400,-	1300,-
Steuern, Versichg., Beiträge	5000,-	Einzelbelege	1000,-	-,-	4000,-	-,-
Verschiedene Kosten	52000,-	Einzelbelege	5300,-	26500,-	12000,-	8200,-
Abschreibungen	132000,-	Inventarliste	17700,-	88500,-	11000,-	14800,-
Gemeinkosten	830000,-		62000,-	534000,-	131000,-	103000,-
Zuschlagsgrundlagen						
1. Rohstoffverbrauch für Materialgemeinkosten			496000,-			
2. Fertigungslöhne für Fertigungsgemeinkosten				356000,-		
3. Herstellkosten des Umsatzes für Verwaltungs- und Vertriebsgemeinkosten*)					1493000,-	1493000,-
Zuschlagssätze für Gemeinkosten			12,5%	150%	8,8%	6,9%

Ermitteln der Zuschlagssätze

1. Materialgemeinkostenzuschlag =

$$\frac{\text{MGK} \cdot 100}{\text{Materialverbrauch}} = \frac{62000 \cdot 100}{496000} = \underline{\underline{12{,}5\%}}$$

2. Fertigungsgemeinkostenzuschlag =

$$\frac{\text{FGK} \cdot 100}{\text{Fertigungslöhne}} = \frac{534000 \cdot 100}{356000} = \underline{\underline{150\ \%}}$$

3. Verwaltungsgemeinkostenzuschlag =

$$\frac{\text{VwGK} \cdot 100}{\text{Herstellkosten}} = \frac{131000 \cdot 100}{1493000} = \underline{\underline{8{,}8\%}}$$

4. Vertriebsgemeinkostenzuschlag

$$\frac{\text{VtGK} \cdot 100}{\text{Herstellkosten}} = \frac{103000 \cdot 100}{1493000} = \underline{\underline{6{,}9\%}}$$

Feststellen der Herstellkosten des Umsatzes

1. Materialkosten			
a) Materialverbrauch	496000,-		
b) Materialgemeinkosten	62000,-		558000,-
2. Fertigungskosten			
a) Fertigungslöhne	356000,-		
b) Fertigungsgemeinkosten	534000,-		890000,-
3. Herstellkosten des Rechnungszeitraumes			1448000,-
± **Bestandsveränderungen**			
+ Bestandsminderung Fertigerz.	80000.-		
= Bestandsmehrung unfertige Erz.	35000,-	+	45000,-
4. Herstellkosten des Umsatzes (der verkauften Erzeugnisse)			1493000,-

Zu den Fertigungskosten gehören auch Fert.-Sondereinzelkosten

*) Für die Verwaltungsgemeinkosten können auch die Herstellkosten des Zeitraumes Zuschlagsgrundlage sein.

Die im BAB des vergangenen Rechnungszeitraumes ermittelten Gemeinkostenzuschlagssätze werden für einige Zeit in der Kalkulation (Vorkalkulation) eingesetzt. Zur Kontrolle werden in bestimmten Abständen BAB aufgestellt, um die Kostenstruktur und ihre Veränderungen zu kontrollieren. Bei Abweichungen müssen die Gemeinkostenzuschlagssätze neu festgesetzt werden.

Für die Kalkulation bedeutet die Gemeinkostenaufteilung, daß neben den Einzelkosten die entsprechenden Gemeinkosten erscheinen. Dadurch entsteht folgendes

Kalkulationsschema:

I.	**Materialkosten**		
	1. Materialverbrauch	_____ DM	
	2. Materialgemeinkosten (MGK)	_____ DM	_____ DM
II.	**Fertigungskosten**		
	1. Fertigungslohn	_____ DM	
	2. Fertigungsgemeinkosten (FGK)	_____ DM	
	3. Sondereinzelkosten der Fertigung	_____ DM	_____ DM
	Herstellkosten		_____ DM
III.	**Verwaltungsgemeinkosten** (VwGK)		_____ DM
IV.	**Vertriebskosten**		
	1. Vertriebsgemeinkosten (VtGK)	_____ DM	
	2. Sondereinzelkosten des Vertriebs	_____ DM	_____ DM
	Selbstkosten		_____ DM
V.	**Gewinn** (auf Selbstkosten)		_____ DM
	Barverkaufspreis		_____ DM
VI.	**Skonto**		_____ DM
	Zielverkaufspreis		_____ DM
VII.	**Rabatt**		_____ DM
	Listenverkaufspreis		_____ DM

Zu Sondereinzelkosten

1. Sondereinzelkosten der Fertigung

   Sonderwünsche hinsichtlich der Konstruktion, die im Preis der Standardausführung nicht enthalten sind, z. B. besondere Ausstattung, Zusatzgeräte. Dazu gehören auch Lizenzgebühren (Produktion) u. a.

2. Sondereinzelkosten des Vertriebs

   Preislich noch nicht berücksichtigte Sonderwünsche, z. B. besondere Verpackung, Wahl eines nicht üblichen Transportmittels. Dazu gehören auch Lizenzgebühren (Umsatz), Fracht und Versicherung, Sonderzustellung u. a. — Es ist auch üblich, daß Transport- und Verpackungskosten, Versicherung u. ä. gesondert ausgewiesen und dem Listen-, Ziel- bzw. Barverkaufspreis zugerechnet werden.

Beispiel

Auf Grund einer Anfrage machen wir ein Angebot. An Kosten sind für den Auftrag zu berechnen: Materialverbrauch 1000,— DM, Fertigungslöhne 3200,— DM; Gemeinkosten (aus BAB) MGK 12,5%, FGK 150%, VwGK 8,8%, VtGK 6,9%; außerdem sind zu berücksichtigen Gewinn 10%, Skonto 2%, Rabatt 10%. Wie hoch ist der Angebotspreis?

Lösung

		DM	DM
I.	**Materialkosten**		
	1. Materialverbrauch	1000,—	
	2. MGK 12,5% (auf Materialverbrauch)	125,—	1125,—
II.	**Fertigungskosten**		
	1. Fertigungslöhne	3200,—	
	2. FGK 150% (auf Fertigungslöhne)	4800,—	8000,—
	Herstellkosten		9125,—
III.	**VwGK** 8,8% (auf Herstellkosten)		803,—
IV.	**VtGK** 6,9% (auf Herstellkosten)		629,63
	Selbstkosten		10557,63
V.	**Gewinn** 10% (auf Selbstkosten)		1055,76
	Barverkaufspreis		11613,39
VI.	**Skonto** 2% (i. H.)		237,01
	Zielverkaufspreis		11850,40
VII.	**Rabatt** 10% (i. H.)		1316,71
	Listenverkaufspreis		13167,11

Wegen derselben Zuschlagsgrundlage können VwGK und VtGK in einem Satz zugeschlagen werden.

1 Stellen Sie den BAB auf, und ermitteln Sie die Gemeinkostenzuschlagssätze!

Konten	DM	Material	Fertigung	Verw.	Vertr.
Gemeinkostenmaterial	90000,—	4000,—	75000,—	3000,—	8000,—
Energie	5000,—	1000,—	3000,—	500,—	500,—
Hilfslöhne	48000,—	6000,—	38000,—	1000,—	3000,—
Gehälter	45000,—	8000,—	9000,—	20000,—	8000,—
Sozialkosten	10000,—	1500,—	5500,—	2000,—	1000,—
Steuern, Versicherg.	3000,—	500,—	1500,—	500,—	500,—
Verschiedene Kosten	7000,—	1000,—	2000,—	2500,—	1500,—
Abschreibungen	12000,—	2000,—	8000,—	1000,—	1000,—

Fertigungslöhne 106500,— DM, Materialverbrauch 300000,— DM, Bestandsveränderungen: Bestandsminderung Fertigerzeugnisse 75000,— DM, Bestandsmehrung unfertige Erzeugnisse 25000,— DM.

Was schließen Sie aus Bestandsminderungen und Bestandsmehrungen?

2 Ermitteln Sie die Gemeinkostenzuschlagssätze!

	Fertigungs-material	MGK	Fertigungs-löhne	FGK	VwGK	VtGK	Bestands-verände-rungen	Zuschlagsgrund-lage für VwGK und VtGK
a)	810 000,—	66 000,—	1 905 000,—	2 870 000,—	420 000,—	604 000,—	+90 000,—	Herstellungsk.
b)	570 000,—	59 000,—	310 000,—	640 000,—	75 000,—	61 000,—	—70 000,—	"
c)	180 000,—	42 000,—	190 000,—	124 000,—	38 000,—	78 000,—	—40 000,—	"
d)	140 000,—	21 000,—	480 000,—	710 000,—	82 000,—	140 000,—	—	Fertigungslöhne

3 Stellen Sie den Angebotspreis fest!

	Material	Fertig.'lohn	MGK	FGK	VwGK	VtGK	Gew.	Sko.	Rab.
a)	6850,—	10 215,—	5%	125%	7%	$12\frac{1}{2}$%	$8\frac{1}{3}$%	1%	10%
b)	910,—	824,—	7%	160%	9%	11 %	5 %	3%	—
c)	1370,—	1 076,—	8%	210%	6%	18 %	$16\frac{2}{3}$%	2%	25%
d)	39,15	104,20	4%	95%	5%	8 %	10 %	2%	—

4 Stellen Sie die Selbstkosten für folgenden Auftrag fest!
Materialverbrauch 640,— DM, Fertigungslöhne 814,— DM.

Gemeinkosten des letzten Rechnungszeitraumes (Zuschlagssätze 1 Dez.):

Material	57 400,— DM	Verwaltung . . .	510 000,— DM
Fertigung	1 920 000,— DM	Vertrieb	720 000,— DM

Einzelkosten des letzten Rechnungszeitraumes:

Material	820 000,— DM	Fertigungslohn .	1 200 000,— DM

Bestandsveränderungen:

Unfertige Erzeugn.	+ 110 000,— DM	Fertigerzeugnisse	+ 20 000,— DM

5 Wir sollen ein Angebot für die Erstellung einer Saugheberanlage (ohne Motor) abgeben. Die Arbeitsvorbereitung hat an Einzelkosten errechnet: Materialverbrauch 2660,— DM, Fertigungslöhne 3650,— DM. An Gemeinkosten werden berechnet: MGK 10%, FGK 140%, VwGK 8%, VtGK 15%. Außerdem sind zu berücksichtigen: Gewinn $12\frac{1}{2}$%, Skonto 2%.

Wie hoch ist der Angebotspreis?

6 Wie hoch ist der Angebotspreis für ein Ventil?

Materialeinsatz 35,— DM, MGK 3,5%; Fertigungslöhne 161,— DM, FGK 180%, Sondereinzelkosten der Fertigung 9,10 DM; VwGK und VtGK 21%; Gewinn $12\frac{1}{2}$%, Skonto 3%.

7 Wie lautet der Angebotspreis?

Für eine Krananlage werden folgende Kosten berechnet: Fertigungsmaterial 8200,— DM, MGK 5%; Erlös aus Verkauf von Materialabfällen 140,— DM; Fertigungslöhne 10 600,— DM, FGK 110%; VwGK und VtGK zus. 13%; Gewinn 9%, Skonto 2%.

8 Der Bau einer Flaschenfüllanlage verursacht folgende Kosten: Material und fertige Einzelteile 14136,10 DM, MGK $5\frac{1}{2}$%, Fertigungslöhne 8244,82 DM, FGK 182%; VwGK und VtGK 25%; Gewinn 11%, Skonto 1%.

Wie hoch ist der Verkaufspreis?

9 Wie hoch ist der Angebotspreis für eine Wasseraufbereitungsanlage?

Materialkosten: Bleche 934,10 DM, Stabeisen 190,40 DM, Röhren 381,50 DM, sonstiges Material 205,70 DM; Fertigungslöhne 4311,90 DM. Gemeinkosten: MGK 7,5%, FGK 131%, VwGK 13%, VtGK 9%. Gewinn 7%, Skonto 3%.

10 Für eine Sackladevorrichtung werden an Kosten berechnet: Material 36419,50 DM, Fertigungslöhne 42812,62 DM, MGK 4%, FGK 162%, VwGK 13%, VtGK 11%, Gewinn 15%, Exportrisikozuschlag 5% auf Selbstkosten.

Wie hoch ist der Angebotspreis?

11 Eine Spinnerei fragt an, zu welchem Preis Spule SK/4 geliefert werden kann, und stellt größere Aufträge in Aussicht. Die Kalkulation für 100 Spulen ergibt: Material 264,10 DM, Fertigungslöhne 198,60 DM, MGK 6%, FGK 152%, VwGK und VtGK 22%, Gewinn 12%, Skonto 3%.

a) Wie hoch ist der Angebotspreis für 100 Stück?

b) Wie hoch ist der Angebotspreis für 5000 Stück, wenn sich durch diese Auftragsgröße die Selbstkosten um 5% verringern?

c) Wie hoch ist der Mengenrabatt in Prozent (auf volle Prozent aufrunden), wenn 5000 Stück bestellt werden und der alte Angebotspreis für 100 Stück zugrunde gelegt wurde? (Vgl. a)

d) Wie hoch ist die unterste Grenze des Angebotspreises für 100 Stück, wenn auf den Gewinn verzichtet werden soll? (Der Auftrag soll wegen Auftragsmangels auch zu einem niedrigeren Preis hereingenommen werden.)

12 Der Angebotspreis für eine Spindelbohrmaschine Standardausführung beträgt 26200,— DM. Durch Änderungswünsche treten Sondereinzelkosten der Fertigung in Höhe von 960,— DM auf, die dem Kunden berechnet werden. Wie hoch ist der neue Angebotspreis? Berechnet waren: Skonto $2\frac{1}{2}$%, Gewinn $8\frac{1}{3}$%, VwGK und VtGK 20%.

13 Wie hoch ist der Angebotspreis für eine Filteranlage?

Material 1315,— DM, Erlös aus Abfallverwertung 80,75 DM, Fertigungslöhne 1798,40 DM, Sondereinzelkosten der Fertigung 230,68 DM, Skonto 3%, Gewinn 5%.

Die Gemeinkostenzuschlagssätze sind aus den Zahlen der Buchführung des 1. Vierteljahres zu ermitteln: Materialverbrauch 800000,— DM, Fertigungslöhne 1200000,— DM, MGK 40000,— DM, FGK 1560000,— DM, VwGK 320000,— DM, VtGK 400000,— DM, keine Bestandsveränderungen, Prozentsätze auf volle Prozent aufrunden.

14 Eine Möbelfabrik bietet einem Versandhaus eine Garderobe an. Wie hoch ist der Angebotspreis, wenn folgende Kosten entstehen?

Material: 2 Latten 220 × 10 cm, 14 Latten 100 × 9 cm aus Preßspanplatte zu 8,30 DM je m^2, Verschnitt 10% vom Nettomaterialeinsatz, Furnier 2,25 m^2 zu 12,10 DM je m^2, 4 Mantel- und Huthaken zu 1,95 DM je Stück, Schirmhalterung 2,65 DM, Leim 1,35 DM, ½ kg Mattierung zu 1,65 DM, MGK 5%; Fertigungskosten: Fertigungslohn: Maschinenraum ¾ Std. zu 20,80 DM je Std., Bankraum 16,80 DM, Furnierraum 1¼ Std. zu 19,20 DM je Std., Zusammenbau 1,80 DM, FGK 160%; VwGK und VtGK 11%, Gewinn 9%, Skonto 1%.

15 Für einen Abfallverwerter, der gleichzeitig der Dampf- und Heißwasserversorgung dient, ist der Angebotspreis festzustellen.

Materialkosten 1415,— DM mit 4% MGK, fertig bezogene Einzelteile 986,— DM mit 8% MGK, Fertigungslöhne 1680,— DM, FGK 125%, VwGK und VtGK 25% auf Fertigungskosten, Gewinn 20%, Skonto 3%.

16 Eine Maschinenfabrik bietet einem Fahrzeughersteller Kurbelwellen an. Wie hoch ist der Angebotspreis für 100 Stück frei Empfangsort?

Die Kurbelwellenrohlinge werden vom Zweigbetrieb bezogen: 1000 Stück, Gewicht 15000 kg zu 700,— DM für 100 kg; Bezugskosten für 1000 Stück 890,— DM.

Kosten: MGK 4% des Materialeinsatzes, Fertigungslöhne für 100 Stück 360 Std. zu 20,60 DM je Std., FGK 180%; VwGK und VtGK 16⅔%, Gewinn 10%.

Verpackung: für 100 Stück 4 Kisten zu 36,50 DM je Kiste. Die Kisten werden berechnet, aber später zurückgenommen und zu ¾ gutgeschrieben.

Fracht: Gewicht je Kiste 17,5 kg. Die Kurbelwellen haben infolge Bearbeitung 10% des Rohgewichts verloren. Fracht je Kiste bis Empfangsort 22,— DM bis 100 kg, jede weiteren angefangenen 10 kg 1,— DM.

17 Eine Maschinenfabrik prüft, ob sie zum Preis der Konkurrenz anbieten kann, die 100 Stück zu 2200,— DM verkauft.

Materialkosten: Werkstoffkosten 216,30 DM, MGK 2,6%, Schrottverkaufserlöse ½% von den Werkstoffkosten (einschl. MGK), eigene Fertigteile 204,48 DM, fremde Fertigteile 446,50 DM, darauf 2,6% MGK (nur fremde Fertigteile);

Fertigungskosten: Löhne für Einzelteilefertigung 238,57 DM, Zuschlag für Ausschuß 1,5% der Löhne, FGK 147,4%, Montagekosten 420,07 DM. VwGK 18,8%, VtGK 5,7%, Verpackung und Fracht 66,— DM, Provision 198,— DM.

Kann zum Preise der Konkurrenz angeboten werden? Wie hoch wäre der Gewinn bzw. der Verlust in DM für diesen Auftrag?

18 Zur Bearbeitung eines Pumpengehäuse-Gußrohlings sind von der Arbeitsvorbereitung folgende Arbeitsgänge festgesetzt worden:

a) komplett drehen einschließlich Futter egalisieren, Rüstzeit 40 Minuten, Stückzeit 83 Minuten;
b) Druckflansch fräsen, Rüstzeit 15 Minuten, Stückzeit 12,5 Minuten;
c) Bohren, Anflächen und Gewindeschneiden, Rüstzeit 15 Minuten, Stückzeit 62 Minuten;
d) Putzen und Entgraten, Stückzeit 5,4 Minuten;
e) mit Saugdeckel zusammenschrauben und fertigen zum Abpressen, Stückzeit 15 Minuten;
f) Abpressen (in den Gemeinkosten abgegolten);
g) nach Druckprobe auseinanderbauen, reinigen und konservieren, Stückzeit 6 Minuten.

Lohnsätze: a), b) und c): 22,88 DM je Std.; d), e) und g): 21,— DM je Std. Gemeinkostenzuschlag 92,5%.

Wie hoch sind die Fertigungskosten dieser Kostenstelle für die Bearbeitung eines Pumpengehäuses?

19 Für die Reparaturabteilung (allgemeine Kostenstelle) ergaben sich folgende Kosten: 5 Reparaturschlosser und -elektriker (insgesamt) im Monat mit 176 Arbeitszeitstunden je Arbeiter zu 21,20 DM je Stunde. Aus dem BAB ergibt sich ein Gemeinkostenanteil von 14589,— DM.

a) Wie hoch ist der Gemeinkostenzuschlag für die Kostenstelle?
b) Wie hoch ist der innerbetriebliche Verrechnungspreis für eine Reparaturstunde (ohne Einzelmaterial)? Durchschnittliche Reparaturleistung 125 Stunden je Beschäftigter.
c) Wie hoch ist der Umlageanteil dieses Monats für die Kostenstelle Vertrieb? Es wurden 67,5 Reparaturstunden in Anspruch genommen.

20 Der Betrieb will eine Feuersicherungstür von der eigenen Reparaturabteilung anfertigen lassen, weil das Angebot für diese Tür der Betriebsleitung zu hoch erscheint. Angebotspreis 2100,— DM. Die Reparaturabteilung ist jedoch ausgelastet, so daß Überstunden gemacht werden müßten: Eigene Kosten: Material 253,— DM, 34,25 Arbeitsstunden zu 21,20 DM je Std., 25% Überstundenzuschlag, Gemeinkostenzuschlag 143,5% (einschl. Überstundenzuschlag). Beim Angebot sind 164,— DM an Bezugskosten zu berücksichtigen.

a) Wie hoch ist der Bezugspreis?

b) Wie hoch sind die Herstellungskosten bei Eigenherstellung?

c) Wie hoch wären die Herstellungskosten ohne Überstunden gewesen?

d) Wie wird die Betriebsleitung entscheiden?

a2b) Mehrstufige differenzierte Zuschlagskalkulation

BAB mit mehreren Fertigungsstellen. Bei differenzierten Leistungen eines Betriebes genügt die Einrichtung einer Fertigungskostenstelle nicht. Aufträge, die die Leistungen der Kostenstelle Fertigung unterschiedlich in Anspruch nehmen, würden mit gleich hohen Fertigungsgemeinkosten belastet werden. Deshalb teilt man die Fertigungskostenstelle auf, z.B. Materialzurichtung, Dreherei, Bohrerei, Schleiferei, Schlosserei, Zusammenbau. Die Fertigungsgemeinkosten werden diesen Fertigungskostenstellen getrennt zugeschlagen, so daß für sie eigene Gemeinkostenzuschlagssätze auf Grund der ermittelten Fertigungslöhne je Kostenstelle errechnet werden können.

Fertigungshilfskostenstellen. Es handelt sich um Kostenstellen, die Hilfsleistungen für die Hauptkostenstellen der Fertigung erbringen. Zu ihnen gehören z.B. das Konstruktionsbüro, die Arbeitsvorbereitung, der Modell- und Werkzeugbau u.ä. Zunächst werden die anteiligen Gemeinkosten auf den Hilfskostenstellen gesammelt, dann aber **auf die Kostenstellen der Fertigung anteilmäßig umgelegt.** Dadurch erhöht sich der Gemeinkostenanteil der Fertigungskostenstellen.

Allgemeine Kostenstellen. Sie gehören zu den Kostenstellen, die nicht direkt an der betrieblichen Leistungserstellung beteiligt sind, sondern für andere Kostenstellen Leistungen erbringen. Sie werden als allgemeine Kostenstellen geführt. Dazu gehören z.B. Reparaturwerkstatt, Kantine, Kraftanlage, Gesundheitsdienst. Diese allgemeinen Kostenstellen werden im BAB gesondert geführt und erhalten ihren Gemeinkostenanteil wie die übrigen Kostenstellen. Da die Aufträge diese Kostenstellen nicht durchlaufen, können die Gemeinkosten der Betriebsleitung nicht direkt zugeschlagen werden. Deshalb werden die Gemeinkosten zunächst auf den allgemeinen Kostenstellen gesammelt, um dann auf alle anderen Kostenstellen umgelegt zu werden (aufschlüsseln). So werden sie Bestandteil der Gemeinkostenzuschläge.

Schema

Mehrstufiger BAB mit allgemeinen und Hilfskostenstellen

Konten	DM	Verteilung	Allg. Kostenstellen Reparaturwerkstatt	Kraftzentrale	Fertigung Hauptkostenstellen Material	Zurichterei	Schlosserei	Dreherei	Montage	Hilfskostenstellen Arbeitsvorbereitg.	Konstruktion	Verwltg.	Vertrieb
Gemeinkostenmaterial	121 000,-	Entnahmesch.	8 000,-	4 000,-	1 000,-	3 000,-	60 000,-	15 000,-	5 000,-	7 000,-	4 000,-	5 000,-	9 000,-
. . .	. . .	. . .	. . .	. . .	. . .	. . .	. . .	. . .	. . .	. . .	. . .	. . .	. . .
Gemeinkosten 1 860 000,-			40 000,-	150 000,-	60 000,-	210 000,-	400 000,-	320 000,-	190 000,-	70 000,-	60 000,-	650 000,-	310 000,-
1. Umlage der allg. Kostenstellen a) Reparaturwerkst.		Aufträge	→	5 000,-	1 000,-	3 000,-	12 000,-	8 000,-	6 000,-	1 000,-	1 000,-	1 000,-	2 000,-
				155 000,-	61 000,-	213 000,-	412 000,-	328 000,-	196 000,-	71 000,-	61 000,-	651 000,-	312 000,-
b) Kraftzentrale		Verbrauch		→	2 000,-	13 000,-	38 000,-	42 000,-	28 000,-	8 000,-	9 000,-	5 000,-	10 000,-
					63 000,-	226 000,-	450 000,-	370 000,-	224 000,-	79 000,-	70 000,-	656 000,-	322 000,-
2. Umlage der Hilfskostenstellen a) Arbeitsvorbereitung						4 000,-	42 000,-	24 000,-	9 000,-	←			
b) Konstruktion						8 000,-	38 000,-	16 000,-	8 000,-		←		
Gemeinkosten der Hauptkostenstellen					63 000,-	238 000,-	530 000,-	410 000,-	241 000,-			656 000,-	322 000,-
Zuschlagsgrundlagen 1. Materialverbrauch					2 100 000,-								
2. Fertigungslöhne						476 000,-	397 500,-	512 500,-	192 800,-				
3. Herstellkosten des Umsatzes												5 110 000,-	5 110 000,-
Zuschlagssatz für Gemeinkosten					3%	50%	133 1/3%	80%	125%			12,8%	6,3%

Herstellkosten des Rechnungzeitraumes	5 160 800,- DM
– Mehrbestand an Halb- u. Fertigerzeugnissen	50 800,-
Herstellkosten des Umsatzes	5 110 000,- DM

Kostenstellenrechnen (BAB) und Kalkulation

Neben den Hauptkostenstellen Material, Fertigungskostenstellen, Verwaltung und Vertrieb werden die Hilfskostenstellen und die allgemeinen Kostenstellen eingerichtet.

Aufstellen des mehrstufigen BAB:

1. Verteilen der Gemeinkosten auf die Kostenstellen,
2. Feststellen der gesamten Gemeinkosten je Kostenstelle,
3. Umlage der allgemeinen Kostenstellen,
4. erneut Feststellen der gesamten Gemeinkosten je Kostenstelle,
5. Umlage der Hilfskostenstellen,
6. erneut Feststellen der gesamten endgültigen Gemeinkosten je Kostenstelle (Hauptkostenstelle),
7. Feststellen und Einsetzen der Zuschlagsgrundlagen,
8. Ermitteln der Zuschlagssätze für Gemeinkosten.

Beispiel

Für die Herstellung eines Schaltgehäuses werden berechnet: Materialverbrauch 480,— DM, MGK 15%, Fertigungskosten: Vorrichterei Löhne 120,— DM, FGK 150%; Formerei Löhne 60,— DM, FGK 80%; Schlosserei Löhne 340,— DM, FGK 120%; Zusammenbau Löhne 220,— DM, FGK 100%; Sondereinzelkosten der Fertigung 70,— DM; VwGK und VtGK 18,5%, Sondereinzelkosten des Vertriebs 120,— DM; Gewinn 12%, Skonto 2%. Wie hoch ist der Angebotspreis?

Lösung

	DM	DM	DM
Materialkosten			
1. Materialverbrauch		480,—	
2. MGK 15%		72,—	552,—
Fertigungskosten			
1. Fertigungslohn Vorrichterei	120,—		
FGK 150%	180,—	300,—	
2. Fertigungslohn Formerei	60,—		
FGK 80%	48,—	108,—	
3. Fertigungslohn Schlosserei	340,—		
FGK 120%	408,—	748,—	
4. Fertigungslohn Zusammenbau	220,—		
FGK 100%	220,—	440,—	
5. Sondereinzelkosten der Fertigung		70,—	1666,—
Herstellkosten			2218,—
Verwaltungs- und Vertriebskosten			
1. VwGK und VtGK 18,5%		410,33	
2. Sondereinzelkosten des Vertriebs[1]		120,—	530,33
Selbstkosten			2748,33
Gewinn 12%			329,80
Barverkaufspreis			3078,13
Skonto 2%			62,82
Angebotspreis/Zielverkaufspreis			3140,95

1) Siehe Seite 259

1 Stellen Sie die Selbstkosten fest!

			Fertigungsstellen									
			I		II		III					
	Material	MGK	Fertig.-lohn	FGK	Fertig.-lohn	FGK	Fertig.-lohn	FGK	Sondereinzelkost. der Fertigung	VwGK	VtGK	Sondereinzelkost. des Vertriebs
a)	600,—	4%	380,—	90%	510,—	140%	270,—	210%	110,—	8%	12%	27,—
b)	1 830,—	3%	530,—	170%	2 600,—	90%	—	—	27,60	12%	8%	—
c)	4 690,—	5%	812,—	80%	3 920,—	165%	810,—	70%	102,10	10%	15%	60,—
d)	2 065,—	6%	340,—	135%	987,—	220%	365,—	105%	—	9%	7%	61,10
e)	91,50	7%	46,20	47,5%	83,10	82,7%	28,30	68%	—	11%	15%	—

2 Berechnung für eine Unfallverhütungsvorrichtung: Material und Einzelteile 835,40 DM, MGK 3,5%, Gutschrift für Abfallverwertung 16,— DM; Fertigungskosten: Kostenstelle I Fertigungslohn 110,— DM, FGK 81%; II Fertigungslohn 180,— DM, FGK 158%; III Fertigungslohn 70,— DM, FGK 390%; IV Fertigungslohn 220,— DM, FGK 95,5%; VwGK 14,4%, VtGK 9,5%; Gewinn 11%; Skonto 3%; Fracht bis Empfangsstation 74,50 DM.

Wie lautet der Angebotspreis frei Station dort?

3 Eine Gießerei erhält eine Anfrage, zu welchem Preis 2600 Wellen geliefert werden können. Kalkulation: je Welle 15 kg zu 0,28 DM je kg, 35% Zuschlag auf Nettogewicht für Gußabfälle, MGK 2% auf Bruttoeinsatz, Gutschrift für Schrottverwendung 32% vom Bruttoeinsatz einschl. MGK; Fertigungskosten: Kostenstelle A Fertigungslohn 1110,— DM, FGK 47%; B Fertigungslohn 8020,— DM, FGK 68%; C FGK 80% auf Bruttomaterialeinsatz; D Fertigungslohn 402,— DM, FGK 140%; VwGK und VtGK $16\frac{2}{3}$%; Gewinn $8\frac{1}{3}$%; Skonto 1%.

a) Wie hoch ist der Angebotspreis für die Gesamtlieferung?

b) Wie hoch ist der Verkaufspreis für 1 kg Fertigguß?

4

		Einzelkosten	Gemeinkosten
Materialkosten		700,— DM	5%
Fertigungskosten			
Kostenstelle I	Fertigungslohn	1000,— DM	139% auf Lohn
Kostenstelle II	Fertigungslohn	300,— DM	80% auf Material 35% auf Lohn
Kostenstelle III	Fertigungslohn	260,— DM	1,05 DM je kg für 250 kg
Kostenstelle IV	Fertigungslohn	790,— DM	12,5 Maschinenstunden zu 16,40 DM je Std.
Kostenstelle V	Fertigungslohn	320,— DM	30 Handarbeitsstunden zu 3,84 DM je Std.
Sondereinzelkosten		130,— DM	

VwGK 15% auf Fertigungskosten, VtGK 5% auf Herstellkosten, Gewinn 5,5%, Skonto 2%. Wie hoch ist der Angebotspreis?

5 Für eine fahrbare Dosieranlage für Flüssigstoffe sind zu kalkulieren:

Materialkosten:

bezogene Fertigteile	2630,— DM	MGK 8%
fertige Einzelteile	1120,— DM	MGK 5%
Material für anzufertigende Teile . .	940,— DM	MGK 4%

Fertigungskosten:	Löhne	
Zurichterei	204,— DM	FGK 55%
Dreherei	418,— DM	FGK 124%
Schlosserei	3624,— DM	FGK 94%
Schleiferei	176,— DM	FGK 386%
Lackiererei	98,— DM	FGK 46%
Montage	459,— DM	FGK 72%

VwGK und VtGK 27% der Fertigungskosten, Gewinn 12½%, Skonto 3%.

Wie hoch ist der Zielangebotspreis?

6 Eine Werkzeugfabrik plant die Aufnahme eines neuen Werkzeuges in ihr Verkaufsprogramm und überprüft die sich ergebenden Kosten bei Eigenherstellung. An Kosten entstehen für 100 Stück:

Werkstoffkosten:
103 Stück zu 2,10 DM je Stück (3 Stück = 3% für Ausschuß), MGK 2,6%, Schrottverkaufserlös ½% des Materialverbrauchs.

Fertigteile:
selbsterstellte Fertigteile
200 Stück zu 89,10 DM je 100 Stück
100 Stück zu 28,10 DM je 100 Stück
fremdbezogene Teile 446,50 DM
auf fremdbezogene Teile MGK 2,6%

Fertigungskosten:		Kostensatz
2 Seiten auf Länge fräsen	2,1 Std.	11,40 DM je Std.
2 Seiten zentrieren	0,6 Std.	16,— DM je Std.
Schaft vordrehen	1,85 Std.	15,50 DM je Std.
Hubzapfen vordrehen	1,5 Std.	15,50 DM je Std.
Schaft schleifen	2,95 Std.	22,34 DM je Std.
Hubzapfen schleifen und läppen	2,55 Std.	22,34 DM je Std.
Schaft läppen	1,95 Std.	15,50 DM je Std.

Zuschlag für Ausschuß 1,5% der Fertigungskosten (warum bei Material 3%, bei Fertigungskosten nur 1,5%?), FGK 47,4%.

Montagekosten:
1. Arbeitsgang: 22 Fertigungsminuten zu 7,50 DM je Kostenminute
2. Arbeitsgang: 16 Fertigungsminuten zu 7,50 DM je Kostenminute

Montagegemeinkosten 47,4%
VwGK 20%, VtGK 5%

Wie hoch wären die Selbstkosten und der Verkaufspreis je Stück?

7 Aus Polyäthylen stellt ein Betrieb im Spritzgußverfahren Benzinkanister her. Für 100 5-l-Kanister ergibt sich folgendes Kostenbild: Polyäthylen 310,— DM, MGK 3%; Fertigteile 72,— DM, MGK 6%; Fertiglöhne Spritzgießerei 23,40 DM, FGK 235%; Fertiglöhne Zusammenbau 13,90 DM, FGK 70%; VwGK und VtGK 21%, Gewinn 6¼%, Skonto 3%.

a) Wie hoch ist der Angebotspreis für einen 5-l-Kanister?

b) Bis zu welchem Preis könnte der Angebotspreis (ohne Gewinn) je Stück gesenkt werden?

c) Ein Versandhaus will 50000 Stück zu einem niedrigeren als dem normalen Angebotspreis bestellen. Auf Grund des Großauftrages ergeben sich folgende Kostenveränderungen für 100 Stück: Mengenrabatte bei Polyäthylen 5,— DM, bei Fertigteilen 1,— DM, MGK für Polyäthylen 2%, Fertigteile 3% (geringe Bestände — wegen Kauf auf Abruf); FGK Spritzgießerei 195%, Zusammenbau 60% (bessere Ausnutzung der Kapazität und Rationalisierung bei Großaufträgen), Skonto 3%. Wie lautet der neue Angebotspreis?

d) Wie hoch ist der Rabatt in DM und Prozent je Stück?

8 Eine Tapetenfabrik will 100 Rollen einer Mustertapete zu 1450,— DM anbieten. An Kosten fallen an:

Materialeinsatz:
- Papierkosten:
- Nettopapiereinsatz je Rolle 5,62 m^2, 0,091 kg je m^2 zu 8,50 DM je kg, Abfallzuschlag 15 % vom Nettoeinsatz,
- MGK 3 % von den Bruttopapierkosten,
- Abfallerlöse 3,07 DM;
- Farbstoff- und Chemikalienkosten 195,— DM;

Fertigungskosten:
- Fonddruck 31,47 DM, Musterdruck 83,02 DM, Rollen und Kontrolle 0,58 DM je Rolle;

Muster- und Entwicklungskosten:
- Zeichen- und Atelierkosten 6% der Fertigungskosten,
- Walzenkosten 15% der Fertigungskosten,
- Musterkosten der Fertigung: Materialkosten 5,2% vom Materialeinsatz, Fertigungskosten für die Muster 12,5% der Fertigungskosten;

Verwaltungs- und Vertriebskosten:
- VwGK 7,5%, VtGK 14,6%,
- Sondereinzelkosten des Vertriebs: Verpackungsmaterial 42,50 DM, Vertreterprovision 9% vom Verkaufspreis.

a) Wie hoch sind die Selbstkosten einschl. Sondereinzelkosten des Vertriebs?

b) Wie hoch ist der Gewinn in DM?

c) Wie hoch ist der Gewinnzuschlag in Prozent auf die Selbstkosten ohne Berücksichtigung der Sondereinzelkosten des Vertriebs?

a3) Zuschlagskalkulation mit Maschinenstundensätzen

Bei anlageintensiver Fertigung ist der Fertigungslohn im Verhältnis zu den Gemeinkosten sehr gering. Die Folge davon sind sehr hohe Zuschlagssätze für Gemeinkosten. Bei geringen Änderungen der Zuschlagsgrundlage (z. B. Lohnerhöhungen) ergeben sich starke Gemeinkostenverzerrungen. Große Kostenverzerrungen treten auch ein, wenn die Arbeitsplätze einer Kostenstelle unterschiedlich hohe Gemeinkosten verursachen und wenn diese Arbeitsplätze von den Kostenträgern nicht gleichmäßig in Anspruch genommen werden. Diese Nachteile werden durch die Kalkulation mit Maschinenstundensätzen vermieden. Außerdem bieten die Maschinenstundensätze eine Grundlage für die Kontrolle der maschinenabhängigen Kosten.

Grundlagen für die Kalkulation mit Maschinenstundensätzen:

1. **Aufteilung der Fertigungsgemeinkosten** in

maschinenabhängige Fertigungsgemeinkosten	**maschinenunabhängige Fertigungsgemeinkosten**
kalk. Abschreibungen	Hilfs- u. Betriebsstoffe
kalk. Zinsen	Heiz- u. Beleuchtungskosten
Raumkosten	Hilfslöhne
Instandhaltung	Gehälter
Instandsetzung	Sozialkosten
Energiekosten	sonst. Instandhaltung
evtl. Werkzeugkosten	Betriebssteuern
Gemeinkostenmaterial	sonst. Raumkosten
	sonst. Abschreibungen

Die **maschinenabhängigen Fertigungsgemeinkosten** werden mit einem Maschinenstundensatz in DM verrechnet. Die **maschinenunabhängigen Fertigungsgemeinkosten** bzw. **Restgemeinkosten** werden grundsätzlich wie bisher über einen Zuschlagssatz auf die Fertigungslöhne oder auch über einen Gemeinkosten-Stundensatz wie die maschinenabhängigen Gemeinkosten verrechnet.

2. **Soll-Laufstunden je Maschine bzw. Maschinengruppe**

Als **Soll-Laufstunden** je Jahr wird die optimal erreichbare Laufstundenzahl nach Abzug der Zeiten für Pflege, Wartung, Instandhaltung und -setzung, Stromausfall, ebenso Ausfälle des Bedienenden durch Krankheit, Urlaub angenommen. Beim Einschichtbetrieb ergeben sich rund 1800 Stunden im Jahr (Stück- und Rüstzeiten). Werden mehrere kostenähnliche Maschinen zu einer Kostengruppe zusammengefaßt, so ergeben die Soll-Laufstunden aller Maschinen die Gesamtlaufstunden der Maschinengruppe.

Beispiel 1 — Feststellung des Maschinenstundensatzes

Ermittlung der maschinenabhängigen Fertigungsgemeinkosten auf einer Maschinenstundensatzkarte (nach VDMA) für eine Kegelradhobelmaschine, Anschaffungsjahr 1984, Nutzung eineinhalbschichtig.

Kostenfaktoren/Kosten	Berechnungsgrundlagen		Berechnung	DM/Std.
Wiederbeschaffungswert (WBW)	DM	130 000,—		
Nutzungsdauer	Jahre	10		
Raumanteil	m^2/Mon.	15 zu je 36,— DM/m^2/Mon.		
Soll-Laufstunden	Jahr	2700		
Antriebsleistung	kWh	5,5 Nennleistung 2,75 mittl. Leistung		
kalk. Abschreibungen	Jahres-rate	Wiederbeschaffungswert / Nutzungsdauer · 2700 Std.	130 000 / 10 · 2700	4,82
kalk. Zinsen	6 %	½ WBW · 6 % / 100 % · 2700 Std.	65 000 · 6 / 100 · 2700	1,44
Instandhaltung	Plan-satz v. WBW	WBW · Plansatz 2,5 % / 100 % · 2700 Std.	130 000 · 2,5 / 100 · 2700	1,20
Raumkosten	m^2-Satz	Raumanteil · Jahressatz / 2700 Std.	15 · 36 · 12 / 2700	2,40
Energiekosten	kWh-Satz	mittl. Leistung · kWh/DM	2,75 · 0,12	0,33
Werkzeugkosten		nach Berechnung		1,90
Maschinenstundensatz (maschinenabhängige Gemeinkosten je Stunde)				12,09

Zinsen: Sie können jährlich vom Restbuchwert der Maschine errechnet werden, der sich von Jahr zu Jahr um die Abschreibung verringert. Zur Vereinfachung wird der durchschnittliche Restbuchwert der Abschreibungsjahre (= ½ Anschaffungswert bzw. Wiederbeschaffungswert) der Berechnung der kalkulatorischen Zinsen zugrunde gelegt.

Instandhaltung: Sie kann auch mit einem Instandhaltungsfaktor errechnet werden, der sich auf die Abschreibung bezieht, z. B. 0,5 von der Jahresabschreibung.

Raumkosten: Die Jahreskosten der Kostenstelle (BAB) werden auf einen m^2 der Kostenstelle bezogen, hier 36,— DM/Monat.

Beispiel 2 — BAB (Ausschnitt) mit Maschinengruppenaufteilung und Restgemeinkosten für die Dreherei im April:

Gemeinkostenart	DM	Klein-automat.	Groß-automat.	Rest-gemeink.
Gemeinkostenmaterial	4 800,—	1 800,—	2 200,—	800,—
Energiekosten	22 300,—	5 000,—	16 000,—	1 300,—
Gemeinkostenlöhne	14 000,—			14 000,—
Sozialkosten	45 000,—			45 000,—
Instandhaltung	4 300,—	1 500,—	2 500,—	300,—
Steuern, Vers., Beitr.	2 700,—			2 700,—
versch. Kosten	5 900,—			5 900,—
Abschreibungen	8 000,—	1 500,—	4 500,—	2 000,—
kalk. Raumkosten	2 100,—	400,—	1 100,—	600,—
kalk. Zinsen	3 000,—	700,—	1 800,—	500,—
Werkzeugverbrauch	3 500,—	1 000,—	2 500,—	—
Gemeinkosten	115 600,—	11 900,—	30 600,—	73 100,—
Laufstunden		7 400,—	5 120,—	
Maschinenstundensatz		1,61	5,98	
Fertigungslohn				250 400,—
Restgemeinkostensatz je Fertigungsstunde auf Maschinen-Fertigungslohn (29,2 % von 20,—DM)		5,84	5,84	29,2 %
Gemeinkosten je Maschinenstunde		7,45	11,82	
Fertigungslohn je Maschinenstunde		20,—	20,—	
Fertigungskosten je Maschinenstunde		27,45	31,82	

Früher wurde ein Durchschnittssatz von 3,40 DM je Drehstunde für Klein- und Großautomaten verrechnet (11 900 + 30 600 : 12 520). Dadurch wurden für Dreharbeiten auf Kleinautomaten zu hohe Kosten (jetzt 1,61 DM), für Dreharbeiten auf Großautomaten zu geringe Kosten (jetzt 5,98 DM) verrechnet. Unberücksichtigt bleibt hier die Produktionsleistung der Automaten je Stunde.

1 Stellen Sie für die Maschinen A, B und C fest: a) die maschinenabhängigen Kosten, b) die maschinenabhängigen Gemeinkostenstundensätze! c) Wie hoch sind die Fertigungskosten je Maschinenstunde? (Lohn 19,20 DM je Std., Restgemeinkosten 150%)

Berechnungsdaten		Maschinen		
	Einheit	A	B	C
Wiederbeschaffungswert	DM	36 000,—	82 000,—	198 000,—
Nutzungsdauer	Jahre	12	10	10
kalk. Zinssatz	% v. ½ WBW	7	7	7
Instandhaltungsfaktor	v. Abschr.	0,5	0,5	0,5
Platzbedarf	qm	10	14	25
Raumkosten	DM/m²/Jahr	78,—	78,—	78,—
Energieverbrauch	kWh/Jahr	4000	10 000	20 000
Strompreis	DM/kWh	0,14	0,14	0,14
Soll-Laufstunden je Jahr	h	1800	1800	1800

2 Für die Werkstatt Spritzgießerei soll der Maschinenstundensatz festgestellt werden.

Die 6 Maschinen wurden zu einem Gesamtpreis von 480 000,— DM angeschafft. Der Wiederbeschaffungspreis wird mit 95 000,— DM je Maschine angenommen. Die Nutzungsdauer wird auf 10 Jahre geschätzt; wegen der Nutzung in 2 Schichten ist die Nutzungsdauer um 30% zu kürzen. Die kalkulatorischen Zinsen betragen 8% vom halben Wiederbeschaffungswert. Als Kosten für Instandhaltung werden 40% der Abschreibungen angesetzt. Der Raumanteil beträgt insgesamt 120 m², der Raumkostensatz 4,50 DM je m² und Monat. Die mittlere Leistung je Maschine wird mit 4 kW angenommen. Der Strompreis wurde mit 0,12 DM je kWh vereinbart. Die jährliche Arbeitszeit beträgt 240 Arbeitstage, die tägliche Arbeitszeit 8 Std. je Schicht. Die Ausfallzeit wird auf jährlich insgesamt 350 Arbeitsstunden je Schicht geschätzt.

3 Stellen Sie fest:

a) die maschinenabhängigen Gemeinkosten-Stundensätze;

b) die Zuschlagssätze für die Restgemeinkosten,
   1. bezogen auf den Fertigungslohn in %,
   2. bezogen auf die Maschinenstunde in DM;

c) die Fertigungskosten je Maschinenstunde (Maschinenstundensatz),
   1. bei Anwendung des Restgemeinkostenzuschlages auf den Fertigungslohn,
   2. bei Anwendung des Restgemeinkostenzuschlages als Maschinenstundensatz!

Kostenart	Fertigungskostenstellen/Kosten 1. Quartal				
	Masch.-gruppe A		**Maschinen** B I und B II		
	maschinenabhängige GK	Restgemeinkosten	B I masch'ab. Gk	B II masch'ab. Gk	Restgemeinkosten
Hilfsstoffe		3 000,—			700,—
Betriebsstoffe	700,—	400,—	100,—	110,—	
Energiekosten	3 600,—	900,—	600,—	820,—	300,—
Hilfslöhne		2 200,—			1 500,—
Gehälter		2 400,—			900,—
Sozialkosten		6 300,—			4 900,—
Instandhaltung	2 400,—	600,—	1 400,—	1 630,—	700,—
Betriebssteuern		1 800,—			1 400,—
Raumkosten	2 500,—	2 700,—	500,—	950,—	400,—
Abschreibungen	12 600,—	1 100,—	2 000,—	4 060,—	700,—
kalk. Zinsen	6 300,—	700,—	1 100,—	2 030,—	300,—
sonstige Kosten		3 500,—			1 100,—
Maschinenstunden	1350		450	450	
Maschinenstundenlohn	20,— DM		24,— DM	24,— DM	

Beispiel 3 — Kalkulation mit Maschinenstundensätzen

Für einen Rollenförderer werden folgende Kosten berechnet:
Materialkosten: Materialverbrauch 840,— DM, MGK 5%;
Fertigungskosten:
Maschinenabhängige Kosten (in DM je Maschinenstunde):

Stanzen:	7,5 Std. zu 16,— DM	Schweißen:	5 Std. zu 26,— DM
Formen:	6 Std. zu 20,— DM	Putzen:	2,5 Std. zu 34,— DM

Maschinenlöhne: 21 Std. zu 19,— DM je Lohnstunde
Restgemeinkosten: 180 % auf Fertigungslohn
Montagekosten: 4 Montagestunden zu 17,— DM je Stunde
Gemeinkosten je Montagestunde: 27,— DM
Verwaltungs- und Vertriebsgemeinkosten: 15 %
Wie hoch sind die Selbstkosten für diesen Auftrag?

Lösung

	DM	DM	DM	DM
Materialkosten				
Materialverbrauch			840,—	
MGK 5%			42,—	882,—
Fertigungskosten				
Maschinenarbeiten				
Maschinengemeinkosten				
Stanzen	120,—			
Formen	120,—			
Schweißen	130,—			
Putzen	85,—	455,—		
Fertigungslohn		399,—		
Restgemeinkosten 180% a. Lohn		718,20	1572,20	
Montagekosten				
Fertigungslohn		68,—		
FGK 13,50 DM/Std.		108,—	176,—	1748,20
Herstellkosten				2630,20
Vw- und VtGK 15%				394,53
Selbstkosten				3024,73

4 Stellen Sie die Herstell- bzw. Selbstkosten fest!

	a)	b)	c)
Materialverbrauch MGK	4500,— DM 8%	160,— DM 5,5%	10,35 DM 12%
Fertigungslöhne FGK	je Std. 138 Std./18,— DM 140%	je Std. 15 Std./20,40 DM 160%	je Std. 28 Min./19,20 DM 180%
Maschine A Maschine B Maschine C Maschine D Montage Löhne FGK a. Lohn	32 Std./36,— DM 84 Std./21,— DM 15 Std./12,— DM 7 Std./55,— DM 6 Std./17,— DM 110%	4 Std./15,50 DM 1,5 Std./12,60 DM 6,25 Std./18,40 DM 2,10 Std./21,50 DM 0,75 Std./29,60 DM 125%	4 Min./36,— DM 7 Min./30,60 DM 12 Min./25,20 DM 5 Min./44,40 DM
Vw- u. VtGK	20%	18%	

5 Ein Meister erhält die Kostenaufstellung zur Kontrolle der Kostenstundensätze. Wie hoch sind die Abweichungen in DM und % der tatsächlichen Stundensätze von den Normalstundensätzen?

Kosten	gesamt	Arbeitsgänge Nr. 1 fix	Arbeitsgänge Nr. 1 proport.	Arbeitsgänge Nr. 2 fix	Arbeitsgänge Nr. 2 proport.
Direkte Personalkost.	777 300,—	92 300,—	420 000,—	45 000,—	220 000,—
Kalk. Abschreibungen	344 000,—	54 000,—	186 000,—	26 000,—	78 000,—
Kalk. Zinsen	112 000,—	76 000,—	—	36 000,—	—
Fremde Arbeitsmittel	129 000,—	—	82 000,—	—	47 000,—
Verkehrsmittel	34 000,—	25 000,—	—	9 000,—	—
Reisekosten	27 000,—	20 000,—	—	7 000,—	—
Vers., Beitr., Steuern	59 000,—	45 000,—	—	14 000,—	—
Summe direkte Kosten	?	?	?	?	?
Kostenumlage	1 001 400,—	497 600,—	217 000,—	169 800,—	117 000,—
Gesamtkosten	?	?	?	?	?
Nutzungsstunden a) Bearbeiten		52 000		29 300	
b) Rüsten		3 200		1 500	
Summe der Nutzungsstd.		?		?	
Kosten je Nutzungsstunde		?	?	?	?
Kalkulierter Stundensatz (Normalstundensatz)		15,—	16,50	10,—	15,—
Abweichung in DM		?	?	?	?
Abweichung in % (v. Normal'satz)		?	?	?	?

6 Zur besseren Auslastung einer Horizontal-Drehmaschine sollen Lohnaufträge hereingenommen werden.

a) Wie hoch ist der augenblickliche Maschinenstundensatz bei einer nur 60%igen Auslastung?

b) Wie hoch ist der Maschinenstundensatz für das Angebot bei angenommener Vollauslastung der Maschine?

c) Welche Überlegungen ergeben sich, wenn der Kunde nur bereit ist, zu einem niedrigeren Stundensatz den Vertrag abzuschließen als bei der augenblicklichen Auslastung?

Kosten: fixe direkte Maschinenkosten: Anschaffungskosten 550 000,— DM, Abschreibungszeit 10 Jahre, kalkulatorische Zinsen 6% vom halben Anschaffungswert, Raumkosten für 80 m² zu 125,— DM je m²-Jahressatz; variable direkte Maschinenkosten: Instandhaltungskosten nach der Formel:

$$x = \frac{\text{Anschaffungswert}}{4 \cdot \text{kalk. Abschreibungszeit} \cdot \text{jährliche Laufstunden}}$$

Laufstunden im Monat 150 (Nutzungszeit); Energiekosten 5,81 DM je Laufstunde.

b) Nachkalkulation

Durch sie werden die tatsächlichen Kosten eines Auftrages ermittelt. Der Vergleich der Ergebnisse der Vor- und Nachkalkulation läßt die Kostenabweichungen und ihre Ursachen erkennen. Sind die tatsächlichen Kosten höher als die vorkalkulierten, wird der Gewinn gemindert, oder es treten sogar Verluste auf.

Beim freibleibenden Angebotspreis führt die Nachkalkulation zum tatsächlichen Verkaufspreis; beim verbindlichen Angebotspreis wird der tatsächliche Gewinn auf Grund der Kostenänderung festgestellt. Kostenänderungen können eintreten im Materialverbrauch, bei den Fertigungslöhnen und Sondereinzelkosten der Fertigung und des Vertriebs. Ändern sich die Einzelkosten, so ändern sich zwangsläufig die anteiligen Gemeinkosten.

Beispiel 1 — bei freibleibendem Preis

Der Angebotspreis für eine Signalanlage wurde von der Vorkalkulation auf Grund folgender Kosten ermittelt: Materialverbrauch 400,— DM, MGK 15%, Fertigungslöhne 1200,— DM, FGK 150%, Vw- und VtGK 20%, Gewinn 10%, Skonto 2%. Nachdem die Anlage fertig ist, wird beim Abrechnen (Nachkalkulation) festgestellt, daß für 20,— DM Material weniger verbraucht wurde, die Fertigungslöhne dagegen um 60,— DM höher lagen.

a) Wie hoch war der freibleibende Angebotspreis?

b) Wie hoch ist der tatsächliche Verkaufspreis?

Lösung

	a) Vorkalkulation DM	a) Vorkalkulation DM	b) Nachkalkulation DM	b) Nachkalkulation DM
Materialkosten				
Materialverbrauch .	400,—		380,—	
MGK 15%	60,—	460,—	57,—	437,—
Fertigungskosten				
Fertigungslöhne . .	1200,—		1260,—	
FGK 150%	1800,—	3000,—	1890,—	3150,—
Herstellkosten		3460,—		3587,—
VwGK und VtGK 20%		692,—		717,40
Selbstkosten		4152,—		4304,40
Gewinn 10%		415,20		430,44
Barverkaufspreis		4567,20		4734,84
Skonto 2%		93,21		96,63
freibleibender Angebotspreis .		4660,41	tatsächlicher Verkaufspreis	4831,47

Beispiel 2 — bei verbindlichem Preis

Angaben wie Beispiel 1. Der Angebotspreis von 4660,41 DM ist einzuhalten. Die Kostenveränderung wirkt sich auf die Höhe des Gewinns aus.

Lösung

Nachkalkulation (Differenzkalkulation)

①	Materialkosten			
	Materialverbrauch	380,— DM		
	MGK 15%	57,— DM	437,— DM	
	Fertigungskosten			
	Fertigungslohn	1260,— DM		
	FGK 150%	1890,— DM	3150,— DM	
	Herstellkosten		3587,— DM	
	VwGK und VtGK 20%		717,40 DM	
↓	*Selbstkosten*		4304,40 DM	
	Gewinn 6,1%		**262,80 DM**	⑤
②	Barverkaufspreis		4567,20 DM	↑
	Skonto 2%		93,21 DM	
↓	verbindlicher Angebotspreis		4660,41 DM	④
	③ ⟶			

Lösungsweg

① Entwickeln der Kalkulation bis zu den Selbstkosten mit den neuen Werten (Vorwärtskalkulation).

② Entwickeln des Kalkulationsschemas bis zum Angebotspreis.

③ Einsetzen des verbindlichen Angebotspreises.

④ Rechnen vom Angebotspreis bis zum Barverkaufspreis (rückwärts).

⑤ Feststellen des tatsächlichen *Gewinns* (bzw. des Verlustes) *als Differenz* zwischen Selbstkosten und Barverkaufspreis:

$$\begin{array}{ll} x\ \% \triangleq 262{,}80\ \text{DM} & \\ 4304{,}40\ \text{DM} \triangleq 100\% & \end{array} \quad \text{oder} \quad \begin{array}{l} 4304{,}40\ \text{DM} \triangleq 100\% \\ 262{,}80\ \text{DM} \triangleq x\ \% \end{array}$$

$$x = \frac{\text{tatsächlicher Gewinn} \cdot 100}{\text{Selbstkosten}} = \frac{262{,}80 \cdot 100}{4304{,}40} = \underline{\underline{6{,}1\%}} \text{ (genau: 6,1053\%)}$$

Der tatsächliche Gewinn beträgt nur 262,80 DM = 6,1%.

1 Wie hoch ist der tatsächliche Gewinn bei dem verbindlichen Angebotspreis von 3450,— DM? Die Nachkalkulation ergibt folgende Werte: Materialverbrauch 204,— DM, MGK 9%; Fertigungslöhne 780,— DM, FGK 156%; VwGK und VtGK 16%, Skonto 3%.

2 Stellen Sie die verbindlichen Angebotspreise und auf Grund der Angaben der Nachkalkulation den tatsächlichen Gewinn je Auftrag fest!

	Material	MGK	F.-Lohn	FGK	VwGK	VtGK	Gew.	Skonto	Rabatt
a) Vorkalkulation	220,—	10%	650,—	180%	8%	9%	15%	3%	15%
Nachkalkulation	250,—	10%	630,—	180%	8%	9%	?	3%	15%
b) Vorkalkulation	1410,—	6%	3680,—	125%	9%	6%	14%	2%	10%
Nachkalkulation	1380,—	6%	3620,—	125%	9%	6%	?	3%	12%
c) Vorkalkulation	6250,—	5%	4170,—	220%	12%	8%	6%	2%	—
Nachkalkulation	5900,—	5%	4240,—	220%	12%	8%	?	3%	—
d) Vorkalkulation	495,—	8%	732,—	163%	7%	5%	2%		
Nachkalkulation	510,—	8%	748,—	163%	7%	5%	?		
e) Vorkalkulation	2400,—	4%	1980,—	95%	10%	6%	7%	2%	15%
Nachkalkulation	2400,—	4%	1980,—	95%	10%	6%	?	3%	18%

3 Die Verhandlungen mit einem Großabnehmer ergaben eine Erhöhung des Rabattes um $4\frac{1}{3}$%. Wie hoch ist der tatsächliche Gewinn? Selbstkosten je Gerät 300,— DM, Listenpreis 522,— DM, Skonto 3%, (alter) Rabatt 29%.

4 Die Nachkalkulation einer Schüttelrutsche mit Sortiervorrichtungen ergab folgende Werte: Materialverbrauch 490,— DM, MGK 4,5%; Fertigungskosten: Fertigungsstelle I Fertigungslöhne 124,— DM, FGK 150%; II Fertigungslöhne 55,— DM, FGK 80%; III Fertigungslöhne 320,— DM, FGK 120%; IV Fertigungslöhne 190,— DM, FGK 62%; VwGK und VtGK 22%, Sondereinzelkosten des Vertriebs 120,— DM; Skonto 3%. Verbindlicher Angebotspreis 3325,— DM.

Gewinnsatz der Vorkalkulation 20%.

Um wieviel Prozent hat sich der Gewinn erhöht bzw. vermindert?

5 Eine Spritzgußform für Kunststoff wurde vorkalkuliert: Material 460,— DM, MGK 3,5%; Fertigungslöhne 3515,— DM, FGK 162%, Sondereinzelkosten der Fertigung 604,— DM; VwGK und VtGK 21%; Gewinn 7,5%; Skonto 3%.

a) Wie hoch ist der verbindliche Angebotspreis?

b) Wegen Überbeschäftigung wird die Herstellung eines Einzelteiles vergeben, so daß die Sondereinzelkosten der Fertigung um 86,— DM steigen. Wie hoch ist der tatsächliche Gewinn in DM und Prozent?

6 Auf wieviel Prozent kann ein Unternehmen den Wiederverkäuferrabatt bei gleichbleibendem Listenpreis erhöhen, wenn es seinen Gewinn von 46,10 DM auf 20,03 DM ermäßigt? Kosten: Selbstkosten 345,— DM, Skonto 3%, alter Wiederverkäuferrabatt 25%.

7 Wegen Auftragsmangel wird der Konkurrenzpreis von 8220,— DM um 300,— DM unterboten. Wie hoch ist der Gewinn bzw. der Verlust (vom Selbstkostenpreis einschl. Sondereinzelkosten des Vertriebs) in DM und Prozent?

Selbstkosten 7230,— DM, Provision 10% vom Angebotspreis.

8 Für die Herstellung einer Kühlhalle kalkulierte ein Bauunternehmer: Materialkosten laut Masseberechnungen frei Baustelle 64100,— DM, Fertigungslöhne 53100,— DM, Gemeinkostenzuschlag 81% auf Löhne, Gewinn 8600,— DM, Wagniszuschlag auf Selbstkosten 3% (für Schäden innerhalb der Garantiezeit).

a) Wie hoch war der Angebotspreis?

b) Innerhalb der Haftungszeit (BGB 5 Jahre, VOB 2 Jahre) ist ein Schaden über 7150,— DM entstanden, der kostenlos behoben werden mußte. Wie hoch ist der tatsächliche Gewinn in DM und Prozent?

c) Wieviel % beträgt das eingetretene Wagnis von den Selbstkosten?

c) Kalkulation mit Vertreterprovision

Die Vertreterprovision wird *grundsätzlich* vom Zielverkaufspreis berechnet[1]). Als Verkaufsprovision gehört sie zu den Sondereinzelkosten des Vertriebs.

Beispiel 1 — mit Skonto
Barverkaufspreis 5,77 DM, Provision 20%, Skonto 3%, Rabatt 40%.
Wie hoch ist der Listenverkaufspreis?

Lösung

Barverkaufspreis	5,77 DM	77%	
+ Provision 20% vom Zielpreis	1,50 DM	20%	
+ Skonto 3% vom Zielpreis	0,23 DM	3%	
Zielverkaufspreis	7,50 DM	100%	60%
+ Rabatt 40%	5,— DM		40%
Listenverkaufspreis	12,50 DM		100%

Lösungshinweis

Provision und Skonto werden gemeinsam vom Zielverkaufspreis ermittelt. Der Barpreis beträgt nach Abzug von Provision *und* Skonto 77%.

1) Auf Grund besonderer Vereinbarungen kann auch der Barverkaufspreis Berechnungsgrundlage sein.

Beispiel 2 — ohne Skonto (wie Beispiel 1)

Lösung

	Barverkaufspreis I	5,77 DM	80%	
+	Provision 20% v. Zielpreis	1,44 DM	20%	
	Barverkaufspreis II	7,21 DM	100%	60%
+	Rabatt 40%	4,80 DM		40%
	Listenverkaufspreis	12,01 DM		100%

Bei Artikeln mit gleichen Sätzen für Provision, Skonto und Rabatt können alle drei Faktoren in einem gemeinsamen Zuschlagssatz erfaßt und dem Barverkaufspreis zugeschlagen werden. Dazu ist eine einmalige Rechnung vom Barverkaufspreis zum Listenverkaufspreis (oder auch nur Zielverkaufspreis) erforderlich.

Beispiel 3 — (wie Beispiel 1)

Lösung

Barverkaufspreis (100%)	5,77 DM
Listenverkaufspreis	12,50 DM
Provision — Skonto — Rabatt	6,73 DM

$$x = \frac{6{,}73 \cdot 100}{5{,}77}$$

$$x = 116{,}6\%$$

Probe:

Barverkaufspreis	5,77 DM
Zuschlag 116,6%	6,73 DM
Listenverkaufspreis	12,50 DM

Bei dieser Artikelgruppe kann durch den Zuschlag von 116,6% auf den Barverkaufspreis sofort der Listenverkaufspreis ermittelt werden.

1 Stellen Sie fest

a) den Angebotspreis, b) den gemeinsamen Zuschlagssatz!

	Barverkaufspreis	Provision	Skonto	Rabatt
1.	4,97 DM	10%	3%	30%
2.	98,77 DM	15%	2%	15%
3.	1,70 DM	12%	3%	—
4.	14,25 DM	5%	—	40%
5.	11 240,— DM	10%	—	—

2 Wie hoch ist der Barverkaufspreis bei einem Listenpreis von 98,50 DM? Rabatt 16%, Skonto 2%, Provision 12%.

3 Wie hoch ist der gemeinsame Zuschlagssatz für Skonto, Provision und Rabatt

a) bei einem Barverkaufspreis von 512,— DM?

b) bei einem Listenverkaufspreis von 1640,— DM?

Provision 12,5%, Skonto 3%, Rabatt 20%.

Programmierte Übungen

> Die Lösungen bitte nur dann ankreuzen, wenn das Buch Ihr Eigentum ist. Im Leihverfahren überlassene Bücher dürfen nicht beschrieben werden.

1 Das Betriebsergebnis enthält folgende Posten:

BEK

Stoffkosten	260000,—	Erlöse . .	1107000,—
Fertig.-löhne	190000,—		
Hilfslöhne .	30000,—		
Gehälter . .	80000,—		
Sozialkosten	110000,—		
Instand. . .	20000,—		
Energie . . .	30000,—		
Abschr. . . .	40000,—		
a. o. Kosten	130000,—		

a) Wie hoch ist der Gemeinkostenzuschlagssatz? Zuschlag auf Einzelkosten, 1 Dezimale.

b) Wie hoch ist der Angebotspreis für folgenden Auftrag? Materialkosten 650,— DM; Fertigungslöhne 520,— DM

a)
- [a] 102,3%
- [b] 97,8%
- [c] 85,4%
- [d] 58,9%
- [e] anderes Ergebnis, welches?

b)
- [a] 2456,68 DM
- [b] 2395,25 DM
- [c] 2314,25 DM
- [d] 2455,13 DM
- [e] anderes Ergebnis, welches?

2 Stellen Sie auf Grund folgender Kalkulationsunterlagen den Angebotspreis fest!

Material 2000,— DM, Fertigungslöhne 6400,— DM; Gemeinkosten: MGK 8%, FGK 185%, VwGK 17,5%, VtGK 14%. Gewinn 12,5%, Skonto 2%.

- [a] 30228,25 DM
- [b] 30179,25 DM
- [c] 30782,84 DM
- [d] 30795,15 DM
- [e] anderes Ergebnis, welches?

3 Wie hoch sind die Selbstkosten für folgenden Ersatzteil-Auftrag? Materialkosten: Verbrauch 300,— DM, MGK 4% Fertigungskosten:

Maschinenkosten
Drehen 3,5 Std. zu 16,30 DM, Fräsen 1 Std. zu 17,— DM, Bohren 0,5 Std. zu 17,50 DM, Fertigungslöhne 5 Std. zu 12,50 DM, Restgemeinkosten auf Fertigungslohn 210%, Montagekosten 1,5 Std. zu 12,— DM, GK auf Montage 140%, Vw + VtGK 18%.

- [a] 457,47 DM
- [b] 574,47 DM
- [c] 745,47 DM
- [d] 754,47 DM
- [e] anderes Ergebnis, welches?

4

	Vorkalkulation DM	DM	Nachkalkulation DM
Materialkosten			
Materialverbrauch	400,—		450,—
MGK 15%	60,—	460,—	
Fertigungskosten			
Fertigungslöhne .	1200,—		1100,—
FGK 150%	1800,—	3000,—	
Herstellkosten		3460,—	
VwGK und VtGK 20%		692,—	
Selbstkosten		4152,—	
Gewinn 10%		415,20	
Barverkaufspreis		4567,20	
Skonto 2%		93,21	3%
verbindlicher Angebotspreis . .		4660,41	

Wie hoch ist der tatsächliche Erfolg a) in DM, b) in %?

a)
- [a] 139,81 DM G.
- [b] 184,48 DM G.
- [c] 184,48 DM V.
- [d] 599,60 DM V.
- [e] anderes Ergebnis, welches?

b)
- [a] 15,29% G.
- [b] 15,29% V.
- [c] 13,26% G.
- [d] 13,26% V.
- [e] anderes Ergebnis, welches?

5 Zu welchem Preis wird das Karosseriewerk die Aufbauten für einen Transporter anbieten?

Materialverbrauch 1420,— DM; MGK 9%; Fertigungslöhne 3195,— DM; FGK 175%; Verwaltungs- und Vertriebsgemeinkosten 14%, Gewinn 8%, Skonto 4%.

a	13253,43 DM
b	13232,22 DM
c	12723,29 DM
d	12723,28 DM
e	anderes Ergebnis, welches?

6 Stellen Sie den Maschinenstundensatz für die Maschinengruppe „Schleifautomaten" fest!

Anschaffungswert 180000,— DM, Abschreibungen 10%, Zinsen 8% vom halben Anschaffungswert, Raumkosten 20 m² zu je 12,— DM/Monat, Instandhaltung und Instandsetzung 40% der Abschreibungen, Fertigungsstunden 6000 im Jahr, Werkzeugkosten 1450,— DM im Jahr, Energiekosten 2020,— DM im Jahr.

a	38750,— DM
b	83750,— DM
c	13,96 DM
d	6,46 DM
e	anderes Ergebnis, welches?

7 Ein Auftrag ist zu folgenden Konditionen kalkuliert worden:

Materialverbrauch 5200,— DM, MGK 10%, Fertigungslöhne 6400,— DM, FGK 160%, Verwaltungsgemeinkosten 7%, Vertriebsgemeinkosten 12%, Gewinn 4%, Skonto 1%, Rabatt 6%.

Die Nachkalkulation ergab folgende Abweichungen:

Materialverbrauch 5000,— DM, Fertigungslöhne 7000,— DM, Skonto 2,5%, Rabatt 10%.

a) Wie hoch war der verbindliche Angebotspreis?

b) Stellen Sie den tatsächlichen Erfolg des Auftrags in DM und Prozent fest!

a)

a	27952,26 DM
b	26762,80 DM
c	29736,45 DM
d	28203,— DM
e	anderes Ergebnis, welches?

b)

a	Gew. 1064,34 ≙ 4%
b	Verl. 1064,34 ≙ 4%
c	Gew. 2109,27 ≙ 7,48%
d	Verl. 2109,27 ≙ 7,48%
e	anderes Ergebnis, welches?

8 Der Barverkaufspreis eines Artikels, der durch Werksvertreter direkt an Endverbraucher verkauft wird, ist mit 58,25 DM errechnet.

Für Provision werden 15 %, als Skonto 2 % und als Mengenrabatt 25 % kalkuliert. Die Mehrwertsteuer beträgt 14 %.

a) Wie hoch ist der Endverbraucherpreis?

b) Errechnen Sie den gemeinsamen Zuschlagssatz einschließlich Umsatzsteuer!

a)

a	94,80 DM
b	93,57 DM
c	106,67 DM
d	101,22 DM
e	anderes Ergebnis, welches ?

b)

a	34,9 %
b	60,6 %
c	43,9 %
d	83,12 %
e	anderes Ergebnis, welches ?

3. Betriebsabrechnung mit Ist- und Sollgemeinkosten

In der Angebotskalkulation werden grundsätzlich Gemeinkostenzuschläge aus dem letzten BAB verrechnet. Man geht davon aus, daß sich die Gemeinkosten wie im vergangenen Rechnungszeitraum verhalten werden: **Soll- bzw. Normal-Gemeinkosten.** Die Betriebsabrechnung hat auch die Aufgabe, diese Soll-Gemeinkosten mit den später festgestellten tatsächlichen Gemeinkosten — **Ist-Gemeinkosten** — zu vergleichen und die Gründe für Abweichungen der Gemeinkosten festzustellen. Aus dem Vergleich von Soll- und Ist-Gemeinkosten können sich ergeben:

Kostenüberdeckung: Istkosten niedriger als Sollkosten
Kostenunterdeckung: Istkosten höher als Sollkosten

Beispiel
Betriebsabrechnungsbogen (BAB)

Kostenarten (Gemeinkosten)	Zahlen der Buchführg.	Kostenstellen			
		Material	Fertigung	Verwaltg.	Vertrieb
Gemeinkostenmaterial . .	102000,—	2000,—	95000,—	—,—	5000,—
Strom, Gas, Wasser	7000,—	900,—	5200,—	400,—	500,—
Hilfslöhne	218000,—	20100,—	181500,—	7200,—	9200,—
Gehälter	174000,—	7000,—	51000,—	70000,—	46000,—
Sozialkosten	121000,—	6000,—	72000,—	25000,—	18000,—
Instandhaltungen	19000,—	2000,—	14300,—	1400,—	1300,—
Steuern, Versichg., Beiträge	5000,—	1000,—	—,—	4000,—	—,—
Verschiedene Kosten . . .	52000,—	5300,—	26500,—	12000,—	8200,—
Abschreibungen	132000,—	17700,—	88500,—	11000,—	14800,—
Ist-Gemeinkosten	830000,—	62000,—	534000,—	131000,—	103000,—
Zuschlagsgrundlagen					
1. Rohstoffverbrauch .		496000,—			
2. Fertigungslöhne . . .			356000,—		
3. Herstellkosten				1493000,—	1493000,—
Ist-Zuschlagssätze		12,5%	150%	8,8%	6,9%
Soll-Zuschlagssätze		12,0%	155%	8,5%	7,0%
Soll-Gemeinkosten	842735,—	59520,—	551800,—	126905,—	104510,—
Unter-/Überdeckung . . .	+12735,—	−2480,—	+17800,—	−4095,—	+1510,—

Die Ist-Gemeinkosten sind niedriger als die Soll-Gemeinkosten: Kostenüberdeckung von 12735,— DM. — Die Soll-Gemeinkostenzuschlagssätze stammen aus dem letzten BAB.

1 Nennen Sie Gründe für die im Beispiel festgestellten Kostenabweichungen!

2 Auszug aus dem BAB eines Bekleidungsherstellers:

Kostenstellen / Kostenarten	Kosten	Kostenstellen				
			Fertigung			
		Material	Eigenfertig.	Heimarbeit	Verwaltung	Vertrieb
Ist-Gemeinkosten	990 000,—	40 000,—	500 000,—	150 000,—	100 000,—	200 000,—
Zuschlagsgrundlagen		800 000,—	400 000,—	300 000,—	2 500 000,—	2 500 000,—
Ist-Zuschlagssätze		5 %	125%	50%	4 %	8 %
Soll-Zuschlagssätze		4,5%	125%	45%	3,9%	8,1%
Soll-Gemeinkosten	?	?	?	?	?	?
Über-/Unterdeckung	?	?	?	?	?	?

a) Stellen Sie Über- und Unterdeckung der Gemeinkosten fest!

b) Nennen Sie Gründe für die starken Gemeinkostenabweichungen bei Material und Heimarbeit!

3 Für das abgelaufene Geschäftsjahr wurden folgende Kosten festgestellt:

Material: Stoffkosten 200 000,— DM, Gemeinkosten 18 000,— DM

Fertigungskosten:

Einzelteilefertigung: Löhne 300 000,— DM, Gemeinkosten 600 000,— DM
Montage: Löhne 100 000,— DM, Gemeinkosten 150 000,— DM

Verwaltung: Gemeinkosten 134 000,— DM
Vertrieb: Gemeinkosten 201 000,— DM

Bestandsmehrung an fertigen und unfertigen Erzeugnissen: 28 000,— DM

Soll-Zuschlagssätze für Gemeinkosten: Material 10%, Einzelteilefertigung 210%, Montage 140%, Verwaltung 10,1%, Vertrieb 13%

Stellen Sie in Tabellenform fest:

a) die gesamten Ist-Gemeinkosten,

b) die Ist-Zuschlagssätze,

c) die Soll-Gemeinkosten,

d) die Unter- und Überdeckung je Kostenstelle und insgesamt:

e) Nennen Sie Gründe für die Gemeinkostenabweichungen in der Fertigung und im Vertrieb!

4. Kostenträgerzeitrechnung

Sie ist eine Rechnung zur Verteilung der Kostenarten auf die Kostenträger mit Gegenüberstellung der Verkaufserlöse eines Zeitraumes. Die Rechnung erfolgt in einem Kostenträgerblatt. In der Kostenträgerzeitrechnung können Umsatzergebnis bzw. Betriebsergebnis (einschließlich Kostenüber- und -unterdeckung) des Rechnungszeitraumes ermittelt werden.

Kostenträgerzeitrechnung (Schema)

mit Istkosten	mit Sollkosten
1. Materialeinsatzkosten	1. Materialeinzelkosten
2. Materialgemeinkosten	2. Materialgemeinkosten
3. Fertigungseinzelkosten	3. Fertigungseinzelkosten
4. Fertigungsgemeinkosten	4. Fertigungsgemeinkosten
5. Herstellkosten	5. Herstellkosten
6. Verwaltungsgemeinkosten	6. Verwaltungsgemeinkosten
7. Vertriebsgemeinkosten	7. Vertriebsgemeinkosten
8. Vertriebseinzelkosten	8. Vertriebseinzelkosten
9. Selbstkosten der Herstellung	9. Selbstkosten der Herstellung
10. + – Bestandsveränderung	10. + – Bestandsveränderungen
11. Selbstkosten des Umsatzes	11. Selbstkosten des Umsatzes
12. Verkaufserlöse netto	12. Verkaufserlöse netto
13. Betriebsergebnis	13. Umsatzergebnis
	14. + – Kostenüber-/-unterdeckung
	15. Betriebsergebnis

Die Bestandsveränderungen können auch nach den Herstellkosten der Fertigung verrechnet werden: Herstellkosten des Umsatzes.

a) Kostenträgerzeitrechnung mit Ist-Gemeinkosten

Einzel- und Gemeinkosten eines Rechnungszeitraumes werden auf die einzelnen Kostenträger bzw. Kostenträgergruppen verteilt, den Verkaufserlösen gegenübergestellt und das Umsatzergebnis festgestellt. Dabei wird gleichzeitig der Anteil der einzelnen Kostenträger am Umsatzergebnis untersucht.

Beispiel 1 — Kostenträgerblatt mit Ist-Kosten

Kostenartengruppen	Ist-Kosten BAB	Kostenträgergruppen Personen-waagen	Küchen-waagen
1. Materialeinzelkosten	152500,—	112500,—	40000,—
2. Materialgemeinkosten	15000,—	10000,—	5000,—
3. Fertigungseinzelkosten	137500,—	87500,—	50000,—
4. Fertigungsgemeinkosten	255000,—	170000,—	85000,—
5. Herstellkosten	560000,—	380000,—	180000,—
6. Verwaltungsgemeinkosten	90000,—	60000,—	30000,—
7. Vertriebsgemeinkosten	40000,—	30000,—	10000,—
8. Vertriebseinzelkosten	20000,—	12000,—	8000,—
9. Selbstkosten d. Herstellung	710000,—	482000,—	228000,—
10. Bestandsveränderungen	+ 10000,—	+ 18000,—	– 8000,—
11. Selbstkosten d. Umsatzes	720000,—	500000,—	220000,—
12. Verkaufserlöse netto	790500,—	540500,—	250000,—
13. Betriebsergebnis in DM	70500,—	40500,—	30000,—
Betriebsergebnis in % von 12.	8,9%	7,5%	12%

Verkaufserlöse netto: Verkaufserlöse abzüglich Erlösschmälerungen

1 Stellen Sie das Betriebsergebnis in DM und in % je Artikelgruppe und insgesamt fest!

Monat Oktober

Kostengruppen	Ist-Kosten BAB	Kostenträger Teppiche	Kostenträger Auslegeware
1. Materialeinzelkosten	800000,—	200000,—	600000,—
2. Materialgemeinkosten	100000,—	30000,—	70000,—
3. Fertigungseinzelkosten	600000,—	300000,—	300000,—
4. Fertigungsgemeinkosten	1500000,—	600000,—	900000,—
5. Herstellkosten d. Fertigung	?	?	?
6. Bestandsveränderungen	?	−100000,—	+30000,—
7. Herstellkosten d. Umsatzes	?	?	?
8. Verwalt.- u. Vertriebsgemeinkosten	400000,—	150000,—	250000,—
9. Vertriebseinzelkosten	90000,—	40000,—	50000,—
10. Selbstkosten d. Umsatzes	?	?	?
11. Verkaufserlöse netto	3550000,—	1450000,—	2100000,—
12. Betriebsergebnis in DM	?	?	?
Betriebsergebnis in % von 11.	?	?	?

2 Eine Kaffeerösterei rechnet ihren Kostenträger nach Vertriebswegen ab: Versand an private Verbraucher, Absatz über eigene Verkaufsfilialen, Verkauf an Händler und Großverbraucher.

Stellen Sie die Umsatzergebnisse in DM und % fest, und deuten Sie die prozentualen Ergebnisse der einzelnen Vertriebswege!

Kostengruppen	Ist-Kosten	Kostenträger Versand an private Verbr.	Kostenträger Verkaufsfilialen	Kostenträger Händler u. Großverbr.
1. Herstellkosten d. Umsatzes	18000000,—	7000000,—	2000000,—	9000000,—
2. Verwaltungsgemeinkosten	1300000,—	700000,—	100000,—	500000,—
3. Vertriebskosten	4700000,—	2100000,—	800000,—	1800000,—
4. Selbstkosten d. Umsatzes	?	?	?	?
5. Verkaufserlöse netto	25450000,—	10700000,—	2850000,—	11900000,—
6. Betriebsergebnis in DM	?	?	?	?
Betriebsergebnis in % von 5.	?	?	?	?

b) Kostenträgerzeitrechnung mit Soll-Kosten

Das Betriebsergebnis kann auf zweifache Weise ermittelt werden:

entweder

	Umsatzergebnis
+ −	**Kostenüber-/-unterdeckung**
=	**Betriebsergebnis**

oder das Kostenträgerzeitblatt wird um Spalten mit den verrechneten Soll-Gemeinkosten erweitert, so daß bei den einzelnen Kostengruppen die Kostenunterdeckung bzw. Kostenüberdeckung ermittelt werden kann.[1]

Beispiel 2 — Kostenträgerblatt mit Zahlen von Beispiel 1

Für Personenwaagen wurde eine Kostenunterdeckung von 10000,— DM, für Küchenwaagen eine Kostenüberdeckung von 2000,— DM festgestellt.

Kostenartengruppen	Ist-Kosten BAB	Kostenträger	
		Personen-waagen	Küchen-waagen
1.–13. Umsatzergebnis	70500,—	40500,—	30000,—
14. Kostenunterdeckung	8000,—	10000,—	
Kostenüberdeckung			2000,—
15. Betriebsergebnis	62500,—	30500,—	32000,—

3 Zahlen wie Aufgabe 1

Für Teppiche wurde eine Kostenunterdeckung von 70000,— DM, für Auslegeware eine Kostenüberdeckung von 20000,— DM festgestellt.

Wie hoch ist das Betriebsergebnis für beide Kostenträger und insgesamt?

4 Zahlen wie Aufgabe 2

An Kostenabweichungen wurden festgestellt:

Vertriebsweg: private Verbraucher: Kostenunterdeckung 140000,— DM (Vertriebskosten)

Verkaufsfilialen: Kostenüberdeckung 30000,— DM

Handel und Großverbraucher: Kostenüberdeckung 10000,— DM

a) Stellen Sie das Betriebsergebnis in DM und in Prozent (vom Verkaufserlös) je Vertriebsweg und insgesamt fest!

b) Nennen Sie Gründe für die Kostenunterdeckung beim Vertriebsweg an private Verbraucher!

1) Auf die Darstellung in diesem sehr umfangreichen Kostenträgerzeitblatt wird verzichtet.

5. Handelswarenkalkulation

Herstellerbetriebe bieten nicht nur die selbst erzeugten Artikel an, sondern auch Waren, die die Unternehmen fertig beziehen und unverändert weiterverkaufen = *Handelswaren.* Der Unternehmer tritt hier als Händler und nicht als Hersteller auf.

Gründe für die Aufnahme von Handelswaren

1. Sortimentsabrundung und -erweiterung.
2. Aufnahme von Komplementärerzeugnissen (z. B. zu Kaffee gehören Kaffeemühle, Kaffeemaschine; zu Möbelpolitur gehören Putzlappen u. a.).
3. Aus Kostengründen wird die Produktion eines Artikels nicht aufgenommen oder eingestellt. Es ist preisgünstiger, diese Artikel von Fremden zu beziehen — Fremdbezug —, als selbst herzustellen. (Warum?)

a) Kalkulation von Handelswaren

Sie gleicht der Zuschlagskalkulation. Naturgemäß fehlen die Kosten der Verarbeitung: die Fertigungskosten.

Kalkulationsschema

	Listeneinkaufspreis	______ DM
–	**Rabatt**	______ DM
	Zieleinkaufspreis	______ DM
–	**Skonto**	______ DM
	Bareinkaufspreis	______ DM
+	**Einkaufskosten**	______ DM
+	**Bezugskosten**	______ DM
	Bezugspreis (Einstandspreis)	______ DM
+	**Gemeinkosten** (für Handelsware)	______ DM
	Selbstkostenpreis	______ DM
+	**Gewinn**	______ DM
	Barverkaufspreis	______ DM
+	**Verkaufsprovision** (vom Zielverkaufspreis)	______ DM
+	**Skonto**	______ DM
	Zielverkaufspreis	______ DM
+	**Rabatt**	______ DM
	Listenverkaufspreis	______ DM

Die Gemeinkosten für Handelswaren *(HWGK)* setzen sich zusammen aus den anteiligen Lagerkosten (Materialgemeinkosten) und den anteiligen Verwaltungs- und Vertriebskosten. Die Lagerkosten können auch gesondert dem Bezugspreis zugeschlagen werden, wie bei den Materialkosten.

Beispiel

Eine Kaffeerösterei bezieht Kaffeemühlen mit Schlagwerk und verkauft sie weiter unter eigener Marke. Zu welchem Wiederverkäuferpreis (Listenpreis) wird sie die Mühle anbieten?

2000 Stück zu je 8,— DM, Mengenrabatt 6%, Skonto 2%, Einkaufsprov. 4,9%, Fracht 733,84 DM, Rollgeld 40,— DM, Handelswarengemeinkosten 20%, Gewinn 10%, Verkaufsskonto 2½%, Wiederverkäuferrabatt 33⅓%.

Lösung

	Listeneinkaufspreis 2000 Stück zu je 8,— DM		16000,— DM
–	Mengenrabatt 6% (v. H.)		960,— DM
	Zieleinkaufspreis		15040,— DM
–	Skonto 2% (v. H.)		300,80 DM
	Bareinkaufspreis		14739,20 DM
+	Einkaufsprovision 4,9% (vom Zieleinkaufspreis)		736,96 DM
+	Bezugskosten		
	Fracht	733,84 DM	
	Rollgeld	40,— DM	773,84 DM
	Bezugspreis		16250,— DM
+	HWGK 20% (v. H.)		3250,— DM
	Selbstkostenpreis		19500,— DM
+	Gewinn 10% (v. H.)		1950,— DM
	Barverkaufspreis		21450,— DM
+	Skonto 2½% (i. H.)		550,— DM
	Zielverkaufspreis		22000,— DM
+	Wiederverkäuferrabatt 33⅓% (i. H.)		11000,— DM
	Listenverkaufspreis für 2000 Stück		33000,— DM
	Listenverkaufspreis für 1 Stück		16,50 DM

Empfohlener Weiterverkaufspreis des Einzelhändlers bei 14 % Händler-MWSt:

Netto-Listenverkaufspreis	16,50 DM
MWSt 14 %	2,31 DM
Weiterverkaufspreis des Händlers	18,81 DM

1 Eine Teppichfabrik bezieht auf Abruf Teppichkehrmaschinen und verkauft sie an ihre Kunden unter eigener Marke. Wie hoch ist der Listenverkaufspreis je Stück?

15000 Stück zu 10,15 DM je Stück, Mengenrabatt 5%, Skonto 3%, Einkaufskosten 12%, Fracht 9780,— DM, Versicherung 390,— DM, Rollgeld 640,— DM, Verpackung 10500,— DM, HWGK 12½%, Gewinn 9%, Verkaufsskonto 3%, Wiederverkäuferrabatt 25%.

2 Ein Installationsunternehmen liefert gleichzeitig den Heizungsofen für seine Anlagen.

Einkaufspreis 3650,— DM, Einkaufsskonto 1 %, Fracht und Rollgeld 114,50 DM, HWGK 11 %, Gewinn 8 ⅓ %, Verkaufsskonto 1 %, MWSt 14 %.

Wie hoch sind Angebotspreis und Brutto-Rechnungspreis

a) des Ofens?

b) der Montage? (Selbstkosten 240,— DM, Gewinn 12 ½ %, MWSt 14 %)

3 Die Ledag AG bietet für ihre Chrom-Lederschuhe ein Putzmittel an, das sie fertig bezieht. Wie hoch ist der Listenverkaufspreis?

Einkaufspreis 1,— DM, Skonto 3%, Bezugskosten 4% vom Einkaufspreis, HWGK 11½%, Gewinn 9%, Skonto 2%, Wiederverkäuferrabatt 45%. (3 Dezimalstellen)

4 Die Vita-Nährmittelwerke GmbH bieten dem Verbraucher direkt ihr Kochbuch zum Selbstkostenpreis (einschließlich Sondereinzelkosten des Vertriebs) an. Wie hoch ist der Angebotspreis?

50 000 Kochbücher zu 2,10 DM je Stück, Mengenrabatt 6 %, Skonto 1 %, Fracht 3145,— DM, Rollgeld 275,— DM, HWGK 16 ⅔ %, Verpackung 0,40 DM, Porto 0,60 DM, MWSt 7 % (ausschließlich Porto).

5 Eine Teppichfabrik bezieht 100 Orientteppiche Isfahan/3 zu 10 980,— Rial fob je Stück und bietet sie ihren privaten Versandkunden an. Wie hoch ist der Angebotspreis? (Auf volle 10,— DM Preis je Teppich aufrunden.)

An Kosten fallen an: Bezugskosten bis deutsche Zollgrenze 1180,— $; Zoll 18 %, Bezugskosten ab deutsche Zollgrenze 635,80 DM; HWGK 21 %; Gewinn 25 %, MWSt 14 %; Kurse: 100 Rial ≙ 5,35 DM, 1 $ ≙ 1,80 DM.

6 Ein Unternehmen nimmt ein ausländisches Erzeugnis in sein Verkaufsprogramm auf. Wie hoch ist der Wiederverkäuferpreis?

Bezugspreis für ¼-kg-Packung 0,80 DM, für ½-kg-Packung 1,50 DM, HWGK 22%, Gewinn 12½%, Skonto 3%, Wiederverkäuferrabatt 66⅔%. (3 Dezimalstellen)

7 Eine Wachsschmelze bietet mit ihren Erzeugnissen eine Bohnermaschine an. Wie hoch ist der Verkaufspreis?

Einkaufspreis 112,— DM, Skonto 3%, Vertreterprovision 12%, Lieferung frei Haus, HWGK: ⅛ des Materialgemeinkostensatzes von 4%; ¼ des Verwaltungsgemeinkostensatzes von 16%; ¾ der Vertriebskosten vom Normalsatz 24%; Gewinn 7% (alles bezogen auf Bezugspreis).

b) Kalkulationszuschlag, Kalkulationsfaktor und Handelsspanne

Bei gleichbleibenden Zuschlagssätzen kann die Kalkulation von Handelsware wesentlich vereinfacht werden. Die Einzelzuschläge werden in einem Gesamtzuschlag zusammengefaßt, mit dessen Hilfe der Verkaufspreis bzw. der Bezugspreis festgestellt werden kann.

Kalkulationszuschlag ist die Differenz zwischen Bezugs- und Angebotspreis, die, bezogen auf den *Bezugspreis* (=100%), in Prozent ausgedrückt wird. Bei der Berechnung geht man meist von 100,— DM Bezugspreis aus.

Beispiel 1

Ein Unternehmen kalkuliert mit 20% HWGK, 10% Gewinn, 2% Skonto. Wie hoch ist der Kalkulationszuschlag a) bei unbekanntem Bezugspreis? b) bei einem Bezugspreis von 45,— DM?

Lösung

	a)	b)
Bezugspreis	100,— DM	45,— DM
HWGK 20%	20,— DM	9,— DM
Selbstkosten	120,— DM	54,— DM
Gewinn 10%	12,— DM	5,40 DM
Barverkaufspreis	132,— DM	59,40 DM
Skonto 2%	2,69 DM	1,21 DM
Zielverkaufspreis	134,69 DM	60,61 DM
Kalkulationszuschlag	34,69 %	34,69 %

x % ≙ 34,69 DM   x % ≙ 15,61 DM

100,— DM ≙ 100%   45,— DM ≙ 100%

$$\text{Kalkulationszuschlag} = \frac{34{,}69 \cdot 100}{100} = \underline{\underline{34{,}69}} = \frac{15{,}61 \cdot 100}{45}$$

$$\textbf{Kalkulationszuschlag} = \frac{\textbf{(Angebotspreis − Bezugspreis)} \cdot \textbf{100}}{\textbf{Bezugspreis}}$$

Das heißt, daß mit Hilfe des Kalkulationszuschlages schnell der Verkaufspreis eines jeden Warenbezuges ermittelt werden kann.[1]

Beispiel 2

Eine Brauerei bezieht 50000 Tulpengläser zu 60,— DM je 100 Stück. Der Lieferer gewährt 3% Rabatt und 2% Skonto. An Bezugskosten fallen 1182,— DM an. Die Brauerei kalkuliert mit einem Zuschlag von 35,8%. Wie hoch ist der Angebotspreis?

Lösung

Listeneinkaufspreis	30000,— DM
Rabatt 3%	900,— DM
Zieleinkaufspreis	29100,— DM
Skonto 2%	582,— DM
Bareinkaufspreis	28518,— DM
Bezugskosten	1182,— DM
Bezugspreis	29700,— DM

Bezugspreis	29700,— DM
+ 35,8% HWGK-Zuschl.	10632,60 DM
Angebotspreis	40332,60 DM
Angebotspreis je Stück	0,81 DM

1) Ebenso können Rabatte, Provision und die Mehrwertsteuer in den Zuschlag einbezogen werden.

Kalkulationsfaktor. Beziehen wir das vorstehende Beispiel nicht auf 100,— DM, sondern auf 1,— DM Bezugspreis, so entspricht 1,— DM Bezugspreis 1,3469 DM Angebotspreis. Diese Zahl — 1,3469 — bezeichnet man als Kalkulationsfaktor. Um den Angebotspreis zu ermitteln, multiplizieren wir den Bezugspreis mit dem Kalkulationsfaktor.

$$\textbf{Kalkulationsfaktor} = \frac{\textbf{Angebotspreis}}{\textbf{Bezugspreis}}$$

$$\text{Kalkulationsfaktor} = \frac{134{,}69}{100} = \underline{\underline{1{,}3469}} \quad \text{bzw.} \quad \frac{60{,}61}{45} = \underline{\underline{1{,}3469}}$$

Beispiel 3

Eine Gärtnerei bezieht 20 Gesteckvasen zu 3,— DM je Stück frei Haus. Wie hoch ist der Angebotspreis je Vase, wenn das Unternehmen mit einem Faktor von 1,4031 kalkuliert?

Lösung $x = 3{,}\text{— DM} \cdot 1{,}4031 = \underline{\underline{4{,}21\ \text{DM}}}$

Handelsspanne (Kalkulationsabschlag) ist die Differenz zwischen Angebotspreis und Bezugspreis, ausgedrückt in Prozent vom *Angebotspreis* (= 100%). Mit Hilfe der Handelsspanne kann man vom Angebotspreis auf den Bezugspreis schließen; ebenso vom Bezugspreis auf den Angebotspreis (im Hundert).

Beispiel 4 (Angaben siehe Beispiel 1)

Lösung

x %	≙	34,69 DM	x %	≙	15,61 DM
134,69 DM	≙	100%	60,61 DM	≙	100%

$$x = \frac{34{,}69 \cdot 100}{134{,}69} = \underline{\underline{25{,}76\%}} = \frac{15{,}61 \cdot 100}{60{,}61} = x$$

$$\textbf{Handelsspanne} = \frac{\textbf{(Angebotspreis − Bezugspreis)} \cdot \textbf{100}}{\textbf{Verkaufspreis}}$$

Beispiel 5

Ein Unternehmen arbeitet mit einer Handelsspanne von 28,73% und bietet aus Konkurrenzgründen zum Preis von 149,— DM an. Wie hoch darf der Bezugspreis sein, wenn das Unternehmen seine Kosten decken und den vorgesehenen Gewinn erzielen will?

Lösung Bezugspreis = Angebotspreis ./. Handelsspanne 28,73%
Bezugspreis = 149,— DM ./. 42,81 DM = 106,19 DM

1 Stellen Sie den Kalkulationszuschlag, den Kalkulationsfaktor und die Handelsspanne fest!

HWGK	a) $16\frac{2}{3}$%	b) 19%	c) 25 %	d) 13 %
Gewinn	7 %	10%	$6\frac{1}{4}$%	$6\frac{2}{3}$%
Skonto	3 %	2%	1 %	3 %
Rabatt	—	—	40 %	10 %

2 Ermitteln Sie den Kalkulationszuschlag, den Kalkulationsfaktor und die Handelsspanne!

Bezugspreis	a) 220,— DM	b) 3670,— DM	c) 816,— DM	d) 4,10 DM
HWGK	23 %	24%	18%	60%
Gewinn	$12\frac{1}{2}$%	9%	4%	50%
Skonto	3 %	3%	2%	3%
Rabatt	$33\frac{1}{3}$%	—	—	15%

3 Ermitteln Sie Handelsspanne, Kalkulationszuschlag und -faktor!

Verkaufspreis	a) 2500,— DM	b) 125,— DM	c) —	d) —
HWGK	25 %	20 %	12 %	10 %
Gewinn	$8\frac{1}{3}$%	$12\frac{1}{2}$%	$6\frac{2}{3}$%	$16\frac{2}{3}$%
Skonto	2 %	1 %	3 %	1 %
Rabatt	20 %	—	10 %	—

4 Eine Möbelfabrik bezieht 190 Spezialleuchten zu 42,— DM je Stück, abzüglich 3% Skonto. Bezugskosten 560,40 DM. Wie hoch ist der Angebotspreis je Stück bei einem Kalkulationsfaktor von 1,5412?

5 Wie hoch darf der Bezugspreis sein, wenn der Angebotspreis je Packung 1,95 DM betragen soll?

a) Handelsspanne 24% b) Kalkulationszuschlag 25%

6 Wieviel Prozent betragen Kalkulationszuschlag bzw. Handelsspanne bei:

	a)	b)	c)	d)	e)	f)	g)
Kalkulationszuschl.	100%	?	$33\frac{1}{3}$%	?	20%	?	$14\frac{2}{7}$%
Handelsspanne	?	$33\frac{1}{3}$%	?	20%	?	$14\frac{2}{7}$%	?

7 Ermitteln Sie:

a) den Angebotspreis! Bezugspreis 68,45 DM, Kalk.-Zuschlag 52,738%.

b) den Bezugspreis! Angebotspreis 135,— DM, Handelsspanne 41,05%.

c) Rückwärtskalkulation

Wir gehen vom gegebenen Verkaufspreis aus und errechnen auf Grund der angegebenen Zuschlagssätze den Bezugspreis bzw. den Einkaufspreis. Diese Rechnung wird erforderlich, wenn der Unternehmer den Einkaufs- bzw. Bezugspreis feststellen will, zu dem das Geschäft noch lohnend ist.

Beispiel
Eine Kaffeerösterei will ihren Versandkunden auch Süßwaren anbieten. Der Angebotspreis der Packung Pralinen soll bei 3,— DM liegen. Zu welchem Preis darf höchstens eingekauft werden, wenn die Kosten gedeckt und der Gewinn gesichert sein sollen? Einkaufsskonto 2%, Bezugskosten 5%, HWGK 20%, Gewinn 10%, Verkaufsskonto 2%, Wiederverkäuferrabatt 25%.

Lösung

①

Zieleinkaufspreis	1,62 DM						100 %
Skonto 2 %	0,03 DM						2 %
Bareinkaufspreis	1,59 DM					100 %	98 %
Bezugskosten 5 %	0,08 DM					5 %	
Bezugspreis	**1,67 DM**				100 %	105 %	
HWGK 20 %	0,33 DM				20 %		
Selbstkostenpreis	2,— DM			100 %	120 %		
Gewinn 10 %	0,20 DM			10 %			
Barverkaufspreis	2,20 DM		98 %	110 %			
Skonto 2 %	0,05 DM		2 %				
Zielverkaufspreis	2,25 DM	75 %	100 %				
Wiederverk'rabatt 25 %	0,75 DM	25 %					
Listenverkaufspreis	3,— DM	100 %					

②

Lösungsweg ① Kalkulationsschema aufstellen,
② rückwärtsrechnend den zu ermittelnden Einkaufspreis stufenweise errechnen.

1 Stellen Sie den Ziel-, Bareinkaufs- bzw. Bezugspreis fest!

	Einkaufs-skonto	Bezugskosten	HWGK	Gewinn	Verkaufs-skonto	Rabatt	L'preis
a)	3%	4%	12,5 %	8 %	2%	33⅓%	480,—
b)	1%	—	16 %	4,5 %	1%	5 %	4,40
c)	2%	8,40 DM	22 %	6⅔%	3%	25 %	125,—
d)	1%	—	16⅔%	3 %	2%	16⅔%	18,—
e)	3%	—	14 %	—	—	10 %	36,—
f)	3%	6,— DM	28 %	9 %	2%	—	210,—

2 Ein Haushaltsgerätewerk will seinen Kunden Kühlschränke anbieten. Zu welchem Preis darf höchstens eingekauft werden, wenn das 200-l-Modell zu 395,— DM Wiederverkäuferpreis angeboten werden soll?

Lieferung frei Haus, HWGK 15%, Mindestgewinn 4%, Skonto 3%, Wiederverkäuferrabatt 28%.

3 Aus Konkurrenzgründen muß der Angebotspreis von 64,— DM auf 58,— DM gesenkt werden. Wie hoch darf der neue Bezugspreis sein, wenn sogar auf einen Gewinn zunächst verzichtet wird? Bisher wurde mit 3% Verkaufsskonto, 4% Gewinn, 17% HWGK kalkuliert.

4 Bei Fremdbezug ergäbe sich ein Angebotspreis von 420,— DM. Die eigenen Herstellkosten des Artikels betragen 290,— DM. Es ist zu entscheiden, ob die Eigenproduktion aufgenommen oder vom Angebot Gebrauch gemacht werden soll. Was ist kostengünstiger?

Verkaufsskonto 3%, HWGK 18%, Lieferung frei Haus, Preis einschließlich Verpackung, Gewinn 6% (wie bei Eigenherstellung).

5 Ein Feinkostwerk will eine ausländische Spezialität als Handelsware aufnehmen. Die Portionspackung soll zu 1,20 DM, die Familienpackung zu 2,70 DM Listenpreis angeboten werden.

In der Kalkulation berücksichtigen wir: 33⅓% Wiederverkäuferrabatt, Prov. 5% (vom Zielpreis), Skonto 3%, HWGK 20%.

a) Wie hoch dürfen die Bezugspreise sein, wenn die Kosten (ohne Gewinn) gedeckt sein müssen?

b) Wie hoch dürfen die Bezugspreise bei 8⅓% Gewinn sein?

c) Wie hoch sind die Plus- bzw. Minusdifferenzen zwischen dem höchstmöglichen Bezugspreis mit und ohne Gewinn und dem tatsächlichen Bezugspreis?

Der Angebotspreis frei deutsche Grenze verzollt und versteuert beträgt für die

Portionspackung 0,50 DM   Familienpackung 1,20 DM

An Bezugskosten ab deutsche Grenze bis zum Lager entstehen 0,06 DM für die Portionspackung und 0,16 DM für die Familienpackung.

d) Gewinnkalkulation (Differenzkalkulation)

Durch die Gewinnkalkulation ermitteln wir bei gegebenem Einkaufs- bzw. Bezugspreis und Angebotspreis den Gewinn unter Berücksichtigung der Kosten. Er ergibt sich als Differenz zwischen Selbstkosten und Barverkaufspreis.

Beispiel

Ein Unternehmen bezieht Kleinstradios zu 15,88 DM Listeneinkaufspreis je Stück. Aus Konkurrenzgründen wird der Listenverkaufspreis mit 33,— DM kalkuliert. Zu berücksichtigen sind: Einkaufsrabatt 10%, Einkaufsskonto 2%, Bezugskosten 1,— DM; Verkaufsrabatt 33⅓%, Verkaufsskonto 3%, HWGK 20%.
Wie hoch ist der Gewinn in DM und Prozent?

Lösung

①		Listeneinkaufspreis	15,88 DM
	—	Rabatt 10 %	1,59 DM
		Zieleinkaufspreis	14,29 DM
	—	Skonto 2 %	0,29 DM
		Bareinkaufspreis	14,— DM
	+	Bezugskosten	1,— DM
		Bezugspreis	15,— DM
	+	HWGK 20 %	3,— DM
		Selbstkostenpreis	18,— DM
②	+	**Gewinn 18,6 %** ← ⑤	**3,34 DM** ④
		Barverkaufspreis	21,34 DM
	+	Skonto 3 %	0,66 DM
		Zielverkaufspreis	22,— DM
	+	Rabatt 33⅓ %	11,— DM
		Listenverkaufspreis = Wiederverkäuferpreis	33,— DM ③

Lösungsweg

① Ermitteln des Selbstkostenpreises,

② Entwickeln des Kalkulationsschemas bis zum Listenverkaufspreis,

③ Ermitteln des Barverkaufspreises, ausgehend vom Wiederverkäuferpreis,

④ Feststellen der *Differenz* zwischen Selbstkostenpreis und Barverkaufspreis = *Gewinn,*

⑤ Feststellen des Gewinns in Prozent (Zuschlagsgrundlage für den Gewinn ist der Selbstkostenpreis).

1 Eine Silberwarenfabrik bezieht Stahlbestecke und verkauft sie unter eigener Marke. Das Besteck Selekta kostet im Einkauf 7,55 DM. Kosten: HWGK 18 %, Skonto 2 %, Wiederverkäuferrabatt 30 %. Wie hoch ist der Gewinn in DM und %, wenn der empfohlene Endverbraucherpreis auf 16,50 DM einschließlich 14 % MWSt kalkuliert wird?

2 Wie hoch ist der Gewinn in DM und Prozent?

Angebotspreis 52,50 DM; Einkaufspreis 30,50 DM, Einkaufsrabatt 10%, Einkaufsskonto 3%, Bezugskosten 4,10 DM, HWGK 16%, Verkaufsskonto 2%, Wiederverkäuferrabatt 27%.

3 Einem Bäckermeister wird frei Haus Schokolade zu 1,10 DM Ladenverkaufspreis einschl. 7 % MWSt mit 30 % Wiederverkäuferrabatt angeboten. Seine Handelswaren kalkuliert er mit 15 % Gewinn, HWGK 20 %.
Wie hoch ist der tatsächliche Gewinn in DM und Prozent je Tafel?

4 Wie hoch sind Gewinn oder Verlust in DM und Prozent?

	Listenpreis Einkauf	Einkaufsrabatt	Einkaufsskonto	Bezugsk. (auf Barpr.)	HWGK	Verk.-skonto	Verk.-rabatt	Verkaufspreis
a)	40,— DM	5%	3%	1,20 DM	25 %	2%	40%	120,— DM
b)	0,95 DM	—	2%	0,40 DM	$33\frac{1}{3}$%	—	50%	4,20 DM
c)	8,— DM	10%	—	15%	20 %	3%	—	10,50 DM
d)	150,— DM	3,— DM	3%	—	$16\frac{2}{3}$%	—	—	180,— DM

5 Ein Unternehmen, das Zahnpasta herstellt, will Kinderzahnbürsten in das Verkaufsprogramm aufnehmen. Der Wiederverkäuferpreis (ohne MWSt) wird mit 1,— DM festgesetzt. An Verkaufskosten werden kalkuliert: Wiederverkäuferrabatt 30%, Verkaufsprovision 5% (vom Zielpreis), Skonto 3%. An Handelswarengemeinkosten werden $12\frac{1}{2}$% berechnet.

Das Unternehmen erhält Angebote.

Von den Angeboten kommen zwei in die engere Wahl. Die Qualitäts- und Verpackungsbedingungen sind gleich: je Stück verpackt in bunter Kunststoffhülle, gebündelt zu 10 Stück, kartoniert zu 1000 Stück.

Angebot A: Lieferung frei Haus, 1000 Stück zu 560,— DM; bei Abnahme von 100 000 Stück 5% Rabatt; Skonto 3%.

Angebot B: Lieferung ab Werk bei 100 000 Stück 530,— DM je 1000; bei kleineren Mengen Mindermengenzuschlag von 6%; Skonto 3%; Bezugskosten 4,40 DM je 1000 Stück.

Welches Angebot ist lohnender? (Gewinn in Prozent)

(Rechnung für 1000 Stück bei einer Abnahme von 100 000 Stück.)

Programmierte Übungen

Die Lösungen bitte nur dann ankreuzen, wenn das Buch Ihr Eigentum ist. Im Leihverfahren überlassene Bücher dürfen nicht beschrieben werden.

1 1500 japanische Kameras werden von einem deutschen Kamerawerk versuchsweise als Handelswaren in das Sortiment genommen:

Listeneinkaufspreis 45,90 DM je Stück; Einkaufsrabatt 12,5%; Einkaufsskonto 2%; Bezugskosten 8,5%; Handelswarengemeinkosten 20%; Gewinn 5%; Verkaufsskonto 3%; Verkaufsrabatt 6%.

a) Ermitteln Sie den Angebotspreis für die gesamte Partie!

b) Wie hoch ist der Kalkulationszuschlag?

a)
- a 80711,70 DM
- b 77896,79 DM
- c 83207,94 DM
- d 88519,09 DM
- e anderes Ergebnis, welches?

b)
- a 38,19%
- b 27,63%
- c 1,3819
- d 1,2763
- e anderes Ergebnis, welches?

2 a) Stellen Sie den höchstmöglichen Bezugspreis für ein Ersatzteil fest, das aus Konkurrenzgründen zu einem Listenverkaufspreis von 4,40 DM angeboten wird.

Gemeinkosten für Handelsware 10%; Gewinnsatz 4,5%; Verkaufsskonto 1%; Verkaufsrabatt 5%.

b) Ermitteln Sie den Kalkulationsfaktor!

c) Wie hoch ist die Handelsspanne?

c)
- a 10,10%
- b 12,12%
- c 18,18%
- d 22,22%
- e anderes Ergebnis, welches?

a)
- a 3,50 DM
- b 3,96 DM
- c 4,14 DM
- d 4,18 DM
- e anderes Ergebnis, welches?

b)
- a 12,22%
- b 1,2222
- c 18,22%
- d 1,822
- e anderes Ergebnis, welches?

3 Wie hoch sind Gewinn oder Verlust in DM und Prozent?

Listeneinkaufspreis 6375,— DM; Listenverkaufspreis 9472,16 DM; Einkaufsrabatt 12%; Verkaufsrabatt 15%; Einkaufsskonto 3%; Verkaufsskonto 2%; Bezugskosten 635,— DM; Handelswarengemeinkosten 16%.

- a V. 969,81 ≙ 13,8%
- b G. 969,81 ≙ 13,8%
- c V. 859,16 ≙ 12,2%
- d G. 859,16 ≙ 12,2%
- e anderes Ergebnis, welches?

4 Ein Leuchtenhersteller bezieht 2000 Amateurfilmleuchten zu 65,20 DM je Stück. Der Einkaufsrabatt beträgt 8%, Einkaufsskonto 1,5%. Bezugskosten 6200,— DM.

Wie hoch ist der Angebotspreis je Stück, wenn mit einem Kalkulationsfaktor von 1,4832 gearbeitet wird?

- a 154,41 DM
- b 92,23 DM
- c 83,04 DM
- d 82,32 DM
- e anderes Ergebnis, welches?

6. Kalkulation und Beschäftigungsgrad

Kapazität und Beschäftigungsgrad

Grundlage für die Ermittlung der Kapazität ist die **betriebliche Arbeitszeit eines Jahres:**

Arbeitstage des Jahres · Schichten je Arbeitstag · Stunden je Schicht

Diese Jahresarbeitszeit kann nicht voll genutzt werden, weil Ausfallzeiten entstehen: geplante Wartungs-, Überhol- und Reparaturzeiten; Brachzeiten wegen Ausfalls der Energieversorgung und von vor- und nachgeschalteten Anlagen; Brachzeiten wegen ungenügender Kapazität vor- und nachgeschalteter Anlagen; Brachzeiten wegen Fehlens des Bedienungspersonals.

Beispiel 1 — Ermitteln der Nutzungszeit

Eine Anlage wird an 240 Tagen des Jahres in 2 Schichten mit je 8 Std. genutzt. An Ausfall- und Brachzeiten werden 750 Stunden kalkuliert. Wie hoch sind die erreichbare Nutzungszeit und der erreichbare Nutzungsgrad?

Lösung

Nutzungszeit:	Betriebsarbeitszeit (240 · 2 · 8)	3840 Std.
	Ausfall- und Brachzeiten	750 Std.
	erreichbare Nutzungszeit	3090 Std.

Nutzungsgrad: $\frac{\text{Nutzungszeit im Jahr} \quad 3090\,(\cdot 100)}{\text{Jahresarbeitszeit} \quad 3840} = 0{,}80 \text{ bzw. } 80\%$

1 Stellen Sie die erreichbare Jahresnutzungszeit und den Nutzungsgrad bei folgenden vorgegebenen Ausfall- und Brachzeiten fest!

	a)	b)	c)	d)
Arbeitstage im Jahr	250	251	230	184/46[1]
Schichten je Tag	1	3	1	2/1
Stunden je Tag/Schicht	8	8	8	8/9
Wartungszeiten Std.	110	312	Warum —	180
Überholzeiten Std.	64	400	keine? —	—
Reparaturzeit Std.	40	100	50	70
Energieausfall Std.	20	50	30	10
Ausfall anderer Anlagen Std.	90	120	70	50
ungenügende Kapazität Std. anderer Anlagen	30	340	—	60

Von der erreichbaren Nutzungszeit hängt die *Kapazität* eines Betriebes bzw. einer Anlage ab. Sie wird in Mengeneinheiten gemessen (z. B. t, hl, m, Stück, Std.). Der Grad der Kapazitätsnutzung, *der Beschäftigungsgrad*, hängt von der Auftragslage des Unternehmens bzw. der Anlage ab. Die Kapazität stellt die mögliche Nutzung der Anlage dar (100% oder 1,0).

1) Aufgabe 1d: 184 Tage mit je 2 Schichten und 8 Std. je Schicht, 46 Tage mit je 1 Schicht und 9 Std. je Schicht

$$\textbf{Beschäftigungsgrad/ Kapazitätsnutzungsgrad} = \frac{\text{genutzte Kapazität } (\cdot 100)}{\text{normale Kapazität}}$$

Beispiel 2 — Ermitteln des Beschäftigungsgrades

Die erreichbare Nutzungszeit einer Maschinengruppe beträgt 4500 Arbeitsstunden im Vierteljahr (normale Kapazität). Auf Grund der Marktlage wird eine Nutzung von 3650 Stunden eingeplant.

Wie hoch ist der Beschäftigungsgrad?

Lösung

$$\textbf{Beschäftigungsgrad} = \frac{\text{genutzte Kapazität } (\cdot 100)}{\text{normale Kapazität}}$$

$$= \frac{3650\ (\cdot 100)}{4500} = \underline{\underline{0{,}81 \text{ bzw. } 81\%}}$$

2 Stellen Sie den Beschäftigungsgrad fest!

Kapazität	a)	b)	c)	d)
normale Kapazität genutzte Kapazität	1920 Std. 1830 Std.	4,8 Mio. t 3,1 Mio. t	15,6 Mrd. kW 15,2 Mrd. kW	630 Stück 650 Stück

Kosten und Beschäftigungsgrad

Die Kosten werden nach ihrer Reaktion auf Veränderungen des Beschäftigungsgrades eingeteilt:

Kostenarten

- **fixe Kosten**
- **variable Kosten**
  - proportionale Kosten
  - überproportionale Kosten
  - unterproportionale Kosten

Fixe Kosten bleiben trotz unterschiedlichen Beschäftigungsgrades gleich (z.B. Zinsen, Zeitabschreibungen).

Variable Kosten verändern sich mit dem Beschäftigungsgrad; sie sind mengenabhängig.

Proportionale Kosten ändern sich im gleichen Verhältnis wie der Beschäftigungsgrad (z.B. Stoffverbrauch).

Überproportionale Kosten steigen und sinken stärker als der Beschäftigungsgrad (z.B. Überstundenlöhne).

Unterproportionale Kosten steigen oder sinken schwächer als der Beschäftigungsgrad (z.B. Wartungskosten).

Das Verhalten der Kosten bei Veränderungen des Beschäftigungsgrades wird aus der Sicht der *Gesamtkosten* und der *Stückkosten* untersucht:

Kostendiagramme

Beispiele | Gesamtkosten | Stückkosten

Produktion t	Gesamtkosten fix	Stückkosten degressiv
1	300,— DM	300,— DM
2	300,— DM	150,— DM
3	300,— DM	100,— DM
4	300,— DM	75,— DM
5	300,— DM	60,— DM
6	300,— DM	50,— DM
7	300,— DM	42,86 DM
8	300,— DM	37,50 DM
9	300,— DM	33,33 DM
10	300,— DM	30,— DM

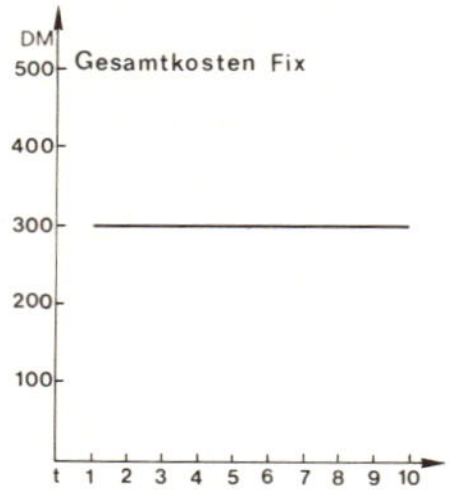

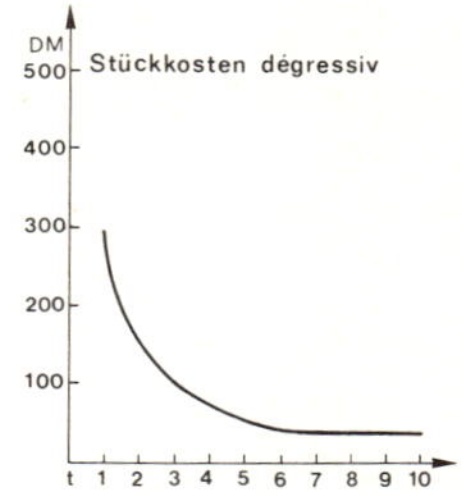

Produktion t	Gesamtkosten proportional	Stückkosten konstant
1	50,— DM	50,— DM
2	100,— DM	50,— DM
3	150,— DM	50,— DM
4	200,— DM	50,— DM
5	250,— DM	50,— DM
6	300,— DM	50,— DM
7	350,— DM	50,— DM
8	400,— DM	50,— DM
9	450,— DM	50,— DM
10	500,— DM	50,— DM

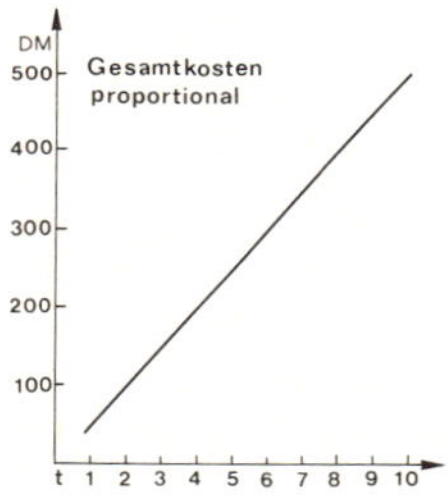

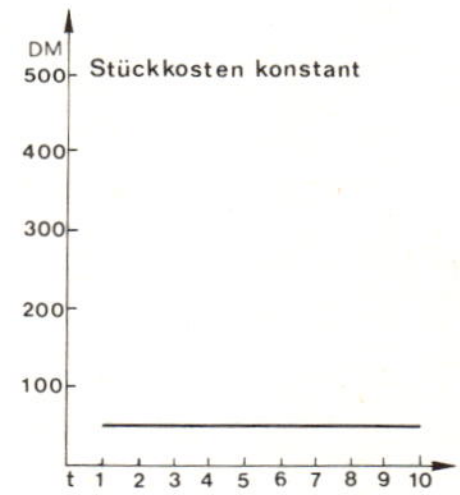

Produktion t	Gesamtkosten überproport.	Stückkosten progressiv
1	5,— DM	5,— DM
2	12,— DM	6,— DM
3	21,— DM	7,— DM
4	32,— DM	8,— DM
5	45,— DM	9,— DM
6	60,— DM	10,— DM
7	77,— DM	11,— DM
8	96,— DM	12,— DM
9	117,— DM	13,— DM
10	140,— DM	14,— DM

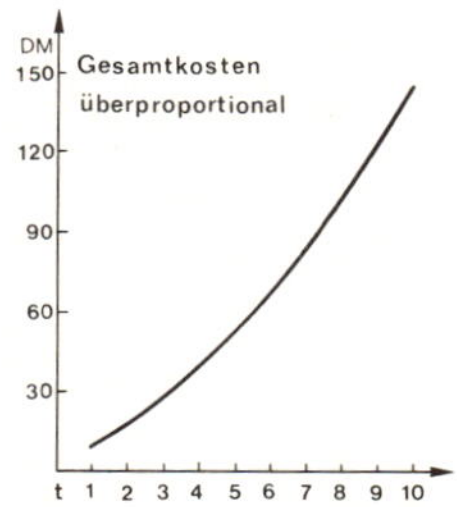

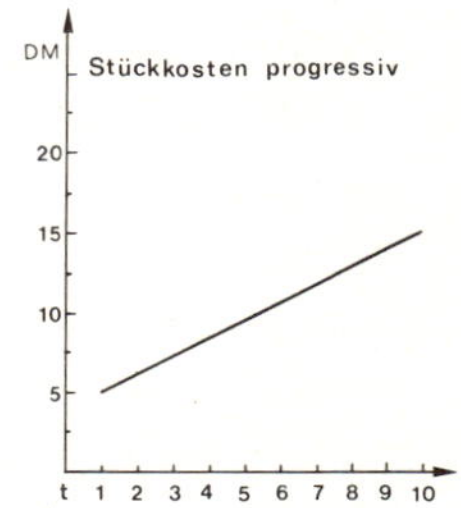

Produktion t	Gesamtkosten unterprop.	Stückkosten degressiv
1	14,— DM	14,— DM
2	27,— DM	13,50 DM
3	39,— DM	13,— DM
4	50,— DM	12,50 DM
5	60,— DM	12,— DM
6	69,— DM	11,50 DM
7	77,— DM	11,— DM
8	84,— DM	10,50 DM
9	90,— DM	10,— DM
10	95,— DM	9,50 DM

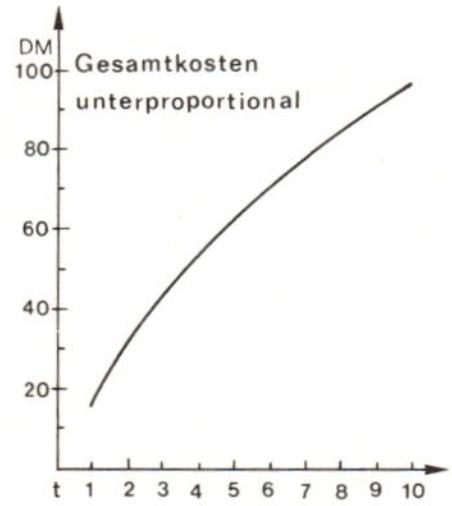

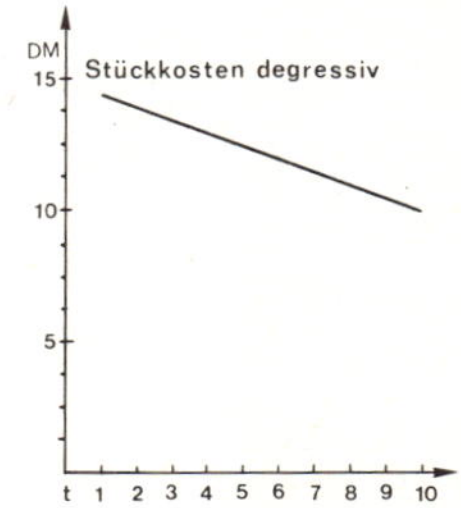

Je nach Anteil der verschiedenen variablen Kosten (proportionale, über- und unterproportionale) an den variablen Gesamtkosten bei unterschiedlichen Beschäftigungsgraden ergeben sich folgende *Gesamtkostenverläufe:*

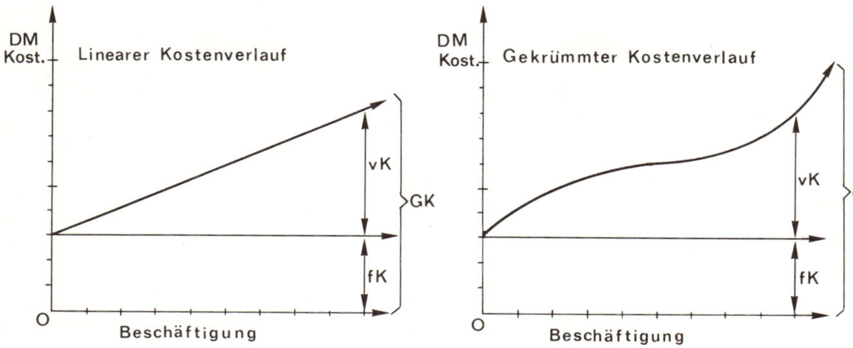

Beide Kostendiagramme lassen sowohl die fixen Kosten (fK) und variablen Kosten (vK) als auch die Gesamtkosten (GK) in den einzelnen Beschäftigungslagen erkennen. Werden die Gesamtkosten durch die Beschäftigungsleistung dividiert, so erhält man die Kosten je Leistungseinheit — *Stückkosten.*

Werden in die Kostendiagramme die Erlöse eingetragen, so werden weitere Aussagen möglich:

1. **die Nutzenschwelle** = der erste Schnittpunkt der Ertragsgeraden und der Gesamtkosten. Von hier ab übersteigen die Erträge die Kosten.
2. **die Nutzengrenze** = der zweite Schnittpunkt der Ertragsgeraden und der Gesamtkostenkurve. Von hier ab übersteigen wieder die Gesamtkosten die Erträge. Bei linearem Kostenverlauf entspricht die Nutzengrenze der Vollauslastung der Kapazität.

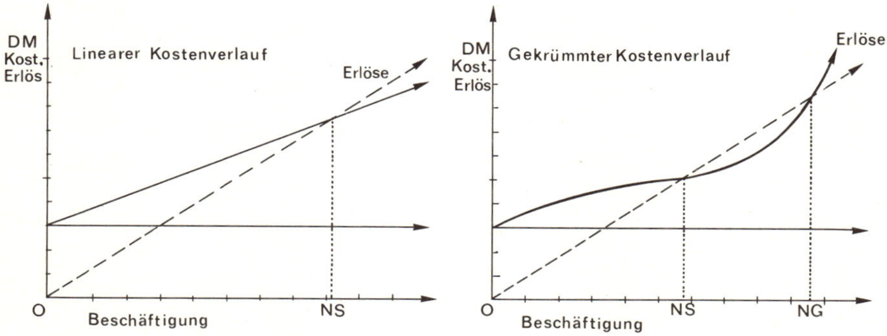

Beispiel 3 — Kosten und Betriebsergebnis bei unterschiedlichem Beschäftigungsgrad (linearer Kostenverlauf)

Die fixen Kosten eines Betriebes betragen monatlich 80000,— DM; die variablen Kosten 60,— DM je Stück (proportional).

a) Wie hoch sind die Gesamt- und Stückkosten bei Beschäftigungslagen von 0 bis 6000 m^3 (= 100%) in 1000 m^3?

b) Wie hoch sind die Gesamterlöse bei einem Preis von 80,— DM je m^3?

c) Wie hoch ist das Betriebsergebnis bei den einzelnen Beschäftigungslagen?

d) Das Kosten- und Erlösdiagramm ist aufzustellen!

Lösung a), b) und c)

Produkt in m^3	Gesamtk.	Stückkosten			Erlöse		Betriebsergebnis
		fix	var.	insges.	Stück	insges.	
0	80000,—	—	—	—	—	—	– 80000,—
1000	140000,—	80,—	60,—	140,—	80,—	80000,—	– 60000,—
2000	200000,—	40,—	60,—	100,—	80,—	160000,—	– 40000,—
3000	260000,—	26,67	60,—	86,67	80,—	240000,—	– 20000,—
4000	320000,—	20,—	60,—	80,—	80,—	320000,—	+ – NS 0,—
5000	380000,—	16,—	60,—	76,—	80,—	400000,—	+ 20000,—
6000	440000,—	13,33	60,—	73,33	80,—	480000,—	+ 40000,—

Lösung d)

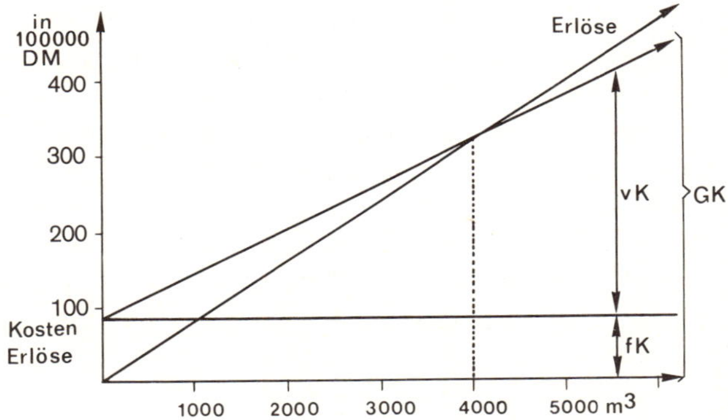

3 Stellen Sie für die einzelnen Beschäftigungslagen die Gesamtkosten, die Stückkosten (fix, variabel und insgesamt), den Stück- und Gesamterlös sowie das Betriebsergebnis fest! Erstellen Sie das Kosten- und Erlösdiagramm, und bestimmen Sie die Nutzenschwelle!

a) Produktion: 500000, 600000, 700000, 800000, 900000 und 1000000 t. Kosten: fix 120000000,— DM, variabel 50,— DM je t (proportional). Erlös: 250,— DM je t.

b) Produktion: 100, 200, 300, 400, 500, 600, 700, 800, 900 und 1000 Stück. Kosten: fix 24000,— DM, variabel 32,— DM je Stück bis 800 Stück, ab 900 Stück 35,— DM je Stück (Warum?); Erlös: 75,— DM je Stück.

4 Ein Betrieb für Autoersatzteile hat folgende Leistungsgrößen und Kosten: Produktion: 200, 400, 600, 800, 1000 und 1200 Stück (optimale Losgröße 200 Stück); Kosten: fix 10000,— DM bis 1000 Stück, über 1000 Stück 18000,— DM (Warum?); variable Kosten 25,— DM je Stück. Verkaufserlös je Stück 39,30 DM.

a) Stellen Sie die Gesamtkosten, die fixen und variablen sowie gesamten Stückkosten, den Erlös je Stück und insgesamt und das Betriebsergebnis je Beschäftigungslage fest (200, 400 usw. bis 1200 Stück)!

b) Stellen Sie das Kosten- und Erlösdiagramm auf!

c) Bestimmen Sie die Nutzenschwelle und Nutzengrenze!

d) Erläutern Sie die Kostensteigerung bei einer Produktion über 1000 Stück!

5 Ein Unternehmen hat 40000,— DM fixe Kosten bei einer Kapazität von 20000 Stück. Im 1. Produktionsmonat wurden 5000, im 2. 10000, im 3. 20000 Stück hergestellt. Die proportionalen Kosten betragen 4,35 DM je Stück.

a) Wie hoch waren in den einzelnen Monaten die fixen Kosten und die Gesamtkosten je Stück und für die gesamte Leistung?

b) Wie hoch war der monatliche Gesamtgewinn bzw. -verlust, wenn die Erzeugnisse zum Nettopreis von 9,90 DM abgesetzt werden konnten?

c) Wie hoch war der Beschäftigungsgrad der einzelnen Produktionsmonate? Optimale Kapazität 22000 Stück.

6 Das Leistungs- und Kostenbild eines Unternehmens sieht wie folgt aus:

Produktion	Gesamtkosten	Produktion	Gesamtkosten
0	275000,— DM	300	453000,— DM
100	365000,— DM	400	480000,— DM
200	412000,— DM	500	700000,— DM

a) Um ins Geschäft zu kommen, wurde auf der Basis von 300 Stück je Monat kalkuliert. Wie hoch ist der Angebotspreis? 190,— DM Gewinn je Stück.

b) Wie hoch sind die Stückkosten, der Gesamterlös und das Betriebsergebnis bei jeder Produktionshöhe?

c) Wie hoch ist der Jahreserfolg des Unternehmens für dieses Erzeugnis? (Absatz entspricht der Produktion, Produktionsaufnahme im Mai.)

5. Monat	100 Stück abgesetzt	9. Monat	300 Stück abgesetzt
6. Monat	100 Stück abgesetzt	10. Monat	300 Stück abgesetzt
7. Monat	200 Stück abgesetzt	11. Monat	300 Stück abgesetzt
8. Monat	200 Stück abgesetzt	12. Monat	400 Stück abgesetzt

7 Für die Reparaturabteilung (allgemeine Kostenstelle) ergaben sich im Rechnungszeitraum folgende Kosten: 3 Reparaturschlosser und -elektriker (insgesamt) mit 434 Arbeitszeitstunden zu 21,20 DM je Stunde. Aus dem BAB ergibt sich ein Gemeinkostenanteil von 8268,— DM.

a) Wie hoch ist der Gemeinkostenzuschlag für die Kostenstelle Reparatur? (bezogen auf Löhne)

b) Wie hoch ist der Verrechnungspreis je Reparaturstunde für die innerbetrieblichen Leistungen der Reparaturabteilung bei 264, 250, 200, 125 Reparaturstunden reiner Reparaturzeit (ohne Bereitschaftszeit)?

8 Für eine Betriebsabteilung sollen die Stundenkostensätze bei den Beschäftigungsgraden 100%, 80% und 50% ermittelt werden. Die Abteilung weist folgende Kosten bei Vollbeschäftigung auf:

Kostenart	fix	proportional	insges.
kalkulatorische Abschreibungen	1400,—	—	1400,—
kalkulatorische Zinsen	560,—	—	560,—
Raumkosten	850,—	650,—	1500,—
Energie	80,—	500,—	580,—
Instandhaltung	150,—	1900,—	2050,—
sonstige Gemeinkosten	350,—	4000,—	4350,—
Summe der Kosten	?	?	?
Beschäftigungsgrad	100%	80%	50%
Laufstunden	150	?	?
Gesamtkosten bei	100%	80%	50%
fixe Kosten	?	?	?
variable Kosten	?	?	?
Summe der Kosten	?	?	?
Kosten je Stunde bei	100%	80%	50%
fixe Kosten	?	?	?
variable Kosten	?	?	?
Summe der Kosten je Stunde	?	?	?

a) Stellen Sie die Kosten je Arbeitsstunde bei den einzelnen Beschäftigungsgraden fest!

b) Stellen Sie für diese Abteilung das Kostendiagramm auf!

c) Bestimmen Sie dabei die Nutzenschwelle! Normalkostensatz je Arbeitsstunde 72,— DM (angenommene Erlöse).

9 Für eine Kostenstelle ergeben sich bei voller Kapazitätsnutzung folgende Kosten:

Kosten	fix	proportional	insgesamt
Direkte Kosten	312300,—	688000,—	
Kostenumlage	497600,—	217000,—	

a) Wie hoch sind die gesamten fixen und proportionalen Kosten und die Gesamtkosten der Kostenstelle?

b) Wie hoch ist der Kostensatz der Arbeitsstunde bei einem Beschäftigungsgrad von 100% (Normalkostensatz)? 50000 Leistungsstunden im Jahr. Kostensatz: fixe, variable und Kosten insgesamt und je Stunde.

c) Wie hoch sind die Istkostensätze bei 90, 80 und 70%iger Beschäftigung der Kostenstelle? (fix, variabel und Kosten insgesamt)

d) Wie hoch ist die Fixkostenunterdeckung je Leistungsstunde und insgesamt, wenn die Kostenstelle zu 80% ausgelastet ist und mit dem Normalkostensatz (bei 100%) abrechnet?

e) Stellen Sie das Kosten- und Erlösdiagramm für die einzelnen Leistungsstufen (in 5000 Std.) bis 55000 Leistungsstunden auf
1. bei einem Normalkostensatz von 100 % Auslastung (= angenommener Erlös)
2. bei einem Normalkostensatz von 80 % Auslastung (= angenommener Erlös)
und ermitteln Sie die jeweilige Nutzenschwelle!

f) Welche Folgen (Kosten und Preis) hat die Kalkulation mit einem Stundenkostensatz bei 80% Auslastung?

10 Ein Betrieb hat bei unterschiedlicher Beschäftigung folgende Kosten und Ergebnisse:

Produkt. in t	Gesamtkosten	**Stückkosten** fix	variabel	insges.	Stückerlös	Gesamterlös	Betriebsergebnis
0	1400,—	—	—	—	—	—	– 1400,—
1	2600,—	1400,—	1200,—	2600,—	1200,—	1200,—	– 1400,—
2	3600,—				1200,—		
3	4500,—				1200,—		
4	4800,—				1200,—		
5	5200,—				1200,—		
6	5800,—				1200,—		
7	6800,—				1200,—		
8	8600,—				1200,—		
9	10800,—				1200,—		
10	14000,—				1200,—		

Der Verkaufspreis ist durch die Marktverhältnisse bedingt.

a) Wie hoch sind die Stückkosten, der Gesamterlös und das Betriebsergebnis bei jeder Produktionshöhe?

b) Bei welcher Produktion entstehen die niedrigsten Stückkosten?

c) Bei welcher Produktion entsteht der höchste Stück- und Gesamtgewinn?

d) Worauf sind Sinken und Steigen der Stückkosten zurückzuführen?

e) Bestimmen Sie die Nutzenschwelle und Nutzengrenze, und stellen Sie das Kosten- und Erlösdiagramm auf!

7. Teilkostenkalkulation

Bisher wurden alle angefallenen Kosten auf die betrieblichen Leistungen (Kostenträger) anteilig verteilt = *Vollkostenkalkulation.* Die Marktverhältnisse können ein Unternehmen jedoch dazu veranlassen, die Kostenträger ungleich mit Kosten zu belasten oder auf die Einrechnung von Kosten in den Verkaufspreis zu verzichten (Teilkostenkalkulation).

a) Die traditionelle Teilkostenkalkulation

Die Verkaufspreise werden verschieden festgesetzt

Zum Beispiel sollen Überkapazitäten dadurch genutzt werden, daß im Ausland preisgünstiger oder neben dem Markenartikel ein preisgünstigerer markenloser Artikel angeboten wird. Um das zu erreichen, werden die Inland- bzw. Markenartikel mit den anteiligen proportionalen und den *gesamten Fixkosten* belastet, die anderen Erzeugnisse nur mit ihren proportionalen Kosten. Das gilt auch für die Belastung mit Einzel- und Gemeinkosten und die Kalkulation zu Grenzkosten, d.h., daß die zusätzliche Leistung nur mit den zusätzlich entstandenen Kosten belastet wird.

Der Verkaufspreis wird aus Konkurrenzgründen herabgesetzt

Zunächst wird auf die Verzinsung des Eigenkapitals verzichtet, auf den Unternehmerlohn, dann auf die Kosten, die nicht bald durch Ersatz zu Ausgaben (Zahlungen) werden, z.B. Abschreibungen.

1 Eine Strumpffabrik hat Selbstkosten in Höhe von 1603400,— DM bei einer Produktion von 850000 Paar im Monat. Von der Produktion werden 350000 Paar als Markenstrumpf abgesetzt. Der Rest wird als markenlose Ware Kaufhäusern angeboten. Von den Gesamtkosten entfallen auf fixe Kosten 580000,— DM.

a) Wie hoch ist der Selbstkostenpreis insgesamt und je Paar Markenstrumpf, wenn er die gesamten fixen Kosten und die anteiligen variablen Kosten trägt?

b) Wie hoch ist der Selbstkostenpreis insgesamt und je Paar markenloser Ware, wenn für sie nur die anteiligen variablen Kosten angesetzt werden?

c) Wie hoch ist der empfohlene Verkaufspreis bzw. der Angebotspreis insgesamt und je Paar?

Markenstrumpf: Gewinn 18%, Provision und Skonto 24% vom Barverkaufspreis (v.H.), Wiederverkäuferrabatt 35%; markenloser Strumpf: Gewinn 1%, Sondereinzelkosten des Vertriebs 11% (v.H.).

d) Wie hoch ist der Gewinn für Marken- und markenlose Ware je Paar und insgesamt?

e) Wie hoch ist der Durchschnittsgewinn in DM je Paar Strümpfe?

2 Ein Elektroröhrenwerk hat eine Gesamtkapazität von 3 Mio. Leuchtstoffröhren. Im Inland sind nur 2 Mio. absetzbar. Um die volle Kapazität aus Kostengründen auszunutzen, werden 1 Mio. Röhren exportiert, die nur mit den proportionalen Kosten belastet werden. Die Selbstkosten betragen 18 Mio. DM, die fixen Kosten 40% der Selbstkosten. (3 Dezimalstellen)

a) Wie hoch sind die Selbstkosten insgesamt und je Stück für die Inlandröhre, wenn sie die gesamten Fixkosten trägt?

b) Wie hoch sind die Kosten insgesamt und je Stück Exportröhre, wenn für sie nur die anteiligen proportionalen Kosten berechnet werden?

c) Wie hoch ist der Listenverkaufspreis bzw. Angebotspreis insgesamt und je Stück?

Inlandabsatz:
Gewinn $12\frac{1}{2}$%, Sondereinzelkosten des Vertriebs 18,4% (v. H.), Wiederverkäuferrabatt 40%;

Exportröhre:
Gewinn $\frac{1}{2}$%, Sondereinzelkosten des Vertriebs 6,8% (v. H.).

d) Wie hoch ist der Gewinn für die Inland- und die Exportröhren insgesamt?

e) Wie hoch ist der Durchschnittsgewinn je Röhre in DM?

3 In dem Zweigwerk eines Unternehmens der Elektroindustrie werden Ventilatoren hergestellt. Bei der Herstellung eines Fensterventilators sind folgende Kosten angefallen:

Gehäusebau	80 600,— DM bei 4500 Stück
Motorenbau	207 000,— DM bei 5500 Stück

Zur Kapazitätsausnutzung werden mehr Motoren hergestellt als benötigt werden. Die Überproduktion wird verkauft. Die Kosten für 4500 Motoren betragen bei dieser Produktionszahl 176 000,— DM. Die zu verkaufenden Motoren werden nur mit den Mehrkosten (Grenzkosten) belastet.

a) Wie hoch ist der Erfolg (Gewinn bzw. Verlust) in DM für 1000 verkaufte Motoren, wenn für einen Motor 32,50 DM erzielt werden? Provision 10% (vom Zielverkaufspreis).

b) Wie hoch ist der Verkaufspreis für einen Ventilator? Der Reingewinn beträgt 30 000,— DM, die Sondereinzelkosten des Vertriebs 15% (v. H.).

c) Um wieviel DM müßte der Verkaufspreis des Fensterventilators erhöht werden, um den Verlust aus dem Motorengeschäft durch einen erhöhten Gewinn aus dem Ventilatorgeschäft auszugleichen?

4 Eine Knäckebrotfabrik will der preisgünstigeren ausländischen Konkurrenz durch verstärkte Werbung und insbesondere durch vorübergehende Preissenkung begegnen. Zunächst soll auf Teile des Gewinnes, dann auf das Einkalkulieren von bestimmten Kosten verzichtet werden, die nicht bald zu Ausgaben führen.

Materialkosten . . .	1810000,— DM,	keine Abstriche
Personalkosten . . .	680000,— DM,	keine Abstriche
Abschreibungen . .	160000,— DM,	voll gestrichen
sonstige Kosten . . .	640000,— DM,	¼ gestrichen
Gewinn	70000,— DM,	auf 24000,— DM Unternehmerlohn kann nicht verzichtet werden.

Rabatt 25 %
Verkauft werden 2,5 Mio. 250-g-Pakete.

a) Wie hoch war der bisherige Verkaufspreis für ein Paket?

b) Wie hoch war der bisherige Gewinn in Prozent von den Selbstkosten?

c) Zu welchem äußersten Preis kann vorübergehend ein Paket angeboten werden?

d) Wie hoch könnte der Kundenrabatt sein, wenn die Kostenaussetzung voll dem Rabatt zugute käme? Alter Listenpreis wird eingehalten.

e) Wie hoch ist beim äußersten Verkaufspreis der Gewinn in Prozent vom Selbstkostenpreis?

f) Wie hoch ist der äußerste Verkaufspreis, wenn zusätzlich 99000,— DM Kosten für verstärkte Werbung zu berücksichtigen sind, die sofort voll zu Ausgaben werden?

5 Ein Unternehmen ist gezwungen, wegen des Preiseinbruches den Preis zu senken. Zunächst soll auf den Gewinn, dann auf die Kosten verzichtet werden, die nicht bald zu Ausgaben führen.

Produktion 300000 Stück, Produktionskosten:

Materialbereich	150000,— DM,	davon bald Ausgaben	130000,— DM
Fertigungsbereich . .	210000,— DM,	davon bald Ausgaben	80%
Verwaltungsbereich .	50000,— DM,	davon bald Ausgaben	$\frac{9}{10}$
Vertriebsbereich . . .	70000,— DM,	davon bald Ausgaben	66000,— DM
Gewinn	1¼%,	voll gestrichen	

Sondereinzelkosten des Vertriebs: Skonto 2%.

Stellen Sie fest:

a) den Verkaufspreis bei Vollkostenkalkulation insgesamt und je Stück,

b) den Gewinn insgesamt und je Stück bei Vollkostenkalkulation,

c) den Verkaufspreis bei Teilkostenkalkulation,

d) die Kostenunterdeckung insgesamt und je Stück,

e) die Kostenunterdeckung bei Teilkostenkalkulation, wenn die Sondereinzelkosten des Vertriebs wegen einer Provisionserhöhung um 19000,— DM steigen und voll vom Unternehmen getragen werden!

b) Deckungsbeitragsrechnung

Die Vollkostenrechnung beruht auf Umlageschlüsseln, nach denen die Gemeinkosten — meist fixe Kosten — auf Kostenträger, Aufträge, Kostenstellen, Verkaufsbezirke und Kunden verteilt werden. Diese Kostenverteilung ist teilweise kompliziert und führt hinsichtlich der Auskunft über den Erfolg des Unternehmens, einzelner Kostenträger, Aufträge u.a. zu falschen Entscheidungen.

Die Deckungsbeitragsrechnung dagegen verzichtet auf die Verteilung nicht direkt zurechenbarer Kosten. Den Verkaufserlösen werden nur die direkten Kosten gegenübergestellt. Die Differenz zwischen Verkaufserlösen und direkt zurechenbaren Kosten ist der *Deckungsbeitrag* (Bruttoerfolg). Er trägt zur Deckung der indirekten Kosten bei. Der über die indirekten Kosten hinausgehende Deckungsbeitrag ist Gewinn.

Schema: **Netto-Verkaufserlöse**
– **den Kostenträgern direkt zurechenbare Kosten**[1]
= **Deckungsbeitrag** (Bruttoerfolg)
– **den Kostenträgern nicht direkt zurechenbare Kosten**[2]
= **Gewinn/Verlust**

Die Deckungsbeitragsrechnung kann — je nach Betrieb — Grundlage sein:

1. für die Erfolgskontrolle der Produkte (Programmsteuerung)
2. für die Entscheidung über die Annahme von Aufträgen
3. für die Preisbildung und Preispolitik

Beispiel 1 — Produkterfolgsrechnung mit Vollkosten

Ein Waagenhersteller stellt für seine drei Erzeugnisse die Erfolgsrechnung nach dem Vollkostenprinzip auf:

Kosten und Betriebsgewinn	Summe insges.	Kosten, Erlöse und Gewinn		
		15000 Personenwaagen	10000 Küchenwaagen	4000 Spezialwaagen
	DM	DM	DM	DM
1 Fertigungsstoffkosten	150000,-	90000,—	40000,—	20000,—
2 Fertigungslohn u. sonst. Fertigungseinzelkosten	180000,-	70000,—	50000,—	60000,—
3 Einzelkost. d. Herstellg.	330000,-	160000,—	90000,—	80000,—
4 Herstellgemeinkosten, 150% von Zeile 2	270000,-	105000,—	75000,—	90000,—
5 Herstellkosten	600000,-	265000,—	165000,—	170000,—
6 Verwaltungs- und Vertriebsgemeinkosten, 25% von Zeile 5	150000,-	66250,—	41250,—	42500,—
7 Selbstkosten	750000.-	331250,—	206250,—	212500,—
8 Nettoverkaufspreise	840000,-	450000,—	230000,—	160000,—
9 Betriebsgewinn	90000,-	118750,—	23750,—	–52500,—

1) Hauptsächlich mengenproportionale Kosten (beschäftigungsabhängig)
2) Im allgemeinen sogenannte Bereitschaftskosten (beschäftigungsunabhängig)

Es scheint, als sollte die Produktion von Spezialwaagen mit einem Verlust von 52500,— DM aufgegeben werden (Preiserhöhungen und Kostenminderungen nicht zu erwarten), um den Gewinn des Unternehmens zu erhöhen. Kann jedoch die dadurch frei gewordene Kapazität durch Erhöhung der Produktion bei den anderen Waagen nicht ausgelastet werden, so sind die fixen Kosten des Betriebes von den Personen- und Küchenwaagen allein zu tragen.

Beispiel 2 — Sortimentseinschränkung und Vollkostenrechnung
Das Unternehmen untersucht, welche kostenmäßigen Folgen sich aus der Aufgabe der Produktion von Spezialwaagen ergeben würden. Auf Grund der Untersuchung soll die Entscheidung getroffen werden. Festgestellt wird folgende Kostenverteilung:

	Kosten und Betriebsgewinn	Summe insges.	Kosten, Erlöse u. Gewinn	
			15000 Personen-waagen	10000 Küchen-waagen
		DM	DM	DM
1	Fertigungsstoffkosten	130000,—	90000,—	40000,—
2	Fertigungslohn und sonstige Fertigungseinzelkosten	120000,—	70000,—	50000,—
3	Einzelkosten der Herstellung	250000,—	160000,—	90000,—
4	Herstellgemeinkosten, 225% von Zeile 2	270000,—	157500,—	112500,—
5	Herstellkosten	520000,—	317500,—	202500,—
6	Verwaltungs- und Vertriebs-gemeinkosten, $28^{11}/_{13}$% v. Zeile 5	150000,—	91588,—	58412,—
7	Selbstkosten	670000,—	409088,—	260912,—
8	Nettoverkaufspreise	680000,—	450000,—	230000,—
9	Betriebsgewinn	10000,—	40912,—	−30912,—

Die Kostenaufstellung zeigt, daß die Gemeinkosten Fixkostencharakter haben und von den verbleibenden Erzeugnissen voll getragen werden müssen. Dementsprechend erhöhen sich auch die Zuschlagssätze für Gemeinkosten. Der Gewinn verringert sich auf 10000,— DM. Die Aufgabe der Spezialwaagen wäre also eine Fehlentscheidung; denn die Erlöse der Spezialwaagen tragen dazu bei, daß ein Teil der fixen Betriebskosten — 80000,— DM — gedeckt wird.

Mit der Deckungsbeitragsrechnung läßt sich vereinfacht ermitteln, welchen Beitrag der einzelne Artikel zur Deckung der Gemeinkosten leistet. Voraussetzung ist die Auflösung der Kosten in Einzel- und Gemeinkosten bzw. direkte und indirekte Kosten. Die Umsatzerlöse werden bereinigt; Kundenskonti, Boni und Nachlässe werden abgezogen. Von den Nettoerlösen werden die direkten Kosten abgesetzt. Das Ergebnis ist der Deckungsbeitrag. Dieser Beitrag dient der Deckung der indirekten Kosten und des Gewinns.

Beispiel 3 — Produkterfolgsrechnung mit Deckungsbeiträgen

Der Unternehmer stellt als Entscheidungshilfe die Artikelerfolgsrechnung mit Deckungsbeiträgen auf:

Deckungsbeitrag und Betriebsgewinn	Gesamtbeträge	Kosten, Erlöse u. Deckungsbeiträge		
		15 000 Personenwaagen	10 000 Küchenwaagen	4000 Spezialwaagen
	DM	DM	DM	DM
1 Fertigungsstoffkosten	150 000,—	90 000,—	40 000,—	20 000,—
2 Fertigungseinzelkosten	180 000,—	70 000,—	50 000,—	60 000,—
3 Einzelkosten der Herstellung	330 000,—	160 000,—	90 000,—	80 000,—
4 Nettoerlöse	840 000,—	450 000,—	230 000,—	160 000,—
5 Deckungsbeiträge	510 000,— (100 %)	290 000,— (57%)	140 000,— (27%)	80 000,— (16%)
6 Gemeinkosten				
Herstellung	270 000,—			
Verwaltung u. Vertrieb	150 000,—			
7 Betriebsgewinn	90 000,—			

Die Spezialwaagen tragen mit 80 000,— DM zur Deckung der Gemeinkosten bei. Bei Aufgabe der Spezialwaagen vermindert sich um diesen Betrag der Betriebsgewinn, soweit die frei werdende Kapazität (fixe Kosten) nicht anderweitig genutzt wird.

Besteht die Möglichkeit der Umsatzerhöhung bei den verbleibenden Artikeln, dann können die durch die Aufgabe der Spezialwaagen nicht gedeckten Gemeinkosten teilweise oder ganz gedeckt werden.

Beispiel 4 — Produktionserhöhung und Deckungsbeitrag

Bei den Personenwaagen ist eine Umsatzerhöhung um 25% möglich, für die die frei gewordene Kapazität eingesetzt werden soll. (Fixkosten keine Veränderung.)

Deckungsbeitrag und Betriebsgewinn	Gesamtbeträge	Kosten, Erlöse u. Deckungsbeiträge	
		18 750 Personenwaagen	10 000 Küchenwaagen
	DM	DM	DM
1 Fertigungsstoffkosten	152 500,—	112 500,—	40 000,—
2 Fertigungseinzelkosten	137 500,—	87 500,—	50 000,—
3 Einzelkosten der Herstellung	290 000,—	200 000,—	90 000,—
4 Nettoerlöse	792 500,—	562 500,—	230 000,—
5 Deckungsbeiträge	502 500,—	362 500,—	140 000,—
6 Gemeinkosten			
Herstellung	270 000,—		
Verwaltung und Vertrieb	150 000,—		
7 Betriebsgewinn	82 500,—		

Infolge der Umsatzausweitung bei Personenwaagen werden die frei gewordenen Gemeinkosten der Spezialwaagen in Höhe von 80 000,— bis auf 7500,— DM gedeckt.

1 Stellen Sie die Deckungsbeiträge und das Betriebsergebnis fest!
Ermitteln Sie in % den Anteil der Produkte am Gesamtumsatz und die Beiträge der Produkte zur Deckung der gesamten Gemeinkosten!

Kosten/Erlöse		insges.	*Artikel* A	B	C
a)	Fertigungsstoffe	60000,—	30000,—	20000,—	10000,—
	Einzelk. d. Fertigung	80000,—	30000,—	30000,—	20000,—
	Gemeink. der Herst.	180000,—			
	Vw. u. VtGk	70000,—			
	Netto-Verkaufserlöse	415000,—	200000,—	160000,—	55000,—
b)	Fertigungsstoffe	400000,—	120000,—	90000,—	190000,—
	Materialgemeinkosten	40000,—			
	Fertigungseinzelkosten	350000,—	90000,—	60000,—	200000,—
	Fertigungsgemeinkosten	700000,—			
	Vw. u. VtGk	130000,—			
	Sondereinzelkosten d. V.	80000,—	30000,—	20000,—	30000,—
	Netto-Verkaufserlöse	1640000,—	410000,—	500000,—	730000,—
c)	Stoffeinzelkosten	120000,—	30000,—	50000,—	40000,—
	Stoffgemeinkosten	8000,—	3000,—	3000,—	2000,—
	Fertigungseinzelkosten	290000,—	80000,—	100000,—	110000,—
	Fertigungsgemeinkosten	600000,—	160000,—	220000,—	240000,—
	Verwaltungsgemeinkosten	100000,—	20000,—	40000,—	40000,—
	Vertriebsgemeinkosten	80000,—	20000,—	30000,—	30000,—
	Vertriebseinzelkosten	50000,—	10000,—	10000,—	30000,—
	Netto-Verkaufserlöse	1314000,—	295000,—	478000,—	541000,—

Was spricht für und was spricht gegen die Aufgabe von Artikel A? Um wieviel % müßte der Umsatz von Artikel C erhöht werden, um die infolge der Aufgabe von Artikel A nicht gedeckten Gemeinkosten aufzufangen?

2 Ein Unternehmen stellt für seine vier Erzeugnisse folgende Vollkostenrechnung und Ergebnisrechnung auf:

Erzeugnisse	I	II	III	IV
variable Kosten	20000,—	20000,—	20000,—	20000,—
fixe Kosten	12000,—	30000,—	40000,—	4000,—
Vollkosten/Selbstk.	32000,—	50000,—	60000,—	24000,—
Verkaufserlöse	37000,—	54000,—	57000,—	30000,—
Gewinn	5000,—	4000,—	–3000,—	6000,—

Gesamtgewinn 12000,— DM

a) In welcher Rangfolge sind die Erzeugnisse zu fördern, wenn Grundlage der Förderungswürdigkeit der Gewinn ist?

b) Welche Rangfolge ergibt sich, wenn Grundlage der Förderungswürdigkeit der Deckungsbeitrag ist?

c) Das Unternehmen überprüft, welcher Artikel bei einer 25%igen Umsatzerhöhung den größten Erfolg bringt. Stellen Sie die Höhe der zusätzlichen Deckungsbeiträge auf Grund der Umsatzerhöhung fest, und bestimmen Sie die Rangfolge der Förderungswürdigkeit!

d) Führen Sie die Vollkostenrechnung und Ergebnisrechnung bei einer 25%igen Umsatzerhöhung aller Artikel durch, und bestimmen Sie die Rangfolge der Förderungswürdigkeit auf Grund der zusätzlichen Gewinne!

Die Deckungsbeitragsrechnung wird auch als Hilfsmittel für die Entscheidung über die Hereinnahme von Aufträgen bei Unterbeschäftigung angewandt. Das gilt auch für Entscheidungen über Fremdbezug oder Eigenfertigung. Dabei geht es besonders um die Frage, zu welchem Preis ein Auftrag noch hereingenommen werden kann. In den Fällen ist es günstiger, auf den Auftrag zu verzichten, in denen der Preis nicht mehr die direkten Kosten decken würde (Preisuntergrenze).

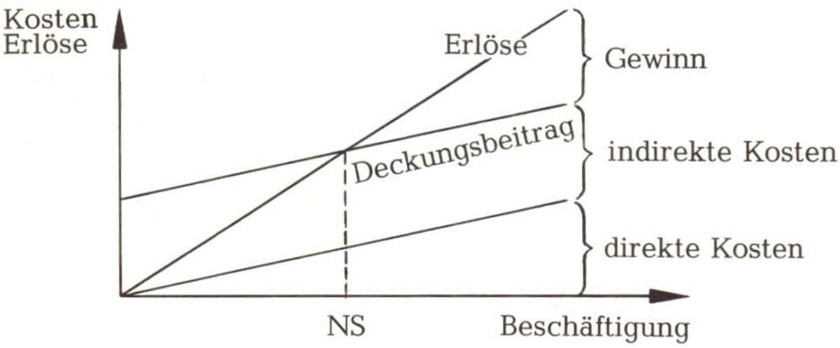

Das Schema läßt erkennen, daß bei Unterbeschäftigung (bis zur Nutzenschwelle) jeder zusätzliche Auftrag mit einem Preis über den direkten Kosten des Auftrages zur Deckung der fixen Kosten beiträgt. Der Preis zu den direkten Kosten wird als Preisuntergrenze bezeichnet.

Beispiel 5 — Deckungsbeitragsrechnung und Beschäftigungssteuerung

Eine Textilmaschinenfabrik stellt in ihrer Gießerei für den eigenen Bedarf Gußteile her. Der Rest der Kapazität — 30% — wird für den Gußverkauf eingesetzt. Bei voller Auslastung der Gießerei ergeben sich folgende Kosten im Monat:

	100 t	1 kg
Material	30000,— DM	0,30 DM
proportionale Kosten	40000,— DM	0,40 DM
direkte Kosten	70000,— DM	0,70 DM
indirekte Kosten	80000,— DM	0,80 DM
Selbstkosten	150000,— DM	1,50 DM
kg-Erlöse Verkauf		1,60 DM
Stückgewinn Verkauf		0,10 DM
Gesamtgewinn Verkauf aus 30 t		3000,— DM

Infolge der geringen Beschäftigungslage der Maschinenfabrik geht der Eigenbedarf von 70 auf 50 t je Monat zurück. Der Gußverkauf verringert sich nicht. Die Kalkulation auf der Basis 80 t Monatsproduktion ergibt folgende Rechnung:

	80 t	1 kg
Material	24000,— DM	0,30 DM
proportionale Kosten	32000,— DM	0,40 DM
direkte Kosten	56000,— DM	0,70 DM
indirekte Kosten	80000,— DM	1,— DM
Selbstkosten	136000,— DM	1,70 DM
kg-Erlöse Verkauf		1,60 DM
Stückverlust Verkauf		0,10 DM
Gesamtverlust		3000,— DM

Die Rechnung erweckt den Anschein, als sollte der Verkauf der Gußteile wegen des Verlustes von 3000,— DM eingestellt werden. Der Gußverkauf von 30 t trägt jedoch dazu bei, daß ein Teil der indirekten Kosten mit Fixcharakter gedeckt wird:

Verkaufserlös je kg	1,60 DM
– direkte Kosten je kg	0,70 DM
Deckungsbeitrag je kg	0,90 DM
Deckungsbeitrag bei 30 t	27000,— DM

Würde der Gußverkauf eingestellt werden, entständen 27000,— DM indirekte Kosten ohne Deckung. Das heißt, daß sich der Verlust um diesen Betrag erhöhen würde, also auf insgesamt 30000,— DM.

3 Ein Betrieb für Stahlkonstruktionen hat zur Zeit folgende Kosten- und Ergebnisrechnung:

proportionale Kosten	210000,—,	Netto-Erlöse	315000,—,
fixe Kosten	120000,—.	Monatsleistung	300 t.

In den Verkaufsverhandlungen nennt der Kunde einen Preis von 1020,— DM je t, zu dem er bereit ist, den Vertrag abzuschließen.

a) Stellen Sie die Kosten- und Ergebnisrechnung auf der Grundlage der Vollkosten und der Deckungsbeitragsrechnung insgesamt und je t bei einer Produktion von 300 t im Monat auf!

b) Stellen Sie die Kosten- und Ergebnisrechnung auf der Grundlage der Vollkosten- und Deckungsbeitragsrechnung insgesamt und je t bei Berücksichtigung des zusätzlichen Auftrages über 20 t auf!

c) Stellen Sie den Deckungsbeitrag des zusätzlichen Auftrages fest!

d) Wie wird die Betriebsleitung entscheiden? (Begründung)

e) Erstellen Sie das Kosten- und Erlösdiagramm bis 400 t in 50-t-Stufen! Erlös 1050,— DM je t.

f) Tragen Sie die Nutzenschwelle und Nutzengrenze ein!

4 Für die Reparaturabteilung (allgemeine Kostenstelle) ergaben sich im letzten Monat folgende Kosten: 5 Reparaturschlosser und -elektriker (insgesamt) mit 176 Arbeitszeitstunden je Arbeiter zu 10,60 DM je Std. Aus dem BAB ergibt sich ein Gemeinkostenanteil von 4872,— DM. Die Abteilung ist zur Zeit unterbeschäftigt, wird aber aus Sicherheitsgründen und wegen der Arbeitsmarktlage nicht verkleinert.

a) Wie hoch sind die innerbetrieblichen Verrechnungspreise für eine Reparaturstunde, 1) wenn im letzten Monat nur 515 Reparaturstunden geleistet wurden und die vollen Kosten verrechnet werden, 2) wenn auf Grund der möglichen Nutzungsstunden kalkuliert wird?

Es soll von der Betriebsleitung entschieden werden, ob eine Feuersicherungstür bezogen oder wegen Unterbeschäftigung der Abteilung selbst hergestellt werden soll. Der Angebotspreis frei Haus beträgt 1020,— DM.

b) Wie hoch sind die Herstellungskosten bei Eigenfertigung? Material 253,— DM, 68,5 Arbeitsstunden zum Stundenreparatursatz des Vormonats.

c) Wie hoch sind die Herstellkosten, wenn nur die Einzelkosten berücksichtigt werden?

d) Wie hoch sind die Herstellkosten, wenn nur die zusätzlichen Kosten berücksichtigt werden? Zusatzkosten je Fertigungsstunde 1,10 DM.

e) Wie hoch ist der Deckungsbeitrag bei c) und d)?

f) Wie wird die Betriebsleitung entscheiden? (Begründung)

5 a) Stellen Sie die Kostentabelle auf (S. 302)!

b) Fertigen Sie das Kostendiagramm (gekrümmter Kostenverlauf) nach dem Schema 3 auf den Seiten 302 u. 316 an!

c) Wie hoch ist die Preisuntergrenze (Grenzkosten bzw. direkte Kosten) bei einer jeweiligen Erhöhung der Produktion um 1 m^3? (von 1 bis 10 m^3)

d) Der Verkaufspreis wird mit 700,— DM je m^3 angenommen. Erläutern Sie die tatsächlichen Kosten (bis 4 m^3 Produktion) unter dem Gesichtspunkt ihres Deckungsbeitrages!

Produkt. in m^3	Gesamtkosten
0	600,— DM
1	1300,— DM
2	1900,— DM
3	2450,— DM
4	2950,— DM
5	3450,— DM
6	4000,— DM
7	4600,— DM
8	5400,— DM
9	6300,— DM
10	7400,— DM

e) Auf welcher Produktionsstufe werden auch die fixen Kosten bei einem Stückerlös von 700,— DM voll gedeckt?

6 Stellen Sie die Erfolgsanalyse der Absatzbezirke für das letzte Geschäftsjahr auf!
Worin liegen die möglichen Ursachen der unterschiedlichen Rentabilität der Verkaufsbezirke?

Z. F. Fer		Vertreterbezirk 1		Vertreterbezirk 2		Vertreterbezirk 3		Vertreterbezirk 4		Vertreterbezirk 5		Reisendenbezirk 1		Reisendenbezirk 2		Gesamt	
		1000 DM	% v. Ums.	1000 DM	% v. Ums.	1000 DM	% v. Ums.	1000 DM	% v. Ums.	1000 DM	% v. Ums.	1000 DM	% v. Ums.	1000 DM	% v. Ums.	1000 DM	% v. Ums.
1	Bezirksumsätze (Verkaufserlöse)	1158	100	1423	100	1518	100	1562	100	592	100	1879	100	751	100		100
2	— Wareneinsatz	718		757		983		856		348		1039		430			
3	Bruttoerfolg (Kosten + Gewinn)																
4	— Provision u. sonstige umsatzwertabhängige Geschäftsk.	163		218		235		195		72		73		29			
5	Deckungsbeitrag I (3 ⁒ 4)																
6	— Erlösschmälerungen																
7	Skonti	21		26		20		28		7		38		16			
8	Boni	3		4		23		19		6		9		7			
9	— sonstige den Absatzbezirken direkt zurechenbare Vertriebskosten																
10	Kosten der Reisenden											127		63			
11	Transportkosten																
12	an Auslieferungslager	21		7		14		15		3		9		5			
13	Auslieferungslager an Kunden	6		10		9		7		4		—		—			
14	Auftragsbearbeitungs- und Auftragsabwicklungskosten	23		24		39		30		9		32		20			
15	Zinsen f. Außenstände (kalk.)	14		13		21		14		6		15		4			
16	Regionale Werbung (Verkaufsförderung)	28		37		42		53		20		53		28			
17	Deckungsbeitrag II (5 — 6—16)																
18	Erfolgsrate der Absatzbezirke (17 in % von 1)																

Beispiel 6 — Feststellung der kritischen Produktionsmenge (Nutzenschwelle) mit Deckungsbeiträgen

Ein Betrieb, der Fertiggaragen herstellt, hat folgende Kosten und Preise: Verkaufspreis 5600,— DM; direkte Kosten je Garage 3800,— DM, fixe Kosten des Betriebes 4320000,— DM.

Bei welcher Jahresproduktionsmenge würde der Betrieb die Gewinnschwelle erreichen (die Kosten decken)?

Lösung

Verkaufspreis je Garage	5600,— DM
direkte Kosten je Garage	3800,— DM
Deckungsbeitrag je Garage	1800,— DM

kritische Stückzahl ≙ Gewinnschwelle

$$\frac{\textbf{fixe Kosten}}{\textbf{Deckungsbeitrag je Stück}} = \frac{4320000}{1800} = \underline{\underline{2400 \text{ Stück}}}$$

7 Stellen Sie die kritische Stückzahl fest!

	Verkaufspreis je Stück	direkte Kosten je Stück	fixe Kosten
a)	55,— DM	25,— DM	600000,— DM
b)	3800,— DM	1800,— DM	7800000,— DM
c)	2,80 DM	1,30 DM	1875000,— DM

Programmierte Übungen

Die Lösungen bitte nur dann ankreuzen, wenn das Buch Ihr Eigentum ist.
Im Leihverfahren überlassene Bücher dürfen nicht beschrieben werden.

8 Wie hoch ist der Gesamtdeckungsbeitrag in diesem Monat?

Artikel/DM	A/DM	B/DM
Verkaufserlöse brutto	800000,—	1200000,—
Erlösschmälerungen	50000,—	30000,—
Verkaufserlöse netto		
Einzelkosten		
Material	210000,—	510000,—
Löhne	190000,—	290000,—
Sonstige	40000,—	70000,—
Deckungsbeiträge		
Gesamtdeckungsbeitrag		
Gemeinkosten	585000,—	
Unternehmenserfolg	?	

a	770000,— DM
b	610000,— DM
c	690000,— DM
d	25000,— DM
e	anderes Ergebnis, welches?

9 Um den Auftrag zu erhalten, mußte der Angebotspreis auf 2100,— DM gesenkt werden.

a) Wie hoch ist der Gewinn bzw. Verlust dieses Auftrages bei Vollkostenkalkulation?

Materialverbrauch 625,— DM, MGK 10%, Fertigungslöhne 830,— DM, FGK 150%, Verwaltungs- u. Vertriebsgemeinkosten 20%.

b) Wie hoch ist der Deckungsbeitrag dieses Auftrages?

Materialverbrauch 625,— DM, Fertigungslöhne 830,— DM; Zuschlagssatz für sonstige Einzelkosten auf Material und Lohn 20%.

Begründen Sie die Entscheidung, daß dieser Auftrag angenommen wird; daß dieser Auftrag abgelehnt wird.

a)

a	−1215,— DM
b	−3315,— DM
c	+1215,— DM
d	+3315,— DM
e	anderes Ergebnis, welches?

b)

a	2100,— DM
b	1746,— DM
c	354,— DM
d	645,— DM
e	anderes Ergebnis, welches?

10 Stellen Sie den Gesamtdeckungsbeitrag fest!

Produktionsabteilungen	I				II	
Artikelgruppen	A		B		C	
Artikel	a 1	a 2	b 1	b 2	c 1	c 2
Verkaufsmenge						
Verkaufserlös brutto	66 500	116 380	188 380	157 670	52 780	30 650
Erlösschmälerungen	1 940	3 390	5 780	4 590	1 530	890
Verkaufserlöse netto	?	?	?	?	?	?
Einzelkosten der Artikel	49 120	88 470	158 480	90 650	40 400	16 440
DB der Artikel	?	?	?	?	?	?
DB der Artikel insges.	?		?		?	
Einzelkosten d. Artikelgruppen	12 220		32 600		16 080	
DB der Artikelgruppen	?		?		?	
DB der Artikelgruppen insges.	?				?	
Einzelkosten d. Prod'abteilg.	36 400				(in Artikelgruppen enthalten)	
DB der Prod'abteilungen je	?				?	
DB der Prod'abteilg. insges.	?					
Einzelkosten des Betriebes	20 120					
Perioden-Deckungsbeitrag	?					

a	380,— DM
b	45 290,— DM
c	20 120,— DM
d	33 260,— DM
e	anderes Ergebnis, welches?

Q. Betriebsstatistik

I. Statistische Begriffe

Die Betriebsstatistik ist neben der Buchführung, der Kosten- und Preisrechnung und der Planungsrechnung Teil des betrieblichen Rechnungswesens.

Fakten und Zusammenhänge, die für die Betriebssituation von Bedeutung sind, werden analysiert. Dazu wird **Zahlenmaterial (statistische Massen) gesammelt/erfaßt und aufbereitet** und **ausgewertet.**

Diese Zahlen werden durch den Betrieb selbst **(internes Material)** oder durch Einrichtungen außerhalb des Betriebes **(externes Material)** bereitgestellt.

Die **Bedeutung** der Statistik liegt darin, Kenntnisse von und Erkenntnisse über betriebliche und außerbetriebliche Daten, Ursachen, Zusammenhänge und Folgen, insbesondere in Form **betrieblicher Kennzahlen**, als Hilfe für unternehmerische Entscheidungen bereitzustellen. Gleichzeitig erhält der Betrieb die Möglichkeit, durch die Entwicklung statistischer Daten Abläufe und Strukturen zu kontrollieren und sich mit anderen Unternehmen der Branche zu vergleichen.

Für folgende betrieblichen Entscheidungsbereiche können Statistiken geführt werden **(interne Statistik):**

1. Beschaffung
2. Produktion
3. Absatz
4. Personalwesen
5. Anlagenwirtschaft
6. Kosten und Erlöse
7. Bilanz- und Erfolgsrechnung

Externe Statistiken werden im Betrieb geführt, z. B. für die Bereiche Produktbörsen, Wertpapierbörsen, Devisenbörsen, Bevölkerungsaufbau, Einkommensverteilung und insbesondere für Daten des eigenen Wirtschaftszweiges, soweit sie für die eigene unternehmerische Entscheidung von Bedeutung sind.

Bei der Vorbereitung einer statistischen Untersuchung muß dafür gesorgt werden, daß die richtigen Daten erfaßt werden, um Fehler zu vermeiden. Daher ist sorgfältig zu klären:

1. Die Abgrenzung der statistischen Einheit (Untersuchungsgegenstand, Erhebungsgegenstand, Zähleinheit) nach

   → a) **räumlichen Gesichtspunkten**
   z. B. Betrieb, Abteilung, Branche, Kostenstelle, In-, Ausland

   → b) **zeitlichen Gesichtspunkten**
   als Bestandsmasse, z. B. Werte am Bilanzstichtag eines Monats/eines Jahres

   als Bewegungsmasse, z. B. Werte mehrerer Zeiteinheiten, wie Umsätze oder Kosten der Monate im Jahr/mehrerer Jahre

   → c) **sachlichen Gesichtspunkten**
   artmäßig, z. B. Erzeugnisse, Kosten, Aufträge, Beschäftigte
   zahlenmäßig, z. B. Menge der Gesamtheit/von Teilen

2. Der Umfang des Zahlenmaterials

Zahlen können gewonnen werden durch

→ a) **Vollerhebung,** d. h., es werden alle Zähleinheiten erfaßt (z. B. alle Beschäftigten, alle Kunden)

→ b) **Repräsentativerhebung,** d. h., aus der Gesamtmasse wird ein typischer, repräsentativer Querschnitt ausgewählt, der der Struktur der Gesamtheit entspricht (z. B. Befragung eines Teils der Kunden, der Beschäftigten, der Wähler, Stichproben bei der Qualitätskontrolle). Aus dem Ergebnis wird auf das Ganze geschlossen.

→ c) **Teilerhebung,** d. h., ein Teil eines Ganzen wird Erhebungsprojekt, z. B. nur der Umsatz des Erzeugnisses B, nur die Personalkosten.

3. Die Herkunft des Zahlenmaterials

→ a) **Primäres Zahlenmaterial — Primärstatistik**
Die Zahlen werden für einen speziellen Zweck erhoben, z. B. durch Befragung, Zählung.

→ b) **sekundäres Zahlenmaterial — Sekundärstatistik**
Bereits vorhandene Zahlen werden für die statistische Fragestellung verarbeitet, z. B. Zahlen der Buchhaltung, der Kostenrechnung, Veröffentlichungen der statistischen Ämter, der Verbände, Pressenotizen, Vertreterberichte.

Welche statistischen Begriffe sind aus folgenden Beispielen ableitbar?

Begriffe: internes und externes Material, interne und externe Statistik; sachliche, zeitliche und räumliche Merkmale; Voll- und Teilerhebung; Bereiche der Statistik; primäres und sekundäres Zahlenmaterial; Bestands- und Bewegungsmassen.

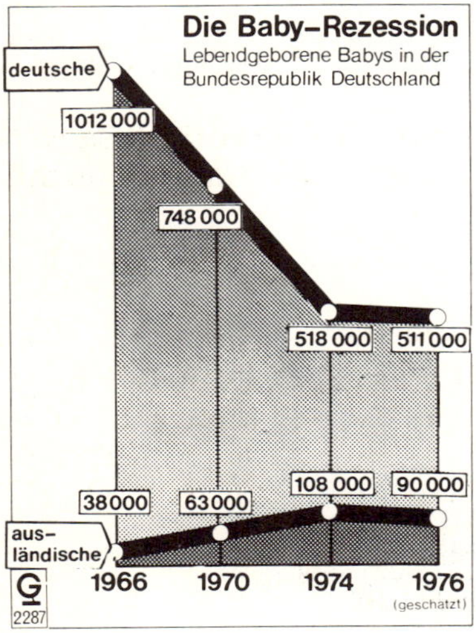

a) Unser werkeigenes Einrichtungsstudio benötigt für die Personalplanung die Zahl der in einer Normalwoche (keine Feiertage, Ferien u. ä.) bedienten Kunden.

Die Erhebung hat folgendes Ergebnis:

Montag	208 Kunden
Dienstag	224 Kunden
Mittwoch	208 Kunden
Donnerstag	272 Kunden
Freitag	368 Kunden
Samstag	320 Kunden

b) Ein Spielwarenhersteller findet in seiner Verbandszeitschrift einen Artikel über die Geburtenzahlen und schneidet die Statistik aus, um sie für die Unternehmensplanung zu verwenden (z. B. Verlagerung des Sortimentsschwerpunktes auf Erwachsenenspielzeug).

II. Statistische Zahlen

1. Absolute Zahlen

Es sind die tatsächlich festgestellten statistischen Ursprungswerte, wie Zahlen, Daten.

Beispiel
Umsätze der City-Sport GmbH in den letzten 5 Jahren

Geschäftsjahr	Umsatz in DM	andere Darstellungsformen	
		in TDM	Mio. DM
1	1 600 000,—	1 600	1,6
2	1 400 000,—	1 400	1,4
3	1 500 000,—	1 500	1,5
4	1 700 000,—	1 700	1,7
5	2 000 000,—	2 000	2,0

2. Verhältniszahlen

Durch Verhältniszahlen werden Massen aufgegliedert, verschiedene Massen zueinander in Beziehung gesetzt, Bewegungserscheinungen dargestellt. Dadurch werden zum besseren Erkennen die absoluten Zahlen rechnerisch umgeformt. Es werden zwei absolute Zahlen (in Bruchform) zueinander ins Verhältnis gesetzt. Der Quotient ist die Verhältniszahl. Wird er mit 100 multipliziert, so erhält man Prozentzahlen (häufigste Form).

Verhältniszahlen
↓
Gliederzungszahlen | Meßzahlen | Indexzahlen | Beziehungszahlen

Diese Verhältniszahlen ermöglichen es, aus **betrieblichen Kennziffern** Situationen und Entwicklungen zu erkennen und zu beurteilen sowie daraus Entscheidungen zu treffen.

a) Gliederungszahlen

Sie entstehen, wenn eine **Teilmasse** zu ihrer **Gesamtmasse** ins Verhältnis gesetzt wird **(gleichartige Massen).** Es wird festgestellt, wie sich die Teilmasse (prozentual) zur Gesamtmasse (100%) verhält (z. B. Anteil einer Artikelgruppe am Gesamtumsatz, Anteil des Fremdkapitals am Gesamtkapital).

$$\textbf{Gliederungszahl} = \frac{\textbf{Teilmasse}}{\textbf{Gesamtmasse}} \cdot \textbf{100}$$

Beispiel — Anteil der Artikelgruppen am Gesamtumsatz

Der Jahresumsatz der City-Sport GmbH setzt sich im abgelaufenen Geschäftsjahr aus folgenden Artikelgruppen zusammen:

Artikelgruppe A	800 000,— DM	Artikelgruppe C	200 000,— DM
Artikelgruppe B	600 000,— DM	Artikelgruppe D	400 000,— DM

Lösung

$$\text{Gliederungszahl Artikelgruppe A} = \frac{800\,000}{2\,000\,000} \cdot 100 = \underline{\underline{40\%}}$$

Anteil der Artikelgruppe A
usw.

	Umsatz in DM	Umsatz in %
Artikelgruppe A	800 000,—	40%
Artikelgruppe B	600 000,—	30%
Artikelgruppe C	200 000,—	10%
Artikelgruppe D	400 000,—	20%
alle Artikelgruppen	2 000 000,—	100%

1 Der Jahresumsatz eines Unternehmens beträgt 24 000 000,— DM. Davon entfallen auf den Export 10 800 000,— DM.

a) Wie hoch ist der Exportanteil in Prozent?

b) Welche betriebswirtschaftlichen Überlegungen ergeben sich aus der Höhe des Exportanteils?

2 Aktiva — Bilanz — Passiva

Anlageverm.	39,04 Mio. DM	? %	Eigenkap.	35,20 Mio. DM	? %
Umlaufverm.	24,96 Mio. DM	? %	Fremdkap.	28,80 Mio. DM	? %
Gesamtverm.	64,00 Mio. DM	100%	Gesamtkap.	64,00 Mio. DM	100%

Wie hoch sind die prozentualen Anteile des Anlage- und Umlaufvermögens am Gesamtvermögen und des Eigen- und Fremdkapitals am Gesamtkapital?

3 Wie hoch sind die Kostenanteile der einzelnen Kostenstellen in Prozent an den Gesamtkosten?

Material	400 000,— DM	Verwaltung . . .	100 000,— DM
Fertigung	500 000,— DM	Vertrieb	200 000,— DM

b) Meßzahlen

Sie entstehen, wenn sachlich gleiche Massen zueinander ins Verhältnis gesetzt werden, die verschiedene Merkmalswerte aufweisen. Es werden ins Verhältnis gesetzt **Teilmasse zu Teilmasse** (z. B. fehlerhafte zu fehlerfreien Erzeugnissen,

Arbeiter zu Angestellten, Fremdkapital zu Eigenkapital) oder **Gesamtmasse zu Gesamtmasse** (Darstellung im Zeitablauf, z.B. Umsätze verschiedener Jahre).

$$\textbf{Meßzahl} = \frac{\textbf{Merkmalswert B}}{\textbf{Merkmalswert A (Basis)}} \cdot \textbf{100}$$

Es wird ausgerechnet, wie sich die Masse mit Merkmalswert B (C usw.) zur Masse mit Merkmalswert A (Basis 100%) prozentual verhält.

Beispiel 1

Die City-Sport GmbH hatte im 1. Geschäftsjahr einen Umsatz von 1 600 000,— DM, im Jahr danach von 1 400 000,— DM.

Wie hoch ist die Umsatzveränderung gegenüber dem Vorjahr in Prozent?

Lösung Umsatzveränderung: $= \frac{1\,400\,000}{1\,600\,000} \cdot 100 = \underline{\underline{87{,}5\%}}$

Das heißt, daß der Umsatz gegenüber dem Vorjahr von 100% auf 87,5% (oder um 12,5%) gesunken ist.

Beispiel 2

Im Berichtsmonat August waren 620 Lieferungen frei von Reklamationen; 28 Lieferungen wurden beanstandet.

Wie hoch ist der Prozentsatz? (bezogen auf 620 Lieferungen)

Lösung Fehleranteil: $\frac{28}{620} \cdot 100 = \underline{\underline{4{,}5\%}}$

Jahresdurchschnitt: 3%.

Wodurch ist die hohe Fehlerhäufigkeit im August bedingt?

4 Wie hoch sind die Veränderungen gegenüber dem Vorjahr? (in Prozent, 1 Dezimale)

	Vorjahr	Berichtsjahr
a) Gewinn vor Steuern	800 000,— DM	968 000,— DM
b) Ausstoß	1,4 Mio. hl	1,3 Mio. hl
c) Beschäftigte	450	480

5 Stellen Sie die Meßzahlen fest! (1 Dezimale)

a) Lagerbestand Vorjahr 800 000,— DM, Berichtsjahr 624 000,— DM

b) Materialeinsatz 480 t, Ausbringung 410 t

c) Indexzahlen

Auch Indexzahlen sind Meßzahlen. Aus einer Zahlenreihe wird ein Wert als **Basiszahl** ausgewählt. Die anderen Werte werden auf diese Basiszahl bezogen.

Die Basiszahl wird als 100 (%) gesetzt. Die Abweichungen der übrigen Werte von der Basiszahl ergeben die Indexzahlen. Wird die Abweichung gegenüber dem jeweiligen Vorjahr errechnet, so entsteht ein **Kettenindex.** Basis (100) ist dabei das jeweilige Vorjahr.

$$\textbf{Indexzahl} = \frac{\textbf{Wert jeweiliges Jahr}}{\textbf{Wert Basisjahr}} \cdot \textbf{100}$$

Beispiel

Die Rohstoffpreise haben sich in einem Unternehmen wie folgt entwickelt:

1. Jahr	7,00 DM	4. Jahr	8,48 DM	6. Jahr	9,26 DM
2. Jahr	7,70 DM	5. Jahr	8,90 DM	7. Jahr	9,77 DM
3. Jahr	8,00 DM			8. Jahr	10,36 DM

a) Es sind die Indexzahlen festzustellen! Basisjahr 3. Jahr

b) Stellen Sie die Indexkette auf!

Lösung a) b)

Jahr	Preis in DM	Abweichung zum Basisjahr	Index	Steigerung gegenüber Vorjahr (Indexkette)	
1.	7,—	− 1,— DM	87,5	—	—
2.	7,70	− 0,30 DM	96,3	0,70 DM	110,0
3.	8,—	Basis	100	0,30 DM	103,9
4.	8,48	+ 0,48 DM	106,0	0,48 DM	106,0
5.	8,90	+ 0,90 DM	111,3	0,42 DM	105,0
6.	9,26	+ 1,26 DM	115,8	0,36 DM	104,0
7.	9,77	+ 1,77 DM	122,1	0,51 DM	106,5
8.	10,36	+ 2,36 DM	129,5	0,59 DM	106,0

$\text{Indexzahl 2. Jahr} = \frac{7{,}70}{8{,}00} \cdot 100 = 96{,}3$ $\quad$ $\text{Indexzahl 4. Jahr} = \frac{8{,}48}{8{,}00} \cdot 100 = 106{,}0$ usw.

Der Vergleich zwischen 3. und 8. Jahr zeigt, daß der Preis nominell um 29,5 % oder 29,5 Punkte gestiegen ist.

6 Stellen Sie für folgende Geschäftsjahre die Indexzahlen für die Umsatzentwicklung der Filialen fest! Basisjahr = 1. Jahr.

Umsätze der Filialen in DM

Jahr	München	Augsburg	Nürnberg
1. Jahr	2 400 000,—	3 200 000,—	900 000,—
2. Jahr	2 600 000,—	2 900 000,—	1 100 000,—
3. Jahr	2 900 000,—	3 000 000,—	1 300 000,—

Welche Filiale hat den höchsten Umsatzzuwachs a) in absoluten Zahlen (DM), b) in Prozent?

7 Der Anteil der Werbungskosten an den Gesamtkosten eines Unternehmens hat sich wie folgt entwickelt:

1. Geschäftsjahr Werbungskosten 2,5 % von Gesamtkosten
3. Geschäftsjahr Werbungskosten 2,5 % von Gesamtkosten
5. Geschäftsjahr Werbungskosten 4,0 % von Gesamtkosten
7. Geschäftsjahr Werbungskosten 5,0 % von Gesamtkosten
9. Geschäftsjahr Werbungskosten 7,0 % von Gesamtkosten

a) Stellen Sie die Indexzahlen fest! Basisjahr 1. Geschäftsjahr

b) Stimmt es, daß sich die Werbungskosten des 3. gegenüber dem 1. Jahr nicht verändert haben?

c) Weisen Sie nach, daß die Werbungskosten in verschiedener Weise gestiegen sind!

d) Stellen Sie die Steigerung der Werbungskosten gegenüber dem jeweiligen Vorjahr fest! (Indexkette)

d) Beziehungszahlen

Sie entstehen, wenn verschiedenartige Massen zueinander ins Verhältnis gesetzt werden, die in einem Zusammenhang stehen (z. B. Umsatz zur Zahl der Aufträge, Umsatz zur Verkaufszahl).

$$\textbf{Beziehungszahl} = \frac{\textbf{Masse einer Art}}{\textbf{Masse einer anderen Art}}$$

Beispiel

Im letzten Geschäftsjahr hatte ein Reisender mit 715 Aufträgen einen Jahresumsatz von 1 823 250,— DM erzielt. Wie hoch war die Verkaufssumme je Auftrag?

Lösung Verkaufssumme je Auftrag: $\frac{1\,823\,250}{715} = \underline{\underline{2550,\text{— DM}}}$

8 Stellen Sie fest:

a) den Jahresumsatz je m^2 Verkaufsfläche! Jahresumsatz 840 000,— DM, Verkaufsfläche 120 m^2;

b) den Kapitalumschlag! Jahresumsatz 1 680 000,— DM, Kapitaleinsatz 672 000,— DM;

c) die Investitionskosten je Arbeitsplatz! Anlagevermögen 42 Mio. DM, Beschäftigte 120.

9 Stellen Sie die Anzahl der Betriebsunfälle für je 1000 Beschäftigte fest! (1 Dezimale)

Jahr		Beschäftigte		Unfälle	
Jahr	1	Beschäftigte	14 500	Unfälle	290
	2		15 100		350
	3		14 000		300
	4		14 200		270
	5		13 600		240

Welche Schlüsse können aus den Beziehungszahlen gezogen werden?

3. Mittelwerte

Mittelwerte sind Meßzahlen, die durch eine einzige Zahl eine statistische Reihe charakterisieren (Durchschnittszahl).

a) Einfaches arithmetisches Mittel

Das arithmetische Mittel ergibt sich aus der Formel:

$$\textbf{einfaches arithmetisches Mittel} = \frac{\textbf{Summe der Reihenglieder}}{\textbf{Zahl der Reihenglieder}}$$

$$x = \frac{a_1 + a_2 + a_3 + \ldots + a_n}{n}$$

Beispiel

Die 3 Vorstellungen eines Kinos wurden am Samstag wie folgt besucht: Mittagsvorstellung 70 Personen, Nachmittagsvorstellung 170 Personen, Abendvorstellung 420 Personen. Wieviel Personen besuchten die Vorstellungen im Durchschnitt?

Lösung

Mittagsvorstellung	70 Personen
Nachmittagsvorstellung	170 Personen
Abendvorstellung	420 Personen
3 Vorstellungen	660 Personen
1 Vorstellung	220 Personen

$$\frac{\text{Summe der Reihenglieder}}{\text{Zahl der Reihenglieder}} = \frac{660}{3} = \underline{\underline{220 \text{ Personen}}}$$

1 Ein Spielwarenhersteller hatte im letzten Geschäftsjahr folgende Monatsumsätze:

Januar	40 000,— DM	Mai	70 000,— DM	September	180 000,— DM
Februar	50 000,— DM	Juni	80 000,— DM	Oktober	350 000,— DM
März	70 000,— DM	Juli	90 000,— DM	November	400 000,— DM
April	90 000,— DM	August	120 000,— DM	Dezember	250 000,— DM

a) Wie hoch ist der durchschnittliche Monatsumsatz?

b) Wie hoch ist der Anteil des Weihnachtsgeschäftes am Jahresumsatz in Prozent? (Monate Oktober, November und Dezember)

2 Um die Normalleistung für Stanzarbeiten festzulegen, werden bei vier Arbeitern die Tagesleistungen festgestellt (8 Arbeitsstunden):

Winger 960, Seifert 890, Wiegand 910, Dahl 880 Stück.

a) Wieviel Stück haben die Arbeiter im Durchschnitt gestanzt?

b) Wieviel Stück wurden im Durchschnitt je Arbeitsstunde gestanzt?

b) Gewogenes arithmetisches Mittel

Das gewogene arithmetische Mittel ergibt sich aus der Formel:

$$\textbf{gewogenes arithmetisches Mittel} = \frac{\textbf{gewogene Summe der Reihenglieder}}{\textbf{gewogene Zahl der Reihenglieder}}$$

$$x = \frac{(a_1 \cdot b_1) + (a_2 \cdot b_2) + \ldots + (a_n \cdot b_n)}{b_1 + b_2 + \ldots + b_n}$$

Beispiel

Der Lagerbestand an Kupferbeschlägen beträgt 600 Stück zu 5,— DM je Stück. Für die neue Lieferung von 2000 Stück werden je Stück 5,40 DM gezahlt. Für die Lagerkalkulation soll der Durchschnittspreis zugrunde gelegt werden.

Lösung

Lagerbestand	500 Stück zu 5,— DM je Stück =	2 500,— DM
Zugang	2000 Stück zu 5,40 DM je Stück =	10 800,— DM
Neubestand	2500 Stück	13 300,— DM
Durchschnittspreis für 1 Stück		5,32 DM

$$\frac{\text{gewogene Summe der Reihenglieder}}{\text{gewogene Zahl der Reihenglieder}} = \frac{13\,300}{2\,500} = \underline{\underline{5{,}32\text{ DM}}}$$

3 Um den Bereich „Kopieren und Drucken“ zu reorganisieren, wurden die Kopiervorgänge nach Häufigkeit und Anzahl der Kopiervorgänge festgestellt:

Kopien	Anzahl der Kopiervorgänge bei									
Abtlg.	1	2	3	4	5	6	7	8	9	10
I	120	80	50	20	10	3	—	4	—	5
II	40	160	60	10	5	2	—	1	—	—
III	70	50	90	50	15	—	8	5	—	10
Kopiervorgänge insgesamt	230	290	200	80	30	5	8	10	—	15

Wieviel Kopien wurden im Durchschnitt je Kopiervorgang hergestellt im Betrieb und in jeder Abteilung?

4. Statistische Zahlen als betriebliche Kennzahlen

Betriebliche Kennzahlen sind Kontrollinstrumente der Betriebsführung. Sie dienen sowohl dem inner- als auch außerbetrieblichen Vergleich.

wichtige betriebliche Kennzahlen sind

Rentabilität — Wirtschaftlichkeit — Produktivität

a) Rentabilität

Unter Rentabilität versteht man die effektive (tatsächliche) Verzinsung des eingesetzten Kapitals. Bemessungsgrundlagen sind der erwirtschaftete Reingewinn und das eingesetzte Kapital (Gesamtkapital, Eigenkapital). Außerdem kann der Reingewinn zum Umsatz und zu den Gesamtkosten ins Verhältnis gesetzt werden.

Formeln der Kapitalrentabilität

$$\text{Rentabilität des Eigenkapitals} = \frac{\text{Reingewinn} \cdot 100}{\text{Eigenkapital}}$$

$$\text{Rentabilität des Gesamtkapitals} = \frac{(\text{Reingewinn} + \text{Zinsaufwand}) \cdot 100}{\text{Gesamtkapital}}$$

Beispiel 1

Aus der Bilanz und der Erfolgsrechnung eines Unternehmens ergeben sich folgende Zahlen:

Eigenkapital	800 000,— DM	Gewinn	68 000,— DM
Fremdkapital	700 000,— DM	Zinsaufwand	73 500,— DM
Gesamtkapital . . .	1 500 000,— DM		

Wieviel Prozent beträgt die Rentabilität des Eigen- und Gesamtkapitals?

Lösungen

$$\text{Rentabilität des Eigenkapitals: } \frac{68\,000 \cdot 100}{800\,000} = \underline{\underline{8{,}5\%}}$$

$$\text{Rentabilität des Gesamtkapitals: } \frac{(68\,000 + 73\,500) \cdot 100}{1\,500\,000} = \underline{\underline{9{,}4\%}}$$

Formel der Umsatzrentabilität

$$\text{Umsatzrentabilität} = \frac{\text{Reingewinn} \cdot 100}{\text{Verkaufserlöse}}$$

Beispiel 2

Als Verkaufserlöse sind in der Erfolgsrechnung 2 720 000,— DM ausgewiesen (übrige Zahlen vgl. Beispiel 1). Wieviel Prozent beträgt die Umsatzrendite des Unternehmens?

Lösung Rentabilität des Umsatzes: $\frac{68\,000 \cdot 100}{2\,720\,000} = \underline{\underline{2{,}5\%}}$

Formel der Kostenrentabilität

$$\textbf{Kostenrentabilität} = \frac{\textbf{Reingewinn} \cdot \textbf{100}}{\textbf{Gesamtkosten}}$$

Beispiel 3

Die Gesamtkosten betragen 2 652 000,— DM (übrige Zahlen vgl. Beispiel 1). Wieviel Prozent beträgt die Kostenrentabilität?

Lösung Kostenrentabilität: $\frac{68\,000 \cdot 100}{2\,652\,000} = \underline{\underline{2{,}56\%}}$

Ermitteln Sie die Rentabilität des Eigen- und Gesamtkapitals, des Umsatzes und der Gesamtkosten! (Zahlen in Mio. DM; 1 Dezimale)

	Reingew.	Zinsaufw.	Eigenkap.	Fremdkap.	Gesamtkosten	Verkaufserlöse
1	0,8	1,2	8,0	10,0	40,0	40,8
2	0,2	0,1	4,0	2,0	5,0	5,2
3	0,0	0,04	1,0	0,8	4,0	4,0

b) Wirtschaftlichkeit

Wirtschaftlichkeit ist das Verhältnis aus Ertrag und Aufwand oder Leistung und Kosten. Messungen der Wirtschaftlichkeit erfolgen für Zeitabschnitte und Leistungseinheiten.

Formeln der Wirtschaftlichkeit

$$\textbf{Wirtschaftlichkeit} = \frac{\textbf{Ertrag}}{\textbf{Aufwand}} \quad \textbf{oder} \quad \frac{\textbf{Leistung}}{\textbf{Kosten}}$$

$$\textbf{Wirtschaftlichkeit in Prozent} = \frac{\textbf{Ertrag} \cdot \textbf{100}}{\textbf{Aufwand}} \quad \textbf{oder} \quad \frac{\textbf{Leistung} \cdot \textbf{100}}{\textbf{Kosten}}$$

Wirtschaftlichkeitsrechnungen sind häufig Vergleichsrechnungen (z. B. zur Ermittlung des wirtschaftlichen Verfahrens).

Beispiel

Bei folgenden Betriebsauslastungen ergeben sich an Aufwendungen und Erträgen:

a) 60%ige Auslastung 113 600,— DM Aufwand, 102 000,— DM Ertrag
b) 100%ige Auslastung 149 700,— DM Aufwand, 170 000,— DM Ertrag

Wie hoch ist die Wirtschaftlichkeit als Koeffizient und in % bei beiden Auslastungen?

Lösung

a) 60%ige Auslastung: $\text{Wirtschaftlichkeit} = \frac{102\,000}{113\,600} = \underline{\underline{0{,}898}}$

$= \frac{102\,000 \cdot 100}{113\,600} = \underline{\underline{89{,}8\%}}$

b) 100%ige Auslastung: $\text{Wirtschaftlichkeit} = \frac{170\,000}{149\,700} = \underline{\underline{1{,}136}}$

$= \frac{170\,000 \cdot 100}{149\,700} = \underline{\underline{113{,}6\%}}$

Die Wirtschaftlichkeit ist um so günstiger, je größer die Kennziffer oder der Prozentsatz ist.

1 Für Normal- und Kleinaufträge ergeben sich folgende Kosten- und Erlösdaten:

	Normalaufträge	Kleinaufträge
Aufwand/Kosten	1 700 000,— DM	1 200 000,— DM
Ertrag/Erlöse	2 000 000,— DM	1 000 000,— DM

a) Stellen Sie die Wirtschaftlichkeit beider Auftragsgruppen und insgesamt fest!

b) Wie wirkt sich eine weitere Erhöhung des Anteils der Kleinaufträge auf die Gesamtwirtschaftlichkeit des Unternehmens aus?

c) Nennen Sie Maßnahmen, die sich zur Senkung des Anteils der Kleinaufträge am Gesamtumsatz eignen!

2 Für das Freimachen der Ausgangspost stehen zwei Verfahren zur Wahl (30 Sendungen je Tag):

ohne Freistempler		mit Freistempler	
Markenkleben	1,8 Min.	Freistempeln	1,5 Min.
Posttagebuch führen . (Verwendungsnachweis)	6,0 Min.	—	—
Briefmarkenkauf anteilig	1,2 Min.	Wertvorgabe anteilig .	1,2 Min.
Monatsabrechnung . .	9,0 Min.	Monatsabrechnung . .	2,0 Min.

a) Ermitteln Sie für beide Verfahren die Wirtschaftlichkeit auf der Basis für 1 Sendung!

b) Ermitteln Sie die Personalkosten für beide Verfahren! Stundensatz 16,— DM

c) Welche Kostenersparnis ergibt sich beim Einsatz des wirtschaftlicheren Verfahrens im Jahr? 240 Arbeitstage

3 Es steht zur Entscheidung, ob der vorhandene Kran auf dem Gelände des Freilagers weiterhin genutzt oder durch einen neuen Kran ersetzt werden soll.

Vergleich/Monat	alter Kran 25 t	neuer Kran 30 t
Abschreibungen	—,— DM	1200,— DM
Betriebskosten	4000,— DM	3500,— DM
Instandhaltung und -setzung	1800,— DM	200,— DM

Ermitteln und vergleichen Sie die Wirtschaftlichkeit beider Möglichkeiten auf der Basis von 4000 t Monatsleistung!

4 Zur Auswahl stehen zwei Verfahren:

Kosten	Verfahren A	Verfahren B
fixe Kosten	20 000,— DM	14 000,— DM
variable Kosten je Stück	40,— DM	50,— DM

a) Stellen Sie die Wirtschaftlichkeit beider Verfahren für eine Auftragsgröße von 1500 Stück fest!

b) Machen Sie eine Aufstellung über den Kostenverlauf beider Verfahren (in 100-Stück-Abständen!)

c) Bei welchen Auftragsgrößen werden die Verfahren A und B eingesetzt (Wirtschaftlichkeit)?

c) Produktivität

Produktivität ist das Ergebnis aus dem Verhältnis von Ausbringungsmenge zu der entsprechenden Einsatzmenge.

Formel der Produktivität

$$\textbf{Produktivität} = \frac{\textbf{Ausbringung}}{\textbf{Einsatz}}$$

Eine hohe Produktivität muß nicht eine günstige Wirtschaftlichkeit zur Folge haben. Das gilt z.B. dann, wenn für die Ausbringung keine entsprechende wirtschaftliche Verwendung vorhanden ist.

Beispiel

Für die Herstellung eines Bauernschrankes wurden bisher 2000 Arbeitsstunden bei einer Losgröße von 50 Stück vorgegeben. Nach Beseitigung eines fertigungstechnischen Engpasses bei diesem Modell werden bei einer optimalen Losgröße von 40 Stück nun 1500 Arbeitsstunden benötigt.

Wie hoch ist in beiden Fällen die Produktivität?

Lösung

Losgröße 50 Stück: $\text{Produktivität} = \frac{50}{2000} = \underline{\underline{0{,}025}}$

Losgröße 40 Stück: $\text{Produktivität} = \frac{40}{1500} = \underline{\underline{0{,}027}}$

Der Vergleich läßt erkennen, daß die Produktivität gestiegen ist.

1 Die Kunden eines Absatzgebietes wurden mit 20 Transportern beliefert. Insgesamt wurden durchschnittlich 2400 km gefahren. Durch eine Änderung der Bestell- und der Fahrtroutenorganisation ist die Zahl der gefahrenen Kilometer (bei gleicher Lieferleistung) auf 2100 gesunken.

Stellen Sie die Produktivität des Fahrzeugeinsatzes bei alter und neuer Organisation fest!

2 Im Absatzgebiet Nord wurden im vergangenen Geschäftsjahr bei 24 800 Kundenbesuchen 12 300 Aufträge erteilt, im Absatzgebiet Süd bei 30 200 Kundenbesuchen 15 900 Aufträge.

a) Ermitteln Sie für beide Absatzgebiete die Produktivität!

b) Nennen Sie mögliche Ursachen für die höhere Produktivität des einen Absatzgebietes!

3 Für die drei Filialen werden folgende betriebswirtschaftlichen Zahlen gemeldet:

	Umsatz	Beschäftigte	Verkaufsfläche
Filiale München	3 000 000,— DM	15	300 m^2
Düsseldorf	5 000 000,— DM	20	400 m^2
Hamburg	2 000 000,— DM	11	200 m^2

a) Stellen Sie die Produktivität des Personaleinsatzes fest! (Umsatz je Beschäftigter)

b) Stellen Sie die Produktivität der Verkaufsfläche fest! (Umsatz je m^2)

c) Worauf können die unterschiedlichen Produktivitäten der Filialen zurückzuführen sein?

III. Darstellungsformen statistischer Zahlen

Statistische Zahlen können dargestellt werden in:

tabellarischer Form
— die Zahlen werden in ein **Schema** eingetragen

grafischer Form
— die Zahlen werden zeichnerisch als **Diagramm** wiedergegeben

1. Tabellen

Tabellen bestehen aus einem Text- und einem Zahlenteil. Angewandt wird folgendes Tabellenschema:

Überschrift

Kopf zur Vorspalte		Tabellenkopf				
		1	2	3	4	←
Vorspalte	1	Tabellenfeld				←
	2					← Zeilen
	3					←
	4					←
		↑	↑	↑	↑	

Spalten

Überschrift, Vorspalte und Tabellenkopf **(Textteil)** müssen alle notwendigen statistischen Merkmale enthalten, um eine sichere Aussage zu ermöglichen. In den Tabellenfeldern **(Zahlenteil)** sind die statistischen Zahlen wiedergegeben.

Beispiel 1

Die Hubert Lang KG hatte folgende Umsatzentwicklung:

	1. Jahr	2. Jahr	3. Jahr	4. Jahr
Umsatz insgesamt	8 600 000,—	8 400 000,—	8 900 000,—	9 800 000,—
davon Export	1 100 000,—	1 300 000,—	1 600 000,—	2 000 000,—

Die Umsatzentwicklung ist für die Geschäftsjahre tabellarisch als Gesamt-, Inlands- und Auslandsumsatz darzustellen!

Lösung Hubert Lang KG — Umsatzentwicklung

Geschäftsjahr	Umsätze in DM		
	insgesamt	davon Inland	davon Ausland
1.	8 600 000,—	7 500 000,—	1 100 000,—
2.	8 400 000,—	7 100 000,—	1 300 000,—
3.	8 900 000,—	7 300 000,—	1 600 000,—
4.	9 800 000,—	7 800 000,—	2 000 000,—

1 Welche Aussagen lassen sich machen über (Beispiel 1)
a) die Entwicklung des Gesamt-, Inlands- und Auslandsumsatzes;
b) das Verhältnis von Inlands- und Auslandsumsatz zum Gesamtumsatz?

Beispiel 2
Für die Hauptversammlung einer AG ist die Bilanz des letzten Geschäftsjahres in ihrer Gliederungsstruktur (Anlage- und Umlaufvermögen, Eigen- und Fremdkapital) darzustellen und den Werten des Vorjahres gegenüberzustellen (in DM und %)!

Zahlen Berichtsjahr		Zahlen Vorjahr	
Anlagevermögen	2 000 000,— DM	1,8 Mio. DM	41%
Umlaufvermögen	3 000 000,— DM	2,6 Mio. DM	59%
Eigenkapital	1 500 000,— DM	1,3 Mio. DM	30%
Fremdkapital	3 500 000,— DM	3,1 Mio. DM	70%

Lösung

Bilanzstruktur Berichts- und Vorjahr

Vermögen	Berichtsjahr		Vorjahr		Kapital	Berichtsjahr		Vorjahr	
	Mio. DM	%	Mio. DM	%		Mio. DM	%	Mio. DM	%
Anlageverm.	2,0	40	1,8	41	Eigenkapital	1,5	30	1,3	30
Umlaufverm.	3,0	60	2,6	59	Fremdkap.	3,5	70	3,1	70
insgesamt	5,0	100	4,4	100	insgesamt	5,0	100	4,4	100

2 Welche Aussagen ergeben sich aus dem Zeitvergleich? (Beispiel 2)

3 Für den Geschäftsbericht soll die Struktur der Beschäftigten zum 31. 12. tabellarisch dargestellt werden.

Personalbestand 31. 12.:		männl.	weibl.
	Auszubildende	2	4
	Arbeiter	21	66
	Angestellte	8	12

Entwerfen Sie die Tabelle unter Berücksichtigung folgender zusätzlicher Merkmale:

Auszubildende, Arbeiter und Angestellte sowie männliche und weibliche Beschäftigte insgesamt!

4 Für das Berichtsjahr hat die Hafengesellschaft eines Nordseehafens folgende Umschlagszahlen (in 1000 t) festgestellt, die den Zahlen des Vorjahres gegenübergestellt werden:

Güterart	Berichtsjahr	Vorjahr	Güterart	Berichtsjahr	Vorjahr
Erze	1426	2590	Futtermittel	1649	962
Mineralöle	5308	4668	Kohle	2131	2231
Melasse	515	615	Stückgut	2807	3063
Getreide	2508	2506	sonstige Güter . . .	741	618

a) Stellen Sie eine Tabelle auf mit den Umschlagszahlen des Berichtsjahres und des Vorjahres sowie mit den Abweichungen bei den einzelnen Güterarten und insgesamt gegenüber dem Vorjahr in t (±) und in % (±)!

b) Welche Folgen können diese Veränderungen bei einem Anhalten dieser Entwicklung *(Trend)* für die hafenwirtschaftlichen Einrichtungen haben?

2. Diagramme

Diagramme haben den Vorteil, daß eine schnelle Information über statistische Sachverhalte, Zusammenhänge und Abhängigkeiten ermöglicht wird.

Schema

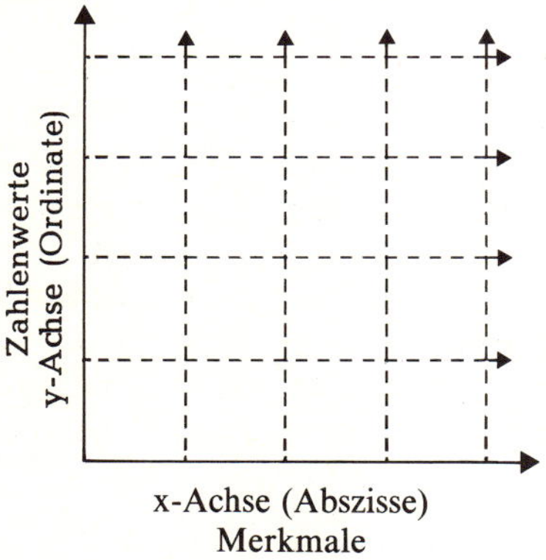

Auf der x-Achse werden statistische Merkmale, auf der y-Achse die statistischen Zahlenwerte (Häufigkeiten) eingetragen.

a) Liniendiagramm/Kurvendiagramm

Im Koordinatensystem werden die Zahlenwerte zunächst als Punkte eingetragen. Danach werden die Punkte durch Linien verbunden. Bei kombinierten Liniendiagrammen (zwei und mehr Linien) werden die einzelnen Linien farbig oder grafisch unterschiedlich gekennzeichnet: —, ····, —·—·— usw. Aus der Linienführung sind Entwicklungen *(Trends)* sehr gut erkennbar. Liniendiagramme werden bei Zahlenreihen verwandt.

Beispiel 1

Der Absatz eines Haushaltsgerätes hatte bisher folgende Entwicklung:

Jahr	1.	2.	3.	4.	5.	6.
Stück	2 000	5 000	12 000	18 000	10 000	6 000

Die Entwicklung des Absatzes ist in einem Liniendiagramm darzustellen!

Lösung

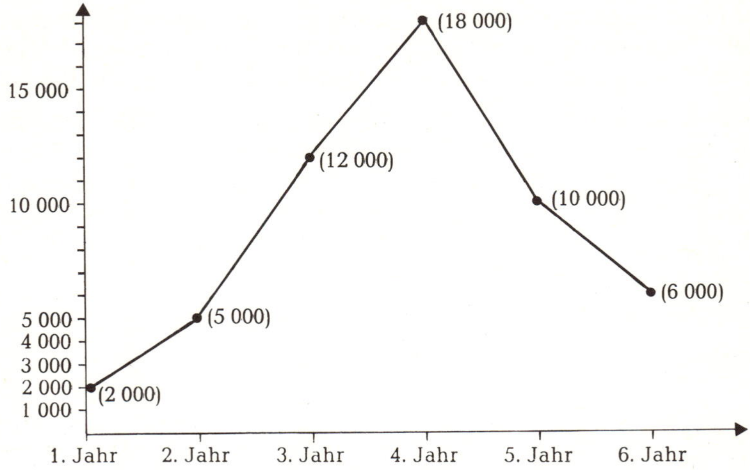

Für eine genaue Zahleninformation können die Zahlenwerte unter den Geschäftsjahren oder neben den Punkten (wie hier) zusätzlich zur Werteskala der y-Achse angegeben werden.
Entscheidend für die Aussage eines Liniendiagramms sind die Maßstäbe der x- und y-Achse zueinander. Infolge der Verkürzung des Maßstabes der x-Achse würde der Absatzverlauf steiler, bei Verlängerung abgeschwächter erscheinen. Das gilt auch für den Maßstab der y-Achse.

1 Fertigen Sie Beispiel 1 mit einem doppelten Maßstab der y-Achse und einem um die Hälfte verkürzten Maßstab der x-Achse an, und vergleichen Sie die Wirkungen mit Beispiel 1.

Bewegen sich Zahlenwerte auf einem hohen Niveau oder in einer begrenzten Streuungsbreite (z. B. Börsenpreise), so kann im Diagramm auf den unteren Teil der y-Achse verzichtet werden. Die y-Achse beginnt dann in der Nähe der niedrigsten Zahlenangabe und nicht im Nullpunkt. Das gilt auch für Diagramme mit Indexzahlen. Dadurch füllt die Linie das ganze Koordinatensystem aus.

Beispiel 2 Baumwolle Bremen ex Lager in US-Cents (lb) USA, Mexiko 1/16

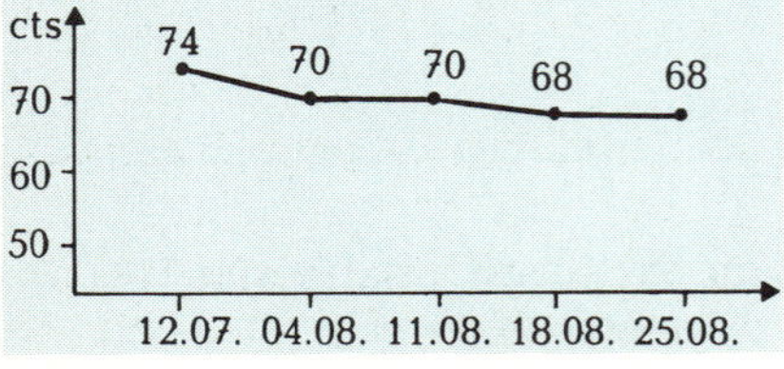

Beispiel 3 Umsatz in 1000 t Basisjahr 1960

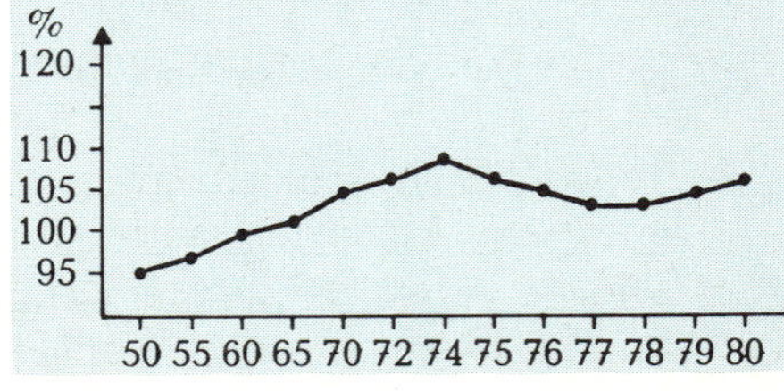

Frühere Zeiträume können zu größeren Zeiteinheiten zusammengefaßt werden (Veränderung des Maßstabes). Sie dienen, wie im Beispiel 3, nur der allgemeinen Information. Das besondere Interesse gilt den zeitnahen Zahlen.

Bei einmaligen extremen Ausschlägen wird die Tabelle unterbrochen, um nicht den Maßstab der y-Achse verändern zu müssen. Entweder wird das Koordinatensystem in der y-Achse unterbrochen, wie bei Beispiel 4, oder die y-Achse wird verkürzt. Für die Verkürzung gibt es ein Zeichen:

Beispiel 4 — Forderungsausfälle in 1000 DM

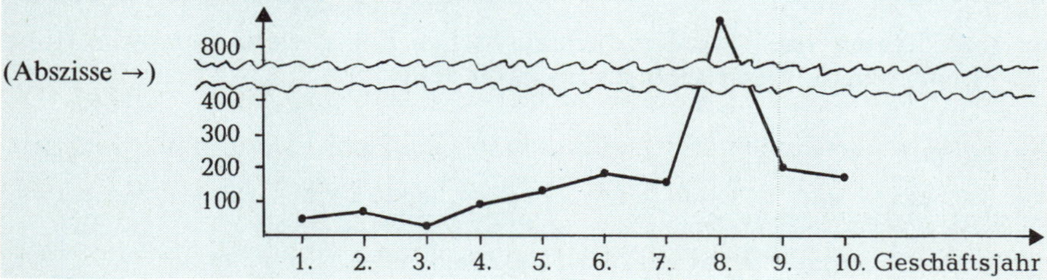

2 a) Worauf können die hohen Forderungsausfälle des 8. Jahres zurückzuführen sein?

b) Welche Entwicklung *(Trend)* läßt sich aus dem Gesamtverlauf der Forderungsausfälle ablesen?

c) Welche Gründe können für diese Entwicklung maßgebend sein?

d) Welche andere Statistik könnte z. B. den Zusammenhang *(Korrelation)* zwischen Verlauf der Forderungsausfälle und der Ursache sichtbar machen?

3 Für die einzelnen Monate des abgelaufenen Geschäftsjahres sind die Umsätze in DM festgestellt worden:

Januar	100 000,—	Mai	160 000,—	September	110 000,—
Februar	80 000,—	Juni	180 000,—	Oktober	90 000,—
März	120 000,—	Juli	150 000,—	November	70 000,—
April	140 000,—	August	150 000,—	Dezember	80 000,—

a) Stellen Sie ein Liniendiagramm für den monatlichen Umsatzverlauf auf!

b) Stellen Sie ein Liniendiagramm mit den jeweiligen aufgelaufenen (kumulierten) Monatsumsätzen auf!

c) Welche Vergleiche sind notwendig, um über den Umsatzverlauf bei a) und b) sichere Aussagen machen zu können?

4 Für die letzten 3 Geschäftsjahre liegen folgende Indexzahlen für den Materialbestand vor: 1. 100, 2. 104, 3. 108. Der durchschnittliche Lagerbestand für das 4. Jahr beträgt 460 000,— DM (Basisjahr: 400 000,— DM).

a) Wie lautet die Indexzahl für das 4. Geschäftsjahr?

b) Stellen Sie die Entwicklung des Materialbestandes im Liniendiagramm dar!

c) Welche Gründe können für das starke wertmäßige Anwachsen des Materialbestandes im 4. Geschäftsjahr vorliegen, und welche betriebswirtschaftlichen Probleme ergeben sich daraus?

b) Säulendiagramm

Im Koordinatensystem werden die statistischen Zahlenwerte durch die Höhe bzw. Länge von Säulen (Rechtecken) dargestellt.

Beispiel 1

Am Messestand sind im Laufe der Woche an Kunden beraten worden: Montag 70, Dienstag 49, Mittwoch 75, Donnerstag 70, Freitag 87, Samstag 50.

a) Für den Wochenverlauf ist ein Säulendiagramm aufzustellen!

b) Wieviel Kunden waren durchschnittlich je Messetag an unserem Stand? Der Durchschnittswert ist als gestrichelte Linie in das Diagramm einzutragen!

Lösung

Anzahl der Kunden je Messetag

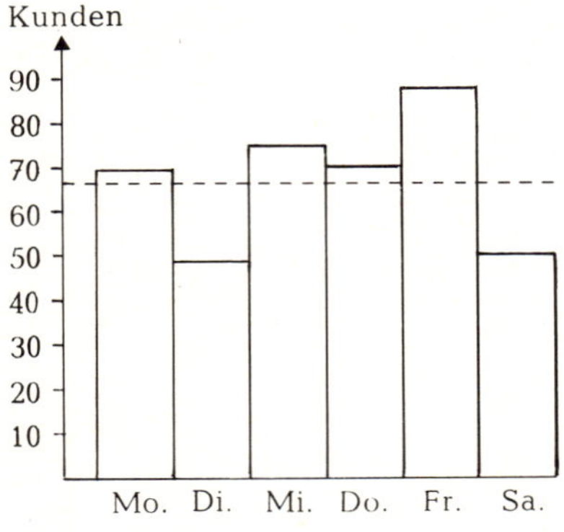

Durchschnitt:
in 6 Tagen 401 Kunden
an 1 Tag 67 Kunden

Das Säulendiagramm wird auch für die Darstellung von Gliederungszahlen (%) verwendet. Die Säule ist 100%. Die Zahlenwerte je Merkmal werden in die Säule eingemessen. Zur besseren Unterscheidung werden die Felder der einzelnen Merkmale unterschiedlich schraffiert.

Beispiel 2

Auf Grund einer Umfrage wurde das Leseverhalten der Empfänger von Werbebriefen festgestellt. So lasen:

22% der Empfänger den Werbebrief sofort beim Empfang
10% der Empfänger den Werbebrief am Abend des Empfangstages
52% der Empfänger den Werbebrief am folgenden Wochenende
15% der Empfänger den Werbebrief unbestimmt
1% der Empfänger den Werbebrief überhaupt nicht

a) Stellen Sie das Säulendiagramm auf!

b) Welche Konsequenzen ergeben sich für den Tag der Aufgabe der Werbebriefe beim Postamt?

Lösung

Lesegewohnheiten der Empfänger von Werbebriefen

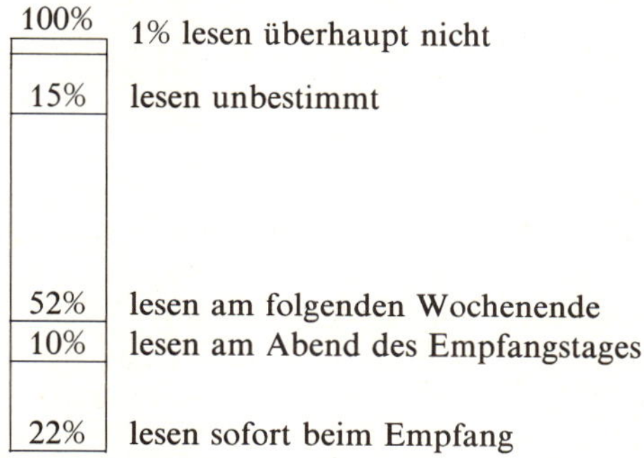

Säulendiagramme werden häufig für den zeitlichen Vergleich statistischer Zahlen eingesetzt.

Beispiel 3

Nach Angaben eines Kosmetik-Herstellers verwendeten im Berichtsjahr 64% der Männer (ca. 14 Mio.) Aftershave. Im 1. Geschäftsjahr waren es 67% und im 5. Geschäftsjahr 70%.

Die Veränderungen sind im Säulendiagramm darzustellen!

Lösung

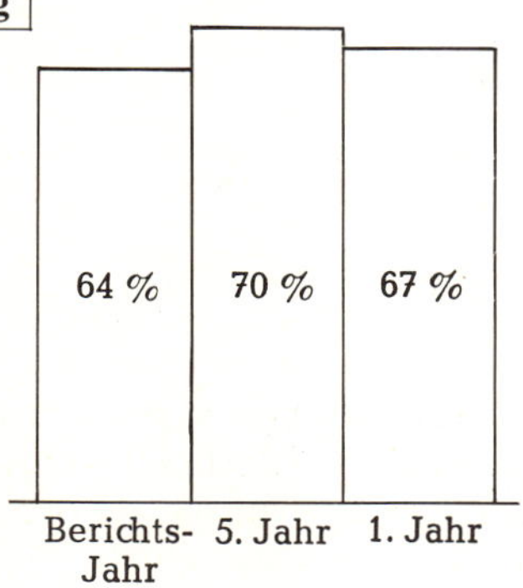

Verwender von Aftershave in %

5 Welche Gründe können für den prozentualen Rückgang der Verwender im Berichtsjahr vorliegen? (Beispiel 3)

6 In einem Metallbau-Betrieb hat sich der Tariflohn erhöht:

1970 8,— DM, 1976 10,40 DM, 1980 13,20 DM,
1982 14,40 DM, 1983 14,90 DM, 1984 15,35 DM

Stellen Sie die Entwicklung im Säulendiagramm dar!

7 Vergleich des Verkaufs von Sonnenbrillen in den Jahren 1984 und 1974:

Preislagen	1984	1974	Preislagen	1984	1974
unter 20,— DM	40 %	77 %	30,— bis 50,— DM	15 %	3 %
20,— bis 30,— DM	30 %	19 %	über 50,— DM	15 %	1 %

a) Stellen Sie die beiden Säulendiagramme auf (nebeneinander mit Zwischenraum), und verbinden Sie die Preislagen der Jahre 1980 und 1973 mit Linien!

b) Welche Gründe können für die Entwicklung zu den höheren Preisklassen vorliegen?

c) Kreisdiagramm

Das Kreisdiagramm wird zur Darstellung von Gliederungszahlen eingesetzt. Jede Teilmasse wird durch einen Kreissektor (-ausschnitt) dargestellt. Die gesamte Kreisfläche (360°) entspricht der Gesamtmasse. Für die Teilmassen sind die Winkelgrade und Flächen der einzelnen Sektoren festzustellen. Grundsätzlich werden die statistischen Zahlen in die jeweiligen Sektoren eingetragen.

Beispiel

Ein Unternehmen hat folgende Kundenstruktur:

Einzelhandel	2000 Kunden	Großverbraucher ..	1000 Kunden
Großhandel	600 Kunden	Sonstige	400 Kunden

Stellen Sie das Kreisdiagramm auf!

Lösung

Feststellung der Winkelgrade

4000 Kunden entsprechen 360°

1 Kunde entspricht 0,09° (360:4000)

2000 Kunden entsprechen	180°	oder 50%	(2000 · 0,09)
1000 Kunden entsprechen	90°	oder 25%	(1000 · 0,09)
600 Kunden entsprechen	54°	oder 15%	(600 · 0,09)
400 Kunden entsprechen	36°	oder 10%	(400 · 0,09)

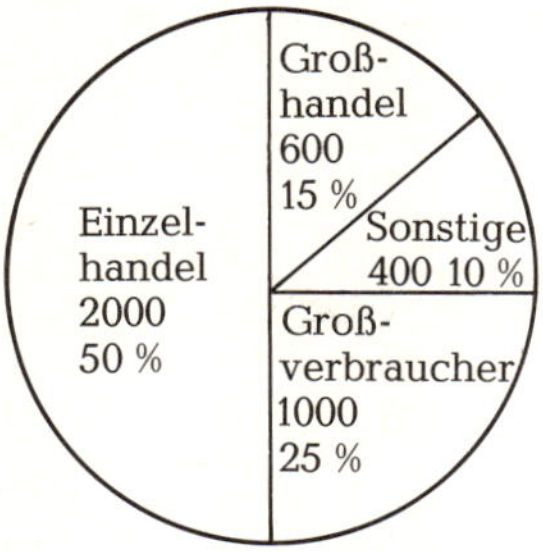

Der Durchmesser des Kreises ist so gewählt, daß die Größe der Sektoren gut sichtbar wird.

8 Von den 800000 Sparern einer Bausparkasse haben 500000 Sparer einen Vertrag, 200000 Sparer zwei und 100000 Sparer drei und mehr Verträge.

Stellen Sie die Anteile der Sparer nach Anzahl der Sparverträge im Kreisdiagramm dar!

9 Der Gesamtumsatz von 12 Mio. DM setzte sich im letzten Geschäftsjahr zusammen: Artikelgruppe I 2 Mio. DM, Artikelgruppe II 4 Mio. DM, Artikelgruppe III 3 Mio. DM, Artikelgruppe IV 3 Mio. DM.

a) Stellen Sie das Kreisdiagramm auf!

b) Stellen Sie das Kreisdiagramm für das Vorjahr auf!
I 15%, II 45%, III 10%, IV 30%

IV. Anwendung der Statistik in einzelnen Bereichen der Unternehmung

1. Absatz

1 Ein Kosmetik-Hersteller hatte bei Sonnenschutzmitteln in den letzten 8 Geschäftsjahren folgende Absatzentwicklung:

1. Jahr:	8,1 Mio. DM	5. Jahr:	11,0 Mio. DM
2. Jahr:	10,4 Mio. DM	6. Jahr:	9,7 Mio. DM
3. Jahr:	7,6 Mio. DM	7. Jahr:	9,5 Mio. DM
4. Jahr:	9,2 Mio. DM	8. Jahr:	9,3 Mio. DM

a) Ermitteln Sie die Umsatzveränderungen gegenüber dem Vorjahr in DM und Prozent!

b) Ermitteln Sie die Umsatzveränderungen gegenüber dem 1. Geschäftsjahr in DM und Prozent! (1. Geschäftsjahr Basisjahr — 100%-Index)

c) Stellen Sie die Indexzahlen als Liniendiagramm dar!

d) Welche Gründe können die Absatzentwicklung beeinflußt haben?

2 Ein Bekleidungswerk bietet Herrenanzüge in verschiedenen Preislagen an. Der Vergleich der Preisklassen (eigene Verkaufspreise) der Frühjahr-/ Sommersaison des ablaufenden Geschäftsjahres zum Vorjahr ergibt folgende Umsatzanteile in Prozent:

Preislage in DM	bis 149	150–174	175–199	200–224	225–249	250–299	über 300
Lfd. Jahr	18	23	25	14	9	7	4
Vorjahr	28	26	20	11	8	5	2

a) Stellen Sie die Unterschiede der Umsatzanteile der beiden Geschäftsjahre je Preisklasse im Säulendiagramm dar! (Zahlen beider Jahre je Preisklasse direkt nebeneinander; Vorjahr schraffiert darstellen.)

b) Welche Erkenntnisse ergeben sich für die Sortimentsgestaltung?

3 Der Unternehmensbericht einer Wirtschaftszeitung über eine Brauerei hat folgenden Wortlaut:

„Mit 2,19 Mio. Hektoliter kam die Brauerei AG beim Ausstoß in ihrem am 30. Sept. zu Ende gegangenen Geschäftsjahr nur auf ein Plus von 1,2%. Da die Brauer jedoch bei ihrem Premium-Bier höhere Preise durchsetzten, kletterte der Umsatz um 5,8% auf 253 Mio. DM."

a) Stellen Sie Ausstoß und Umsatz des Vorjahres fest!

b) Stellen Sie die beiden Geschäftsjahre mengen- und wertmäßig im Säulendiagramm dar!

c) Nennen Sie andere Gründe, die zu einer überproportionalen Umsatzvermehrung (im Vergleich zum Ausstoß) führen können!

4 In unseren Werksverkaufsfilialen ergaben sich für die Wochenverkaufstage im Jahresdurchschnitt folgende Umsatzanteile in Prozent:

Tag	Mo	Di	Mi	Do	Fr	Sa
Basisjahr	12	13,1	12,5	14,9	23,9	23,6
Berichtsjahr	13	14	13	17	23	20

a) Stellen Sie die Umsatzverteilung im Liniendiagramm dar! (Zeichen: Basisjahr: ······; Berichtsjahr: ------)

b) Stellen Sie die Umsatzentwicklung im Säulendiagramm dar!

c) Stellen Sie die Umsatzentwicklung im Kreisdiagramm dar!

d) Welche Darstellungsform ermöglicht die schnellere Information?

d) Worin liegen mögliche Gründe für die Veränderung der Umsatzverteilung auf die einzelnen Wochentage?

e) Welche betrieblichen Maßnahmen ergeben sich aus der Verschiebung der Umsatzverteilung?

5 In den letzten 10 Geschäftsjahren zeigen die Umsätze je Mitarbeiter (in 1000,— DM) folgende Entwicklung:

Jahr	1	2	3	4	5	6	7	8	9	10
Umsatz TDM	120	126	131	129	127	130	131	133	134	?

Für das letzte Geschäftsjahr ergibt sich bei 480 Beschäftigten ein Umsatz von 65 280 000,— DM.

a) Wie hoch ist der Durchschnittsumsatz je Mitarbeiter im letzten Jahr?

b) Stellen Sie die Umsatzentwicklung im Liniendiagramm dar!

6 Bei unseren Reisenden ergibt sich folgende durchschnittliche Verteilung der wöchentlichen Arbeitszeit:

Reisen/Fahrten 30%
Wartezeiten beim Kunden 25%
Berichte/Karteien/
Führen der Verkaufsunterlagen 25%
Verkaufsgespräche . . 15%
Sonstiges 5%

Stellen Sie die Arbeitszeitverteilung im Kreisdiagramm dar!

2. Einkauf und Lager

1 Die Analyse unseres Lagerbestandes hat folgende Mengen-/Wertstruktur ergeben:

Warengruppe	Mengenanteil	Wertanteil
A	15%	60%
B	30%	25%
C	55%	15%

a) Stellen Sie die Anteile der Warengruppen im Säulendiagramm dar! (2 Säulen durch Linienverbund)

b) Stellen Sie die Anteile der Warengruppen im Koordinatensystem dar! (x-Achse: Menge; y-Achse: Wert)

c) Welche Folgerungen ergeben sich aus der Anteilsverteilung für Einkauf und Lagerung?

2 Für die letzten Geschäftsjahre wurden folgende Lagerbestände errechnet:

Jahr	1	2	3	4	5
Bestand in Mio. DM	4,6	4,9	5,2	5,3	?

Im gerade abgelaufenen Geschäftsjahr betrugen die Lagerbestände (in Mio. DM):

Datum:	01.01.	31.01.	28.02.	31.03.	30.04.	31.05.	30.06.
Lagerwert:	4,6	4,7	4,9	5,0	5,0	4,8	4,6

Datum:		31.07.	31.08.	30.09.	31.10.	30.11.	31.12.
Lagerwert:		4,5	4,4	4,2	4,0	3,6	3,5

a) Wie hoch ist der durchschnittliche Lagerbestand für das 5. Jahr? (1 Kommastelle)

b) Stellen Sie die Entwicklung des Lagerbestandes in den 5 Geschäftsjahren im Säulendiagramm dar!

c) Worauf kann das Sinken des Lagerbestandes zurückzuführen sein?

d) Welche finanziellen Probleme ergeben sich für das Unternehmen?

e) Welche Umschlagshäufigkeit ergibt sich für das 5. Geschäftsjahr (Materialeinsatz 26,4 Mio. DM) und für das 4. Geschäftsjahr (Materialeinsatz 26,5 Mio. DM)?

f) Stellen Sie die Umschlagshäufigkeit beider Jahre im Säulendiagramm dar!

g) Wie hoch ist die durchschnittliche Lagerdauer im 4. und 5. Geschäftsjahr? (Durchschnittliche Lagerdauer $\triangleq \frac{360}{\text{Umschlagshäufigkeit}}$)

3 Im vorletzten Geschäftsjahr ergab sich bei 2620 Einkaufsvorgängen ein Gesamteinkaufswert von 5 895 000,— DM; letztes Geschäftsjahr: 2140 Einkäufe mit einem Gesamtwert von 6 206 000,— DM.

a) Wie hoch ist der durchschnittliche Wert je Einkauf in beiden Jahren?

b) Stellen Sie im Säulendiagramm gegenüber: Anzahl der Einkäufe und Wert je Einkauf in beiden Jahren.

3. Produktion

1 Für verschiedene Losgrößen wurden an Selbstkosten je Stück für ein Haushaltsgerät festgestellt:

Losgröße	Selbstkosten	Losgröße	Selbstkosten
100 Stück	430,— DM	1000 Stück	279,— DM
250 Stück	318,— DM	2500 Stück	269,— DM
500 Stück	296,— DM	5000 Stück	265,— DM

a) Stellen Sie die Selbstkosten je Stück für die Losgrößen im Säulendiagramm dar!

b) Worauf ist der degressive Kostenverlauf zurückzuführen?

2 Eine Gießerei hat eine Monatskapazität von 10000 t Leichtmetallguß. Im letzten Geschäftsjahr sind produziert worden:

Monat	Jan.	Febr.	März	Apr.	Mai	Juni	Juli	Aug.	Sept.	Okt.	Nov.	Dez.
t	7900	7900	8100	8300	8000	7800	7400	7200	8200	8400	8000	7200

a) Wie hoch ist der monatliche Auslastungsgrad in Prozent?

b) Stellen Sie im Liniendiagramm die Monatskapazität und die monatliche Produktion (treppenförmig) dar!

c) Welche Wirkung hat die Nichtauslastung der Kapazität auf die Kosten?

3 In einer Betriebsabteilung ergeben sich bei der Produktion eines Präzisionsstücks folgende Fehlerhäufigkeiten:

	7–8	8–9	9–10	10–11	11–12	13–14	14–15	15–16 Uhr
Mo.	86	61	49	41	40	51	62	49 Stück
Di.	48	39	33	27	33	41	44	38 Stück
Mi.	49	38	34	28	35	43	45	40 Stück
Do.	50	41	37	30	36	45	47	42 Stück
Fr.	57	48	41	35	39	48	56	54 Stück

a) Stellen Sie in einem Liniendiagramm die Fehlerhäufigkeiten der einzelnen Arbeitszeiten aller Wochentage dar! (5 Farben)

b) Stellen Sie innerhalb des Diagramms zusätzlich die durchschnittliche Fehlerhäufigkeit dar!

c) Stellen Sie in einem Säulendiagramm die Fehlerhäufigkeit der Wochentage dar!

d) An welchem Wochentag und zu welcher Arbeitszeit ergeben sich im Durchschnitt die höchsten Fehlerhäufigkeiten? — Nennen Sie dafür Gründe!

4 Ein Versorgungsunternehmen vergleicht den Stromverbrauch im Laufe eines Tages im Sommer und im Winter:

Strombedarf am 16.06.

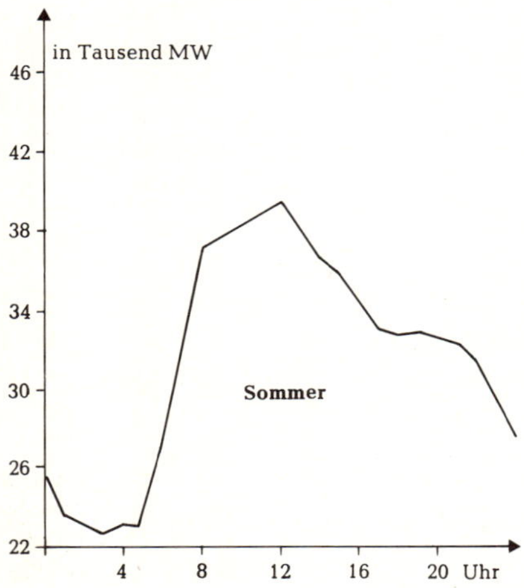

Strombedarf am 15.12.

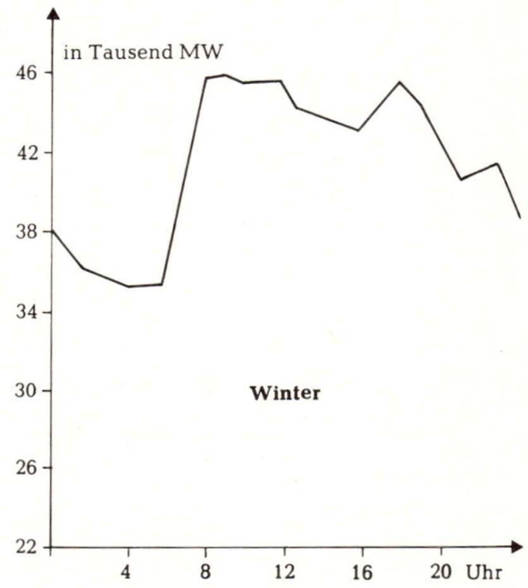

a) Welche Probleme ergeben sich aus den Verlaufskurven des Strombedarfs?

b) Wie kann ein Versorgungsunternehmen die Probleme des täglichen und jahreszeitlichen Spitzenbedarfs lösen?

4. Kosten

1 Stellen Sie im Liniendiagramm die Gesamt- und Stückkostenverläufe dar und beschreiben Sie die Kostenverläufe!

a)

Produktion	Gesamtkosten	Stückkosten
1 t	300,— DM	300,— DM
2 t	300,— DM	150,— DM
3 t	300,— DM	100,— DM
4 t	300,— DM	75,— DM
5 t	300,— DM	60,— DM
6 t	300,— DM	50,— DM
7 t	300,— DM	42,86 DM
8 t	300,— DM	37,50 DM
9 t	300,— DM	33,33 DM
10 t	300,— DM	30,— DM

b)

Produktion	Gesamtkosten	Stückkosten
1 t	50,— DM	50,— DM
2 t	100,— DM	50,— DM
3 t	150,— DM	50,— DM
4 t	200,— DM	50,— DM
5 t	250,— DM	50,— DM
6 t	300,— DM	50,— DM
7 t	350,— DM	50,— DM
8 t	400,— DM	50,— DM
9 t	450,— DM	50,— DM
10 t	500,— DM	50,— DM

c)

Produktion	Gesamtkosten	Stückkosten
1 t	5,— DM	5,— DM
2 t	12,— DM	6,— DM
3 t	21,— DM	7,— DM
4 t	32,— DM	8,— DM
5 t	45,— DM	9,— DM
6 t	60,— DM	10,— DM
7 t	77,— DM	11,— DM
8 t	96,— DM	12,— DM
9 t	117,— DM	13,— DM
10 t	140,— DM	14,— DM

d)

Produktion	Gesamtkosten	Stückkosten
1 t	14,— DM	14,— DM
2 t	27,— DM	13,50 DM
3 t	39,— DM	13,— DM
4 t	50,— DM	12,50 DM
5 t	60,— DM	12,— DM
6 t	69,— DM	11,50 DM
7 t	77,— DM	11,— DM
8 t	84,— DM	10,50 DM
9 t	90,— DM	10,— DM
10 t	95,— DM	9,50 DM

2 Bei unterschiedlichen Beschäftigungsgraden sind folgende Kosten, Erlöse und Betriebsergebnisse festgestellt worden:

Produkt. in m^3	Gesamtk.	Stückkosten			Erlöse		Betriebsergebnis
		fix	var.	insges.	m^3	insges.	
0	80000,—	—	—	—	—	—	−80000,—
1000	140000,—	80,—	60,—	140,—	80,—	80000,—	−60000,—
2000	200000,—	40,—	60,—	100,—	80,—	160000,—	−40000,—
3000	260000,—	26,67	60,—	86,67	80,—	240000,—	−20000,—
4000	320000,—	20,—	60,—	80,—	80,—	320000,—	± NS 0,—
5000	380000,—	16,—	60,—	76,—	80,—	400000,—	+20000,—
6000	440000,—	13,33	60,—	73,33	80,—	480000,—	+40000,—

a) Stellen Sie den Kosten- und Erlösverlauf im Koordinatensystem dar!

b) Welche Zielvorstellungen ergeben sich für die Unternehmensleitung?

3 Im letzten Geschäftsjahr betrugen die Anteile der Medien an den Werbekosten:

Fernsehen 20%
Rundfunk 15%
Zeitschriften 40%
Displays 10%
Sonstiges 15%

Für das laufende Geschäftsjahr sind im Werbeetat 8,0 Mio. DM vorgesehen. Davon entfallen auf Fernsehen 2,0 Mio. DM, Rundfunk 1,0 Mio. DM, Zeitschriften 4,0 Mio. DM, Displays 0,6 Mio. DM und andere 0,4 Mio. DM.

Stellen Sie die Aufteilung der Werbekosten in vergleichbaren Kreisdiagrammen dar!

4 Für einen Artikel ergaben sich für das abgelaufene Geschäftsjahr folgende monatliche Einzel- und Gemeinkosten sowie Erlöse:

Monat	Einzelkosten in DM	Gemeinkosten	Erlös
Januar	80000,—	24200,—	101000,—
Februar	110000,—	27500,—	136000,—
März	120000,—	28600,—	148000,—
April	140000,—	30900,—	171000,—
Mai	160000,—	31800,—	192000,—
Juni	180000,—	33000,—	214000,—
Juli	120000,—	28900,—	148000,—
August	100000,—	26900,—	126000,—
September	140000,—	30800,—	171000,—
Oktober	180000,—	32600,—	215000,—
November	220000,—	33400,—	256000,—
Dezember	210000,—	31900,—	245000,—
Jahr	?	?	?

Stellen Sie die Entwicklung der Gesamtkosten und Erlöse im Kurvendiagramm dar!

5 Für die Herstellung eines Ersatzteils stehen 2 Verfahren zur Auswahl:

Verfahren A		Verfahren B
20000,— DM	fixe Kosten	10000,— DM
1000,— DM	variable Kosten je Stück	2000,— DM

a) Stellen Sie den Kostenverlauf beider Verfahren im Koordinatensystem dar! (Diagramm von 1 bis 12 Stück aufstellen)

b) Für welches Produktionsverfahren entscheiden Sie sich?

5. Bilanz und Erfolgsrechnung

1 Die aufbereitete Bilanz einer Unternehmung hat folgende Zahlen: (in Mio. DM)

Vermögen			**Kapital**		
Anlagevermögen		10,0	Eigenkapital		8,0
Sachanlagen	9,0		Aktienkapital	6,0	
Finanzanlagen	1,0		Rücklagen	2,0	
Umlaufvermögen		8,0	Fremdkapital		10,0
Vorräte	4,5		langfr. Verbindlichkeiten	5,5	
Forderungen	2,5		kurzfr. Verbindlichkeiten	3,5	
liquide Mittel	1,0		Rückstellungen	1,0	

a) Stellen Sie im Säulendiagramm die Vermögens- und Kapitalstruktur der Unternehmung gegenüber!
b) Errechnen Sie die Kennziffer der Vermögensstruktur! (Anlagevermögen : Gesamtvermögen)
c) Wie hoch ist die Anlageintensität? (Anlagevermögen : Umlaufvermögen)
d) Ermitteln Sie den Verschuldungsgrad der Unternehmung! (Fremdkapital : Eigenkapital)
e) Wie hoch ist die Anlagendeckung durch Eigenkapital? (Eigenkapital : Anlagevermögen)
f) Errechnen Sie den Liquiditätsgrad 1. Ordnung! (Liquide Mittel : kurzfristige Verbindlichkeiten)

2 Die aufbereitete G + V-Rechnung eines Unternehmens enthält folgende Zahlen (in Mio. DM):

Aufwendungen

Material	6,0
Personal	3,0
Fuhrpark	2,0
Sonstige Kosten	1,0

Erträge

Verkaufserlöse	12,0
Sonstige Erlöse	1,0

a) Stellen Sie im Kreisdiagramm die Struktur der Aufwendungen dar!
b) Ermitteln Sie die prozentualen Anteile der Aufwandsarten und der Erträge, und stellen Sie sie im Kreisdiagramm dar! (1 Kommastelle)

3 Für die Kosten des Fremdkapitals und die Verzinsung des Eigenkapitals ergeben sich vor Steuerabzug in den letzten Jahren folgende Zinssätze:

Jahr	1	2	3	4	5	6	7
Eigenkapital	16	16	10	8	6	6	•
Fremdkapital	9	12	13	12	11	10	•

Im abgeschlossenen Geschäftsjahr ergeben sich folgende Zahlen: Eigenkapital: 2,0 Mio. DM; Gewinn: 160 000,— DM; Fremdkapitalzinssatz: 9%.

Stellen Sie im Liniendiagramm die Entwicklung der Zinssätze für Eigen- (Symbol: ----) und Fremdkapital (Symbol: ·····) dar!

4 Für die letzten Geschäftsjahre ergeben sich an Investitionen und Abschreibungen:

Geschäftsjahr	1	2	3	4	5
Investitionen	8,0	10,0	12,0	10,0	•
Abschreibungen	4,0	5,0	6,0	7,0	•

Im laufenden Geschäftsjahr sind aus Liquiditätsgründen nur Investitionen in Höhe der Abschreibungen von 6,0 Mio. DM geplant.

a) Stellen Sie für die 5 Geschäftsjahre die Verläufe von Investitionen und Abschreibungen als Finanzierungsmittel im Liniendiagramm dar!

b) Kennzeichnen Sie durch Schraffierung die Finanzierungsteile zwischen jährlichen Abschreibungen und Investitionen!

c) Welche Möglichkeiten hat das Unternehmen, die Finanzierungslücke zu schließen?

5 Ein saisonabhängiges Unternehmen hat im Jahresablauf folgende Einnahmen und Ausgaben (in TDM):

Monat	Nov.	Dez.	Jan.	Febr.	März	Apr.	Mai	Juni	Juli	Aug.	Sept.	Okt.
Einnahmen	280	120	450	260	310	250	280	750	1000	1380	1610	1300
Ausgaben	670	880	540	410	450	380	450	440	480	820	380	330

a) Stellen Sie mit Hilfe des Liniendiagramms den Jahresverlauf der Einnahmen (––––) und Ausgaben (·····) dar!

b) Wodurch ergeben sich die Unterschiede in den Verläufen?

c) Wie können die finanzwirtschaftlichen Probleme des Unternehmens gelöst werden?

6. Personalwesen

1 Zur Planung von Maßnahmen für den Bildungsurlaub wurde die Vorbildung der Beschäftigten festgestellt:

Schulbildung	Angestellte		Arbeiter		Auszubildende	
	m.	w.	m.	w.	m.	w.
Hochschulreife	40	20	—	—	6	4
mittlere Reife	50	60	250	80	30	10
Hauptschulabschluß	70	45	500	150	44	20
ohne Schulabschluß	—	—	50	20	—	6

a) Vervollständigen Sie die Tabelle um eine Spalte mit der Gesamtzahl der Beschäftigten, und stellen Sie den prozentualen Anteil nach der Vorbildung fest!

b) Stellen Sie die Anteile im Säulendiagramm dar (Arten der Vorbildung in unterschiedlicher Schraffur)!

c) Welche Schlußfolgerungen können für die Planung des Bildungsurlaubs gezogen werden?

2 Im Jahresdurchschnitt sind für die einzelnen Wochentage Arbeitsunfälle festgestellt worden:

Wochentag	Mo.	Di.	Mi.	Do.	Fr.
Zahl der Unfälle	208	194	186	174	191

a) Stellen Sie den Unfallverlauf im Liniendiagramm dar!

b) Welche Erkenntnisse ergeben sich für die Planung von Maßnahmen zur Unfallverhütung?

3 Für die Werkszeitschrift soll eine Statistik über die Vergütung für Verbesserungsvorschläge angefertigt werden. Im letzten Geschäftsjahr wurden honoriert:

150 Vorschläge mit 100,— DM Prämie
120 Vorschläge mit 500,— DM Prämie
90 Vorschläge mit 1000,— DM Prämie
40 Vorschläge über 1000,— DM Prämie

a) Stellen Sie den Anteil der Prämiengruppe in Prozent an den Verbesserungsvorschlägen im Kreisdiagramm dar!

b) Nennen Sie Gründe für den hohen Anteil der Prämiengruppe 100,— DM!

V. Zeitreihen und Trend

Über längere Zeiträume (Monate, Quartale, Jahre) lassen sich anhand statistischer Zahlen Entwicklungen ablesen. Diese Entwicklungen können saisonaler bzw. konjunktureller Art sein. Saisonale Entwicklungen ergeben sich aus dem branchen- bzw. artikeltypischen Auf und Ab eines Geschäftsjahres (wie z.B. im Baugewerbe, bei Spielwaren, Sonnenschutzmitteln, Sekt). Konjunkturentwicklungen sind langzeitige Veränderungen, die sich in einem Wirtschaftszweig bzw. in der Gesamtwirtschaft ergeben.

Langzeitige Saison- und Konjunkturentwicklungen lassen eine Richtung erkennen: steigend, gleichbleibend, fallend. Solch eine Richtung heißt **Trend.** Rechnerisch entspricht die Menge über der Trendlinie der Menge unter der Trendlinie. Mit gleitenden Durchschnitten lassen sich ebenfalls Trends ermitteln, z.B. aus den jeweils letzten 12 Monatsergebnissen.

Beispiel 1

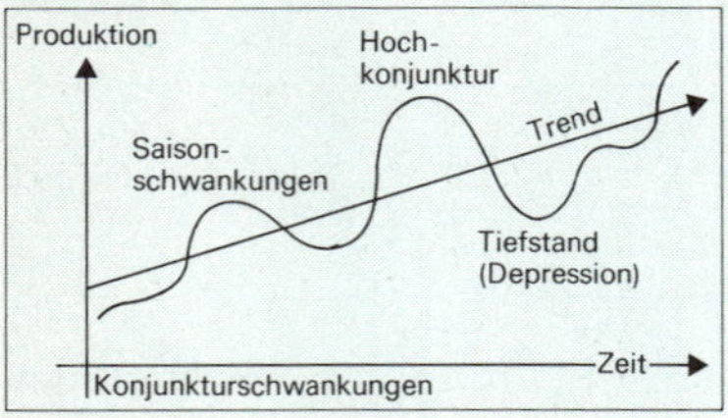

Beide Beispiele lassen einen steigenden Trend erkennen. Für die Unternehmensführung ist das Erkennen von Trends wesentliche Planungsvoraussetzung.

Beispiel 2

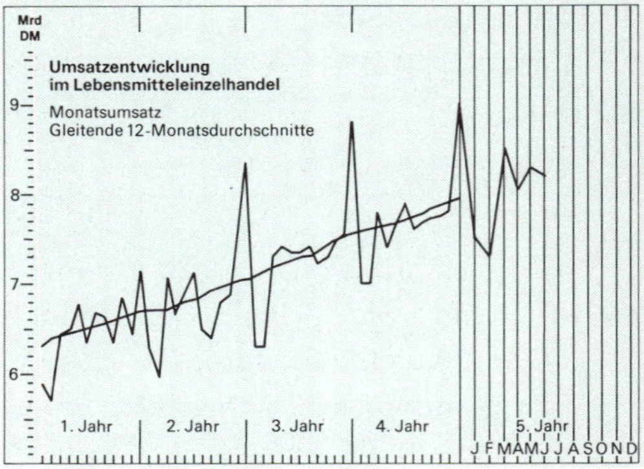

1 a) Bestimmen Sie den Trend (nach Augenmaß) für den Absatz von Heiltees in Beuteln!

b) Worauf sind die jahreszeitlichen Schwankungen und die Gesamtentwicklung zurückzuführen?

c) Welche Bedeutung haben diese Erkenntnisse für die betrieblichen Planungen?

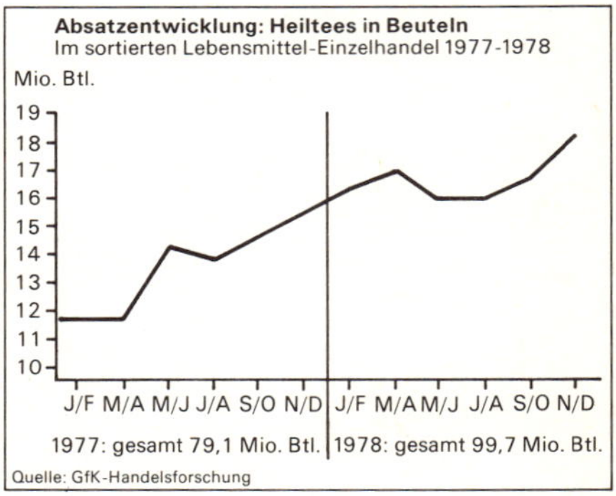

2 Stellen Sie für den Verlauf der Kosten für Forschung und Entwicklung das Kurvendiagramm auf, und bestimmen Sie den Trend! Worauf ist dieser Kostenverlauf vermutlich zurückzuführen?

Geschäftsjahr	1	2	3	4	5	6	7	8	9	10
Kosten in Mio. DM	2,0	2,1	2,2	2,3	2,6	3,0	3,5	4,2	5,0	6,0

3 Stellen Sie die Umsatzentwicklung im Kurvendiagramm dar, und zeichnen Sie den Trend (nach Augenmaß) ein. Umsätze in Mio. DM.

Geschäftsjahr	1	2	3	4	5	6	7	8	9	10
1. Quartal	2,8	3,2	3,5	3,7	3,3	3,0	2,8	2,9	3,2	3,6
2. Quartal	3,5	4,0	4,5	4,7	4,2	3,8	3,6	3,8	4,2	4,8
3. Quartal	6,0	7,0	7,8	8,2	7,4	6,7	6,3	6,6	7,3	8,4
4. Quartal	4,0	4,7	5,2	5,5	5,0	4,5	4,3	4,5	5,0	5,8

4 Die Verkaufszahlen für ein Haushaltsgerät zeigen folgende Entwicklung:

Geschäftsjahr	1	2	3	4	5	6	7
Stück	5 000	7 000	10 000	14 000	20 000	23 000	22 000

Geschätsjahr	8	9	10	11	12
Stück	19 000	15 000	10 000	9 000	9 000

a) Stellen Sie die Umsatzstatistik als Kurvendiagramm auf!

b) Nennen Sie mögliche Gründe für diese Entwicklung!

c) Zeichnen Sie die Linie des gleitenden Trends ein!
Lösungshinweis: aufgelaufener Verkauf : Anzahl der Jahre;
z.B. 1. Jahr: 5 000 : 1 = 5 000; 2. Jahr: 12 000 : 2 = 6 000 Stück usw.

VI. Programmierte Übungen

Die Lösungen bitte nur dann ankreuzen, wenn das Buch Ihr Eigentum ist.
Im Leihverfahren überlassene Bücher dürfen nicht beschrieben werden.

1 Wie wird die Erkenntnis aus den Verläufen beider Kurven ausgedrückt?

a	Steigender Trend
b	Fallender Trend
c	Beziehungszahlen
d	Korrelation
e	Kurven-/Liniendiagramm

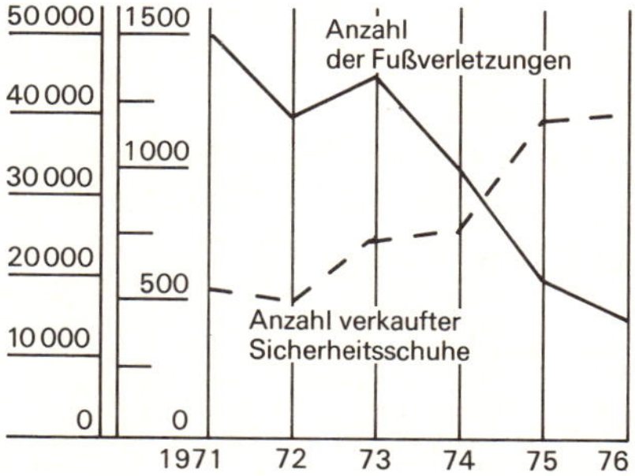

2 Durch welche betriebliche Maßnahme könnte die Arbeitszeit beachtlich gesteigert werden? (Kostendegression)

- [a] Senkung der Zahl der Sonn- und Feiertage
- [b] Senkung der Zahl der Urlaubstage
- [c] Senkung der Zahl der Krankheitstage
- [d] Verringerung von Kurzarbeit und Streik
- [e] Einführung von Überstunden

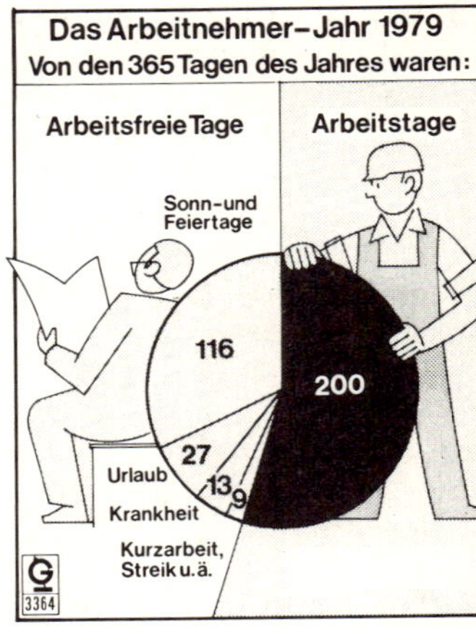

3 Welches sind direkte Gründe für das starke Ansteigen der Lohnsteuer? (mehrere)

- [a] Preissteigerungen
- [b] Steuerprogression
- [c] Lohnerhöhungen
- [d] Höhere Lohnsteuersätze

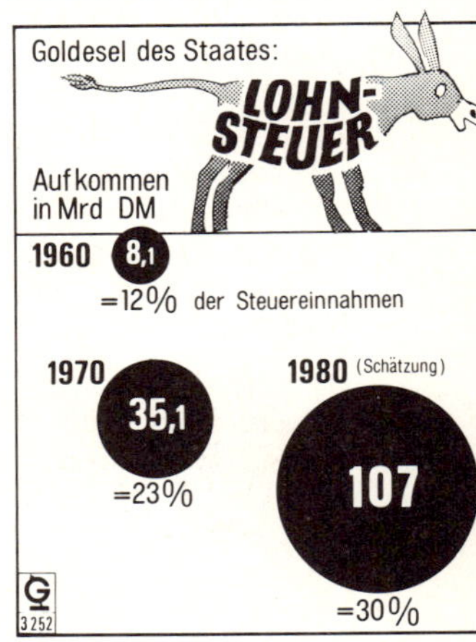

4 Worum handelt es sich wahrscheinlich?

- [a] Umsatzentwicklung eines Unternehmens in zwei verschiedenen Jahren
- [b] Umsatzentwicklung bei zwei verschiedenen Unternehmen
- [c] Verwendung unterschiedlicher Maßstäbe bei gleichen Werten

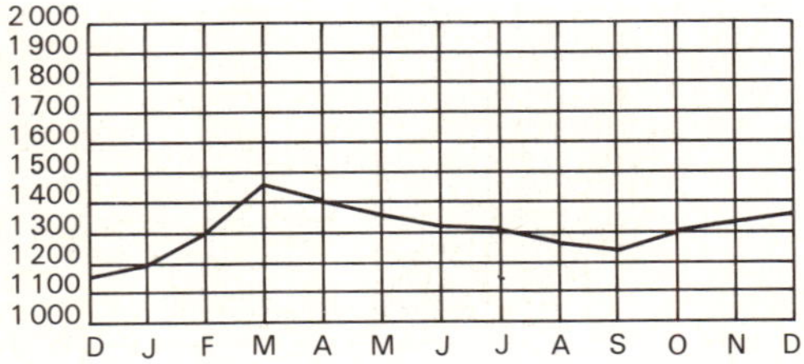

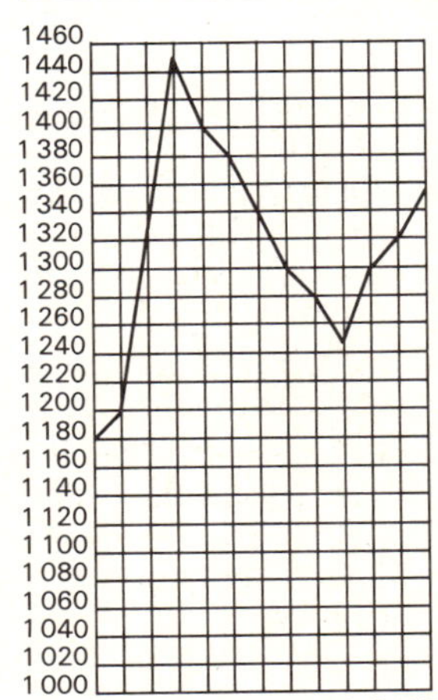

5 Worauf ist die Entwicklung des Diskontsatzes zurückzuführen?

[a] Angebot und Nachfrage auf dem Geld- und Kapitalmarkt

[b] Politik der Bundesbank zur Wahrung der Geldwertstabilität

[c] Beeinflussung der Spartätigkeit

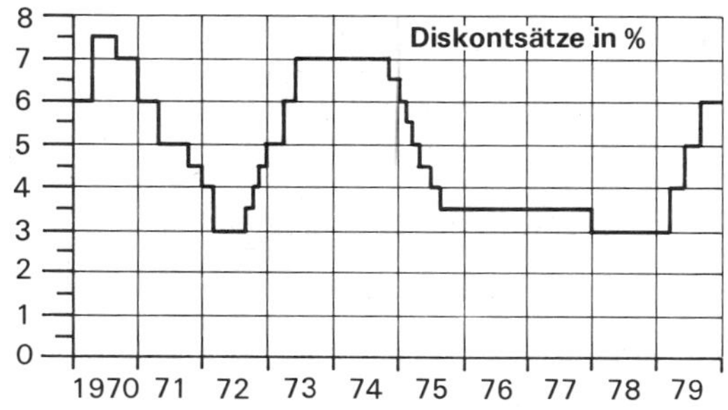

6 Worin liegt **kein** Vorteil auf Grund des gleichmäßigen Eieranfalles?

[a] Gleichmäßige Versorgung der Verarbeiter, des Handels, der Verbraucher

[b] Geringe Preisausschläge von Angebot und Nachfrage

[c] Niedrigere Preise

[d] Bessere Kapazitätsauslastung beim Erzeuger auf Grund moderner Hühnerhaltung

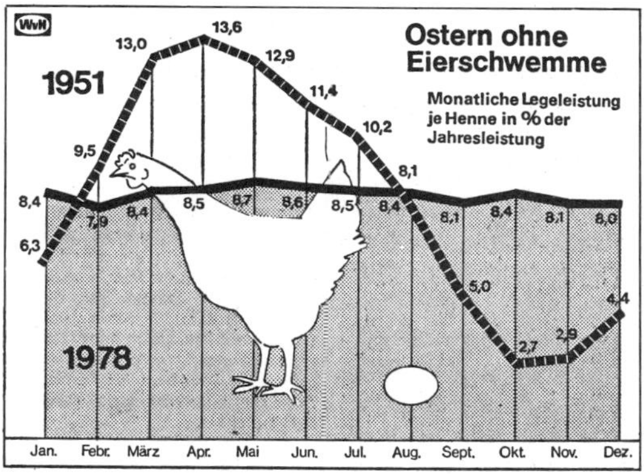

7 Welche dieser Aussagen stimmt nicht?

[a] Englische Produkte sind erheblich lohnkostengünstiger als deutsche

[b] Amerikanische Produkte sind lohnkostengünstiger als deutsche

[c] Niederländische Produkte haben gleiche Lohnkosten wie deutsche

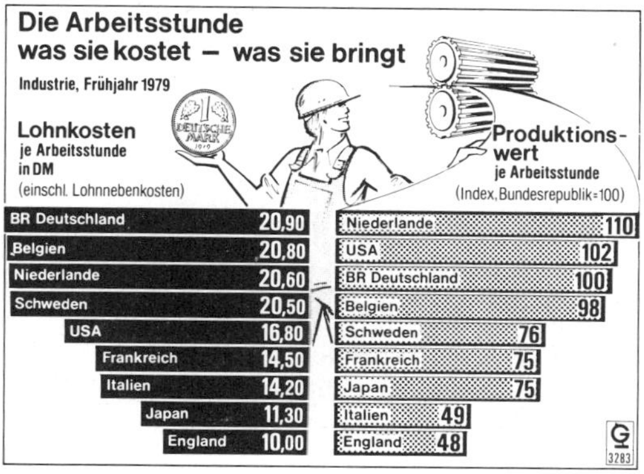

Anhang

Bruchrechnen

Ein Bruch teilt ein Ganzes (1) in eine Anzahl gleicher Teile (z. B. $1 = \frac{5}{5}$ oder $\frac{3}{3}$). Dabei unterscheiden wir:

$$\begin{array}{l} 3 \leftarrow \text{Zähler} \\ \hline 5 \leftarrow \text{Nenner} \end{array} \qquad\qquad 1\tfrac{2}{3} = \text{gemischte Zahl}$$

Echte und unechte Brüche. Wenn der Zähler kleiner ist als der Nenner, haben wir einen echten Bruch (z. B. $\frac{3}{5}$), im anderen Fall einen unechten Bruch (z. B. $\frac{5}{3}$).

Gleichnamige und ungleichnamige Brüche. Gleichnamige Brüche haben den gleichen Nenner (z. B. $\frac{2}{5}$, $\frac{1}{5}$, $\frac{4}{5}$), ungleichnamige haben verschiedene Nenner (z. B. $\frac{2}{5}$, $\frac{3}{7}$, $\frac{8}{13}$, $\frac{13}{25}$).

Kürzen und Erweitern. Beim Kürzen werden Zähler und Nenner durch die gleiche Zahl geteilt (z. B. $\frac{24}{40} = \frac{12}{20} = \frac{6}{10} = \frac{3}{5}$), beim Erweitern Zähler und Nenner mit der gleichen Zahl multipliziert (z. B. $\frac{3}{5} = \frac{6}{10} = \frac{12}{20} = \frac{36}{60}$). Der Wert des Bruches bleibt beim Kürzen und Erweitern erhalten.

Teilbarkeitsregeln. Eine Zahl ist teilbar

- durch 2, wenn sie gerade ist;
- durch 3, wenn die Quersumme durch 3 teilbar ist
  (z. B. 3507 = Quersumme $3+5+0+7=15$; $15:3=5$);
- durch 4, wenn die letzten zwei Ziffern durch 4 teilbar sind
  (z. B. 67936; 36 ist durch 4 teilbar);
- durch 5, wenn am Ende eine 5 oder 0 steht (z. B. 3225, 9920);
- durch 6, wenn sie durch 2 und durch 3 teilbar ist (z. B. 14532);
- durch 8, wenn die letzten drei Ziffern durch 8 teilbar sind (z. B. 65168);
- durch 9, wenn die Quersumme durch 9 teilbar ist
  (z. B. 372645, Quersumme $3+7+2+6+4+5=27$).

Endliche Dezimalbrüche = 0,125; 0,237; 0,875

Periodische Dezimalbrüche

mit reiner Periode = $0{,}\overline{6}\ldots$, $0{,}\overline{23}\ldots$; $0{,}\overline{123}\ldots$

mit nicht reiner Periode = $0{,}57\overline{6}\ldots$; $0{,}2\overline{3}\ldots$; $0{,}375\overline{1}\ldots$ *)

*) Theoretisch kann man die Periodenzahl beliebig wiederholen: 0,3751111…

I. Addieren von Brüchen

> Bei gleichnamigen Brüchen werden die Zähler addiert. Der Nenner bleibt unverändert.
>
> Ungleichnamige Brüche müssen gleichnamig gemacht werden (gesucht wird der kleinste gemeinsame Nenner = Hauptnenner).

Beispiele gleicher Nenner

a) $\frac{3}{8} + \frac{1}{8} + \frac{3}{8} = \frac{7}{8}$

b) $\frac{2}{15} + \frac{11}{15} + \frac{12}{15} = \frac{25}{15} = 1\frac{10}{15} = 1\frac{2}{3}$

c) $12\frac{1}{9} + 23\frac{7}{9} + 18\frac{5}{9} = 53\frac{13}{9} = 54\frac{4}{9}$

Beispiel ungleicher Nenner

Der größte Nenner ist der Hauptnenner:

$$\frac{1}{2} + \frac{3}{4} + \frac{5}{8} = \frac{4+6+5}{8} = \frac{15}{8} = 1\frac{7}{8}$$

Suchen des Hauptnenners

	Primfaktoren*)	Hauptnenner 360 ③
$2\frac{2}{6}$	① 2 · 3	120
$+ 17\frac{1}{9}$	3 · 3	40
$+ 4\frac{1}{4}$	2 · 2	90
$+ 12\frac{2}{10}$	2 · 5	72
$+ 9\frac{7}{8}$	2 · 2 · 2	315
44 $+ 1\frac{277}{360}$	② 2 · 2 · 2 · 3 · 3 · 5	$\frac{637}{360} = 1\frac{277}{360}$
$45\frac{277}{360}$		

Lösungsweg

① Jeder Nenner wird in seine Primfaktoren zerlegt;

② die Primfaktoren werden nach ihrer Häufigkeit gesammelt und miteinander multipliziert ($2 \cdot 2 \cdot 2 \cdot 3 \cdot 3 \cdot 5 = 360$ = Hauptnenner);

③ die Brüche werden auf den Hauptnenner 360 gebracht (6 ist 60mal in 360 enthalten: $\frac{2}{6} = \frac{120}{360}$ usw.).

1 a) $\frac{9}{18} + \frac{5}{54}$ b) $\frac{7}{17} + \frac{69}{85}$ c) $27\frac{2}{5} + 101\frac{7}{90}$ d) $67\frac{3}{13} + \frac{49}{52}$

2 a) $\frac{72}{75} + \frac{21}{40}$ b) $\frac{8}{13} + \frac{24}{25}$ c) $225\frac{6}{7} + 273\frac{7}{20}$ d) $11\frac{3}{11} + 73\frac{2}{51}$

3 a) $12\frac{2}{3} + 27\frac{3}{4} + 5\frac{5}{6}$
b) $7\frac{8}{15} + 6\frac{2}{3} + 38\frac{5}{7}$
c) $1518\frac{2}{5} + 597\frac{29}{30} + 727\frac{3}{8}$
d) $216\frac{2}{27} + 518\frac{5}{9} + 66\frac{2}{3}$
e) $924\frac{3}{42} + 22\frac{79}{126} + 107\frac{1}{36}$
f) $2517\frac{119}{240} + 739\frac{143}{180} + 1275\frac{5}{6}$

4

a)	b)	c)	d)	e)
$5\frac{3}{8}$	$99\frac{17}{18}$	$277\frac{2}{21}$	$87\frac{1}{240}$	$213\frac{34}{350}$
$+ 12\frac{1}{2}$	$+ 151\frac{3}{5}$	$+ 891\frac{4}{7}$	$+ 162\frac{99}{120}$	$+ 783\frac{2}{7}$
$+ 18\frac{15}{27}$	$+ 87\frac{7}{12}$	$+ 271\frac{3}{4}$	$+ 46\frac{2}{3}$	$+ 619\frac{3}{49}$
$+ 47\frac{4}{15}$	$+ 6\frac{4}{7}$	$+ 351\frac{1}{3}$	$+ 200\frac{11}{12}$	$+ 29\frac{4}{15}$
$+ 31\frac{3}{4}$	$+ 127\frac{2}{3}$	$+ 35\frac{15}{16}$	$+ 1\frac{1}{2}$	$+ 826\frac{49}{50}$
$+ 42\frac{2}{9}$	$+ 19\frac{5}{6}$	$+ 369\frac{3}{8}$	$+ 172\frac{39}{60}$	$+ 675\frac{2}{3}$

*) Eine Primzahl ist eine Zahl, die nur durch sich selbst und 1 teilbar ist.

II. Subtrahieren von Brüchen

> Bei gleichnamigen Brüchen werden nur die Zähler subtrahiert; der Nenner bleibt unverändert.
>
> Ungleichnamige Brüche müssen erst gleichnamig gemacht werden (kleinster gemeinsamer Nenner = Hauptnenner).

Beispiele

a) $\frac{3}{8} - \frac{1}{8} = \frac{2}{8} = \underline{\underline{\frac{1}{4}}}$

b) $25\frac{9}{13} - 10\frac{4}{13} = \underline{\underline{15\frac{5}{13}}}$

c) $13\frac{2}{9} - 5\frac{7}{9} = 12\frac{11}{9} - 5\frac{7}{9} = \underline{\underline{7\frac{4}{9}}}$

d) $30 - 5\frac{2}{3} = 29\frac{3}{3} - 5\frac{2}{3} = \underline{\underline{24\frac{1}{3}}}$

e) $\frac{7}{8} - \frac{5}{24} = \frac{21-5}{24} = \frac{16}{24} = \underline{\underline{\frac{2}{3}}}$

1
a) $88\frac{2}{17} - 35\frac{5}{17}$
b) $19\frac{7}{15} - 8\frac{14}{15}$
c) $101\frac{25}{63} - 89\frac{48}{63}$
d) $226\frac{7}{13} - 21\frac{11}{13}$

2
a) $261 - 16\frac{2}{21}$
b) $378 - 97\frac{5}{8}$
c) $729 - 368\frac{9}{73}$
d) $625 - 598\frac{2}{9}$

3
a) $\frac{16}{17} - \frac{31}{34}$
b) $89\frac{2}{9} - 75\frac{11}{45}$
c) $601\frac{5}{7} - 529\frac{59}{63}$
d) $768\frac{2}{5} - 99\frac{11}{90}$

4
a) $\frac{1}{4} - \frac{1}{5}$
b) $25\frac{5}{13} - 18\frac{11}{20}$
c) $363\frac{29}{240} - 269\frac{1}{16}$
d) $672\frac{9}{19} - 527\frac{2}{11}$

5
a) $275\frac{7}{20} - 15\frac{1}{10}$
b) $250\frac{1}{2} - 63\frac{3}{4}$
c) $78\frac{1}{7} - 9\frac{3}{15}$
d) $13\frac{7}{12} - 9\frac{5}{9}$

6
a) $38\frac{1}{2} - 19\frac{1}{5}$
b) $273\frac{3}{19} - 199\frac{6}{25}$
c) $266\frac{1}{40} - 27\frac{9}{30}$
d) $859\frac{115}{340} - 732\frac{425}{725}$

7 Ermitteln Sie das Nettogewicht folgender Sendungen:

	a)		b)		c)
Brutto	2615 kg	Brutto	$275\frac{2}{3}$ kg	Brutto	$89\frac{7}{9}$ kg
Tara	$29\frac{2}{3}$ kg	Tara	$198\frac{4}{5}$ kg	Tara	$72\frac{1}{5}$ kg
Netto	? kg	Netto	? kg	Netto	? kg

8 Errechnen Sie die neuen Bestände:

	a)		b)		c)
Bestand	$208\frac{3}{5}$ kg	Bestand	$385\frac{1}{8}$ kg	Bestand	$126\frac{5}{14}$ kg
Einkauf	$5201\frac{3}{10}$ kg	Einkauf	$276\frac{2}{7}$ kg	Einkauf	$119\frac{3}{7}$ kg
Verkauf	$4936\frac{1}{4}$ kg	Verkauf	$192\frac{8}{9}$ kg	Verkauf	$220\frac{6}{24}$ kg
neuer Best.	? kg	neuer Best.	? kg	neuer Best.	? kg

9 Ermitteln Sie die Schlußbestände:

	a)		b)		c)
E-Best.	7820 kg	E-Best.	$5278\frac{3}{4}$ kg	E-Best.	$25425\frac{1}{4}$ kg
Verkäufe	$217\frac{1}{2}$ kg	Verkäufe	$96\frac{2}{7}$ kg	Verkäufe	$9762\frac{5}{24}$ kg
	$1425\frac{3}{5}$ kg		$782\frac{5}{12}$ kg		$3153\frac{3}{5}$ kg
	$992\frac{2}{3}$ kg		$2921\frac{4}{5}$ kg		4000 kg
	$88\frac{1}{4}$ kg		$225\frac{13}{20}$ kg		$275\frac{2}{9}$ kg
	$775\frac{3}{8}$ kg		$640\frac{11}{14}$ kg		$1210\frac{1}{15}$ kg

III. Multiplizieren von Brüchen

> Brüche werden miteinander multipliziert, indem man Zähler mit Zähler und Nenner mit Nenner multipliziert.
>
> $$\frac{\text{Zähler} \cdot \text{Zähler}}{\text{Nenner} \cdot \text{Nenner}}$$
>
> Vor dem Ausrechnen wird nach Möglichkeit erst gekürzt.

Beispiele

a) $\frac{2}{3} \cdot \frac{3}{5} = \frac{2 \cdot \not{3}}{\not{3} \cdot 5} = \underline{\underline{\frac{2}{5}}}$

b) $2 \cdot \frac{2}{3} = \frac{2 \cdot 2}{1 \cdot 3} = \frac{4}{3} = \underline{\underline{1\frac{1}{3}}}$

c) $2\frac{2}{3} \cdot 3\frac{2}{5} = \frac{8 \cdot 17}{3 \cdot 5} = \frac{136}{15} = \underline{\underline{9\frac{1}{15}}}$

d) $\frac{3}{5} \cdot 6 = \frac{3 \cdot 6}{5 \cdot 1} = \frac{18}{5} = \underline{\underline{3\frac{3}{5}}}$

1
a) $\frac{7}{8} \cdot \frac{3}{7}$
b) $\frac{2}{15} \cdot \frac{9}{13}$
c) $\frac{25}{43} \cdot \frac{9}{16}$
d) $\frac{12}{17} \cdot \frac{18}{25}$
e) $\frac{21}{23} \cdot \frac{8}{19}$

2
a) $5\frac{8}{9} \cdot 3\frac{2}{7}$
b) $21\frac{6}{7} \cdot 19\frac{5}{7}$
c) $201\frac{1}{2} \cdot 37\frac{1}{4}$
d) $87\frac{2}{15} \cdot 28\frac{7}{19}$
e) $7\frac{2}{21} \cdot 3\frac{17}{29}$

3
a) $125 \cdot \frac{3}{4}$
b) $15 \cdot \frac{7}{15}$
c) $\frac{2}{11} \cdot 29$
d) $\frac{36}{57} \cdot 281$
e) $6205 \cdot \frac{81}{115}$

4
a) $2{,}9 \cdot 6\frac{5}{8}$
b) $29\frac{13}{41} \cdot 21{,}7$
c) $125\frac{6}{19} \cdot 1{,}23$
d) $27 \cdot 69\frac{3}{4}$
e) $250\frac{6}{7} \cdot 99$
f) $44\frac{3}{8} \cdot 6{,}75$

5 Ermitteln Sie die Preise für folgende Webwaren:

a) $\frac{7}{9}$ m zu 5,20 DM je m
b) $210\frac{2}{5}$ m zu 17,45 DM je m
c) $\frac{2}{3}$ m zu 54,20 DM je m
d) $25\frac{3}{4}$ m zu 6,25 DM je m
e) $124\frac{7}{8}$ m zu 9,84 DM je m
f) $579\frac{1}{2}$ m zu 21,56 DM je m

6 Für den Werkskindergarten wird eine Sandkiste gebaut. Dazu werden $45\frac{3}{4}$ m^3 weißer Sand zum m^3-Preis von 9,75 DM frei Spielplatz benötigt. Die Holzumrandung kostet $2\frac{8}{9}$ des Sandpreises. Der Arbeitslohn für die Fertigstellung beträgt $1\frac{3}{5}$ der gesamten Materialkosten. Was kostet die Sandkiste?

7 Ein Förderband fördert bei Geschwindigkeit I je Stunde $58\frac{3}{4}$ m^3, bei Geschwindigkeit II $75\frac{2}{5}$ m^3. Wie hoch ist die Förderleistung beider Stufen bei

a) $7\frac{1}{2}$-; b) $2\frac{3}{4}$-; c) 5-; d) $6\frac{1}{3}$stündigem Einsatz?

8 Die Büroräume erhalten einen neuen Fußbodenbelag aus PVC-Platten verschiedener Farben. Es werden verlegt:

in Raum 1	$46\frac{3}{4}$ m^2	zu 18,25 DM je m^2
in Raum 2	$52\frac{1}{3}$ m^2	zu 17,80 DM je m^2
in Raum 3	$24\frac{4}{5}$ m^2	zu 18,15 DM je m^2
in Raum 4	$33\frac{1}{2}$ m^2	zu 17,60 DM je m^2

a) Wie groß ist die gesamte Bodenfläche?
b) Wie hoch sind die Materialkosten je Raum und insgesamt?
c) Die Lohnkosten für das Verlegen betragen $\frac{3}{16}$ der Materialkosten. Wie hoch sind die Gesamtkosten für das Auslegen der Räume?

IV. Dividieren von Brüchen

> Brüche werden dividiert, indem der erste Bruch mit dem Kehrwert des zweiten Bruches multipliziert wird.
> $$\frac{\text{Zähler des 1. Bruches} \cdot \text{Nenner des 2. Bruches}}{\text{Nenner des 1. Bruches} \cdot \text{Zähler des 2. Bruches}}$$
> Vor dem Ausrechnen wird nach Möglichkeit erst gekürzt.

Beispiele

a) $\frac{2}{3} : \frac{3}{5} = \frac{2 \cdot 5}{3 \cdot 3} = \frac{10}{9} = \underline{\underline{1\frac{1}{9}}}$

b) $2 : \frac{2}{3} = \frac{\cancel{2} \cdot 3}{1 \cdot \cancel{2}} = \frac{3}{1} = \underline{\underline{3}}$

c) $5 : 2\frac{1}{4} = \frac{5 \cdot 4}{1 \cdot 9} = \frac{20}{9} = \underline{\underline{2\frac{2}{9}}}$

d) $\frac{3}{5} : 3 = \frac{\cancel{3} \cdot 1}{5 \cdot \cancel{3}} = \underline{\underline{\frac{1}{5}}}$

e) $3\frac{2}{3} : 2\frac{3}{5} = \frac{11 \cdot 5}{3 \cdot 13} = \frac{55}{39} = \underline{\underline{1\frac{16}{39}}}$

1
a) $\frac{3}{7} : \frac{5}{8}$
b) $\frac{2}{5} : \frac{5}{6}$
c) $\frac{13}{15} : \frac{2}{3}$
d) $\frac{9}{24} : \frac{11}{19}$

2
a) $13\frac{5}{12} : 5\frac{6}{7}$
b) $25\frac{3}{4} : 2\frac{1}{5}$
c) $77\frac{1}{7} : 9\frac{2}{15}$
d) $250\frac{1}{2} : 50\frac{3}{4}$

3
a) $24 : \frac{3}{4}$
b) $\frac{7}{8} : 5$
c) $225 : \frac{2}{5}$
d) $6520 : \frac{3}{7}$

4
a) $3\frac{1}{2} : 5$
b) $5 : 3\frac{1}{2}$
c) $7\frac{5}{12} : 10$
d) $276 : 12\frac{3}{4}$
e) $250\frac{1}{2} : 25$
f) $27\frac{3}{4} : 22\frac{1}{2}$

5 6000 l Obstsaft werden zu $\frac{2}{5}$ in $\frac{3}{4}$-Liter-Flaschen gefüllt. Der Rest kommt in $1\frac{1}{2}$-Liter-Flaschen.
a) Wieviel $\frac{3}{4}$- und $1\frac{1}{2}$-Liter-Flaschen werden abgefüllt?
b) Wieviel l gehen verloren, wenn durch Bruch und beim Abfüllen der $\frac{3}{4}$-Liter-Flaschen $\frac{1}{50}$ und bei den $1\frac{1}{2}$-Liter-Flaschen $\frac{1}{200}$ Mengenverlust entsteht? Wieviel Flaschen kommen jetzt in den Versand?

6 Eine Kleiderfabrik stellt für ein Versandhaus aus 18000 m Trevira Anzüge mit zweiter Hose und aus 700 m Cord Freizeitjacken her. Wieviel Stück werden geliefert, wenn für den Anzug $3\frac{3}{5}$ m und für die Freizeitjacke $1\frac{3}{7}$ m Material benötigt werden?

7 An einer Vertriebs-GmbH mit einem Stammkapital von 4,8 Mio. DM sind 6 Fabrikationsbetriebe beteiligt: Unternehmung A zu $\frac{1}{3}$, B zu $\frac{1}{12}$, C zu $\frac{1}{8}$, D zu $\frac{3}{16}$, E zu $\frac{1}{10}$ und F mit dem Rest. Der Reingewinn beträgt $\frac{1}{20}$ des Stammkapitals.
a) Wie hoch ist die Beteiligung der einzelnen Industriebetriebe in DM?
b) Wieviel DM beträgt der Gewinn?
c) Wie hoch ist der Gewinnanteil der einzelnen Gesellschafter, wenn der erzielte Gewinn nach den Kapitalanteilen verteilt werden soll?

V. Verwandeln gemeiner Brüche in Dezimalbrüche und umgekehrt

Beispiele

$\frac{3}{4} = 3:4 = \underline{\underline{0{,}75}}$ $\quad$ $1\frac{1}{3} = \frac{4}{3} = \underline{\underline{1{,}\overline{3}}}\ldots$ $\quad$ $15\frac{7}{12} = \frac{187}{12} = 15{,}58\overline{3}\ldots$

In einem Dezimalbruch, z. B. 0,7853, sind die Stellen nach dem Komma:

7 = Zehntel
8 = Hundertstel
5 = Tausendstel
3 = Zehntausendstel

1 Verwandeln Sie in Dezimalbrüche:

a) $\frac{6}{7}$	e) $2\frac{1}{4}$	i) $125\frac{2}{5}$	m) $25\frac{2}{3}$	q) $11\frac{8}{11}$	u) $\frac{19}{31}$
b) $\frac{2}{5}$	f) $17\frac{2}{9}$	j) $9\frac{21}{25}$	n) $2\frac{1}{7}$	r) $\frac{49}{52}$	v) $20\frac{6}{17}$
c) $\frac{3}{8}$	g) $25\frac{6}{13}$	k) $220\frac{24}{41}$	o) $24\frac{3}{5}$	s) $95\frac{25}{49}$	w) $34\frac{14}{15}$
d) $\frac{7}{15}$	h) $19\frac{2}{7}$	l) $314\frac{37}{52}$	p) $82\frac{11}{13}$	t) $\frac{84}{85}$	x) $64\frac{8}{27}$

Beispiele

a) $0{,}3 = \underline{\underline{\frac{3}{10}}}$

b) $0{,}\overline{3}\ldots = \frac{3}{9} = \underline{\underline{\frac{1}{3}}}$

c) $7{,}25 = 7\frac{25}{100} = \underline{\underline{7\frac{1}{4}}}$

d) $7{,}\overline{76}\ldots = \underline{\underline{7\frac{76}{99}}}$

e) $0{,}371 = \underline{\underline{\frac{371}{1000}}}$

f) $26{,}\overline{314}\ldots = \underline{\underline{26\frac{314}{999}}}$

> Bei Dezimalbrüchen mit nicht reiner Periode muß zum Verwandeln in einen gemeinen Bruch die Periode entfallen. Hierzu wird der Dezimalbruch mit 100, 1000, 10000 usw. malgenommen und das 10-, 100-, 1000fache wieder abgezogen, so daß die Periode verschwindet.
>
> Ganze bleiben unverändert.

g) $0{,}2\overline{4}\ldots$

$24{,}\overline{4}\ldots$	=	100fach
$-\ 2{,}\overline{4}\ldots$	=	10fach
22	=	90fach
$\frac{22}{90} = \frac{11}{45}$	=	1fach

h) $0{,}25\overline{7}\ldots$

$257{,}\overline{7}\ldots$	=	1000fach
$-\ 25{,}\overline{7}\ldots$	=	100fach
232	=	900fach
$\frac{232}{900} = \frac{58}{225}$	=	1fach

2 Verwandeln Sie in gemeine Brüche:

a) 0,5	g) $6{,}2\overline{8}\ldots$	m) 1,7	s) $23{,}7\overline{5}\ldots$
b) 13,45	h) $0{,}3\overline{7}\ldots$	n) $0{,}\overline{5}\ldots$	t) $0{,}637\overline{6}\ldots$
c) $210{,}61\overline{3}\ldots$	i) 27,762	o) 3,8	u) $320{,}\overline{25}\ldots$
d) 2,73	j) $3{,}23\overline{9}\ldots$	p) $0{,}2\overline{3}\ldots$	v) $617{,}\overline{553}\ldots$
e) $13{,}75\overline{9}\ldots$	k) 0,69	q) 0,326	w) $76{,}7526\overline{5}\ldots$
f) 12,525	l) 7,75	r) 5,62	x) 3,75

Berechnen von Flächen und Körpern

I. Flächen

Rechenweg

1. Quadrat

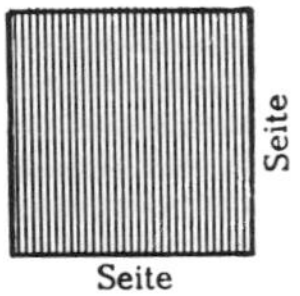

Flächeninhalt = Seite · Seite
Umfang = 4 · Seite

2. Rechteck

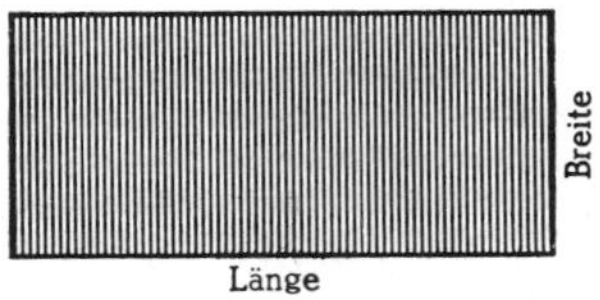

Flächeninhalt = Länge · Breite
Umfang = 2 · Länge + 2 · Breite

3. Parallelogramm

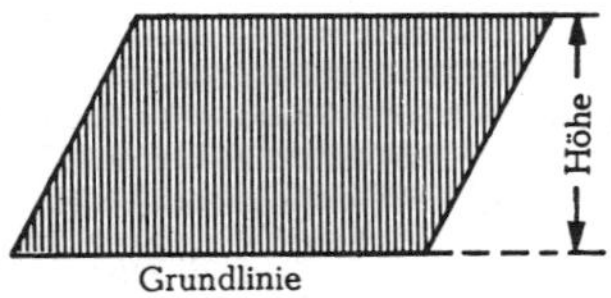

Flächeninhalt = Grundlinie · Höhe

4. Trapez

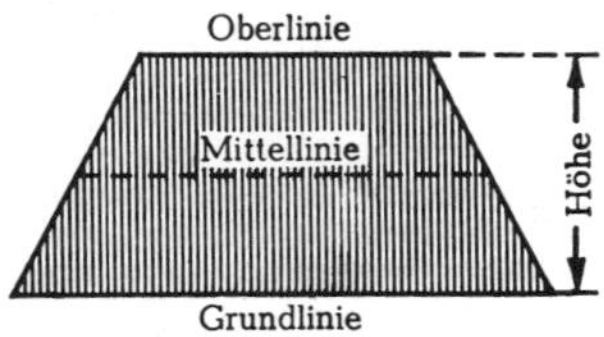

$$\text{Mittellinie} = \frac{\text{Grundlinie} + \text{Oberlinie}}{2}$$

Flächeninhalt = Mittellinie · Höhe

5. Dreieck

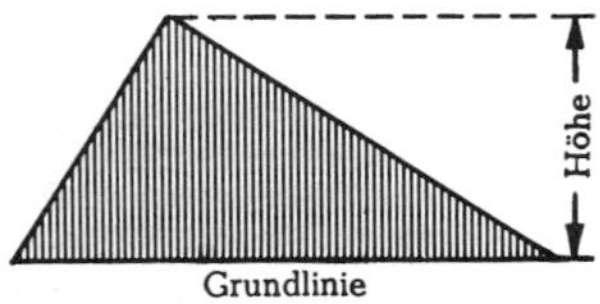

$$\text{Flächeninhalt} = \frac{\text{Grundlinie} \cdot \text{Höhe}}{2}$$

6. Kreis

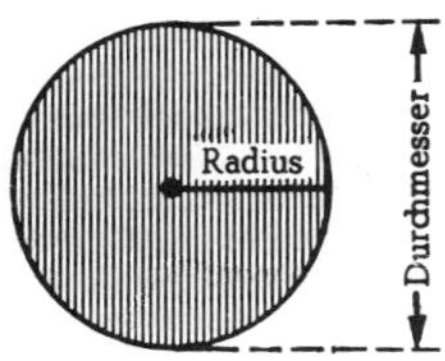

Flächeninhalt = Radius · Radius · π
oder

$$\frac{\text{Durchm.} \cdot \text{Durchm.} \cdot \pi}{4}$$

Umfang = 2 · Radius · π
(π = pi = griech. Buchstabe = 3,14)

II. Körper

Rechenweg

1. Würfel

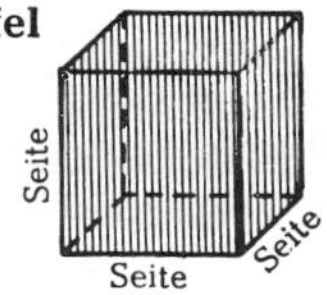

Rauminhalt = Seite · Seite · Seite

2. Quader

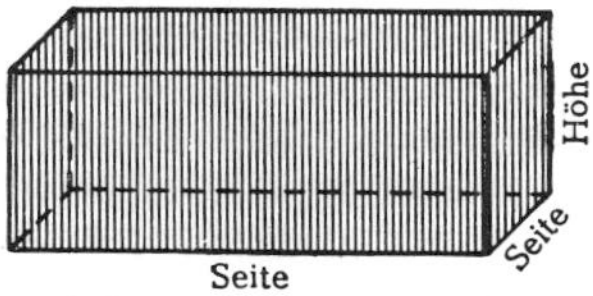

Rauminhalt = Seite · Seite · Höhe

3. Prisma

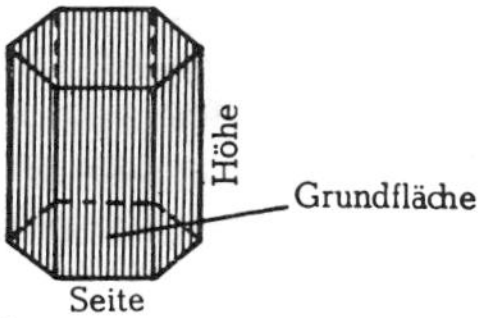

Rauminhalt = Trapez + Trapez · Höhe
oder
Grundfläche · Höhe

4. Pyramide

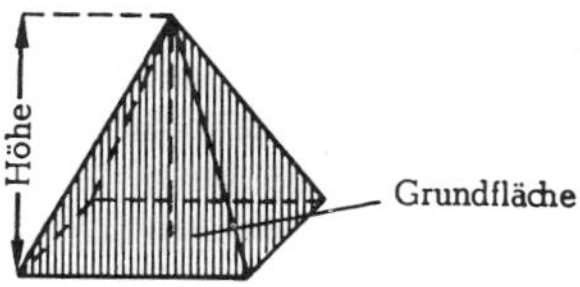

Rauminhalt = $\dfrac{\text{Seite} \cdot \text{Seite} \cdot \text{Höhe}}{3}$
oder
$\dfrac{\text{Grundfläche} \cdot \text{Höhe}}{3}$

5. Zylinder (= Walze)

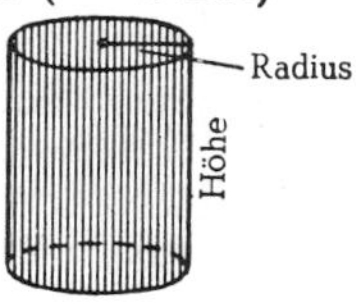

Rauminhalt = Radius · Radius · π · Höhe
oder
Grundfläche · Höhe

6. Kegel

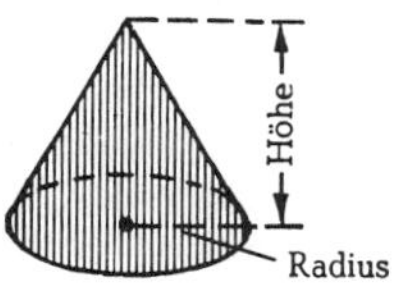

Rauminhalt = $\dfrac{\text{Radius} \cdot \text{Radius} \cdot \pi \cdot \text{Höhe}}{3}$
oder
$\dfrac{\text{Grundfläche} \cdot \text{Höhe}}{3}$

7. Kugel

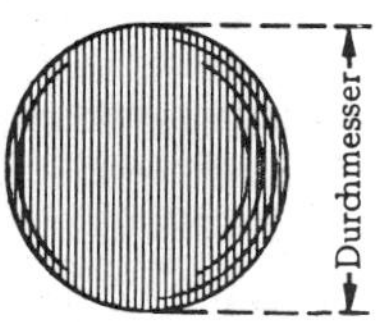

Rauminhalt =
$\dfrac{\text{Durchmesser} \cdot \text{Durchm.} \cdot \text{Durchm.} \cdot \pi}{6}$

Maße und Gewichte

I. Metrisches (dezimales) Maß- und Gewichtssystem

1. Längenmaße: Einheitsmaß ist das Meter (m).

1 km = 1000 m
1 m = 100 cm (10 Dezimeter — dm)
1 cm = 10 mm
Besonderheiten: 1 Seemeile = 1852 m

2. Flächenmaße: Einheitsmaß ist das Quadratmeter (qm oder m^2).

1 km^2 = 100 ha (1 000 000 m^2)
1 ha = 100 a (10 000 m^2)
1 a = 100 m^2
1 m^2 = 10 000 cm^2 (100 dm^2)
1 cm^2 = 100 mm^2

3. Körpermaße: Einheitsmaß ist das Kubikmeter (cbm oder m^3).

1 m^3 = 1000 dm^3
1 dm^3 = 1000 cm^3
1 cm^3 = 1000 mm^3
Besonderheiten: 1 Registertonne = 2,83 m^3

4. Hohlmaße und Gewichte:

1 Liter (l) = 1 dm^3 = $\frac{1}{1000}$ m^3
1 hl = 100 l
1 m^3 = 1000 l
Besonderheiten im Weinhandel:
1 Oxhoft = 225 l
1 Fuder = 1000 l
1 Stück = 1200 l

Einheitsmaß ist das Kilogramm (kg).
1 t = 10 dt (Dezitonne) = 1000 kg
1 dt = 100 kg
1 kg = 1000 g
Besonderheit: 1 Ztr. (Zentner) = 50 kg, 1 Pfd. (Pfund) = 500 g

5. Besonderheiten in Deutschland (alte Maße):

1 Dtzd. (Dutzend) = 12 Stück
1 Schck. (Schock) = 60 Stück
1 Grs. (Gros) = 144 Stück

II. Englisches und amerikanisches Maß- und Gewichtssystem

1. Längenmaße: Einheitsmaß ist das Yard (yd.).

1 yard	= 3 feet (ft)	=	91,44 cm
1 foot	= 12 inches (inch)	=	30,48 cm
1 inch		=	2,54 cm
1 mile (m)	= 1760 yds	=	1609,34 m

Gesamtherstellung: Winklers Verlag · Gebrüder Grimm · 6100 Darmstadt